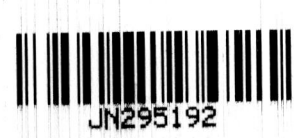

高齢者のクラフトサロン 1

リハビリ おりがみ

伝承おりがみから創作おりがみまで、
きれいで簡単、楽しい60点

佐々木 隆志　監修　丹羽 兌子　著　クラフト制作　工房GEN

「高齢者のクラフトサロン」シリーズ監修にあたって

――『リハビリおりがみ』と高齢者福祉について――

「高齢者のクラフトサロン」シリーズ『リハビリおりがみ』が2014年に刊行されてから、早10年以上が経ちました。この間、多くの方々のご支援・ご愛顧を頂き本当にありがとうございました。この度、第5刷刊行の運びとなり、胸が熱くなる思いでございます。折り紙を愛し本書を手に取って下さった方々、子どもたちから高齢者の方々、日本を越えて世界各国の関係者の方々に深く感謝申し上げます。

私は、2017年東京ビッグサイトで開催された、世界の産業・技術展において、折り紙を用いたデイサービスの効果について発表しました。その際、学生たちが試作した、ふね、かぶと、ひこうき等々と折り紙を使ったクラフト作品も展示しましたが、2日間で私共のブースを訪れた海外の方々は、名刺の数で200枚を超えました。さらに、その研究成果を、2023年11月、韓国済州で開催された「韓国社会福祉学会・社会福祉共同学術大会」でも発表しました。大会では本書を持参して現地の方々に謹呈し、大変好評でした。折り紙はいつでも、どこでも、だれでも気軽に楽しめます。この手軽さと作品としての素晴らしさを多くの方々に知って頂きたいと思います。

高齢期の過ごし方については社会活動説と社会離脱説がありますが、折り紙には、それを楽しむ方々の心の豊かさを育み、生きがい創出活動に繋がっていくことで、高齢者自身が孤立し、生きがい喪失、引きこもり状態である社会離脱状態から社会活動状態へと転換していく力があります。また高齢者に関する理論において、離脱理論、活動理論、継続性理論がありますが、折り紙制作はまさに高齢者の知恵と経験を活かした生きがい活動に繋がることで、活動理論や継続性理論に発展すると考えます。

国の資料によると、2023年10月1日現在で日本の高齢化率は29.1％で、世界でトップの水準になっており、総人口の4人に1人が65歳以上ということになります。今後、特に高齢者の保健、医療、福祉のニーズはますます高まってくると思われます。

本書でとりあげた折り紙は、高齢者がそれぞれの過去の生活や文化を回想しながら楽しめるという意味においても極めて意義深く、心のリハビリ視点を取り入れております。年齢を問わず、自分で制作した作品に対する喜びと達成感は、次への自信となり新たな目標設定に繋がるものと考えます。折り紙制作活動を通じて、高齢者自身がそれぞれの残存機能を発揮し、高齢期におけるサクセスフルエイジング（老いの創造、老いの成熟期，老いを成し遂げる）の視点を目指して、自らの生活を創造していただきたいと思います。本書がその一助となればと願っております。

2025年　4月　　　　佐々木　隆志

はじめに

1 枚の紙を斜めに折ると三角に、横に折ると長四角に、さらに折り進むと折るたびに形が変化し、様々なものに出会います。くまであったり、ちょうであったり、きりんだって、象だって出てきます。出てくるというより、見えてきます。それは想像という眼鏡で見ることができる形です。この見立てる技のおかげで、折り紙は何でも出すことができる魔法の紙切れになります。

私は幼稚園で 25 年間、園児たちと過ごしました。幼稚園で過ごした時間の中で、折り紙はこどもたちと、共に楽しむ大切なアイテムでした。折り紙によってこどもたちとなかよくなり、仲間にいれてもらいました。折り紙をしているうちに、いつしか、折り紙の魔法のとりこになり、この魔法の紙切れから何が出てくるかな、何を出そうかなとハラハラドキドキしているうちに、たくさんの作品に出会うようになりました。こうして出会った作品たちを多くの人に伝え、楽しみを分かち合いたいと思います。気に入った作品に出会うと教えたくなり、学びたくなり、いつしか折り紙の楽しみを共有する人の輪が広がって行きます。

「折り紙は手や頭を使うので老化防止にいいでしょうね！」とよく言われます。そうだと思いますし、本シリーズの趣旨でもあります。しかし、折り紙を愛する者からいえば、折り紙に親しんでいると、老いを忘れてしまうので、老化防止のためにと頑張るよりは、なつかしい折り紙との再会を楽しみながら取り組んでいただければと思います。この本を 1 冊折り上げたとき、「楽しかった！次は何を折ろうか。」という言葉を聞けたらうれしく思います。

本書では、是非伝えたい伝承折り紙と私が出会った創作作品を紹介します。「伝承」と記載されていない作品は私、丹羽兌子の作品です。

丹羽　兌子

リハビリおりがみ　目次

第4章　箱と器

第5章　パーツを組んで作る

折り紙を使ったクラフト
制作：工房GEN

折り図の約束

折り方の記号

谷折り線

山折り線

見えない線
(仮想線)

表へ折る

裏へ折る

折ってもどす
(谷線をつける)

裏へ折ってもどす
(山線をつける)

左右に裏返す

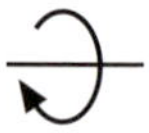
上下に裏返す

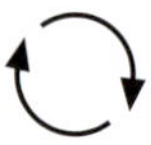
回転させて
向きを変える

引き出す

開く

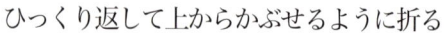

拡大する

縮小する

空気を入れる

本書でよく使われる折り方

谷折り

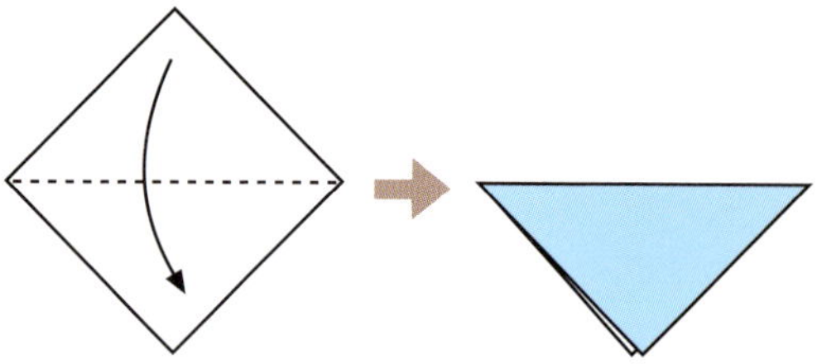

山折り

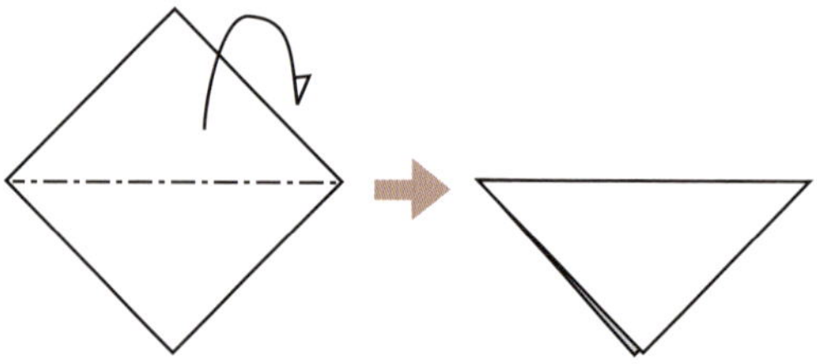

中わり折り

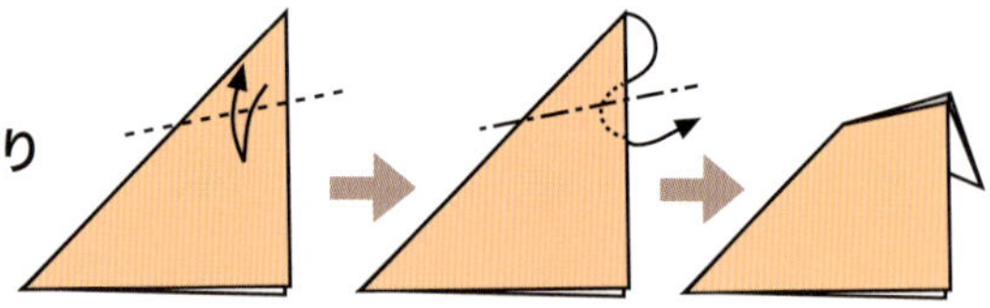

間に割って折り込む

かぶせ折り

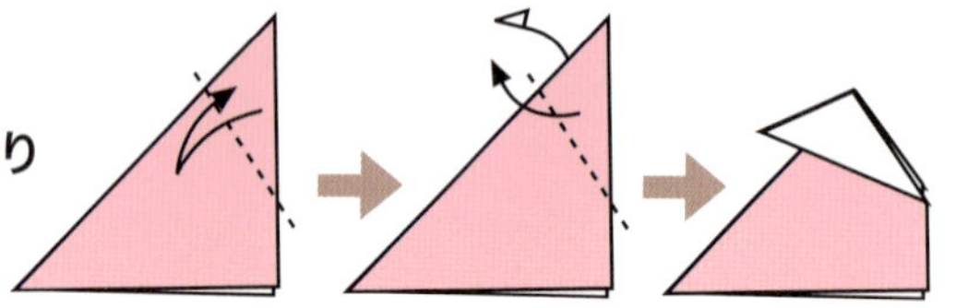

ひっくり返して上からかぶせるように折る

段折り

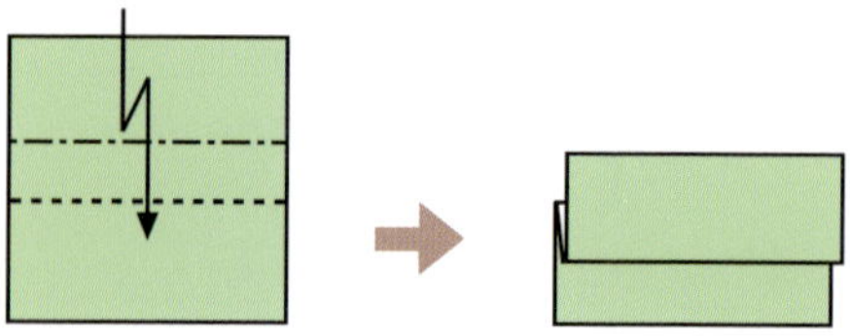

巻いて折る

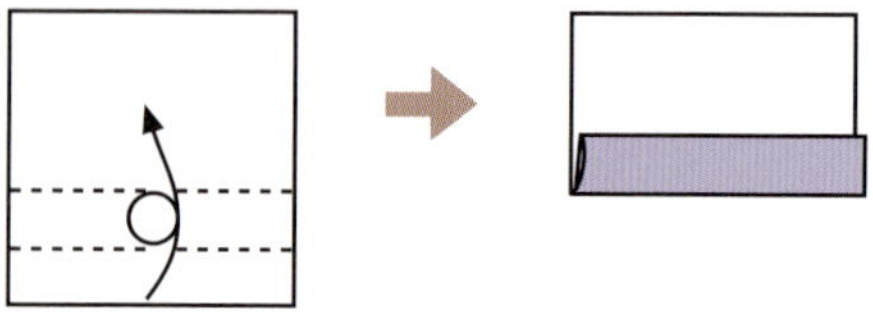

基本形の折り方

正方(せいほう)基本形

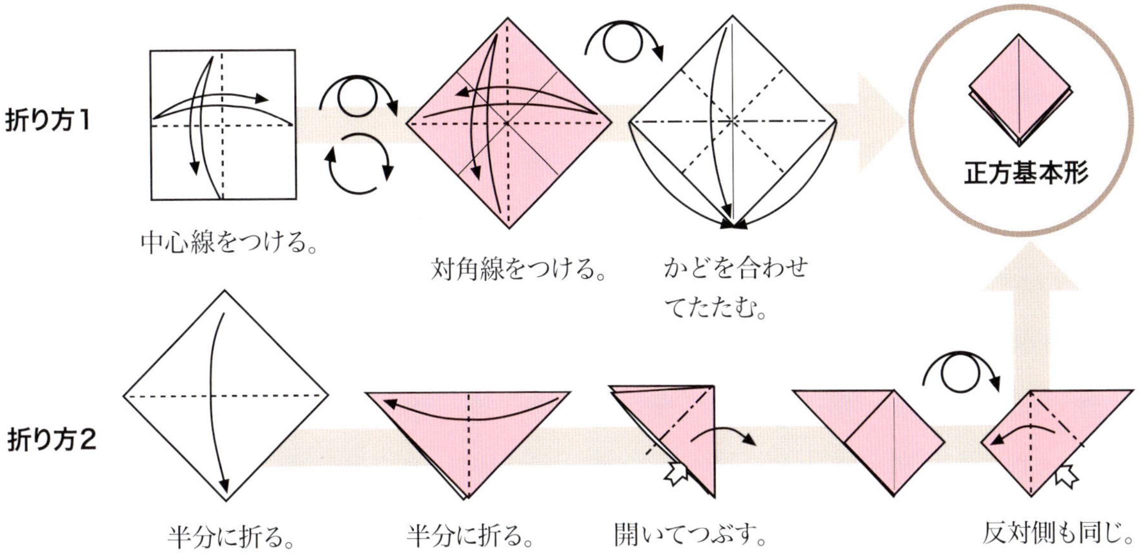

ふうせん基本形

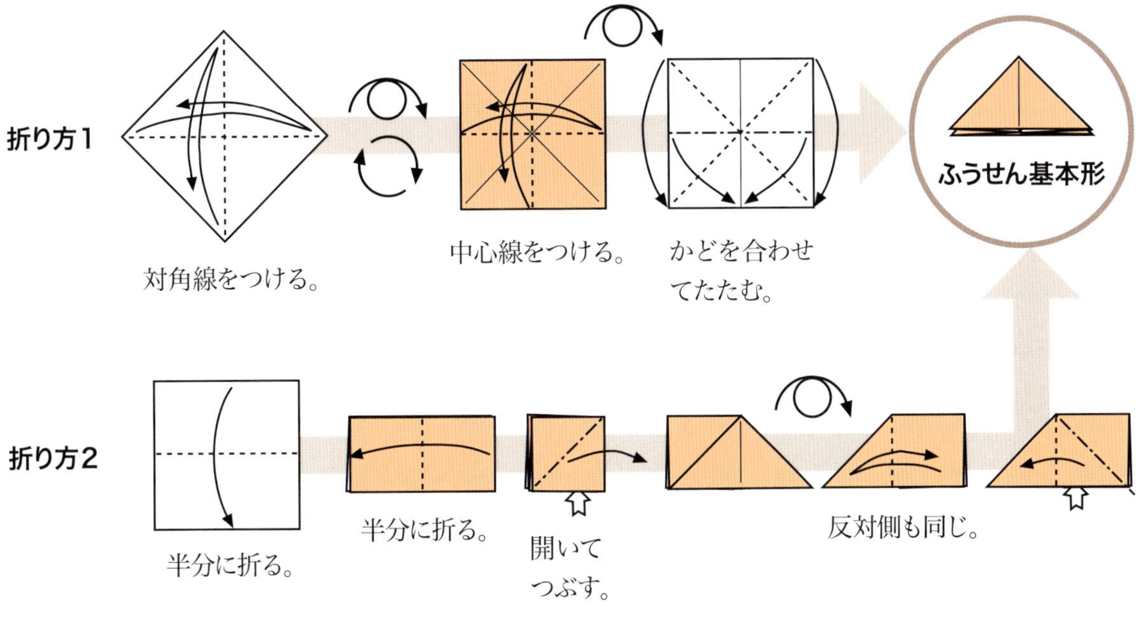

魚の基本形

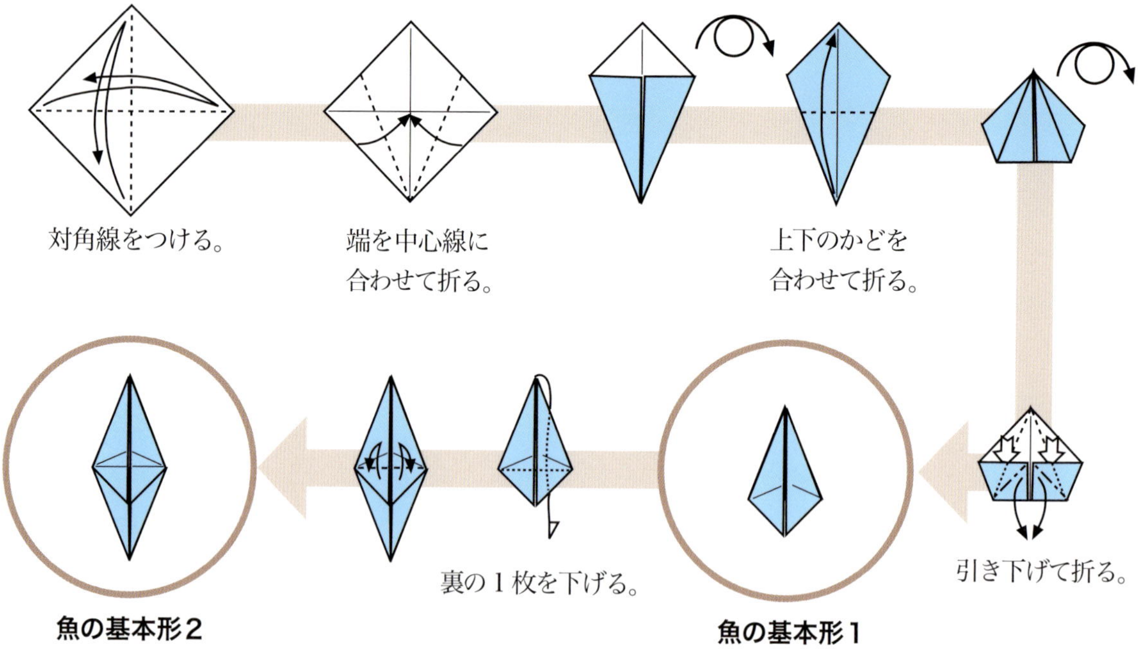
対角線をつける。
端を中心線に
合わせて折る。
上下のかどを
合わせて折る。
引き下げて折る。
魚の基本形１
裏の１枚を下げる。
魚の基本形２

つるの基本形 １・２

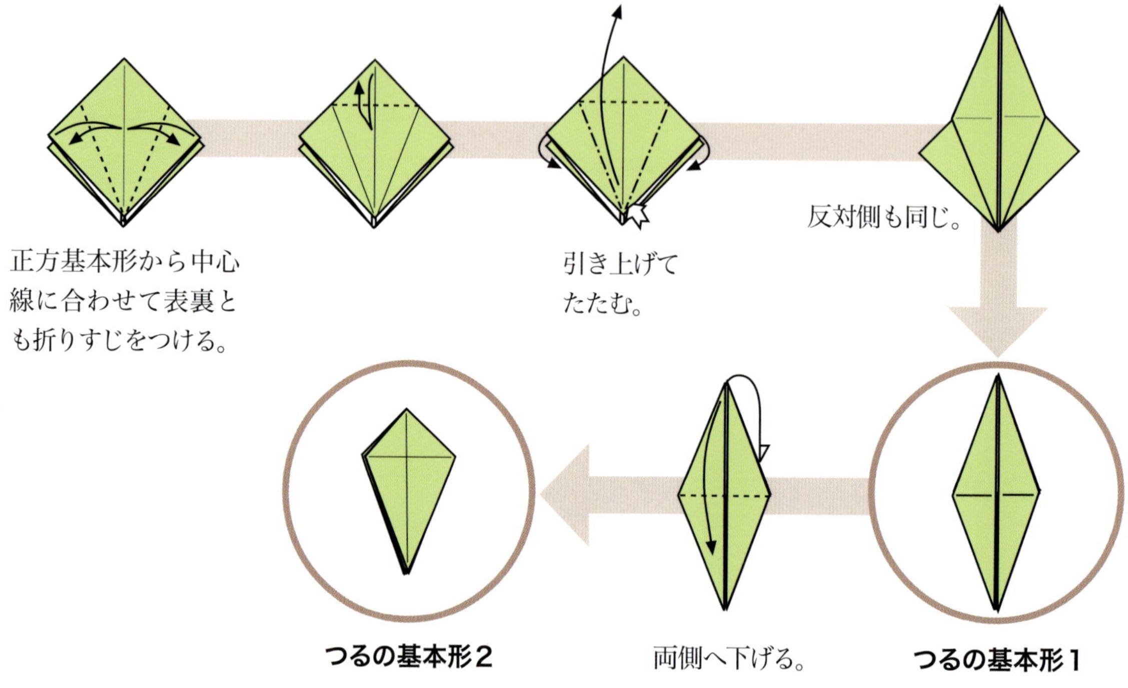
正方基本形から中心
線に合わせて表裏と
も折りすじをつける。
引き上げて
たたむ。
反対側も同じ。
つるの基本形１
両側へ下げる。
つるの基本形２

第1章

生き物たち

赤べこ

難易度：☆☆

（折り図 18 ページ）

つる〈伝承〉

難易度：☆

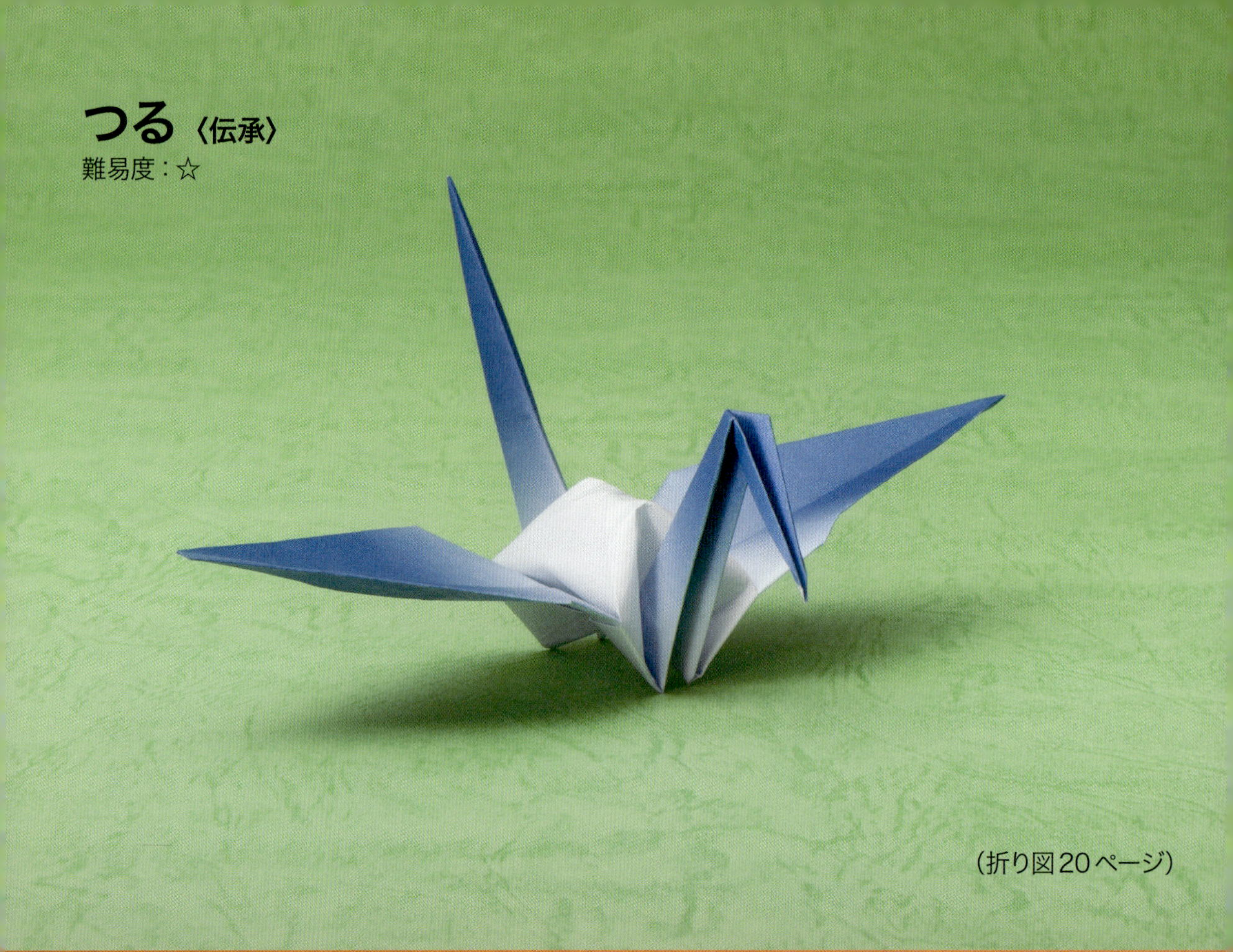

（折り図20ページ）

妹背山〈伝承〉

難易度：☆☆

（折り図20ページ）

くじゃく

難易度：☆☆☆

（折り図 21 ページ）

泳ぐ白鳥と飛ぶ白鳥

難易度：☆☆

（折り図 泳ぐ白鳥 23 ページ、飛ぶ白鳥 24 ページ）

泳ぐあひる

難易度：☆☆

（折り図 25 ページ）

カンガルーの親子

難易度：☆☆☆

（折り図26ページ）

りす

難易度：☆☆☆

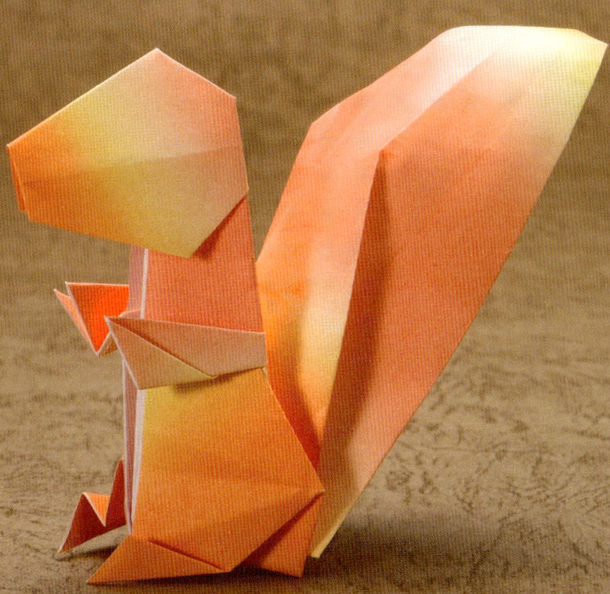

（折り図27ページ）

かめ（親・子・孫がめ）

難易度：☆☆☆

（折り図29ページ）

ぴょんぴょんがえる〈伝承〉

難易度：☆

（折り図30ページ）

ロブスター

難易度：☆☆

（折り図31ページ）

第1章の折り紙を使ったクラフト

できた折り紙で小物などを作って楽しみましょう

折り紙を透明マニキュアなどで固めると強度が増して、長く使える小物になります。
クリップ、マグネットと、生活の中で使ったり、
飾って楽しめる小物を作ってみましょう。

（作り方 125 ページ）

くじゃくのマグネット

くじゃくの背側にある支えをはさんで固定する２本のプラスチック棒がおしゃれです。先に支えを厚紙で補強するのがポイントです。

折り鶴のクリップ

折り鶴をクリップに固定する前に、底側の凹みに土台をつけるのがポイントです。

制作・工房GEN

折り始める前に

折り図とは何？

「折り紙の本を買ったけど難しくて…」という言葉をよく耳にします。折り紙の本には折り図が書いてあります。折り図には独得の記号や約束があります。記号や約束はいわば、「折り紙語」、この折り紙語がわかれば、折り図は簡単に読み解くことができます。主な折り紙語は6ページにありますのでご覧ください。

折り紙は手から手へ人から人へ、ぬくもりとともに伝えられてきました。これが、伝承折り紙の基本ですが、作品数が増え、手順が多くなれば記憶力では対応できません。作品のマニュアルがあれば、忘れても、思い出すことができます。教えてくれる人がいなくても、一人でチャレンジでき、折り紙の世界はぐんと広がります。折り図を読み解く力は脳のトレーニングにも有効なはずです。折り図を敬遠せず、是非親しんでほしいものです。

この本には作品の難易度を示すマーク（簡単☆　普通☆☆　難しい☆☆☆）がつけてあります。折ってみた実感と異なるかもしれませんが、一応の参考になさってください。

基本形とは？

多くの折り紙は基本形の折り方から始まります。折り図に「○○基本形から」とあったら基本形のページ（7、8ページ）を見て折り始めてください。

基本形の折り方は1種類ではありません。最近付け加えられた合理的な折り方もあります。自分に合った基本形、作品に合った基本形の折り方を選んでください。

折り図と著作権について

近年、知的所有権に関するルールが尊重されるようになりました。折り紙でも（私的利用以外）著作物をコピー配布することはルール違反になります。本のページをコピーする場合は作者と出版社の許可が必要になります。折り図は著作物ということを念頭に置いてください。

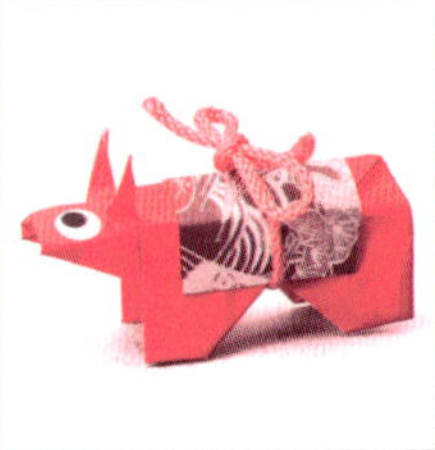

赤べこ

難易度：☆☆

赤べコは会津地方の張り子の郷土玩具です。
べコは牛、首を振る姿がユーモラスです。首が動くように工夫しました。
用紙：下記参照

〈用紙〉
- 体：赤の折り紙　15×15cm　1枚
- 頭部：赤の折り紙
  体の 1/4 サイズ 1枚
- 飾りの紙：模様つきの紙 1枚
  サイズは図参照

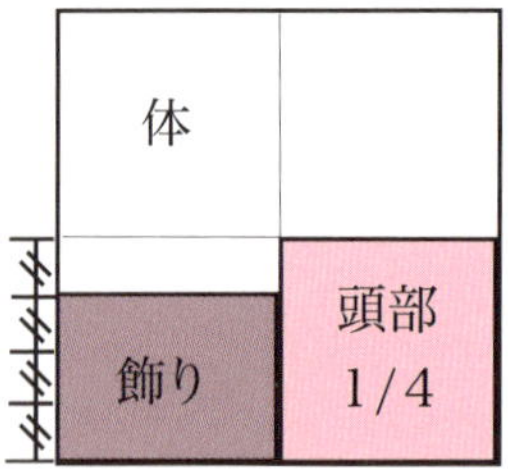

体

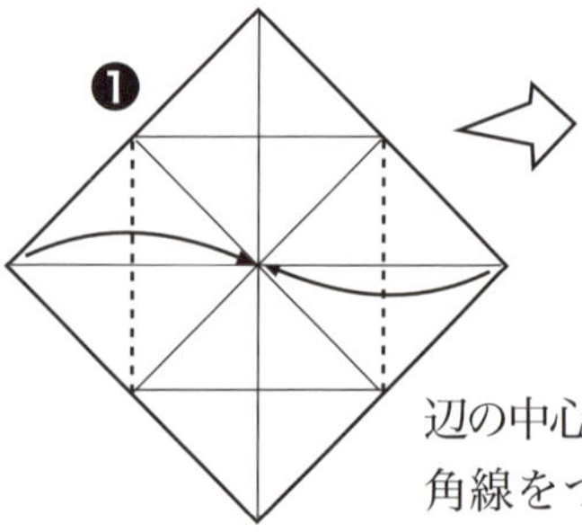

辺の中心線と対角線をつける。対角線を4等分する線をつけ左右を折る。

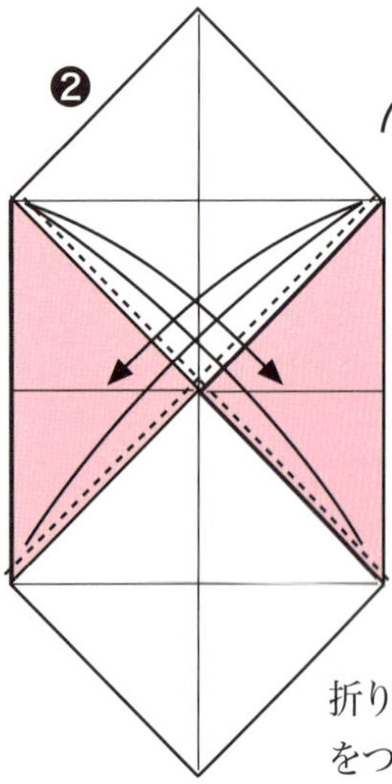

折りすじをつける。

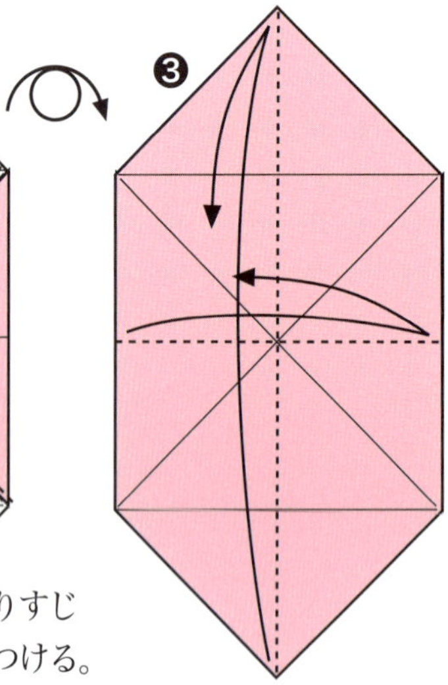

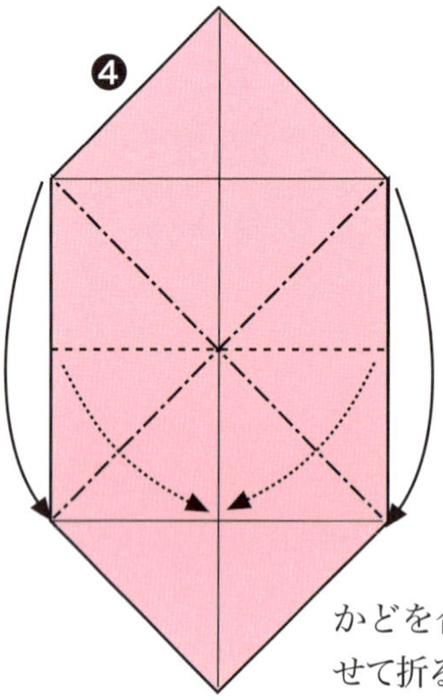

かどを合わせて折る。

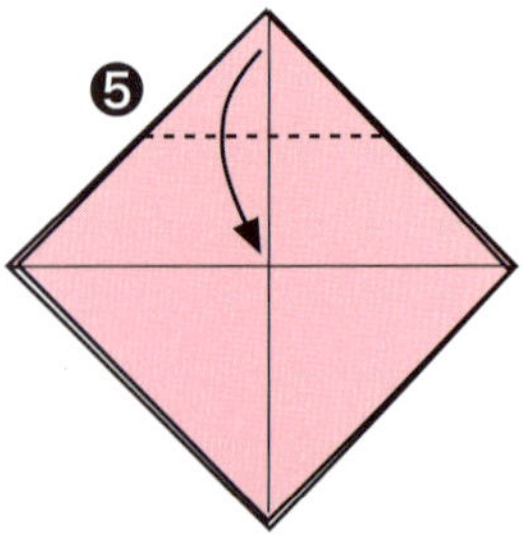

中心に合わせて折る。

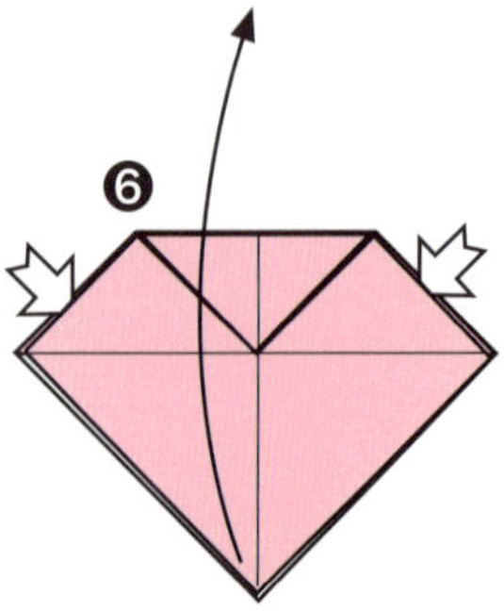

間のポケットを開いてつぶす。

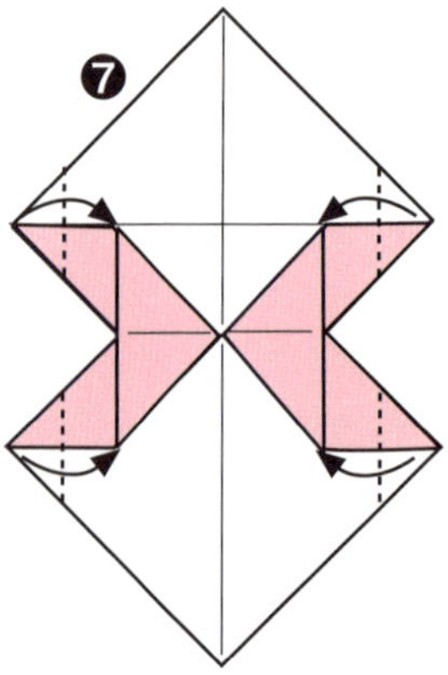

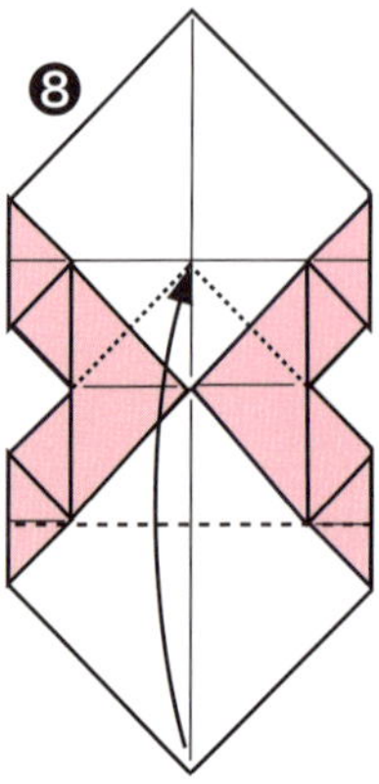

裏に三角のある部分を上にして折る。

❾

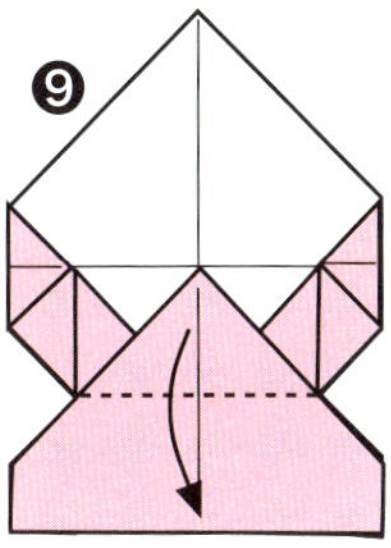

❿

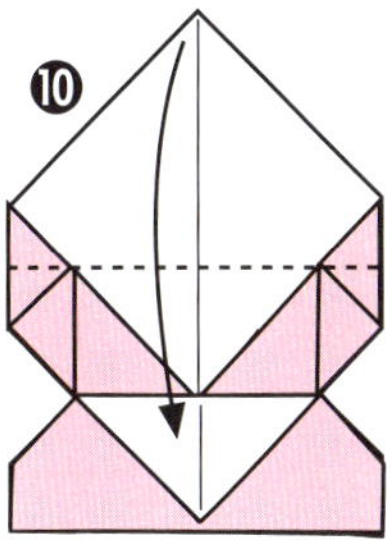

⓫

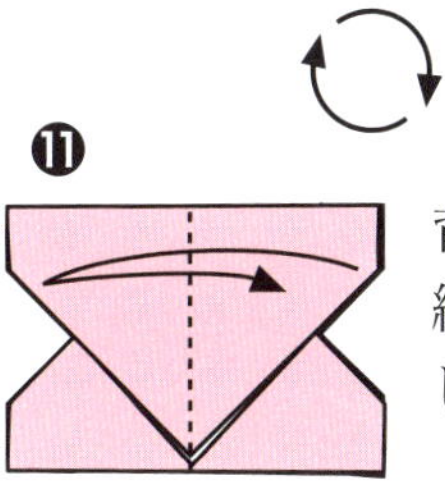

背中の中央線の折りすじをつける。

⓬

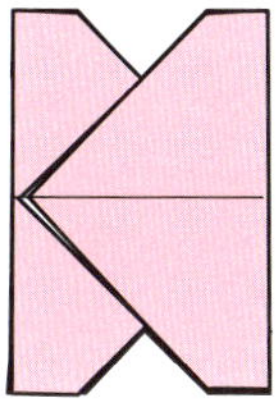

三角２枚の間が、後で頭部をさし込むポケットになる。

⓭

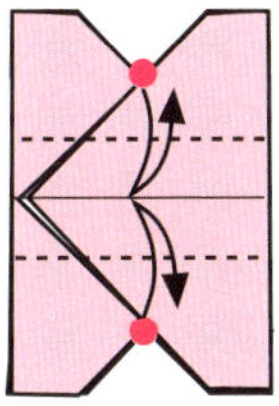

くびれているところ(●)を中心線に合わせて折りすじをつける。

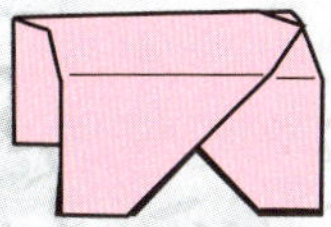

〈体〉
できあがり

⓫の中央線と⓭の線を合わせて３本の線を折って、屋根形に立体化します。

頭部

❶

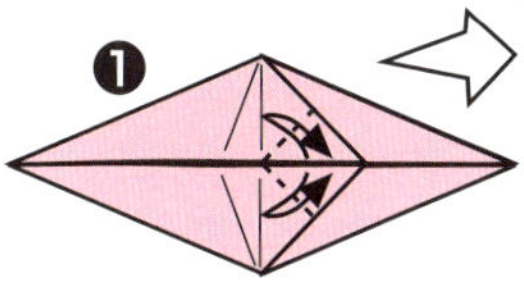

魚の基本形２から三角部分に折りすじをつける。

❷

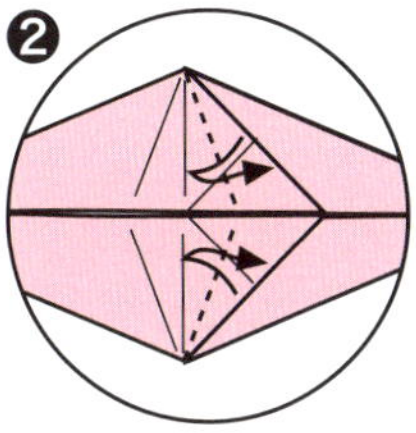

さらに折りすじをつける。

❸

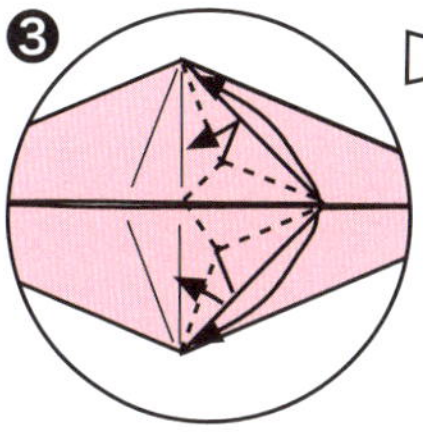

３本目の折りすじをつけながら、かどをつまんで外側へよせて折る。

❹

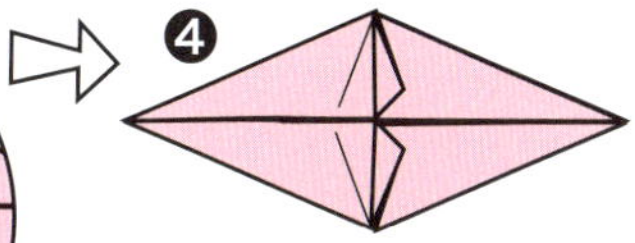

三角部分は２枚重ねた形になる。

上下に裏返す

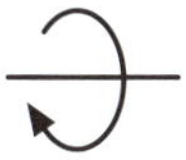

❺

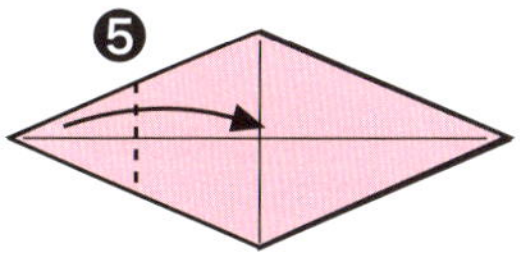

❻

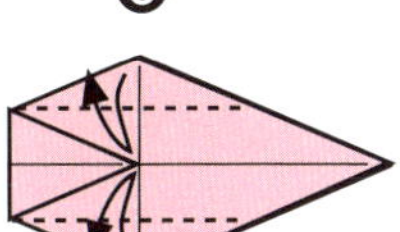

折りすじをつける。

❼

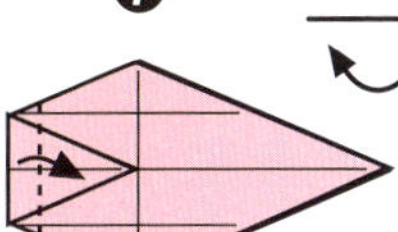

端を少し折る。

上下に裏返す

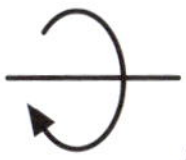

❽

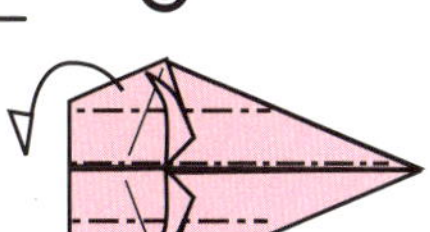

３本の折りすじを折って頭部を立体化する。三角部分はしごいてつのにする。

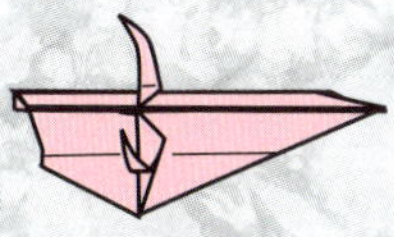

〈頭部〉
できあがり

仕上げ

シールで目をつけ、頭部を体の内側のポケット(「体」⓬参照)にさして形を整える。

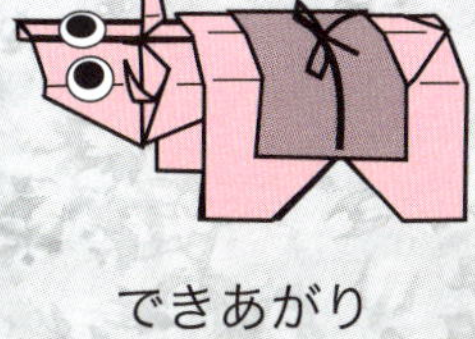

できあがり

胴に飾りの紙をのせて飾りひもを結びます。飾りひもは型くずれ防止にもなります。頭部は上下させることができます。

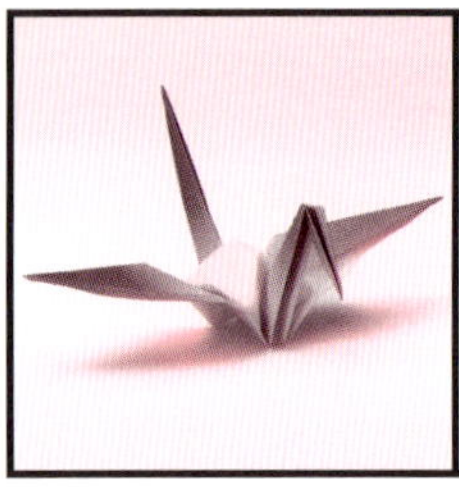

つる〈伝承〉

難易度：☆

寿ぐ鶴、祈る鶴、飾る鶴。日本人の心に深く刻まれている折り鶴は折り紙の基本の一つ。折り方をしっかりマスターしましょう。

用紙：折り紙　15×15cm　１枚

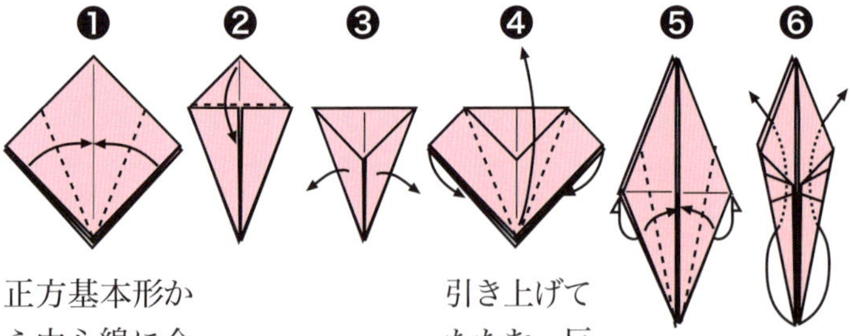

❶ 正方基本形から中心線に合わせて４カ所とも折る。

❹ 引き上げてたたむ。反対側も同じく折る。

❻ 中わり折りで首と尾を折る。

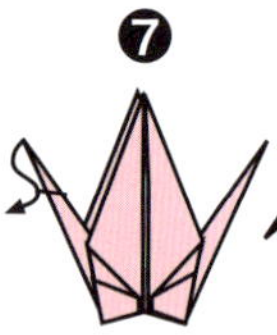

❼ 中わり折りで頭を折る。

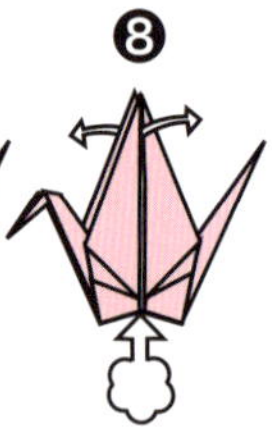

❽ 羽根を広げながら下から空気を吹き入れて、胴体をふくらませる。

妹背山 千羽鶴折形より〈伝承〉

難易度：☆☆

江戸時代の桑名の僧、魯縞庵義道が考案した「千羽鶴折形」の中の一つ。表裏の色を生かした２羽の鶴で、折り方も面白い。

用紙：サイズ１対２の紙　１枚

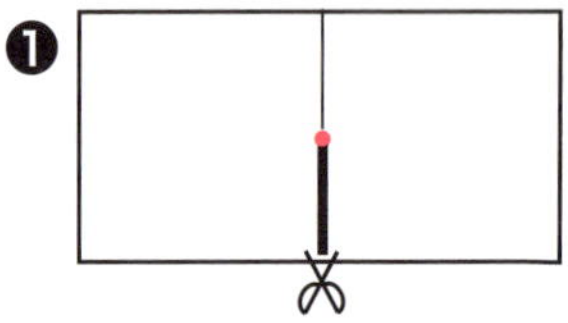

❶ 半分に折って中心●まで切り込む。

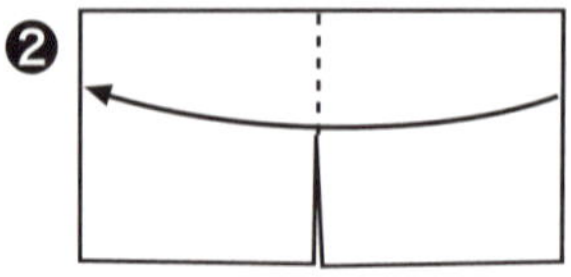

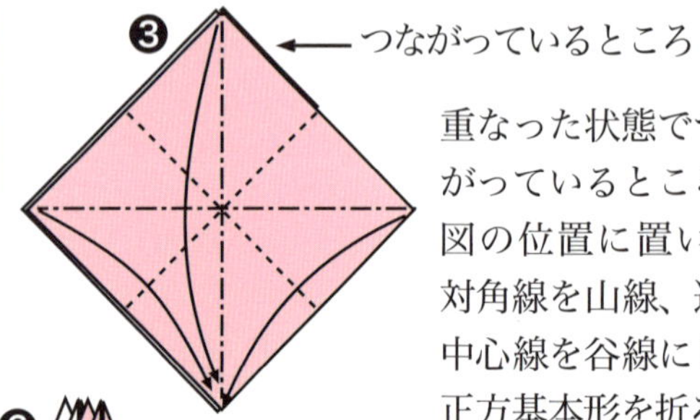

❸ 重なった状態でつながっているところを図の位置に置いて、対角線を山線、辺の中心線を谷線にして正方基本形を折る。

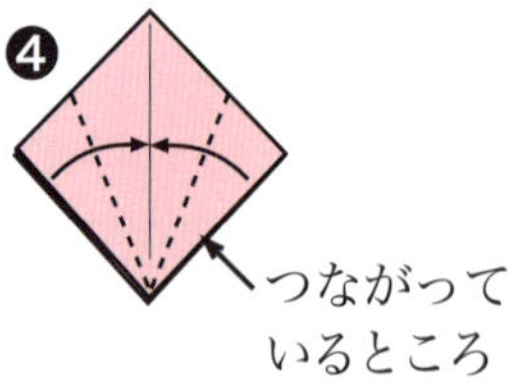

❹ つながっているところが表面にあることを確認して、つるの基本形１（８ページ）を折る。

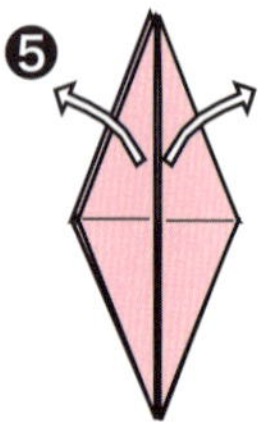

❺ 重なっている２枚を離す。

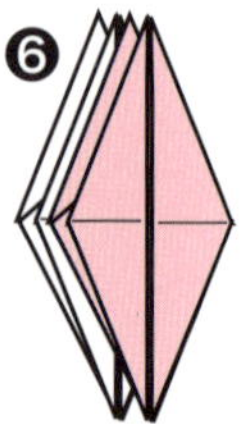

❻ つる２羽をそれぞれつるの❺～❼のように折る。

❼ 羽根を広げながらふくらませる。

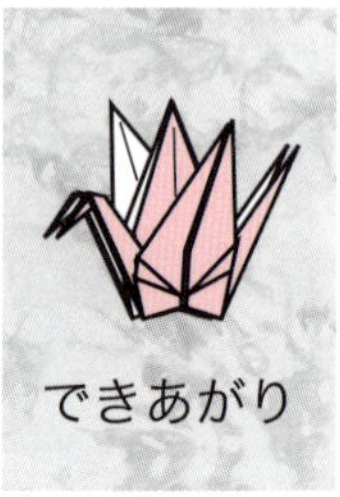

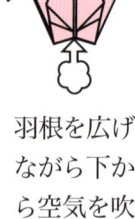

くじゃく

難易度：☆☆☆

華麗に羽根を広げたくじゃく。羽根をたたんだ姿にもなります。
⓯のたたみ方がポイント。ゼムクリップが姿を支えます。
用紙：折り紙　15×15cm　１枚

❶

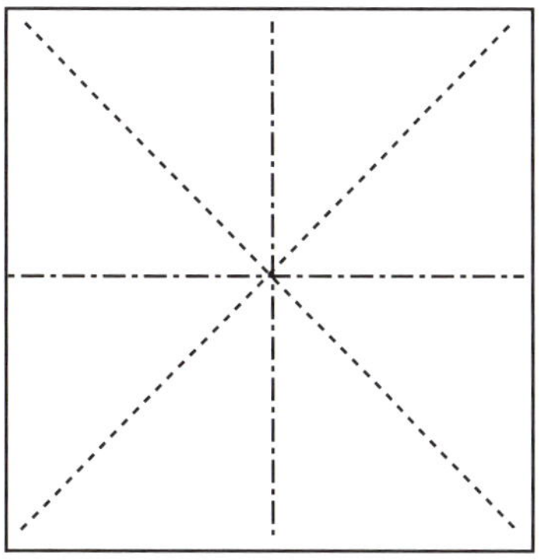

縦横の中心線を山線、対角線に谷線をつける。

❷

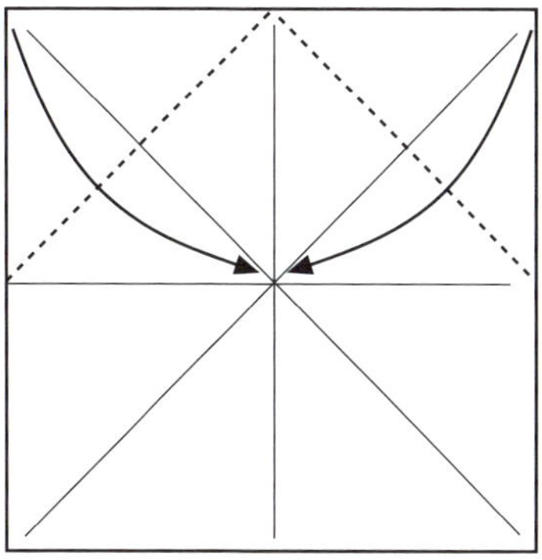

❸

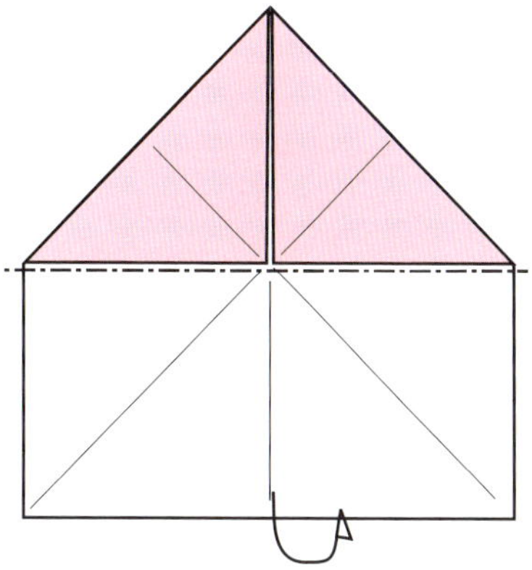

❹

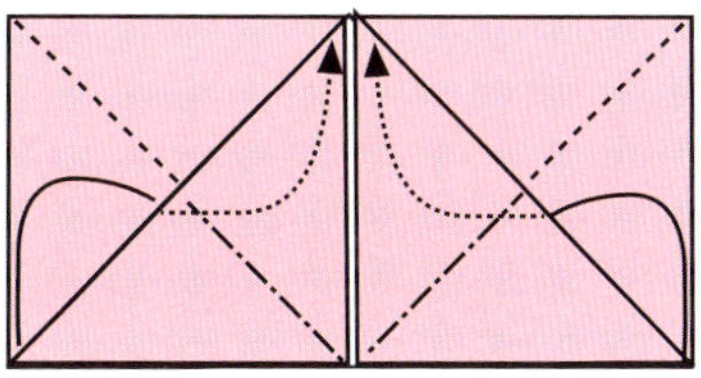

中わり折りで下のかどを上のかどに合わせる。

❺

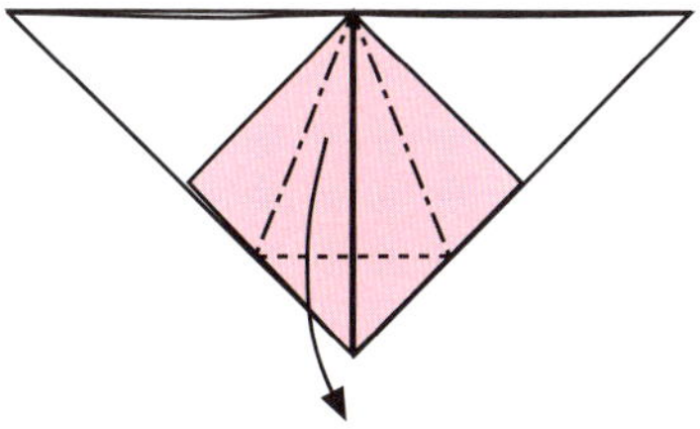

つるのように引きよせて折る。

❻

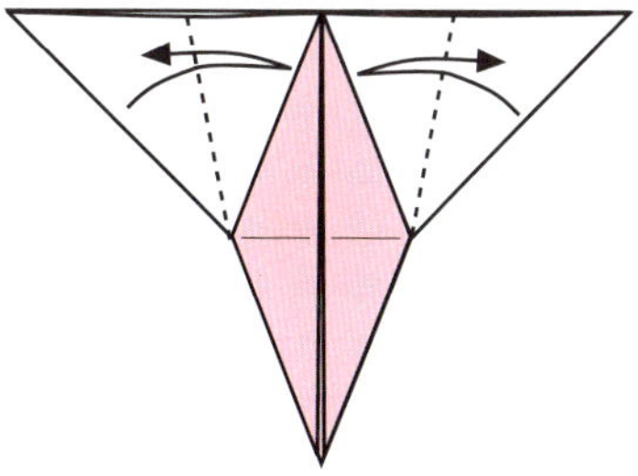

❼

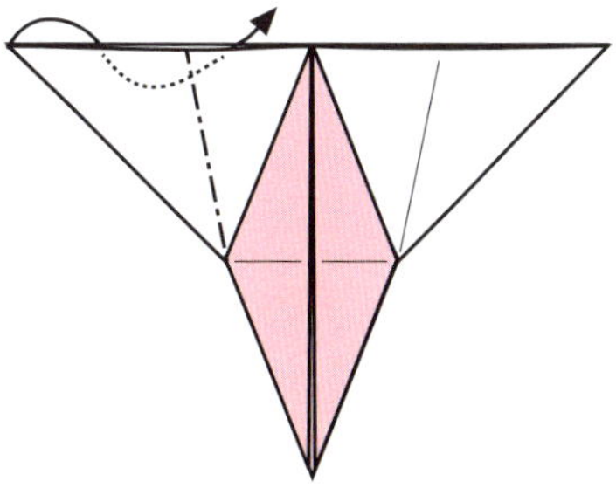

❻の折りすじから中わり折りする。

❽

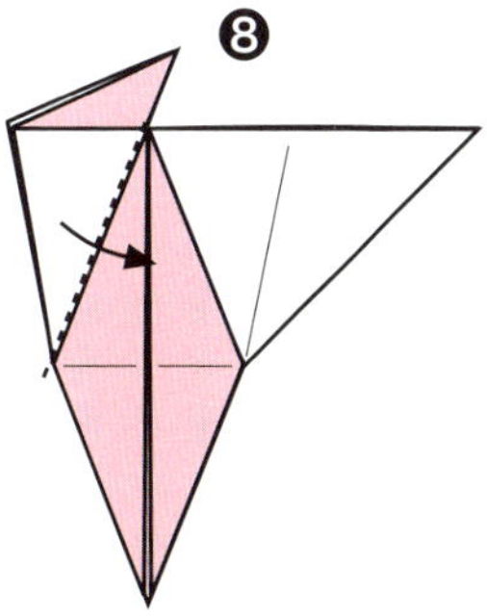

上の１枚を倒す。

❾

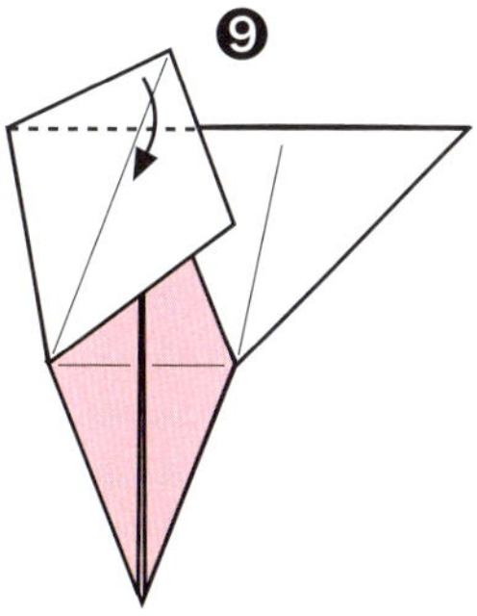

裏の端に合わせて折る。

❿

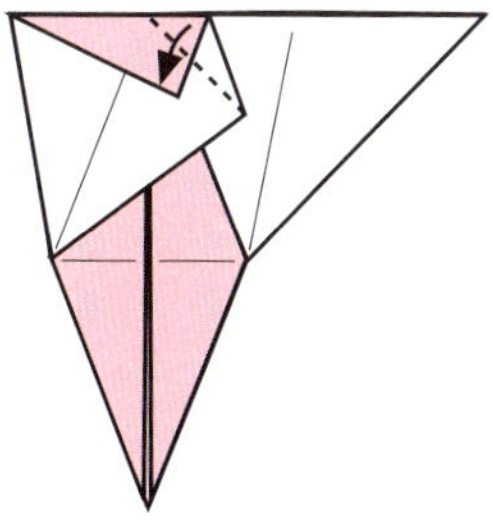

⓫

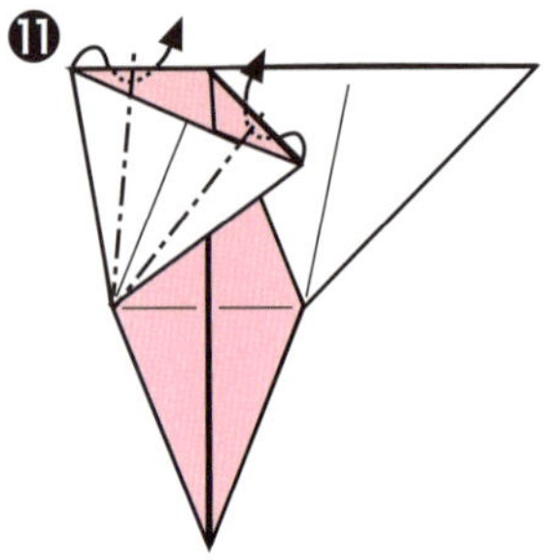

中わり折りで
ひだを作る。

⓬

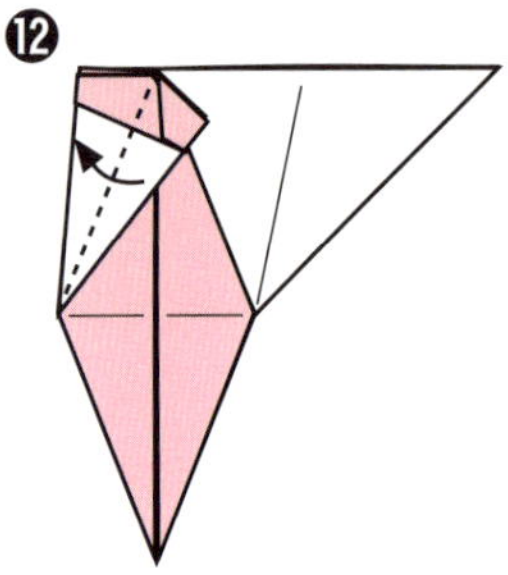

⓭

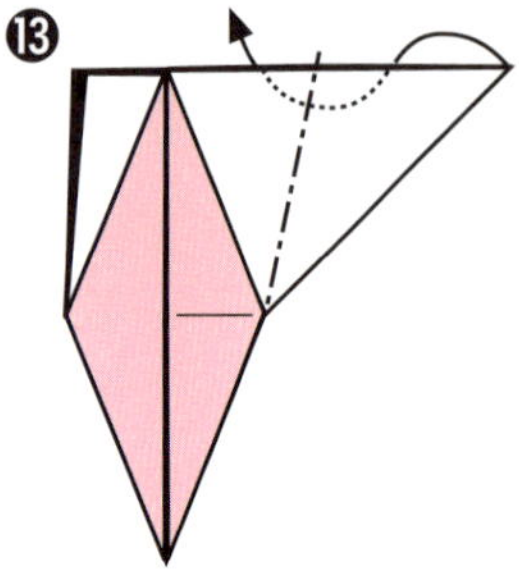

反対側も❼～⓬と
同様に折る。

⓮

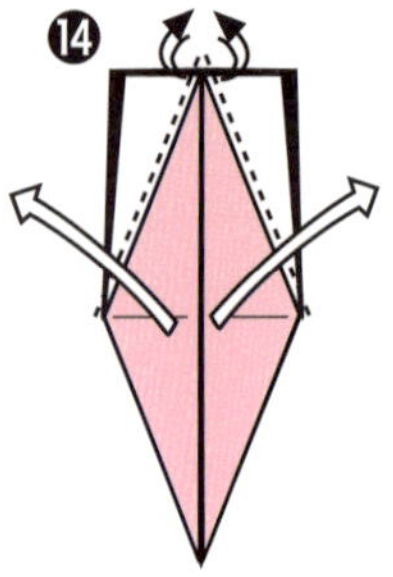

折りすじをしっかり
つけてから開く。

⓯

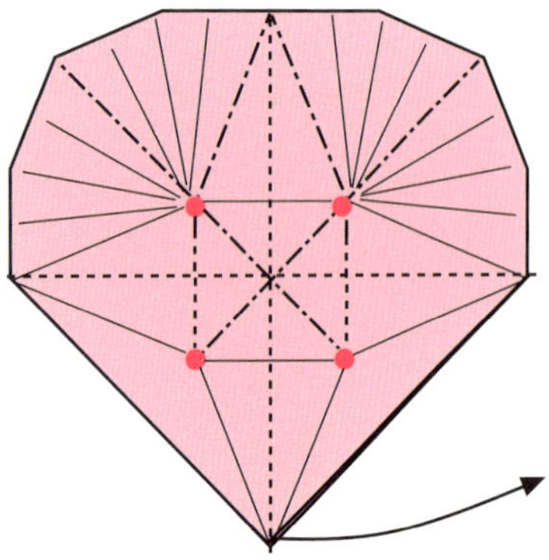

●と●を合わせながら
たたむ。●が集まる。

⓰

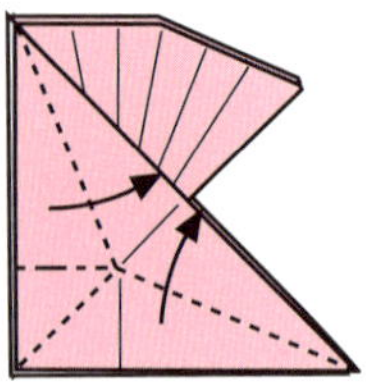

⓱

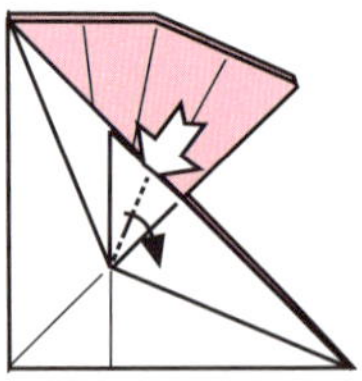

三角部分
をつぶす。

⓲

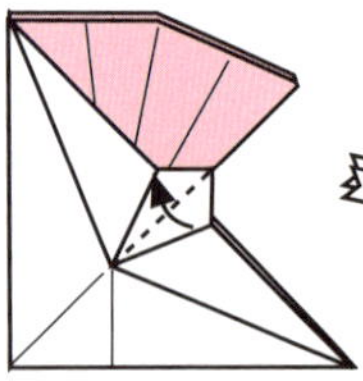

両側とも同
じく折る。

⓳

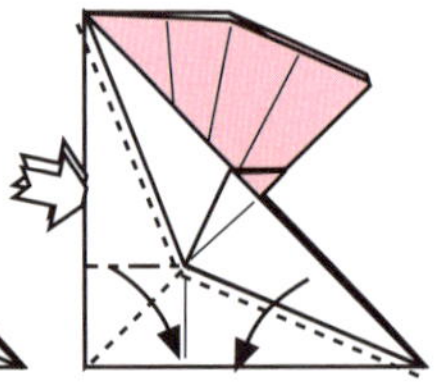

⓴

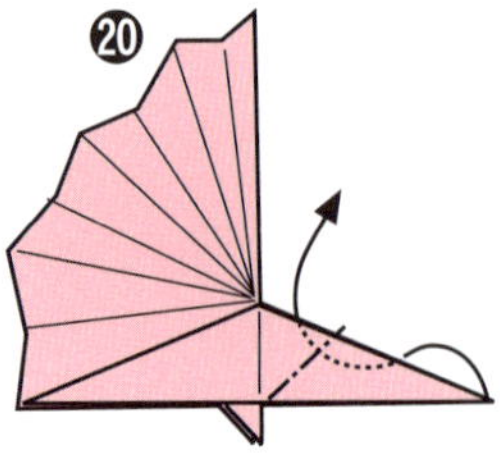

㉑

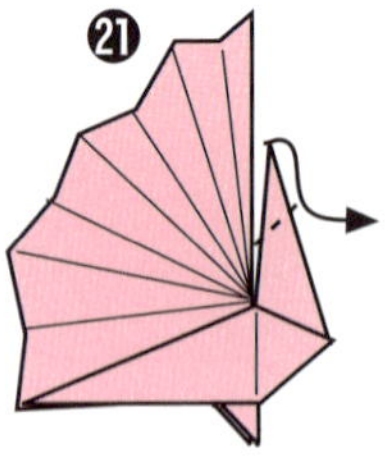

㉒

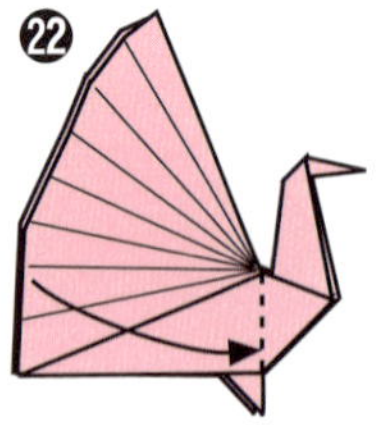

両側とも羽根を広げる。

㉓

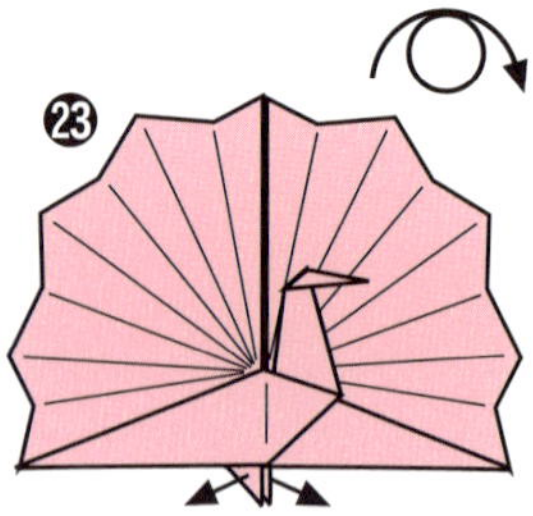

足を少し開く。

㉔

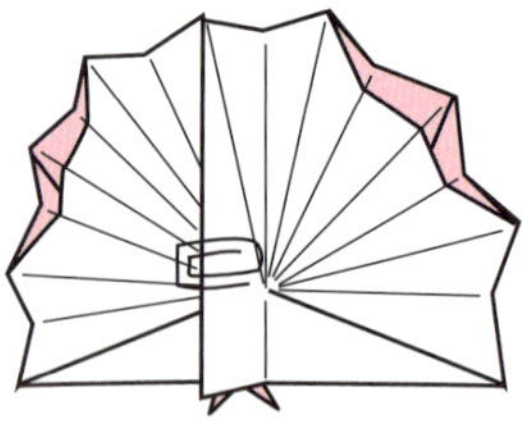

裏にあるひだにクリップ
をはめて、開かないよう
にする。羽根を開いたく
じゃくは裏にあるひだを
支えとして立たせる。

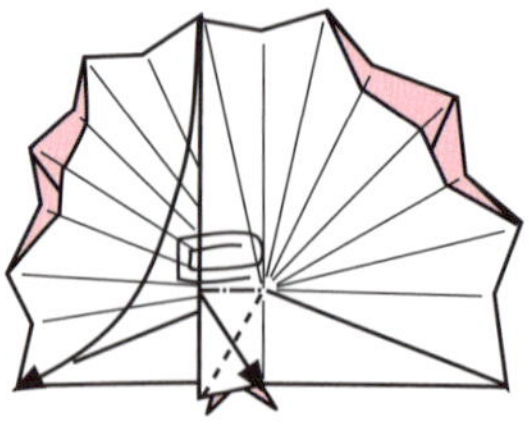

羽根を閉じる場合
は、支えを折りすじ
のようにたたんで、
羽根をたたむ。

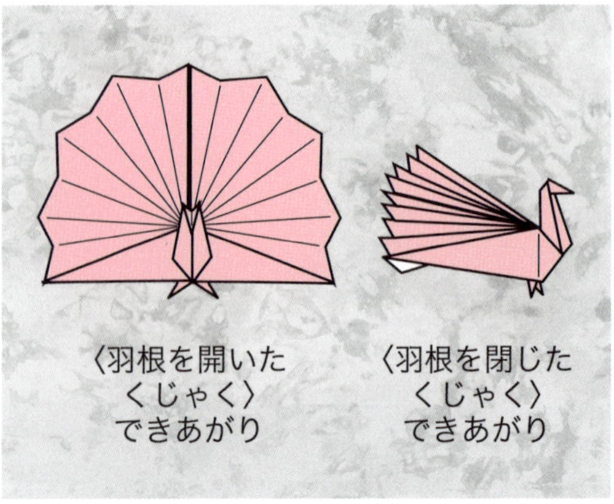

〈羽根を開いた
くじゃく〉
できあがり

〈羽根を閉じた
くじゃく〉
できあがり

泳ぐ白鳥

難易度：☆☆

白鳥らしい優雅な姿は長い首と後ろへなびく翼にあります。
❾〜⓮を、折り図を見ながらていねいに折ってください。
用紙：白の折り紙　15×15cm　１枚

❶
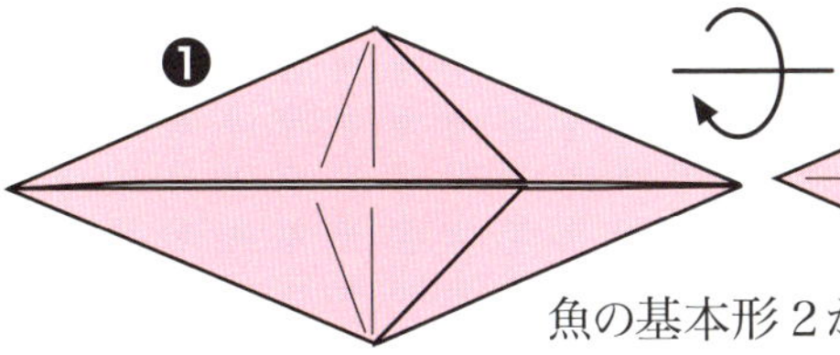
魚の基本形２から
上下に裏返す。

❷
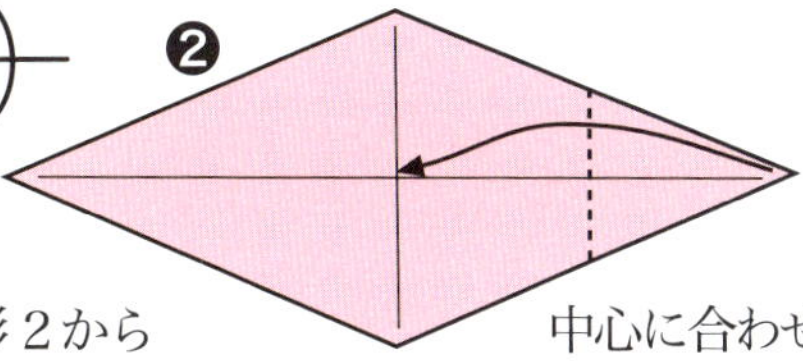
中心に合わせて折る。

❸
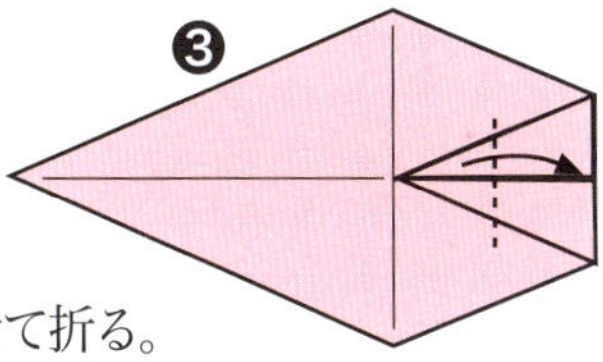

❹
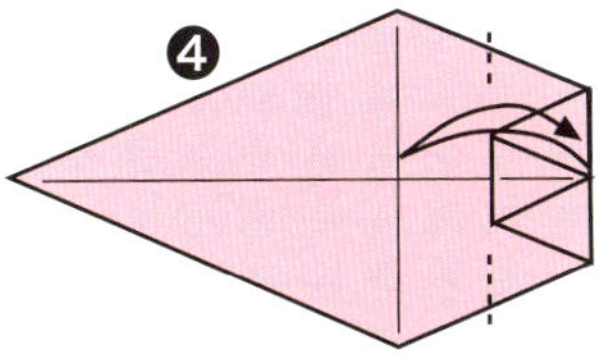
両端にしるしをつける。

❺
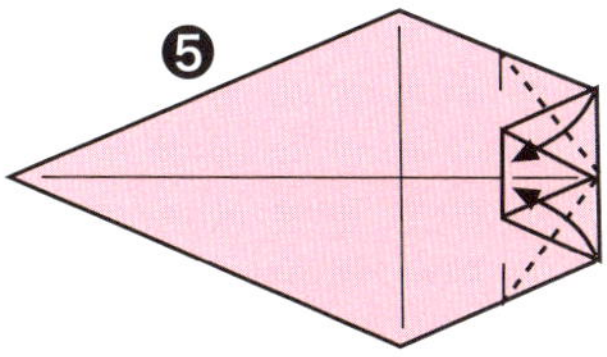
中心としるしを結んで折る。

❻
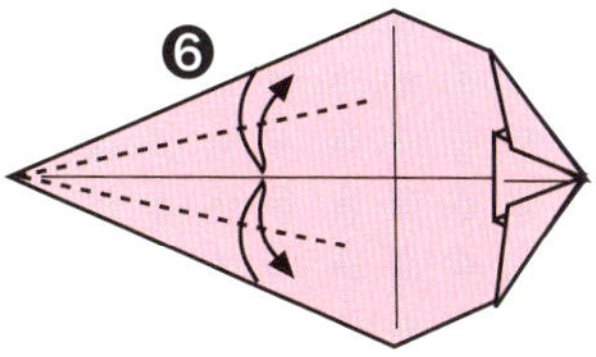
中心線に合わせて折りすじをつける。

❼
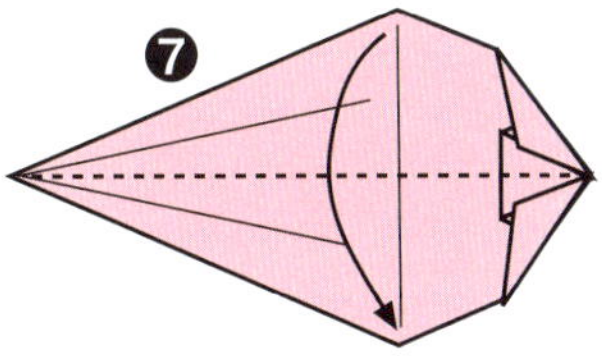

❽
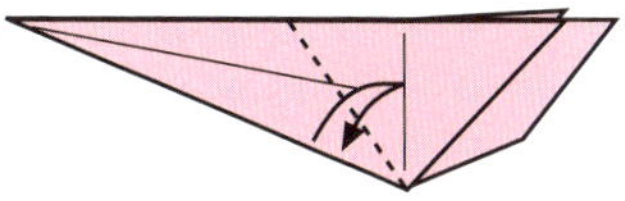
折りすじをつける。

❾
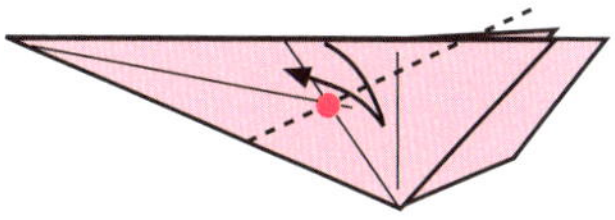
折りすじの交点(●)を通って中心線
よりやや後ろまで折りすじをつける。

❿
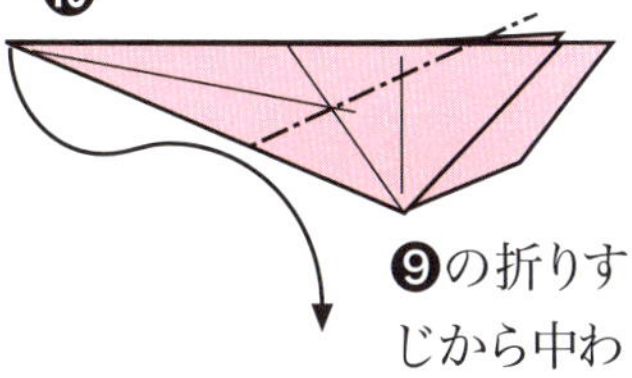
❾の折りすじから中わり折りする。

⓫
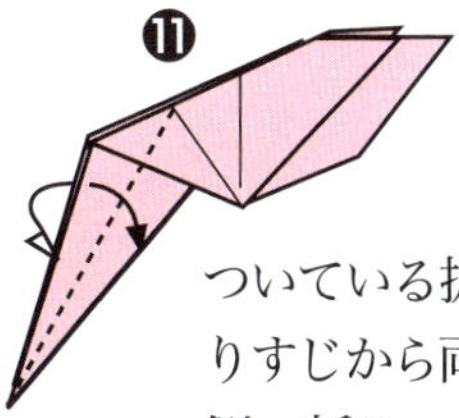
ついている折りすじから両側へ折る。

⓬
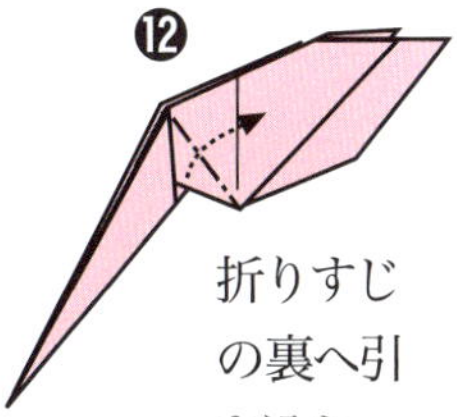
折りすじの裏へ引き込む。

⓭
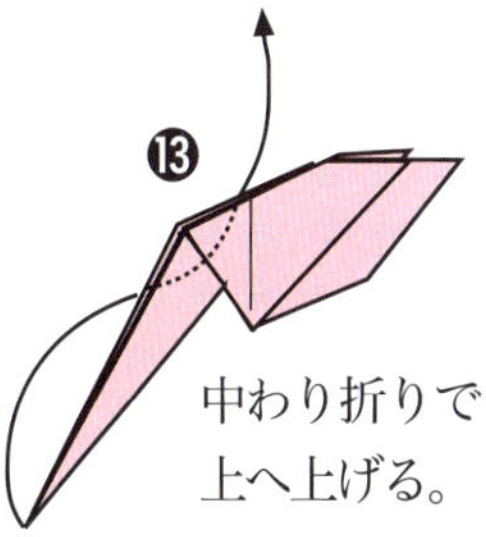
中わり折りで上へ上げる。

⓮
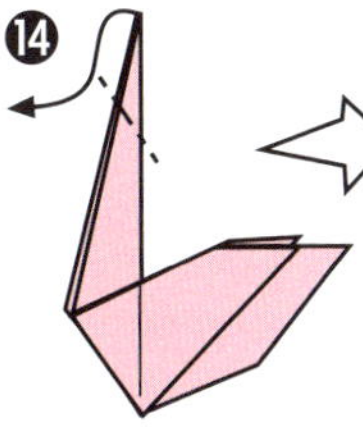
くちばしを折る。

⓯ 拡大図

両側とも外側の１枚を引き上げる。

⓰
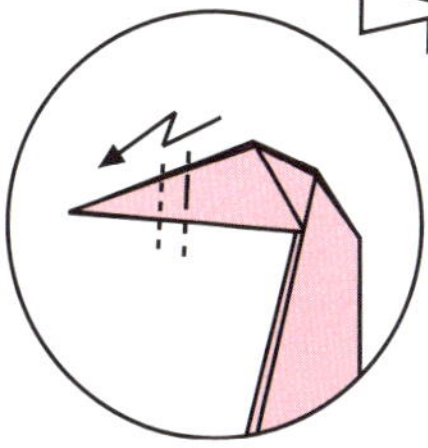
段折りでくちばしを折る。

⓱
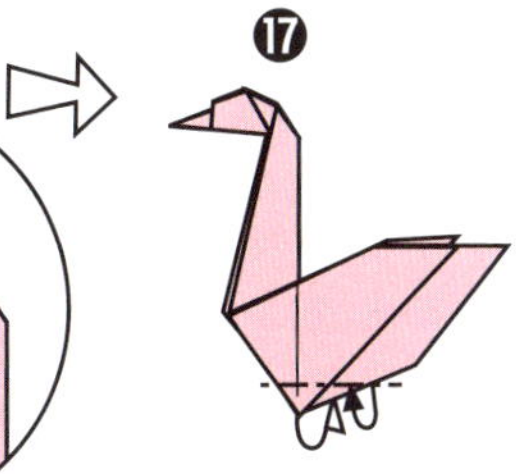
両側ともかどを内側へ折る。

できあがり

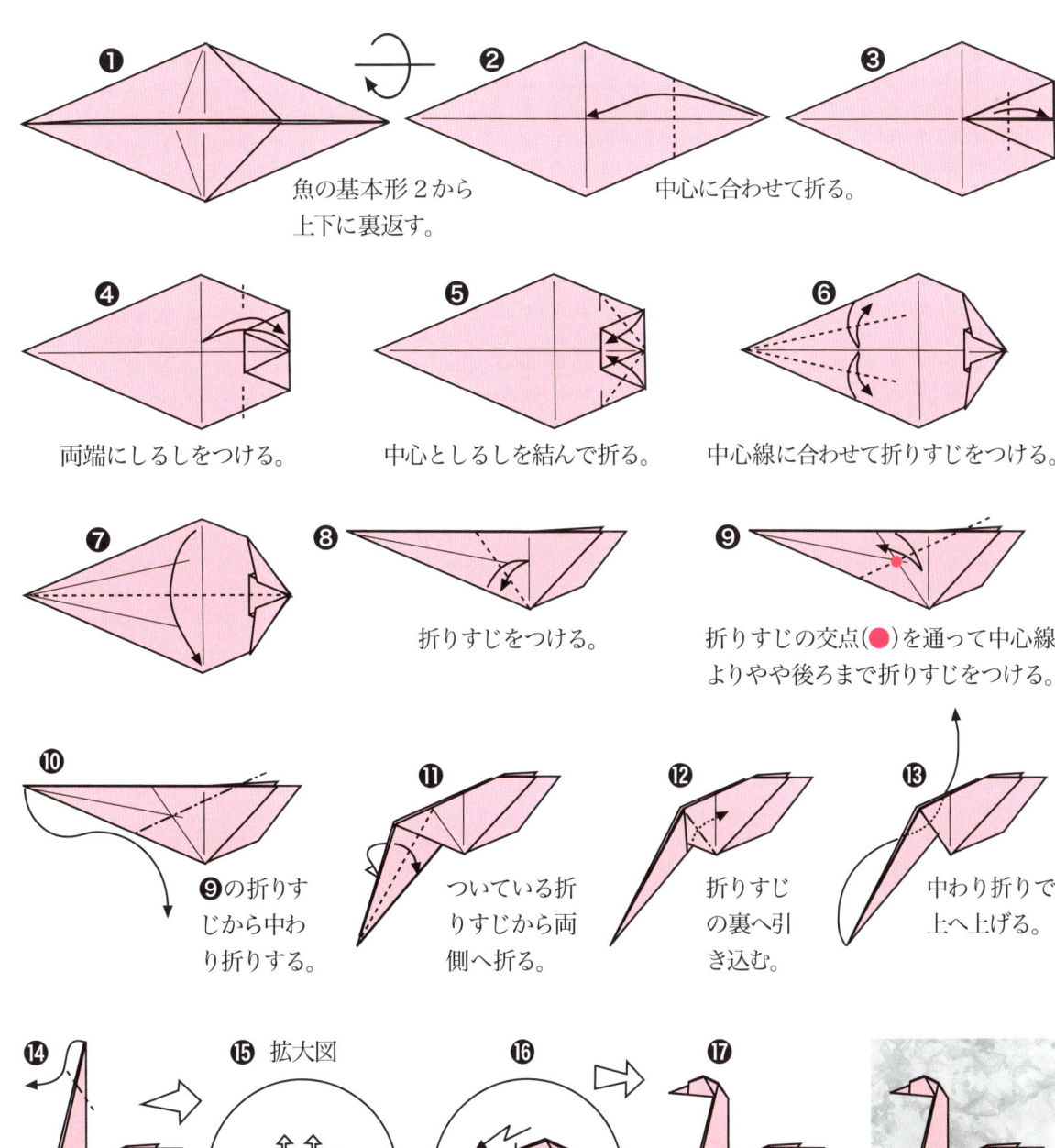

飛ぶ白鳥

難易度：☆☆

越冬地を目指して飛翔する白鳥。
❻〜❿を折り図を見ながらていねに折ってください。
用紙：白の折り紙　15×15cm　1枚

❶

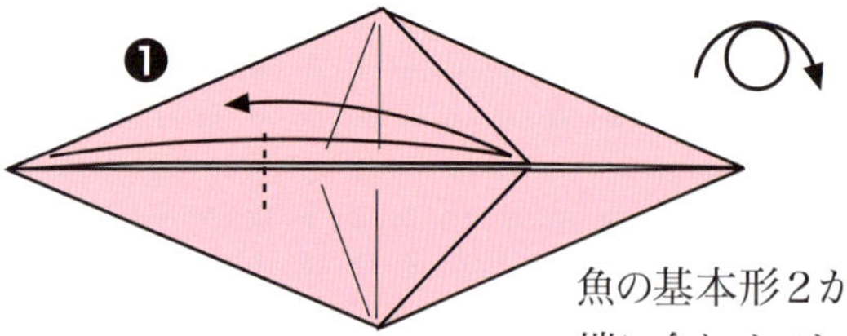

魚の基本形２から三角部分の端に合わせてしるしをつける。

❷

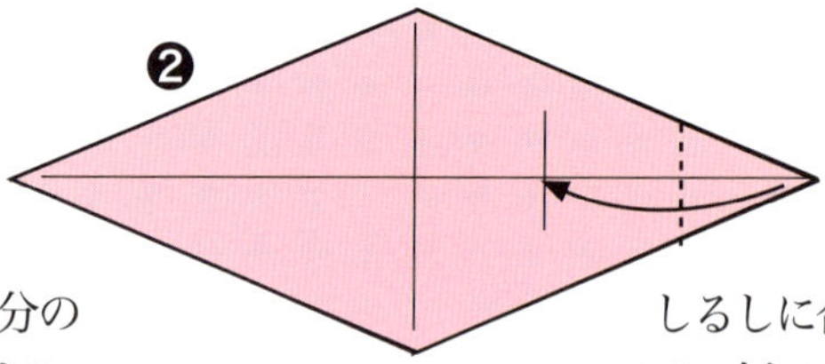

しるしに合わせて折る。

❸

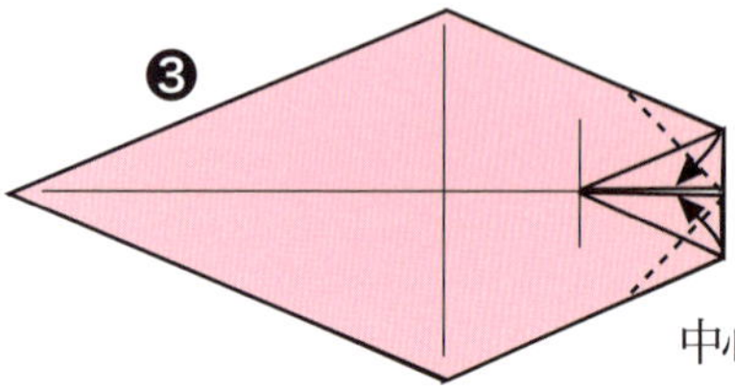

中心に合わせて折る。

❹

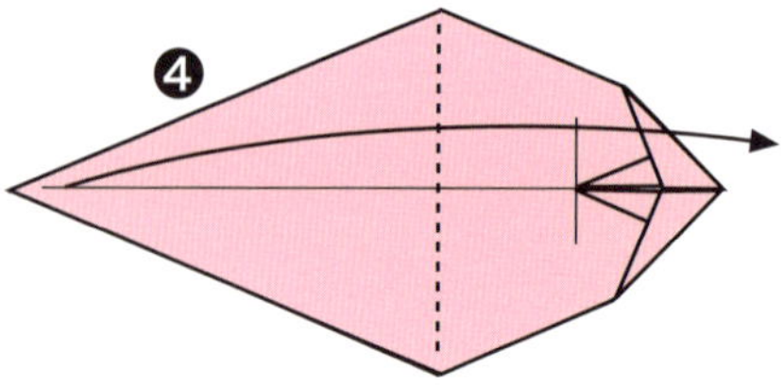

❺

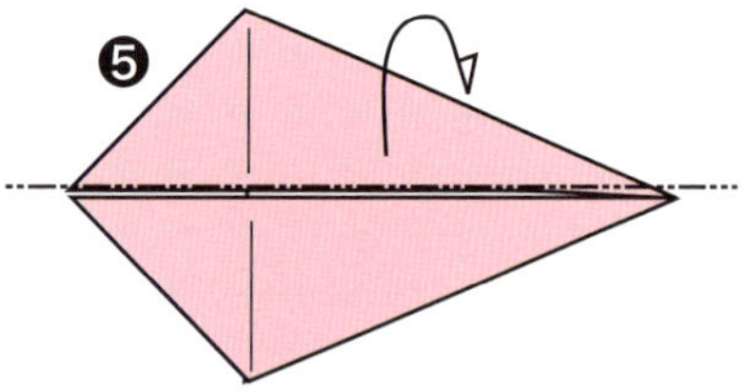

❻

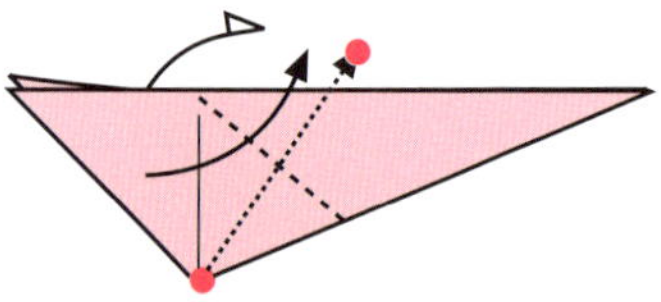

かど (●)が少し上に出るように折る。反対側も同様に。

❼

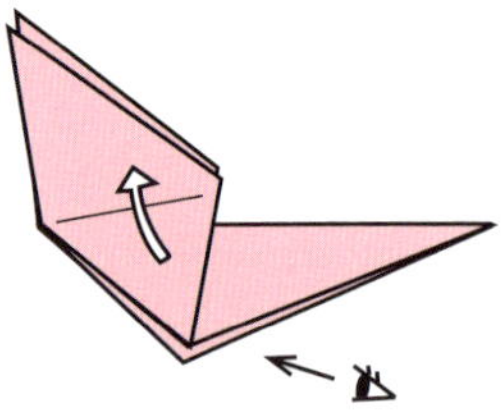

広げて内側を見る。

❽

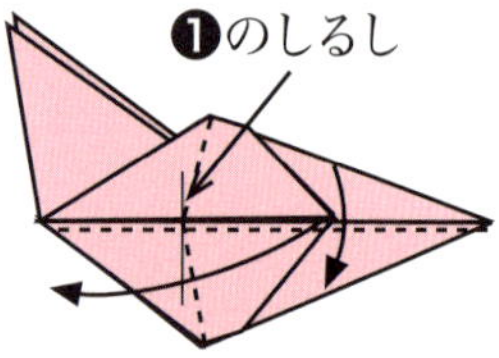

❶でつけたしるしから折り返して尾を作りながら、全体をたたんで折りをもどす。

❾

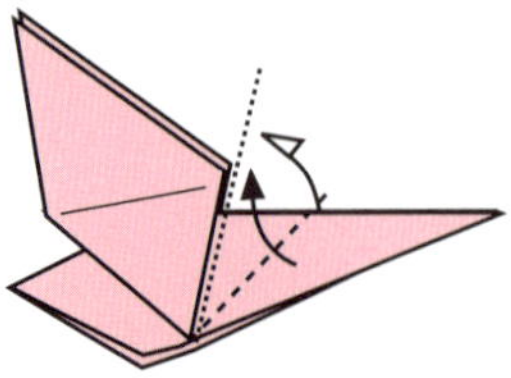

端に合わせてかぶせ折りする。

❿

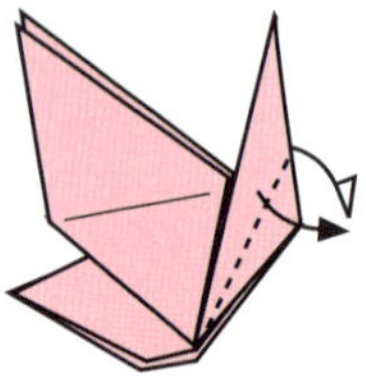

さらに端に合わせてかぶせ折りする。

⓫

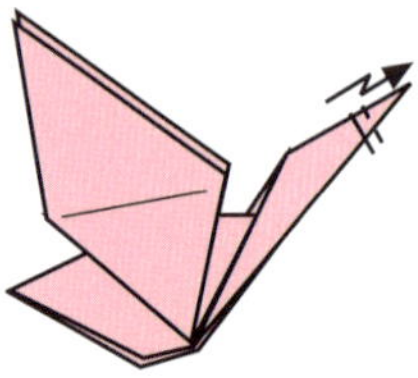

段折りでくちばしを折る。

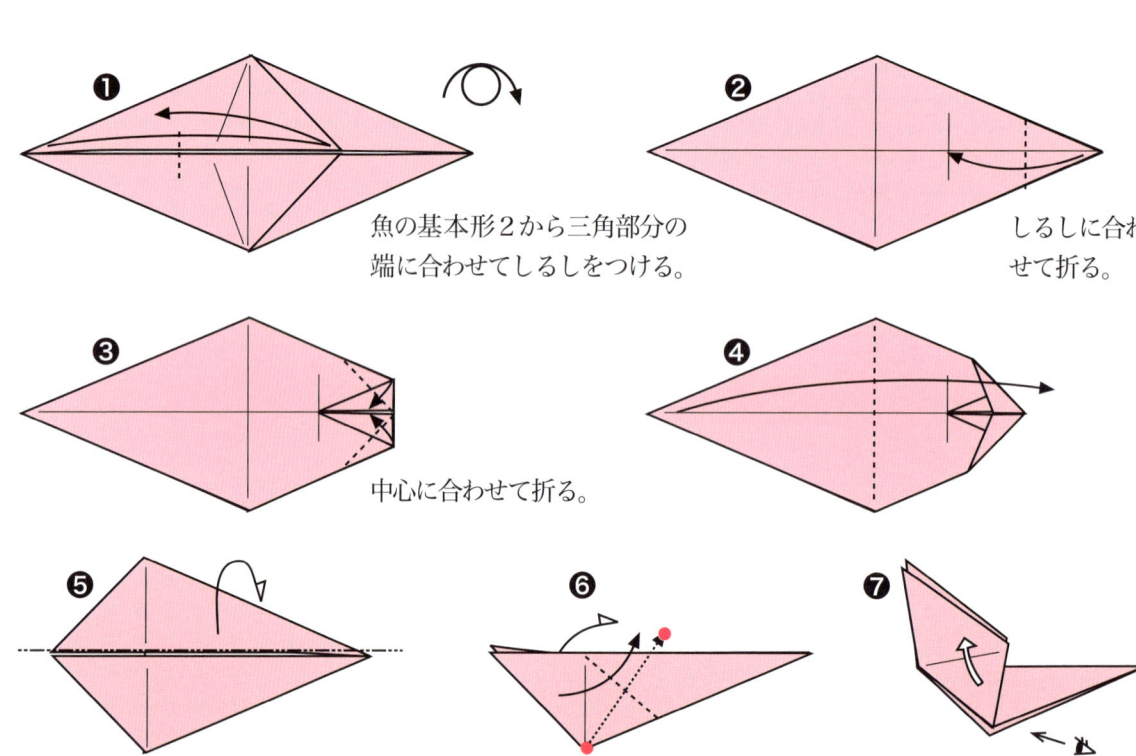

泳ぐあひる

難易度：☆☆

折り紙の表裏の色のちがいを生かしてくちばしを折ります。
あひると白鳥の姿のちがいを考えながら折ってみましょう。
用紙：オレンジ色の折り紙　15×15cm　1枚

❶

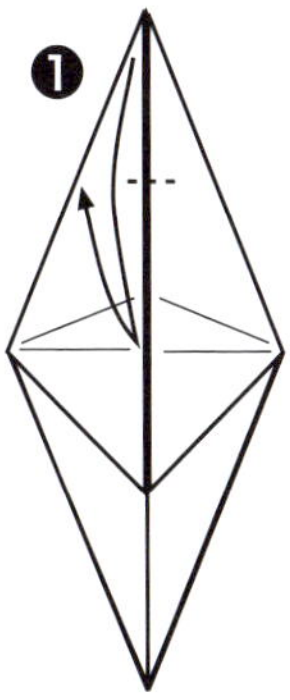

紙の裏が出るように魚の基本形2を折る。頂点を中心に合わせてしるしをつける。

❷

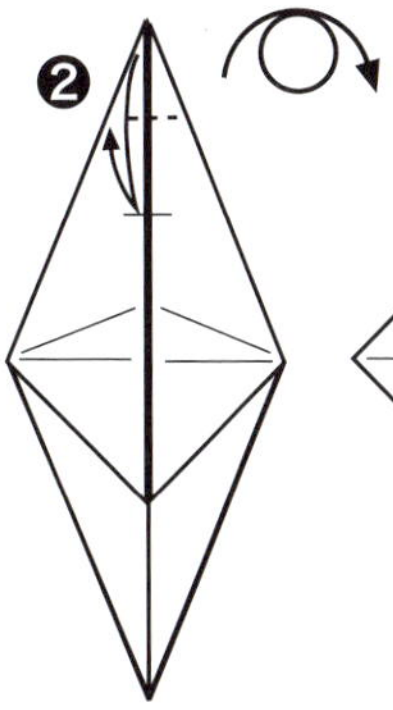

しるしに合わせて次のしるしをつけてから、全部開く。

❸

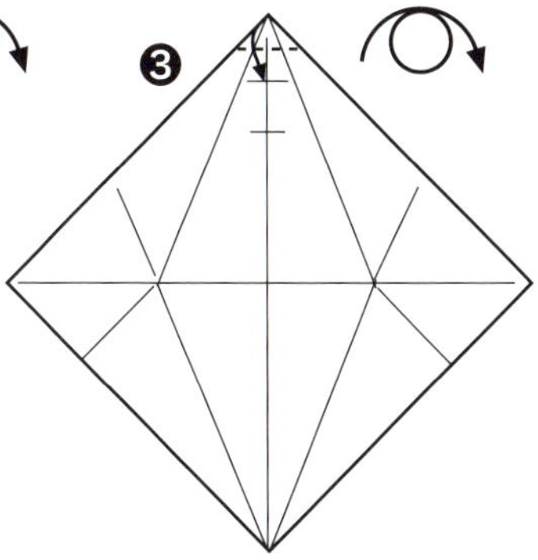

上のかどを❷のしるしに合わせて折る(これがくちばしになる)。

❹

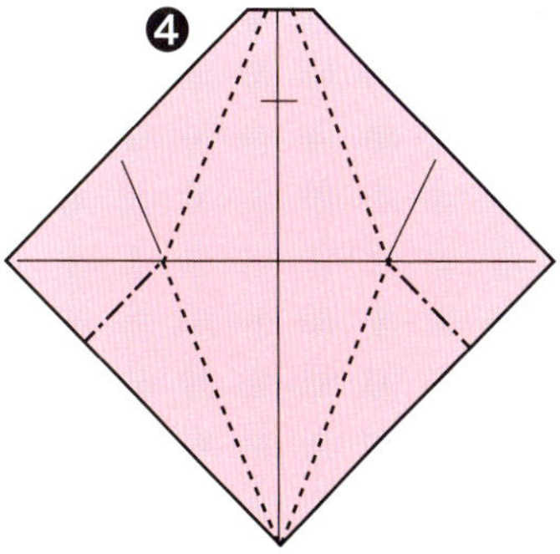

折りすじのように、❶の魚の基本形の折りをたたむ。

❺

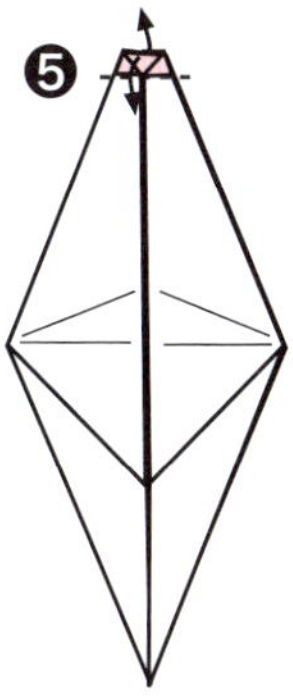

頂点部分を裏から出しながら、色の境目から折る。

❻

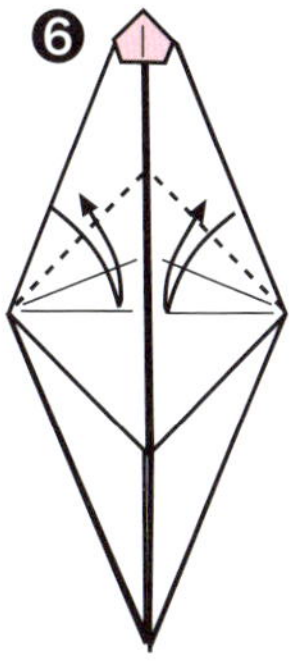

❼

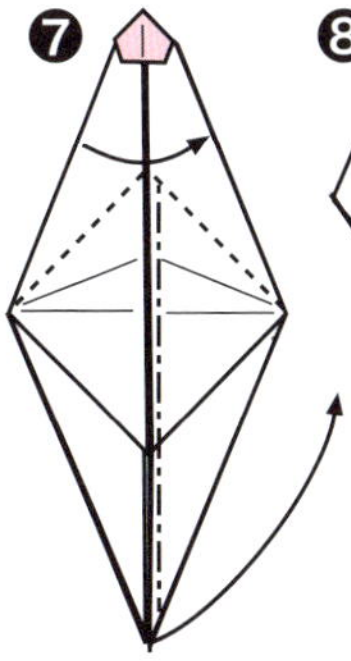

❻の折りすじから中わり折りする。

❽

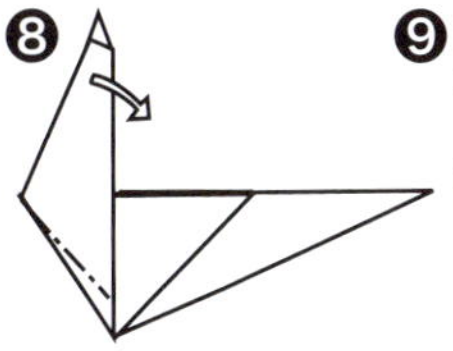

少し後ろへずらす。

❾

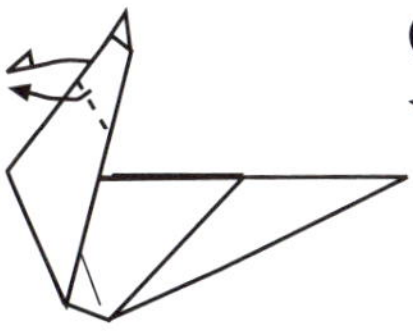

頭の形を考えてかぶせ折りする。

❿

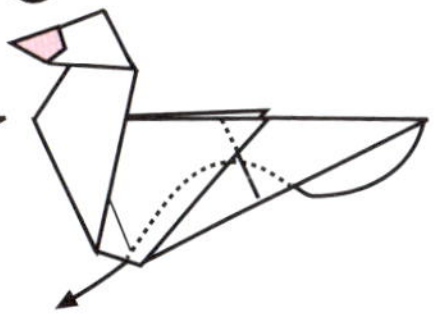

翼の少し内側から中わり折りする。

⓫

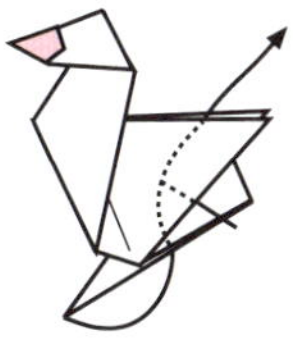

尾羽根が出るように中わり折りする。

⓬

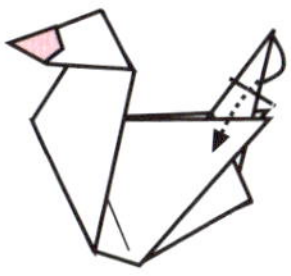

尾の先を中わり折りする。

⓭

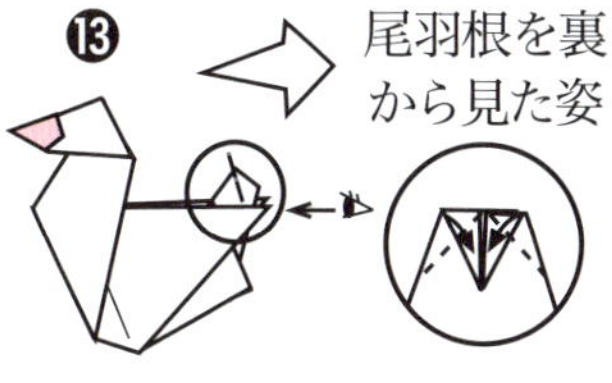
尾羽根を裏から見た姿

尾羽根のかどを内側へ折る。泳ぐ姿を考えて首と頭部をやや前傾させる。

⓮

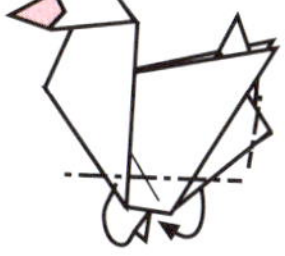

腹側と胴の後ろのかどを内側へ折って、姿を整える。

できあがり

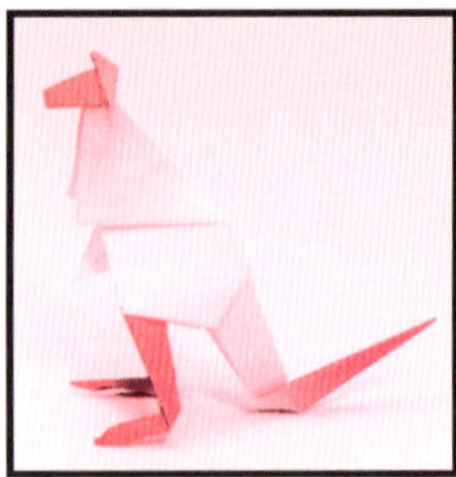

カンガルーの親子

難易度：☆☆☆

有袋類のカンガルーはおなかの袋で赤ちゃんを育てます。
最後に赤ちゃんが出てきます。⓴㉑の頭の折りが難しい。
用紙：折り紙　15×15cm　1枚

❶
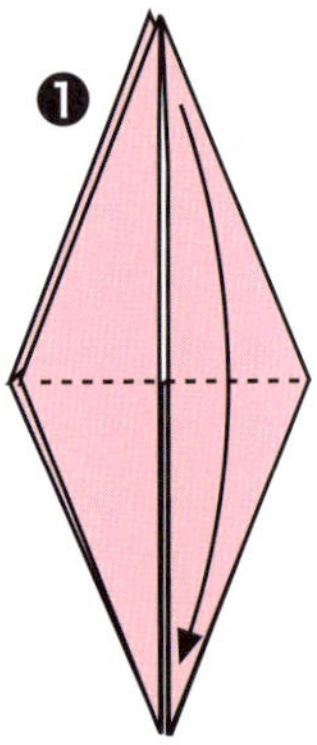
つるの基本形
1から上の1
枚を下げる。

❷
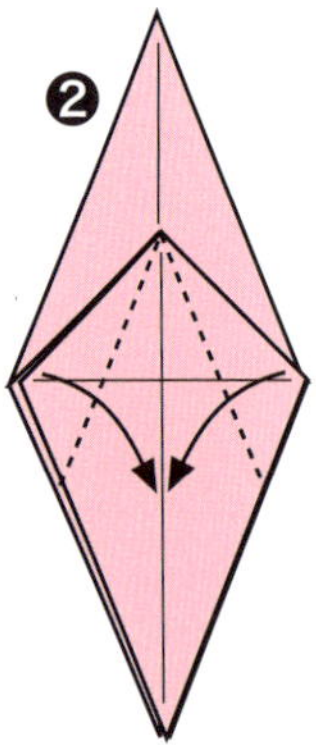
上の1枚を
中心に合わ
せて折る。

❸
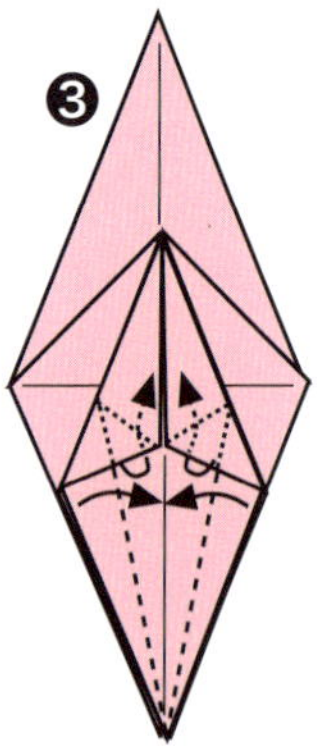
さらに中心に合わせて折
る。内側の1枚をきちん
とたたみ、外側はもどす。

❹
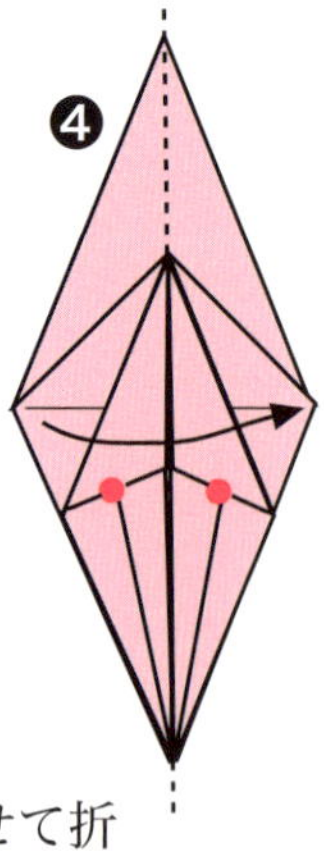

❺
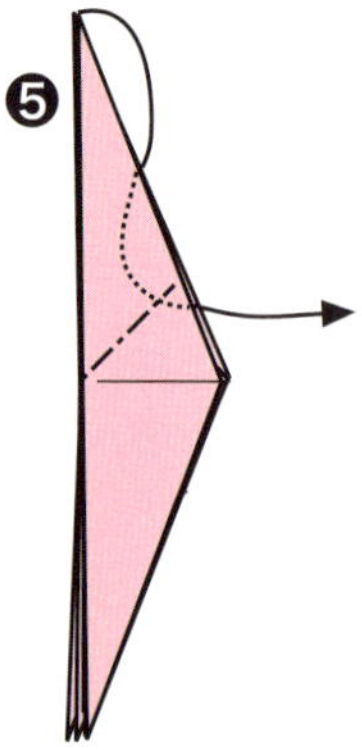
まとめて
中わり折
りする。

❻
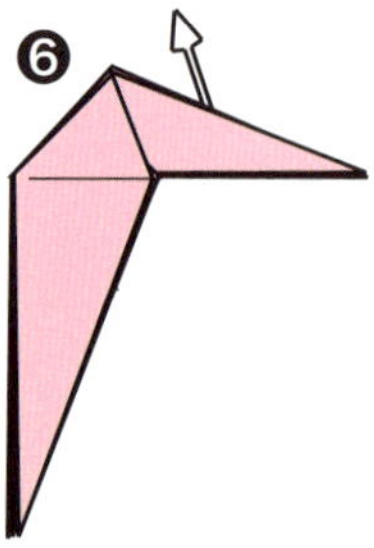
上の1枚だけもどす。
残った内側の1枚が赤
ちゃんになる(㉓参照)。

❼
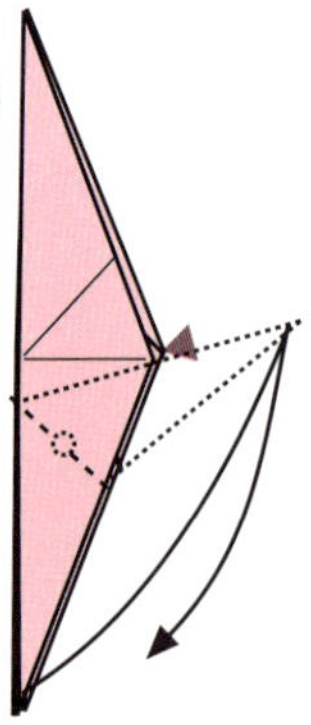
❹の●の位置を通るよう
に折り、辺が▲を通るよ
うに折りすじをつける。

❽
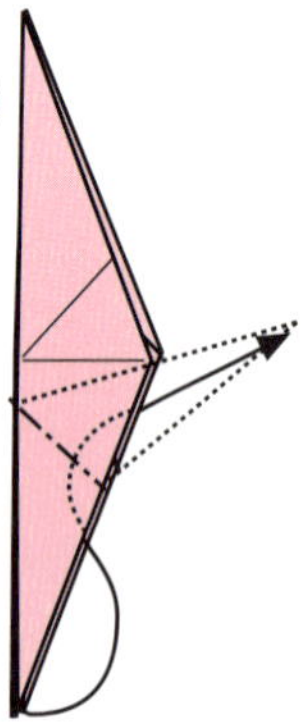
❼でつけた線から
中わり折りする。
反対側も同じ。

❾
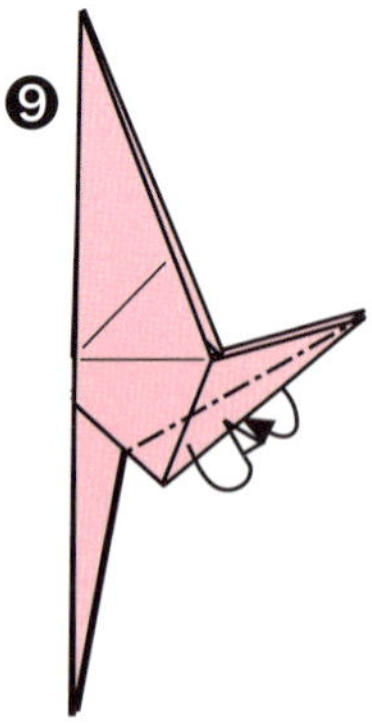
内側へ折って幅
を半分にする。
反対側も同じ。

❿
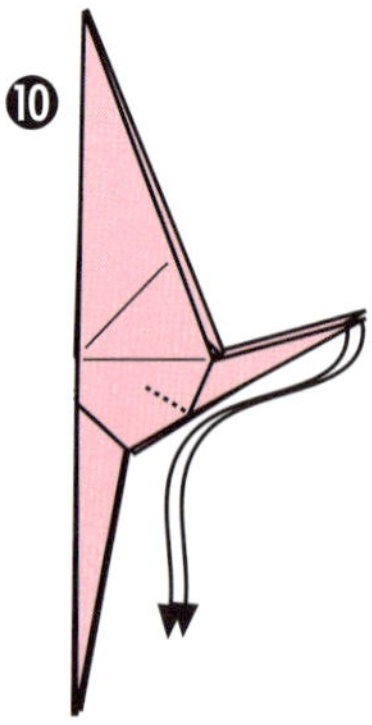
中わり折り
で下げる。

⓫
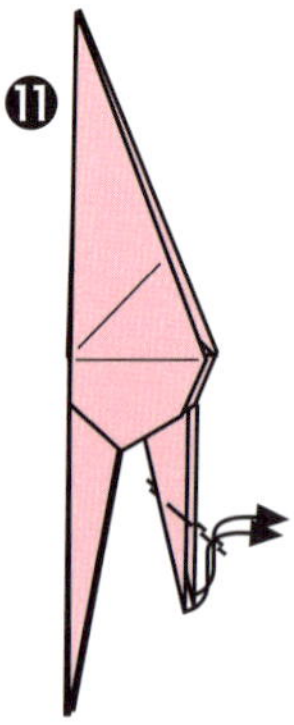
中わり折り
で足を折る。

⓬
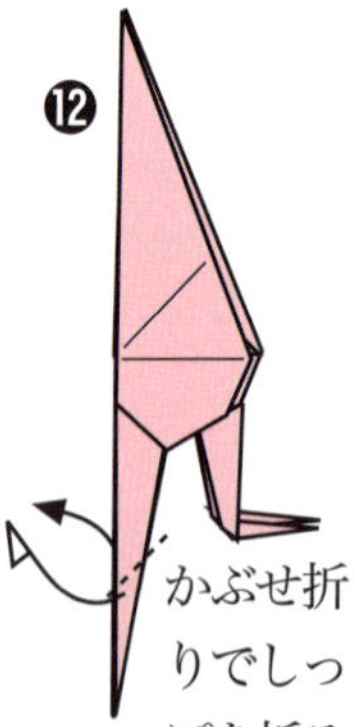
かぶせ折
りでしっ
ぽを折る。

⓭
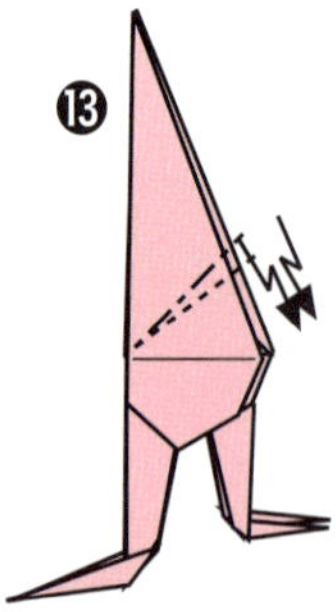
❺でついた線を山
にして段折りする。

⓮
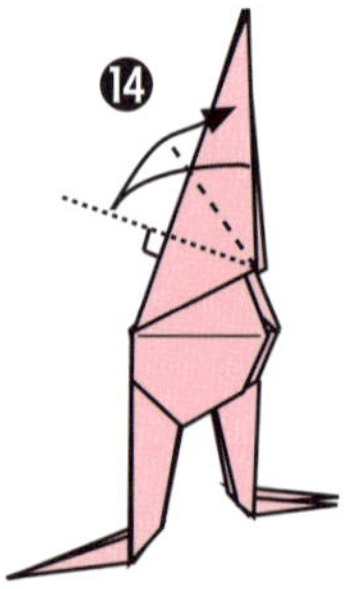
折り端が直角に交叉する
ように折りすじをつける。

⓯

⓮の折りすじから
かぶせ折りする。

⓰
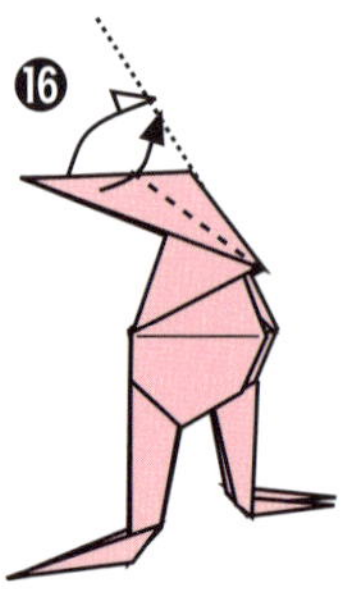
さらにかぶせ折
りで折り返す。

⑰
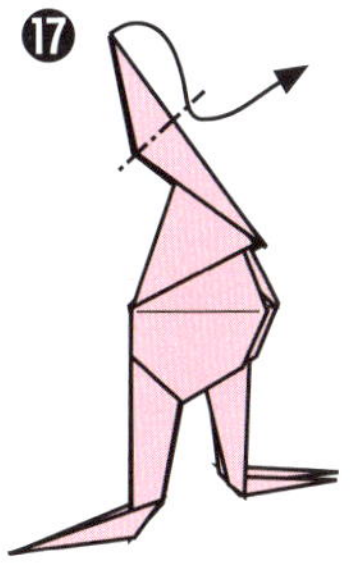
中わり折りで頭を折る。

⑱
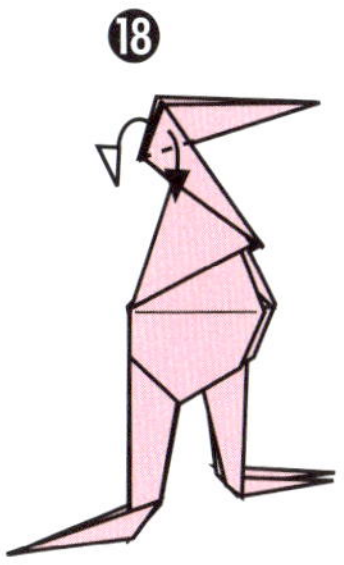
両側へ下げる。

⑲
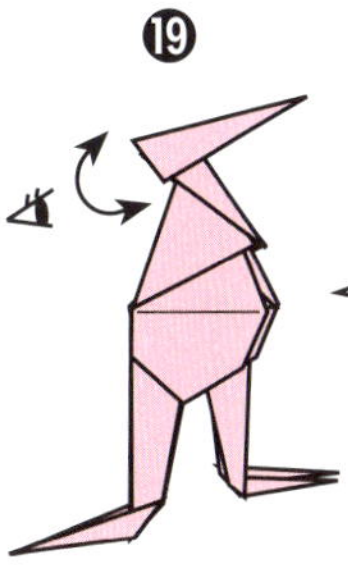
後ろ側を広げて見る。

⑳
後ろ側を広げて見た姿
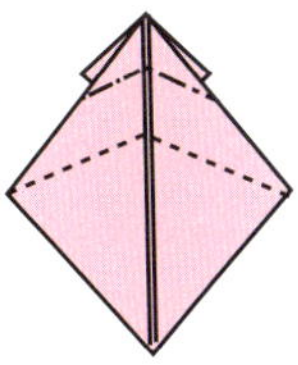
図のように山線と谷線をつける。

㉑
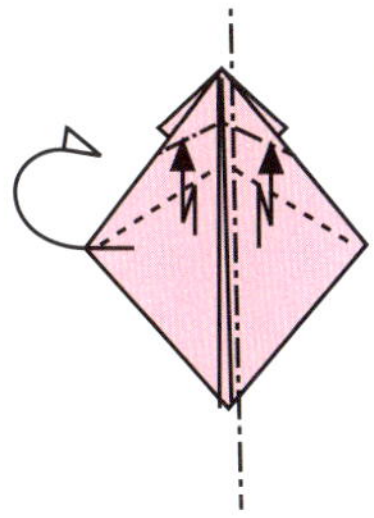
折りすじに従って斜めに段折りしながら、中央から半分に折る。

㉒

㉓
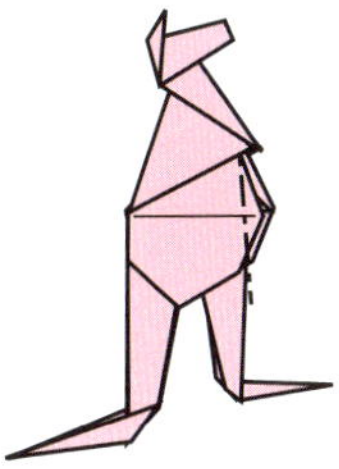
おなかを内側へ折ると赤ちゃんが出てくる。

できあがり

赤ちゃんはおなかの中から顔を出します。

りす

難易度：☆☆☆

体を細くし、しっぽをふくらませるとリスらしくなります。
尾の内側を広げるとぺちゃんこの尾が立派な尾になります。
用紙：折り紙　15×15cm　1枚

❶
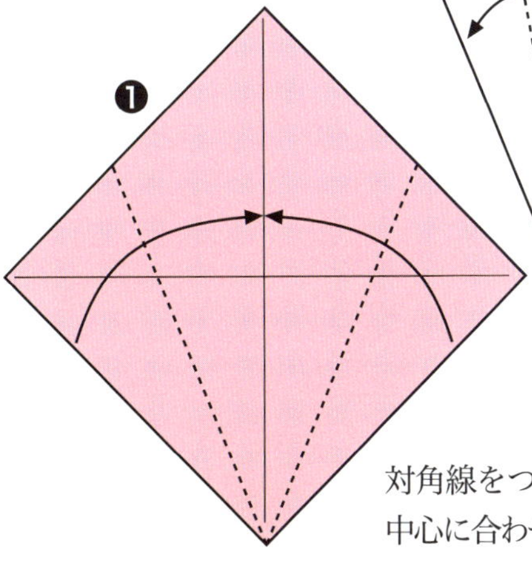
対角線をつけてから中心に合わせて折る。

❷
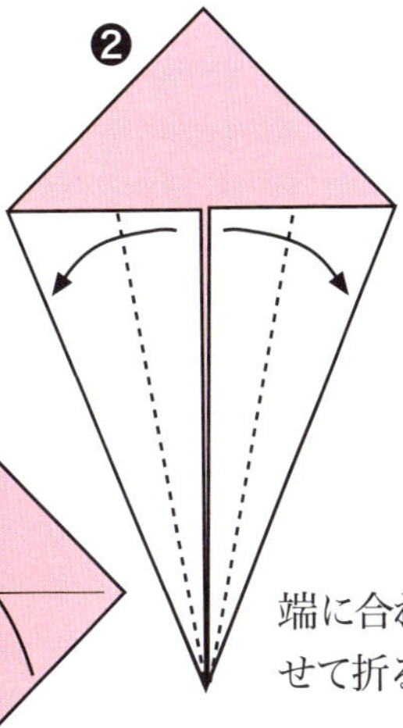
端に合わせて折る。

❸
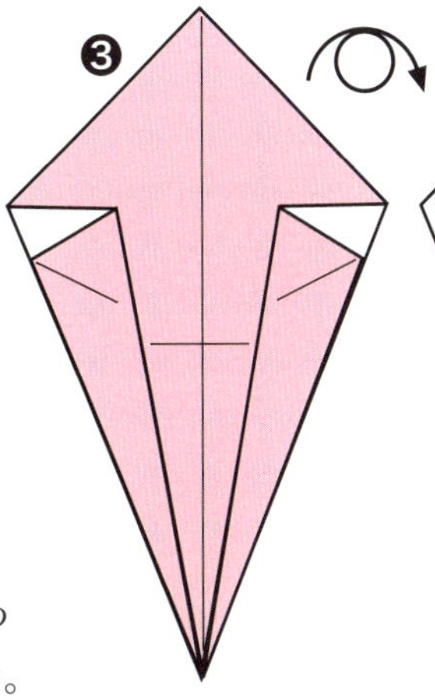

❹
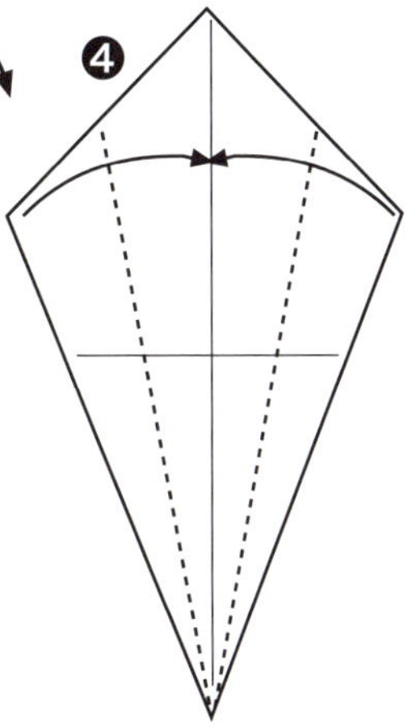
中心に合わせて折る。

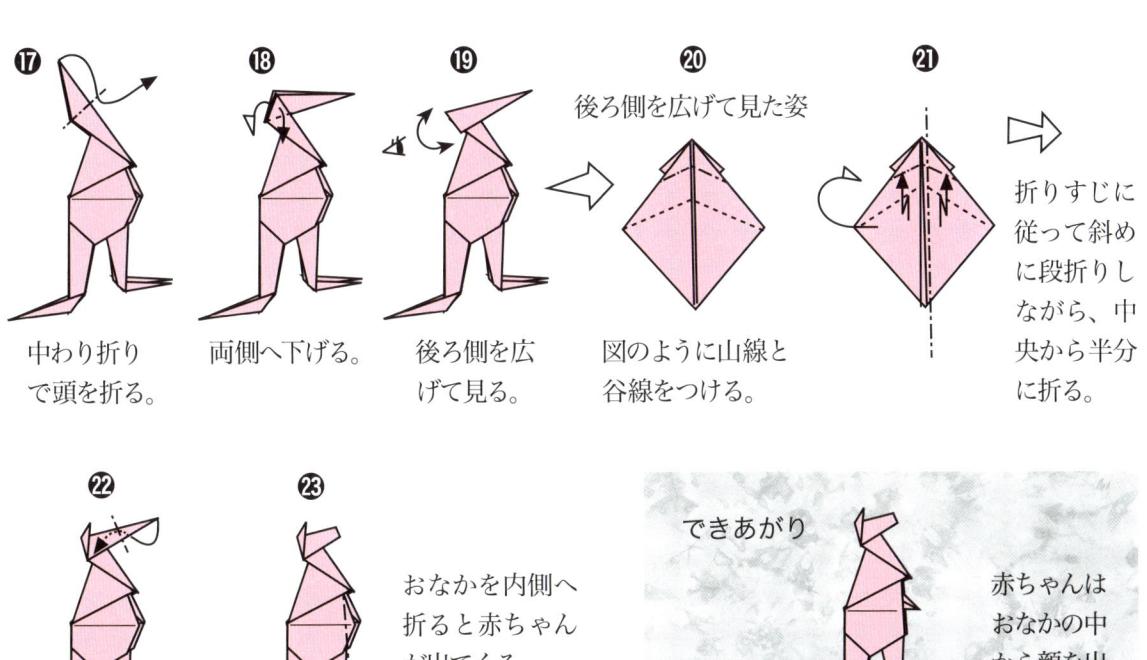

❺

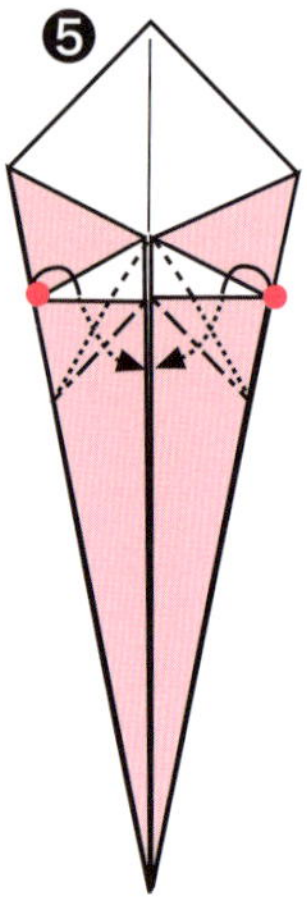

折りすじに従って両かど(●)を内側へ折り込む。

❻

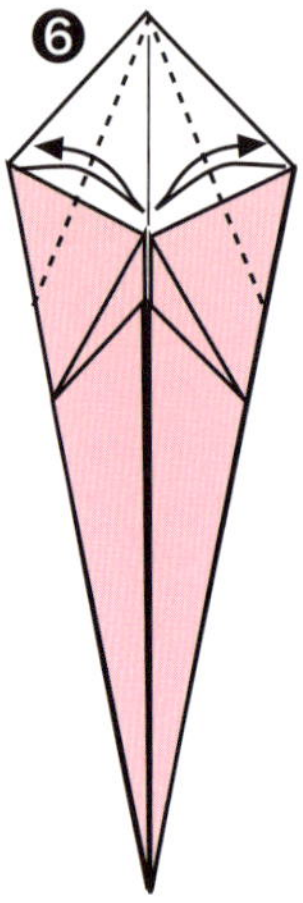

❼

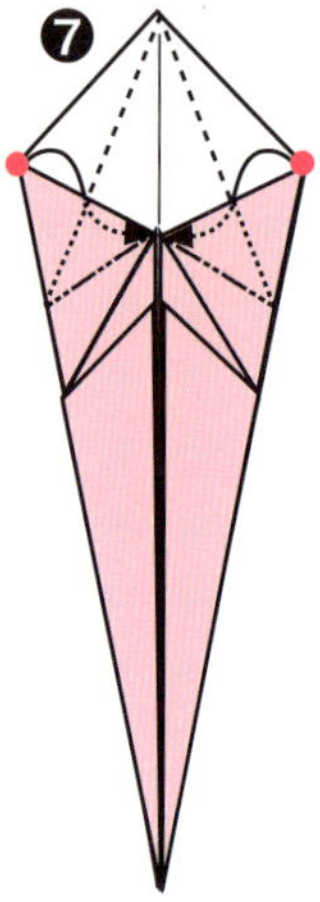

両かど(●)を内側へ折り込む。

❽

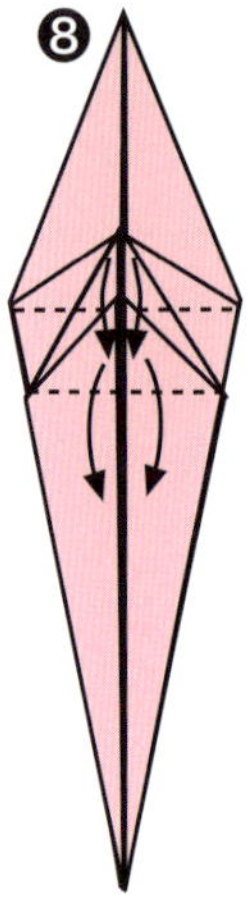

三角部分を下げる。

❾

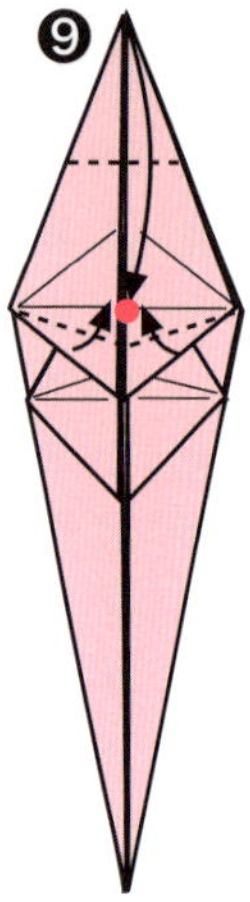

上の中心(●)に合わせて、上のかどと上の三角を折る。

❿

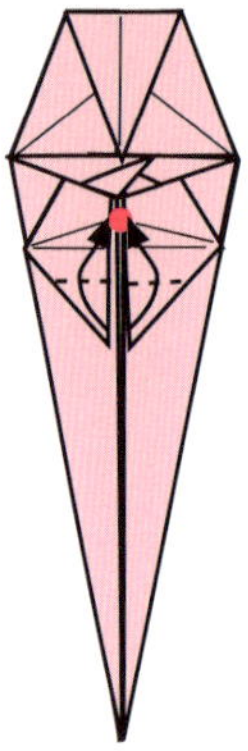

ついている折りすじのかど(●)に合わせて、下の三角を折る。

⓫

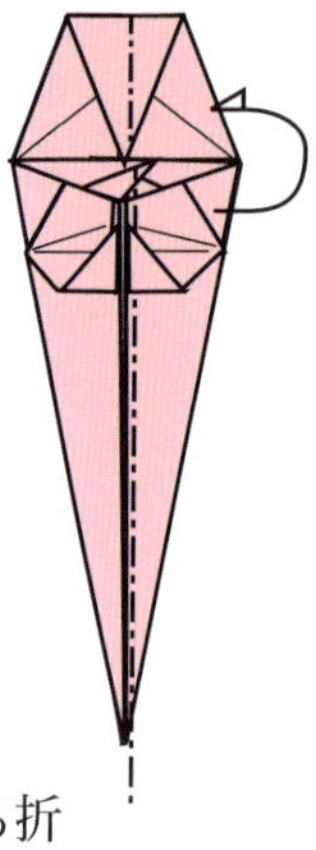

⓬

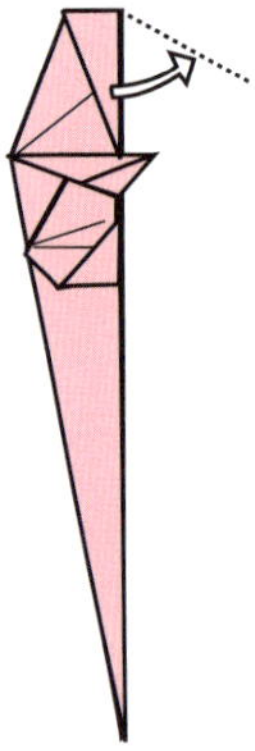

折り返した部分を斜めに引き上げる。

⓭

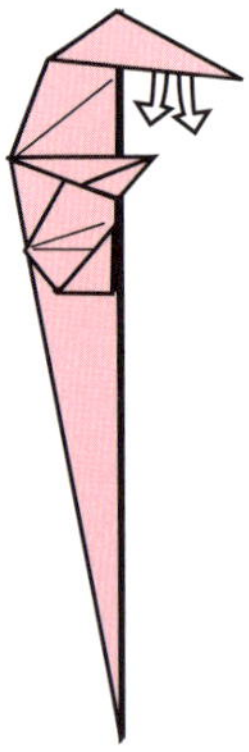

内側から引き出す。

⓮

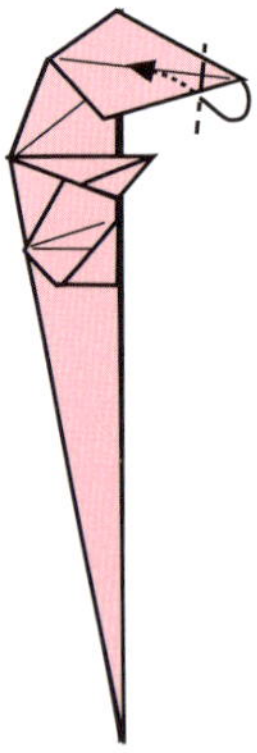

口先を中わり折りする。

⓯

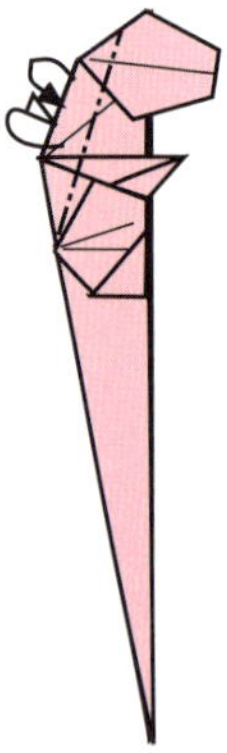

内側へ折って背中を細くする。

⓰

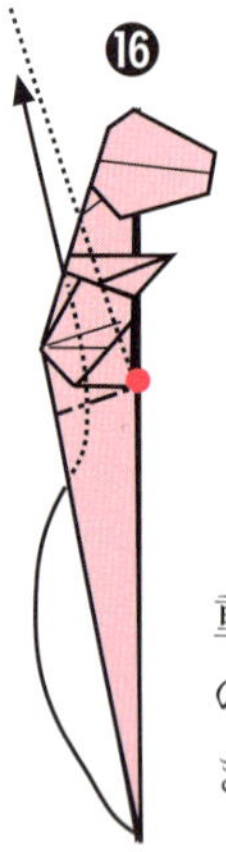

●から斜めに中わり折りする。

⓱

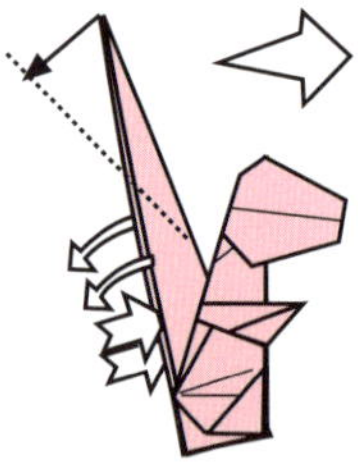

重なっている2枚の内側の1枚を引き出してずらす。

⓲

しっぽの拡大図

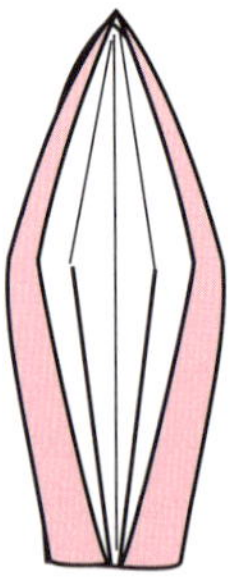

しっぽを真後ろから見た姿

⓳

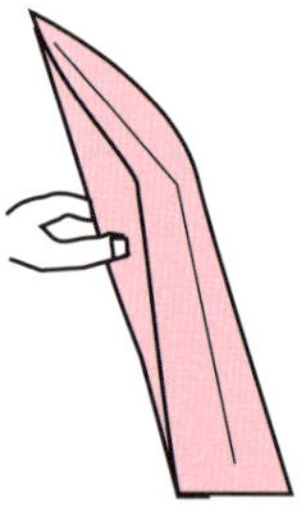

内側を広げながら全体をカーブさせる。

⓴

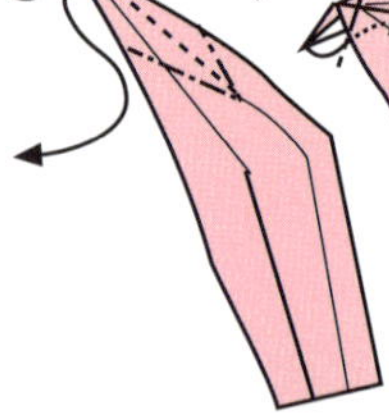

尾の先を裏からつまむ。

㉑

出ているかどを裏へ折る。

㉒

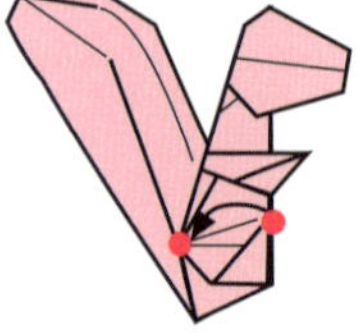

●と●を合わせて引きよせる。

㉓

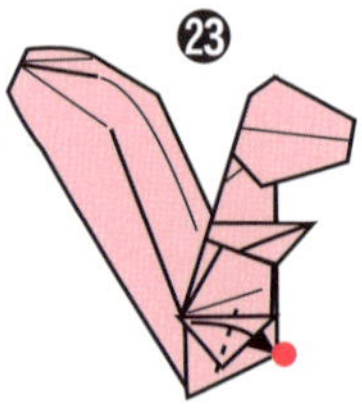

足先を前のかど(●)に合わせて折る。

㉔

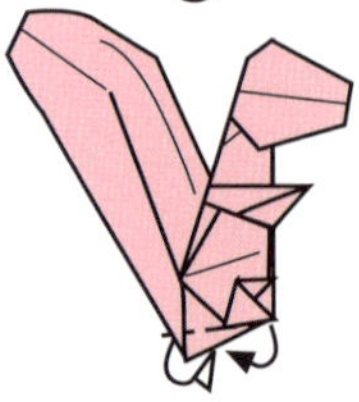

下のかどを折って姿を整える。

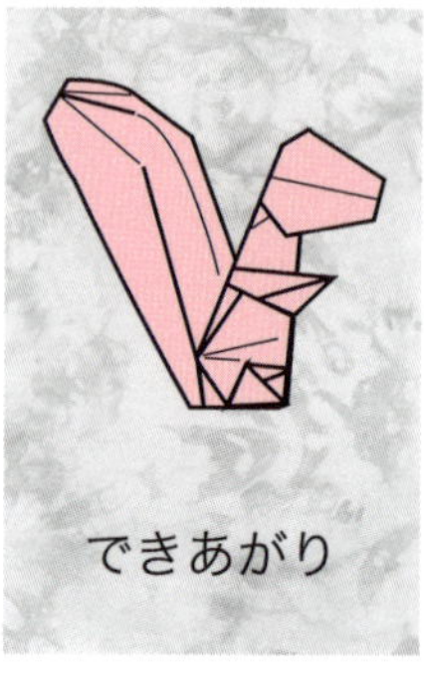

できあがり

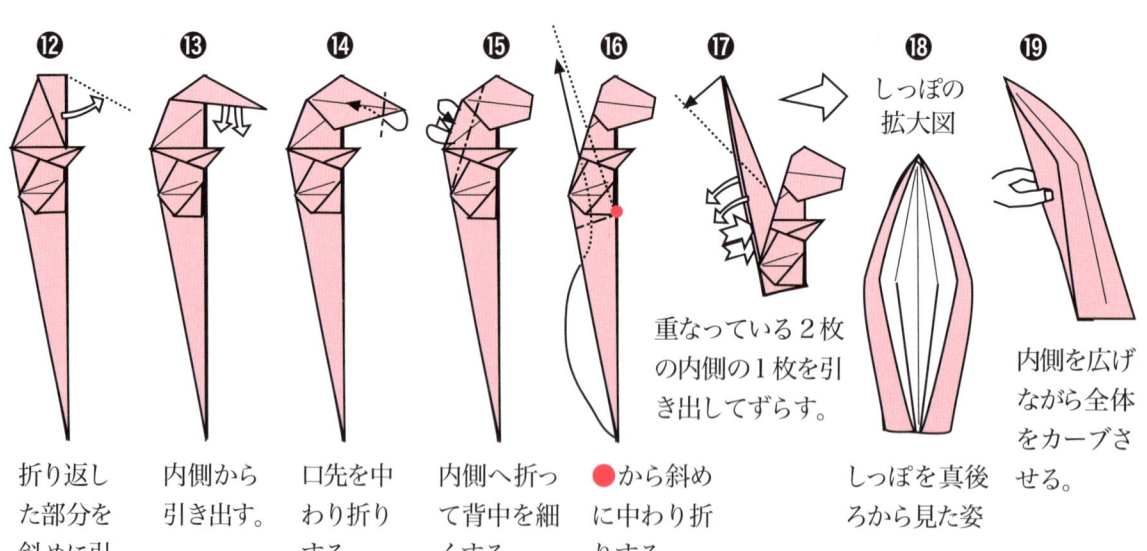

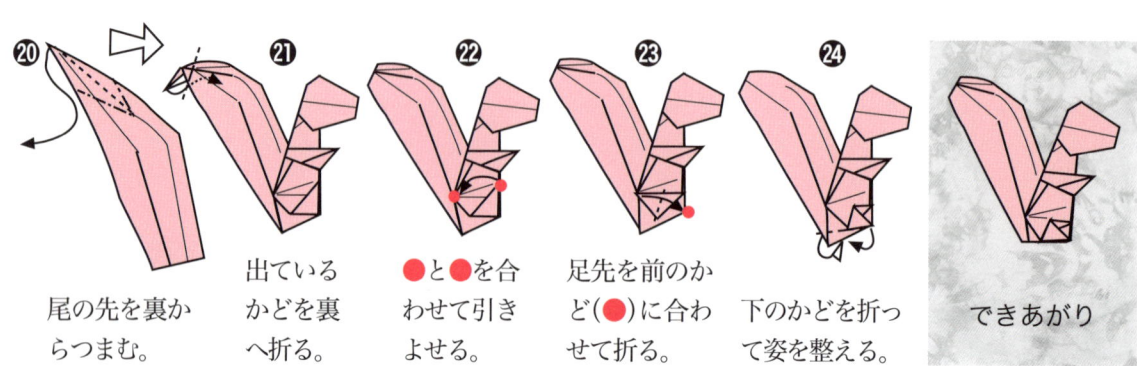

かめ (親・子・孫がめ)

難易度：☆☆☆

❻〜❾は足の付け根にあるかどを内側へ沈める方法です。
マスターすれば応用のできるテクニックです。
用紙：親がめ 体 折り紙 15×15cm 1枚。その他、下記の図参照

〈用紙サイズ〉

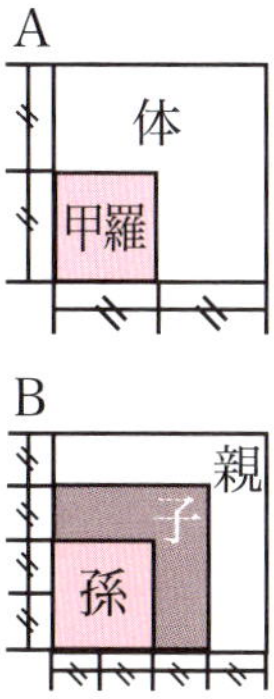

❶

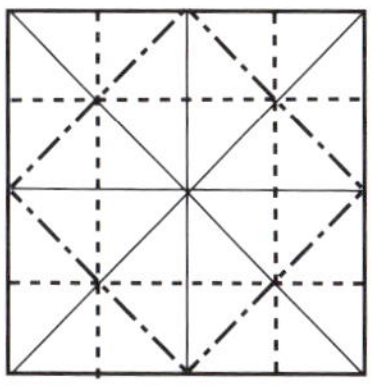

中心線と対角線をつけてから、図のように折りすじをつける。

❷

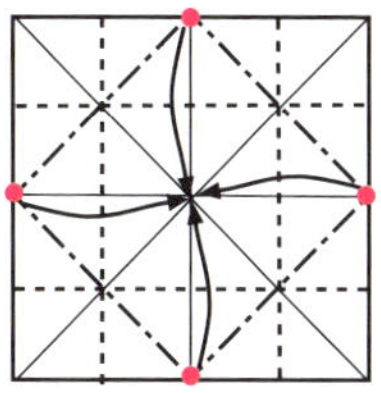

●を中心に集めて折りすじに従ってたたむ。

❸

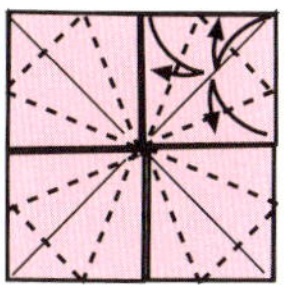

折りすじをつける。

❹

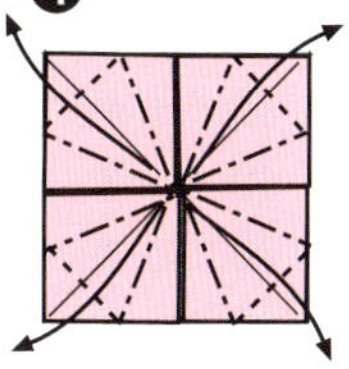

引き上げてつるのように折る。

❺

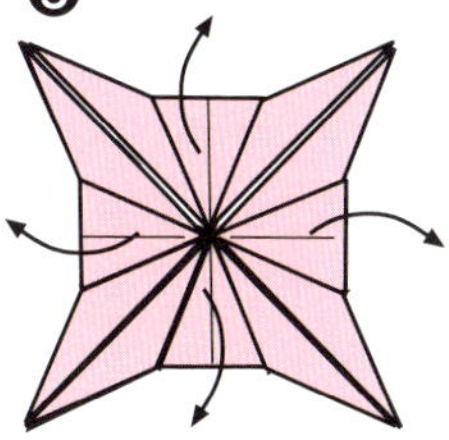

全部開く。

❻

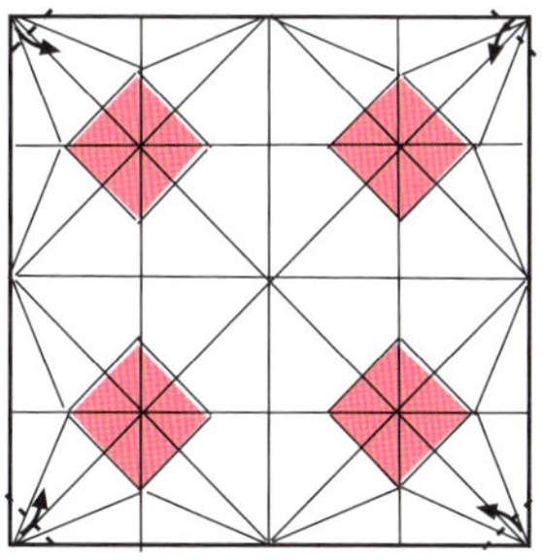

かどを少し折る。
■部分に注目。

❼

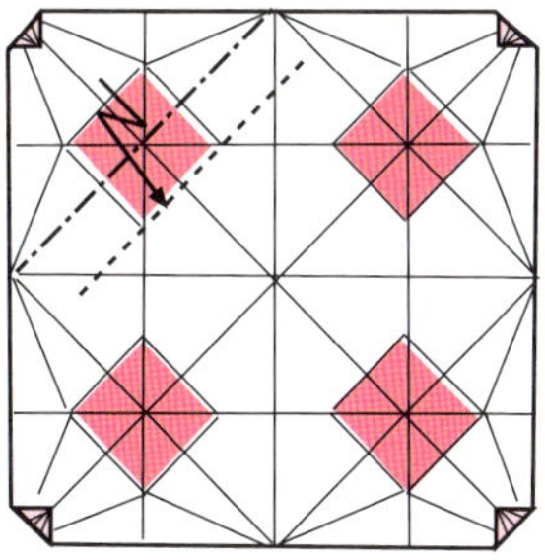

図の位置で段折りする。

❽

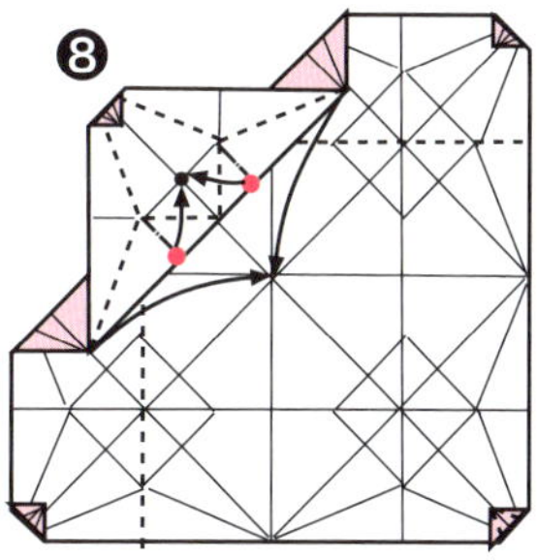

●を交点●に合わせて折りすじのようにたたむ。

❾

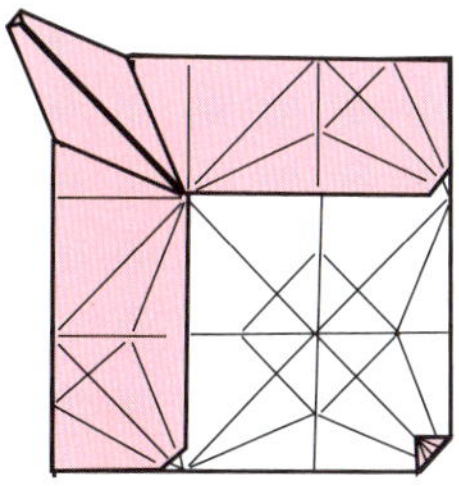

同じ方法で他のかども折る。

❿

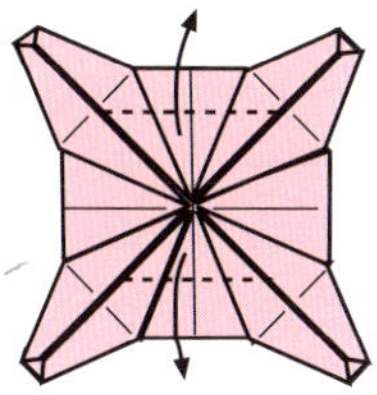

上(口側)は折れる所から折り、下(尾側)は少しだけ先が出るように折る。

⓫

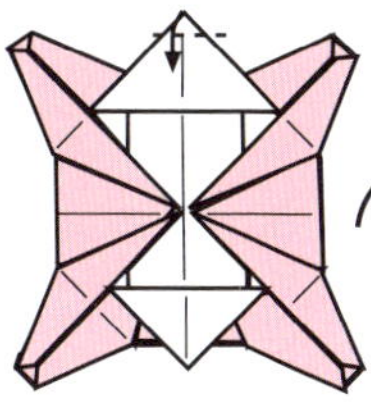

上を少し折って口先にする。

⓬

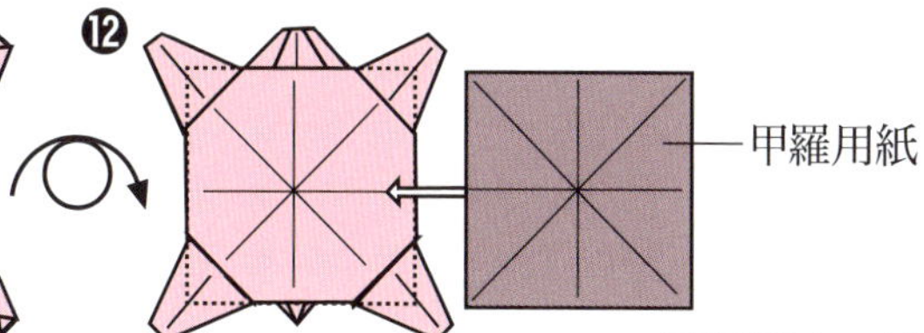

甲羅用紙を乗せて4つのかどに折り込む。

甲羅用紙に対角線と中心線をつけておく。

⓭

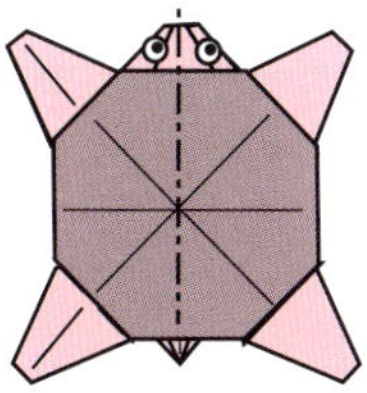

甲羅の中心を山にして立体感を出し、目のシールをはる。

〈親がめ子がめ孫がめ〉できあがり

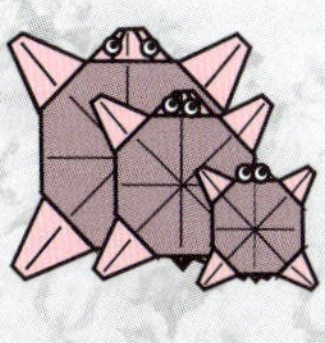

「用紙サイズ」図Bのように少しずつ用紙を小さくして親・子・孫を折ります。

ぴょんぴょんがえる〈伝承〉

難易度：☆

遊べる伝承折り紙の傑作です。跳び上がる力は２枚重ねをさらに折ることで生じます。折ったら跳び比べをしてみましょう！

用紙：折り紙　15×15cm　１枚

❶

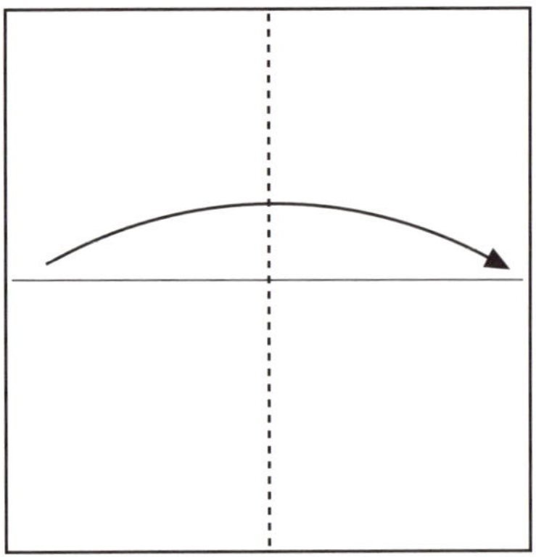

縦横の中心線をつけてから半分の幅に折り、このあと反発力を保持するため二重で折り進める。

❷

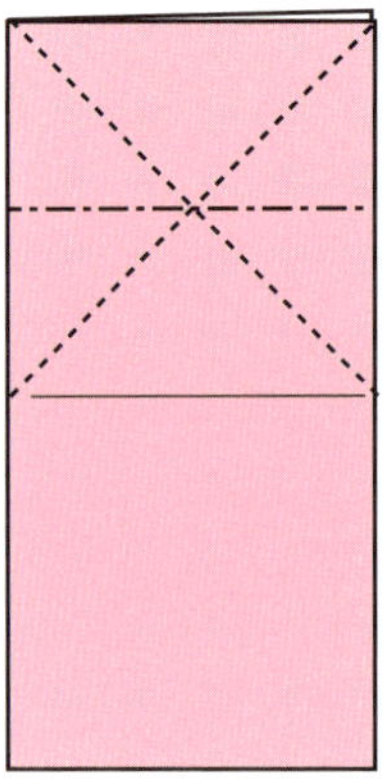

折りすじをつける。

❸

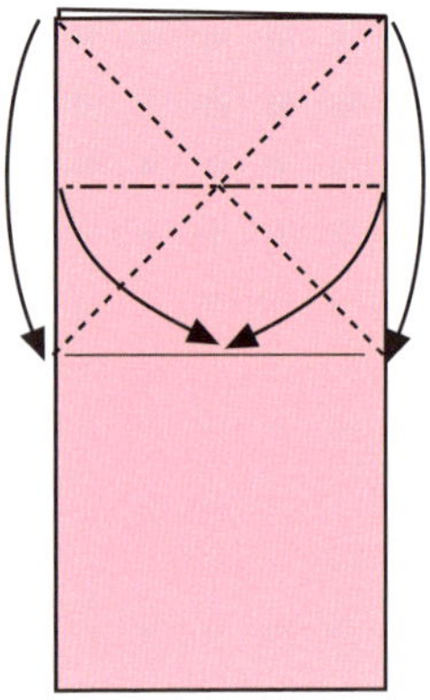

折りすじに従ってまとめて折る。

❹

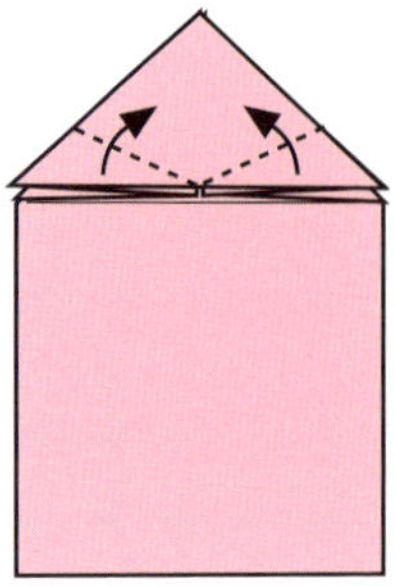

斜めに折って前脚を作る。

❺

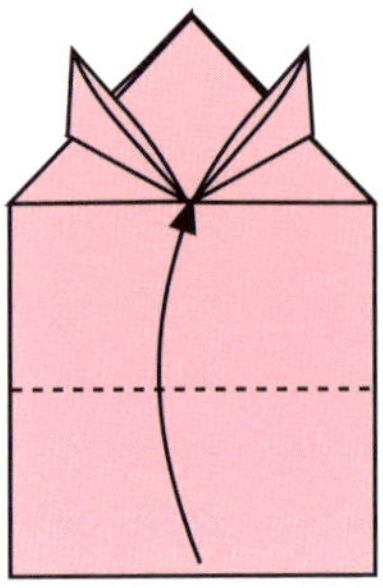

下の部分を半分に折る。

❻

左右を中心に合わせて折る。

❼

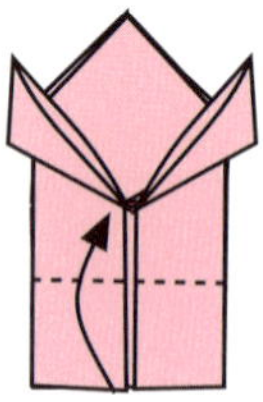

❽

❾

かぶっている１枚を横に引き出す。

❿

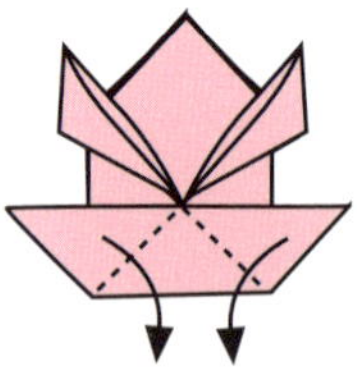

かどを折り下げる。

⓫

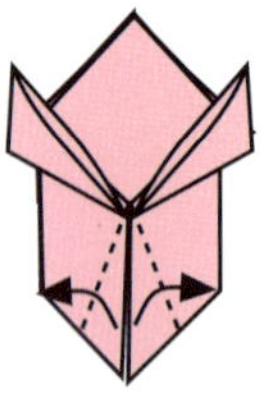

斜めに折って後ろ脚を出す。

⓬

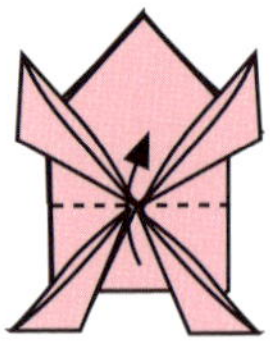

⓭

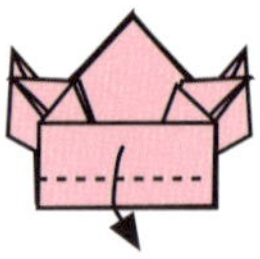

折り返す。

⓮

完成。裏から見た姿。

できあがり

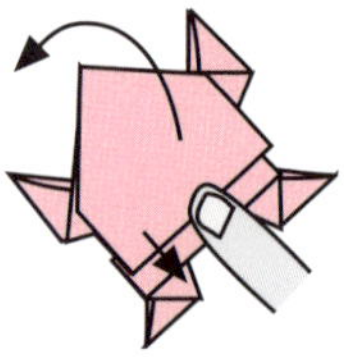

指でおさえて下にすべらせると跳びあがります。

ロブスター

難易度：☆☆

背中の中心を山折りすると立体感が出ます。
こどもたちの目にはザリガニに見えるかもしれませんね。
用紙：折り紙　15×15cm　1枚

❶

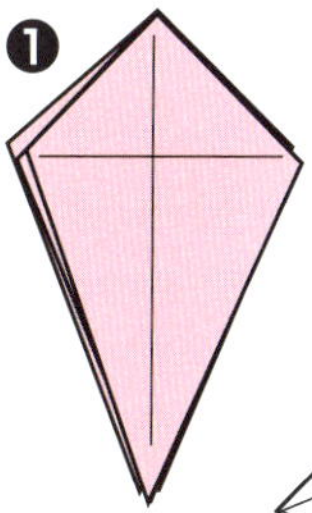

つるの基本形2から全部開く。

❷

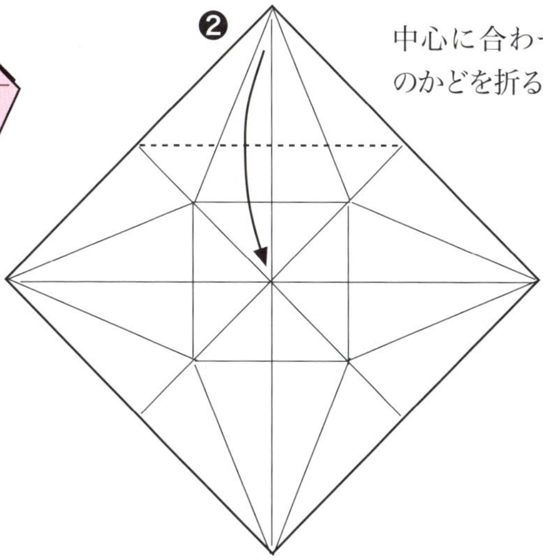

中心に合わせて1つのかどを折る。

❸

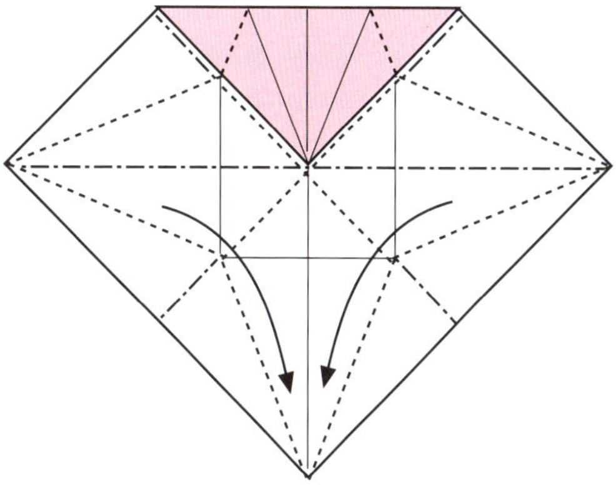

たたむように折って、❶(つるの基本形2)にもどす。

❹

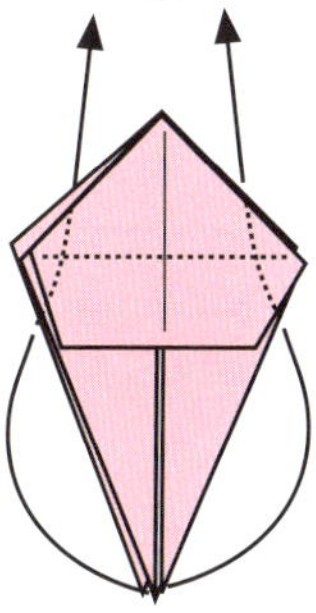

中わり折りで上げる。

❺

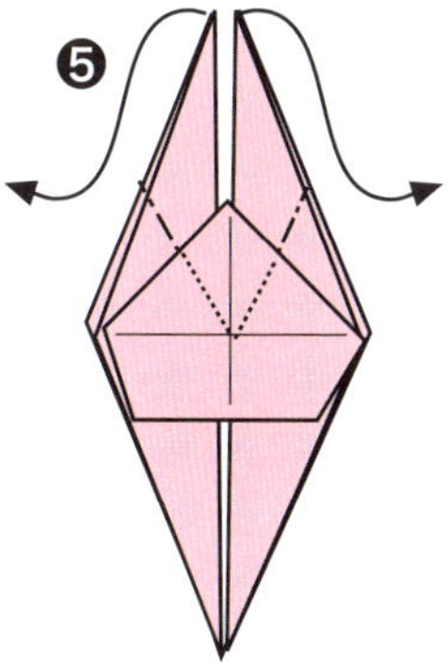

中わり折りで斜めに折る。

❻

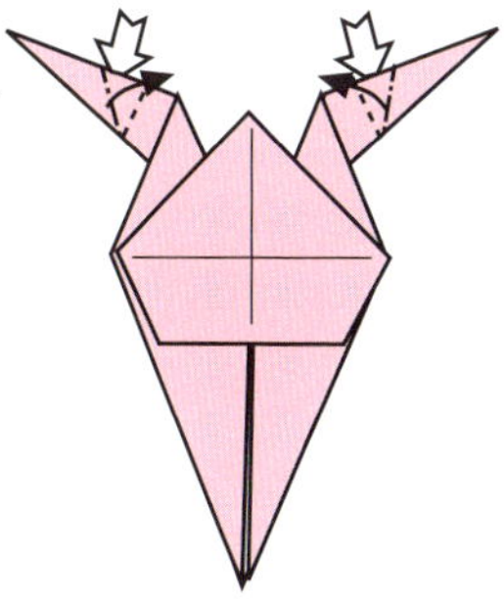

はさみの形を考えて開いてつぶす。

❼

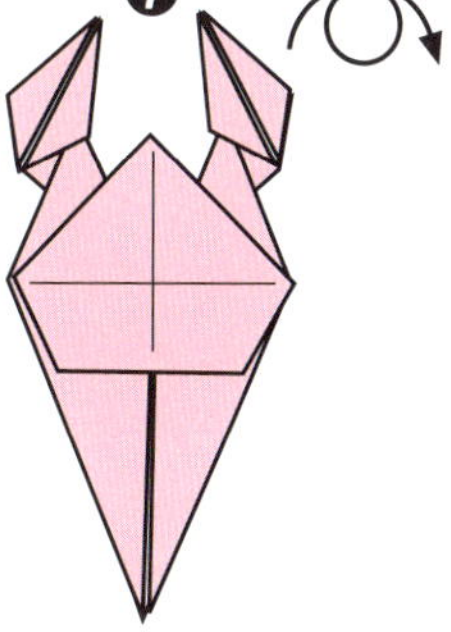

❽

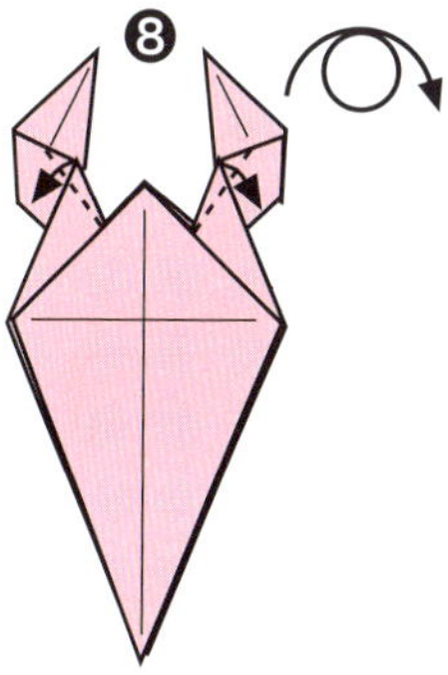

裏から折って腕部分を細くする。

❾

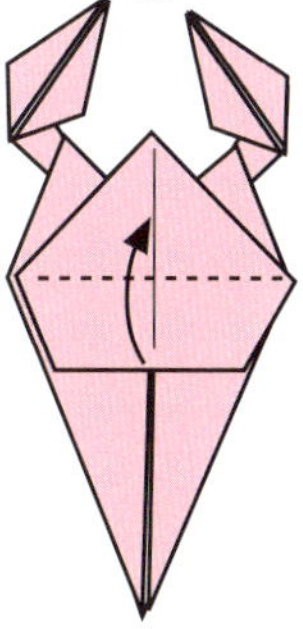

❿

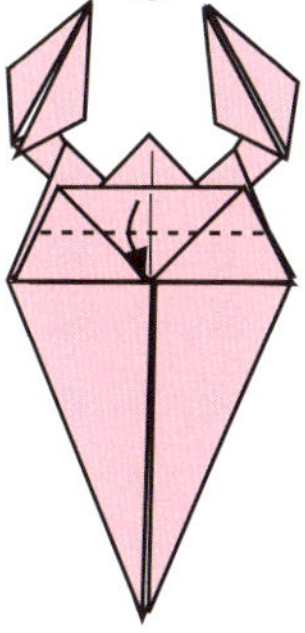

⓫

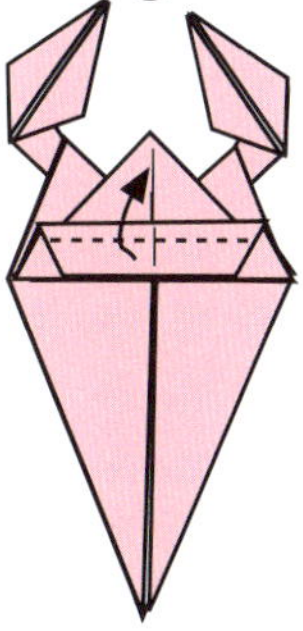

⓬

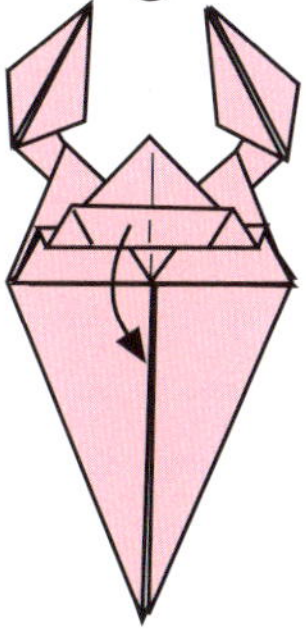

もどす。

⓭

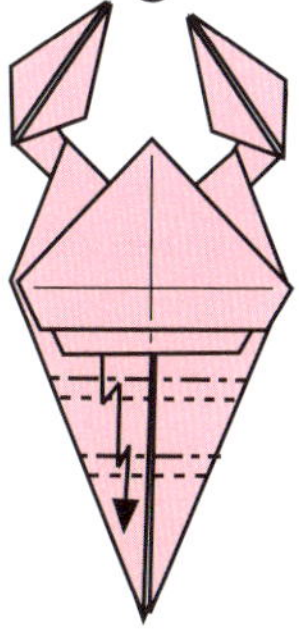

間隔をそろえて段折りする。

⓮

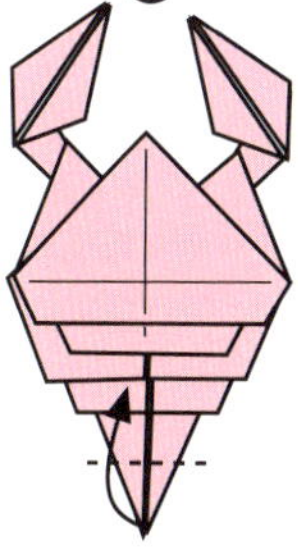

先端をひだの上へ折る。

⑮

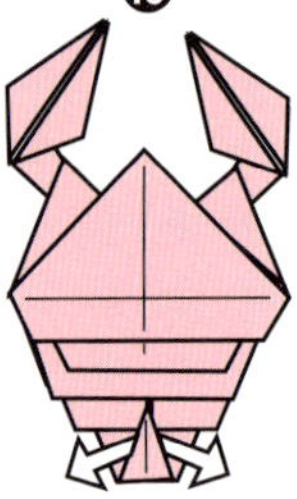

内側から引き出す。

⑯

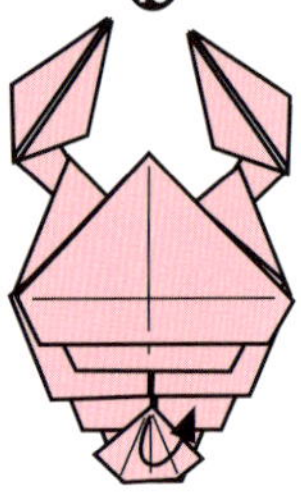

尾の先端をひだの下へ入れる。尾の部分完成。

⑰

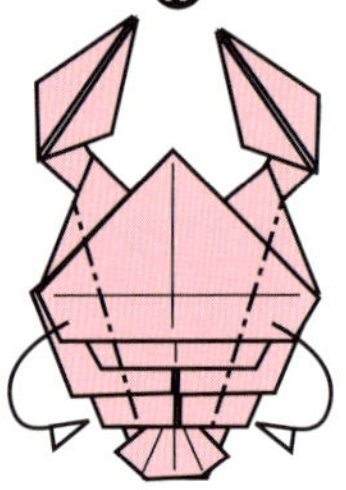

両側を裏へ折る。

⑱

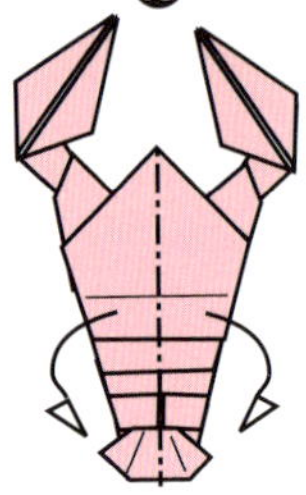

中心線を折って立体化する。

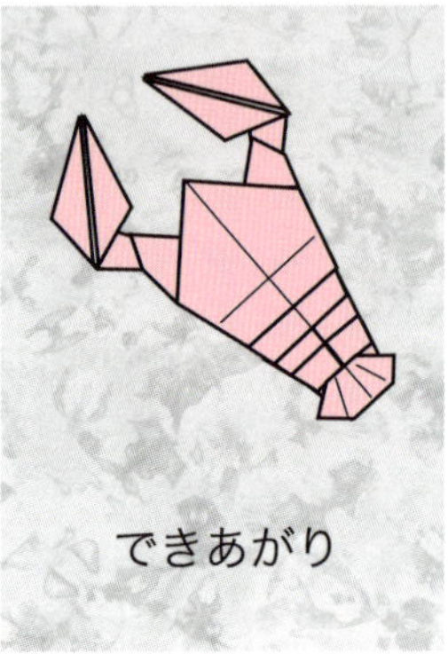

折り紙の七つ道具

折り紙は紙を折る遊びですから、あまり多くの道具を必要としません。しかし、あると便利な道具があって、折り紙愛好者はそれぞれ、七つ道具を常備しています。道具の整備も楽しみの一つです。

筆記用具、はさみ、カッターナイフ、のり、ボンド、セロハンテープ、両面テープなどが基本的なものですが、そのほかに、へら、めうち、竹串、爪楊枝、各種クリップ、小さな定規、輪ゴム、目玉用の丸シール各種　等々。七つ道具の入ったケースはさながら宝箱です。小物を駆使して作品作りをするのも折り紙の楽しみです。

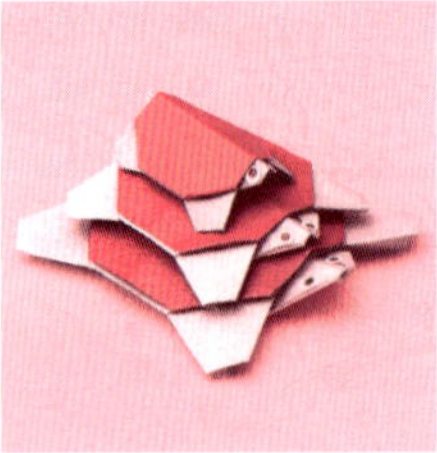

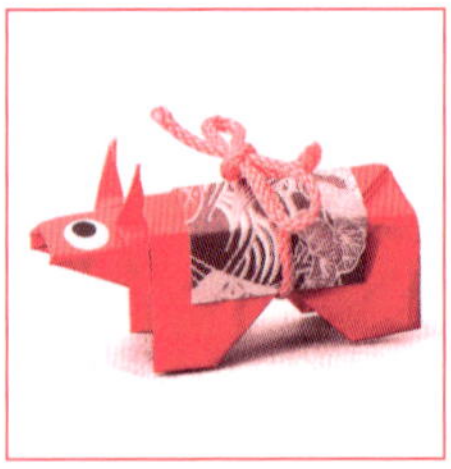

第2章

四季飾り

結び扇

難易度：☆

（折り図 41 ページ）

門松・門松のはし袋

難易度：☆☆

（折り図 42ページ）

つるのはし袋

難易度：☆

（折り図45ページ）

立ちびな

難易度：☆

（折り図 46 ページ）

鬼と福

難易度：☆☆

（折り図 48 ページ）

かぶと

難易度：☆

（折り図50ページ）

手紙やプレゼントに添えて…

折り紙が添えられている手紙は、いただいて思わず笑みがこぼれます。
ランドセルにはプレゼントを入れて差し上げることもできます。

ランドセル

難易度：☆☆☆

（折り図 51 ページ）

ワンピース

難易度：☆☆

(折り図 54 ページ)

ジャケット

難易度：☆☆

(折り図 55 ページ)

第2章の折り紙を使ったクラフト
できた折り紙で小物などを作って楽しみましょう

使う用紙を工夫することでいつもの折り紙がちがってみえます。
かぶとをつけたしおりは、飾っても可愛い季節の小物になります。

（作り方 125 ページ）

結び扇のはし置き

33 ページの結び扇は表裏で色の異なる紙を使っていますが、ここでは光沢があって透けるタイプの紙で折って透明マニキュアでコーティングしました。裏からも模様が透けて見えるクリアな仕上がりのはし置きです。

端午のしおり

端午の節句にちなんだかぶとと鯉のぼりのしおりです。飾っておいても楽しめます（ただし、鯉のぼりは折り紙作品ではありません。詳しくは 125 ページをご覧ください）。

制作・工房GEN

結び扇

難易度：☆

結んで広げるシンプルな構造ですが、
金銀友禅などの紙を使うと、新年に似合うオーナメントになります。
用紙：表裏で色の異なる紙（厚めの紙がよい）　15×15cm　１枚

❶

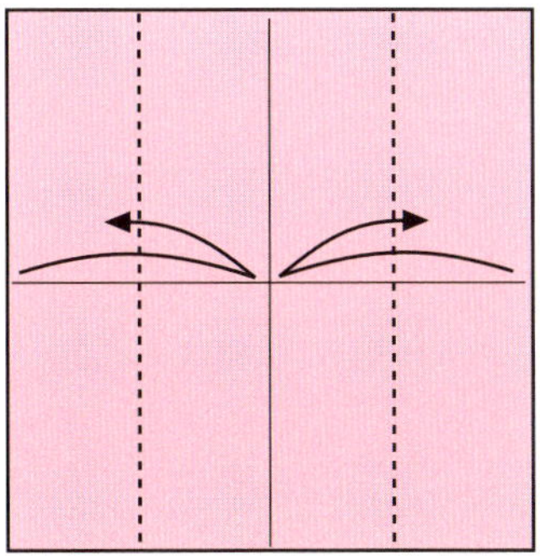

❷

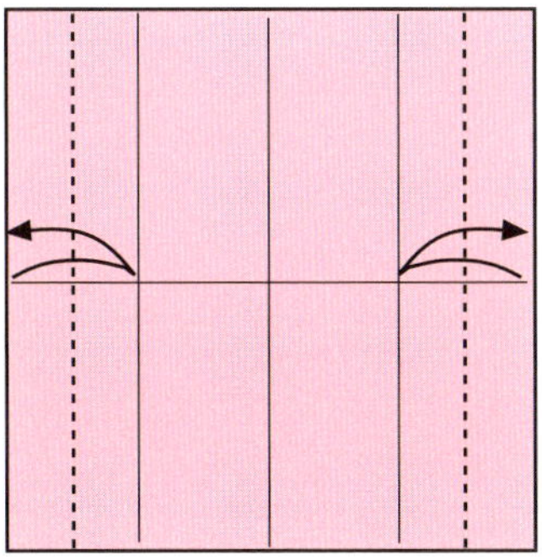

❸

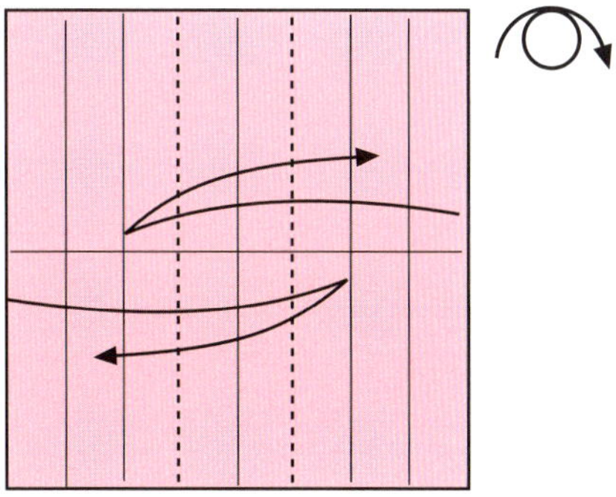

縦横の中心線をつけてから、❶〜❸で８等分の折りすじをつける。

❹

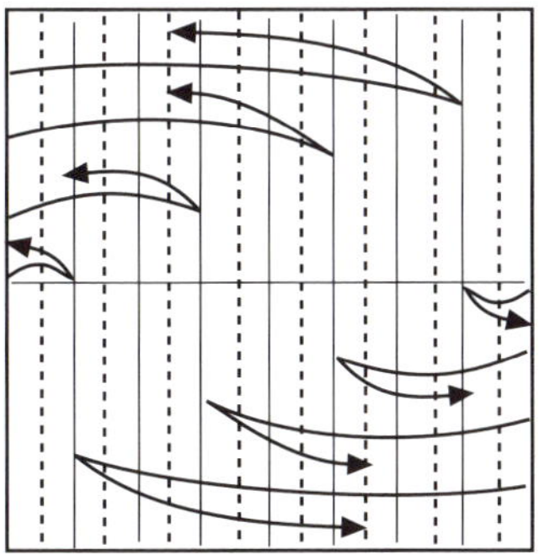

８等分の折りすじの間にさらに折りすじをつける。

❺

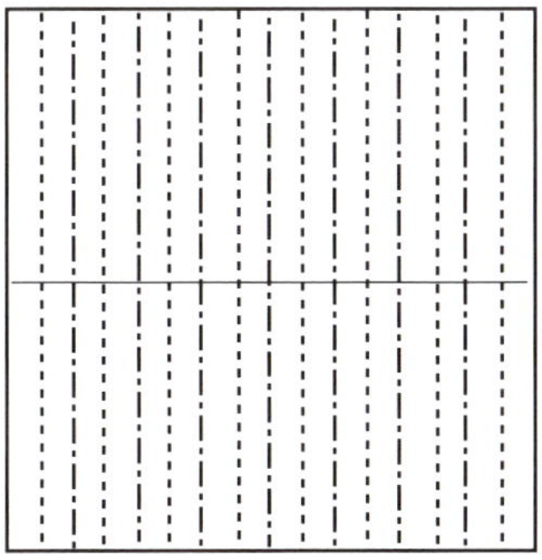

谷折り山折りを交互に行い、ていねいにひだをたたむ。

❻

中心を考えながら中央で結ぶ。

❼

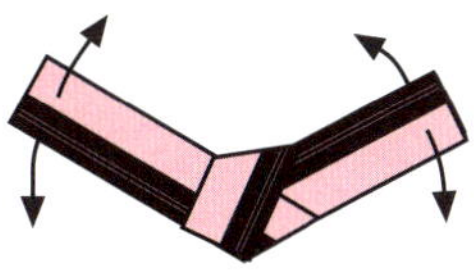

左右のバランスを整えながら扇状に開く。

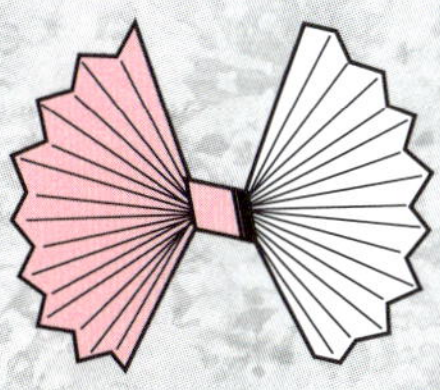

できあがり

両端の下側と結び目裏のかどの３点でバランスをとって立たせます。

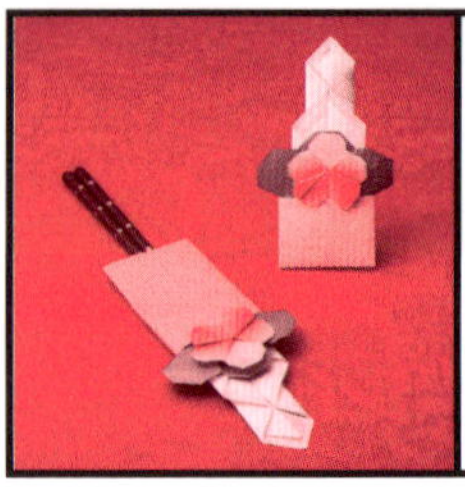

門松・門松のはし袋

難易度：☆☆

折り紙で作った小さな門松を、新年の玄関に飾ってみてはいかがでしょうか。梅の花の折り方がやや難しいかもしれません。

用紙：色違いの折り紙　15×15cm ３枚　　7.5×7.5cm ２枚

〈用紙サイズ〉

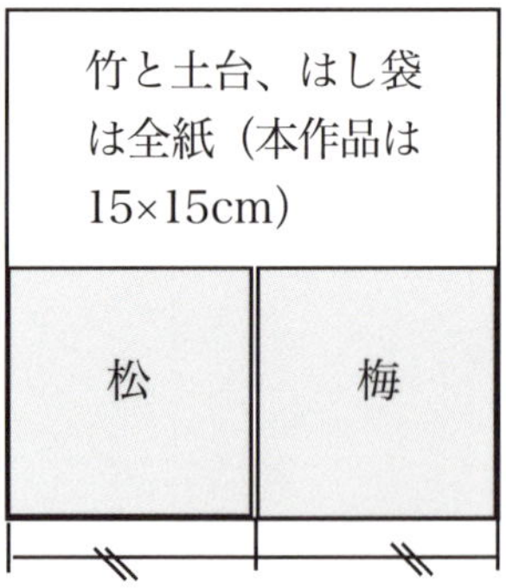
竹と土台、はし袋は全紙（本作品は15×15cm）
松
梅

門松

竹

❶

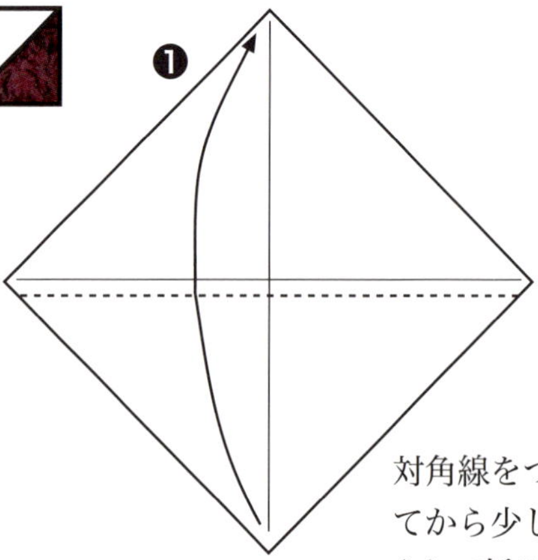

対角線をつけてから少しずらして折る。

❷

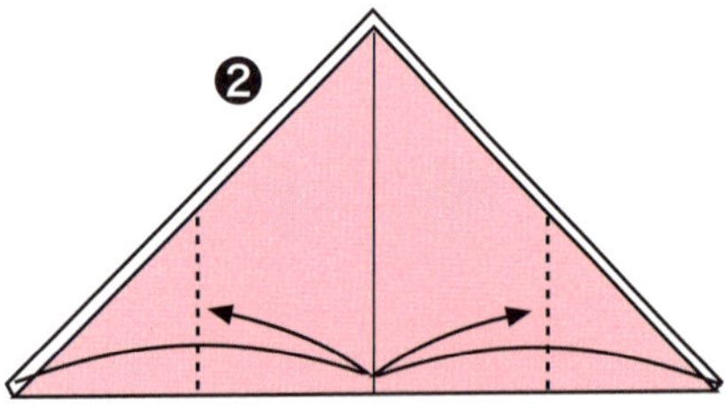

折りすじをつける。

❸

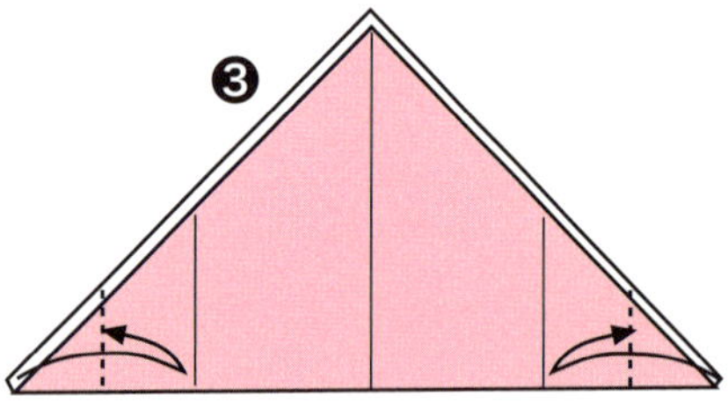

❹

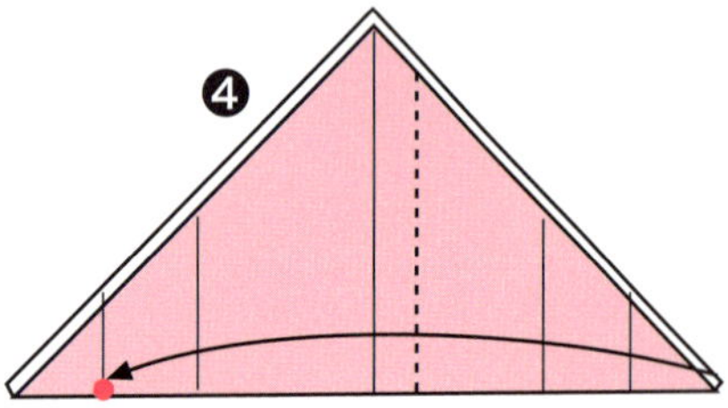

右端を●に合わせて折る。

❺

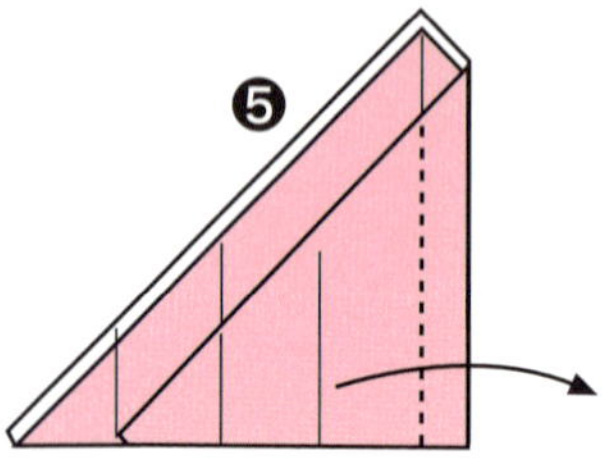

中心から折り返す。

❻

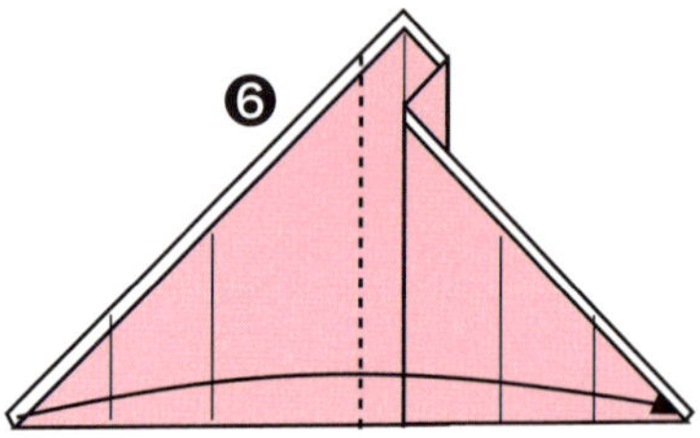

左端を反対側の端に重ねて折る。

❼

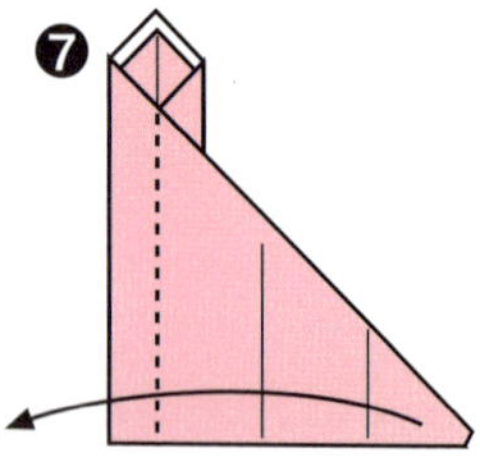

中心から折り返す。

❽

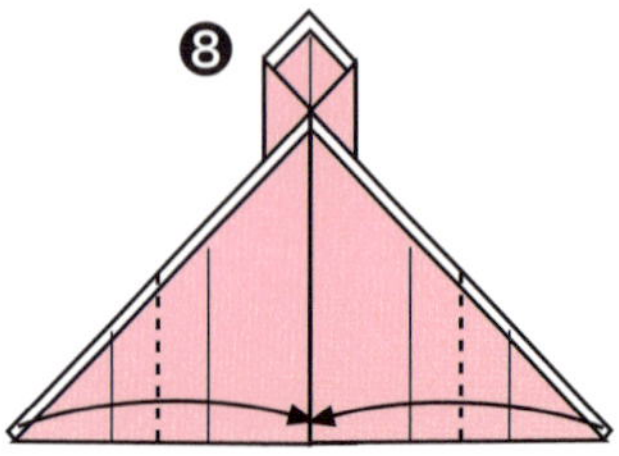

❾

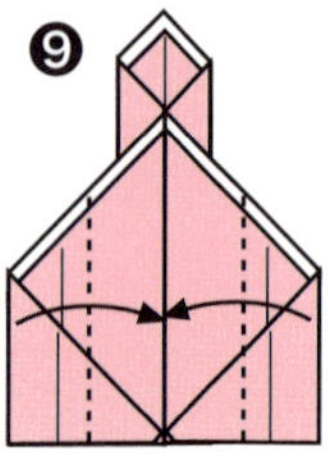

〈竹〉
できあがり

松

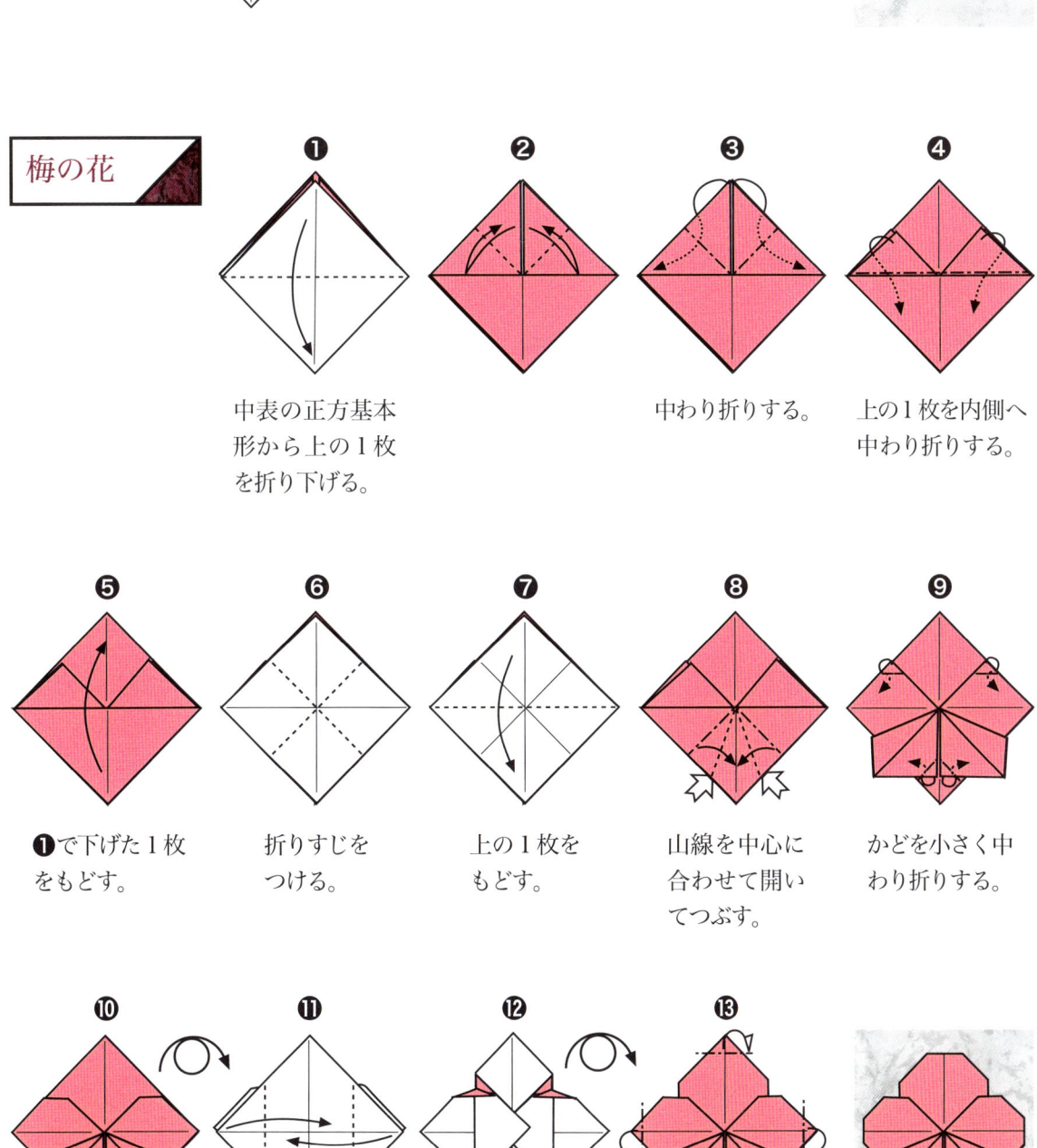

❶

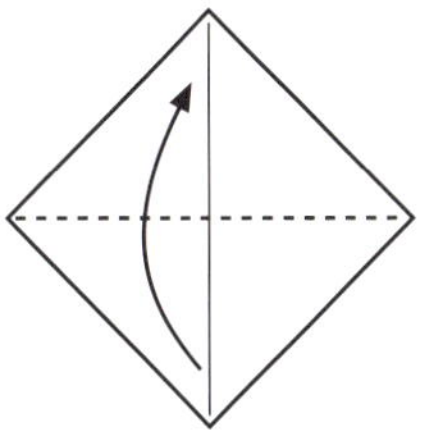

❷

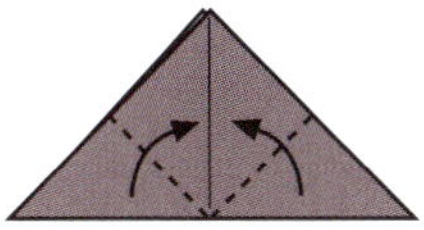

❸

開いてつぶす。

❹

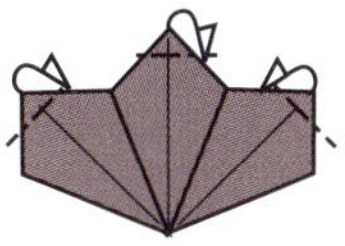

３つのかどを裏側に折る。

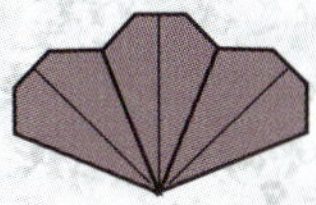

〈松〉
できあがり

梅の花

❶

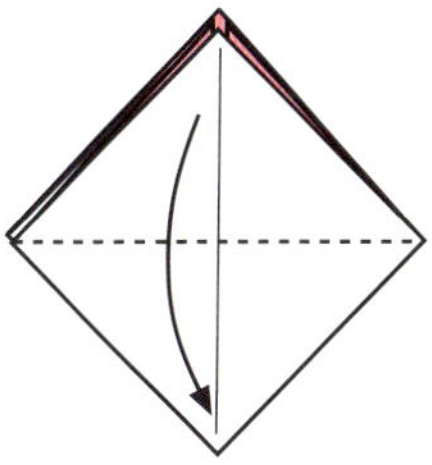

中表の正方基本形から上の１枚を折り下げる。

❷

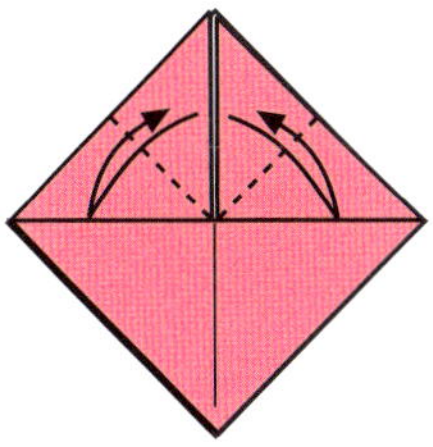

❸

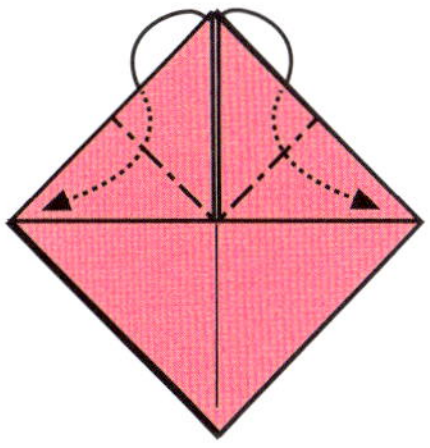

中わり折りする。

❹

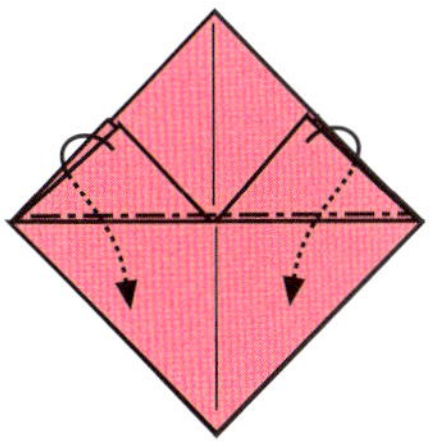

上の１枚を内側へ中わり折りする。

❺

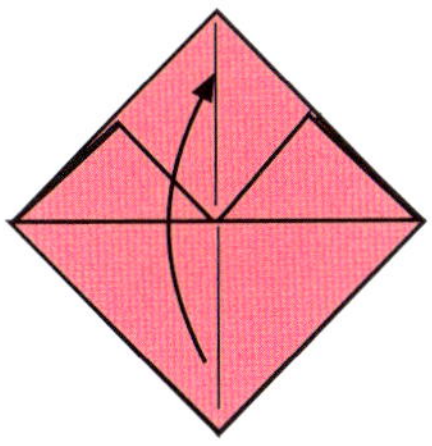

❶で下げた１枚をもどす。

❻

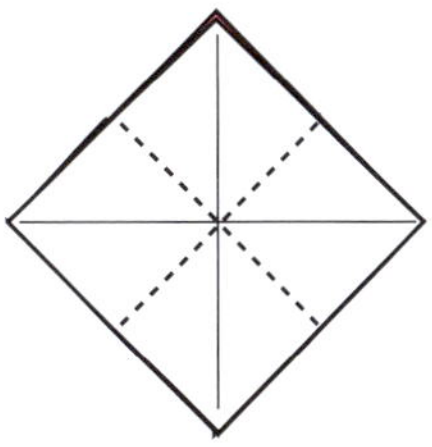

折りすじをつける。

❼

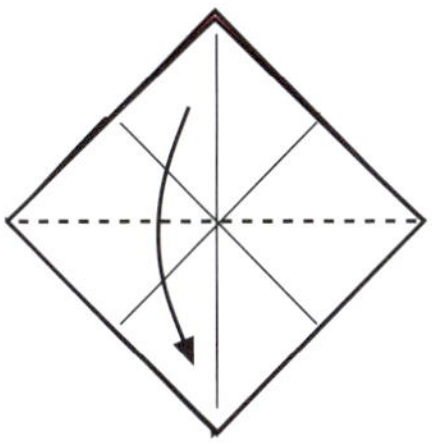

上の１枚をもどす。

❽

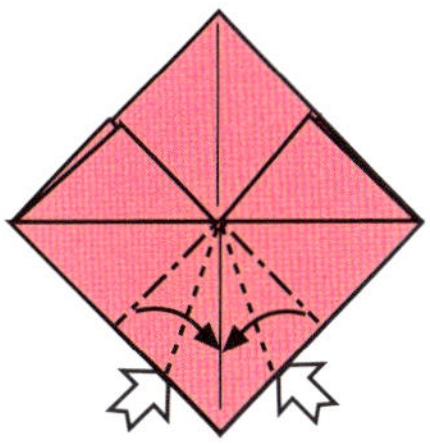

山線を中心に合わせて開いてつぶす。

❾

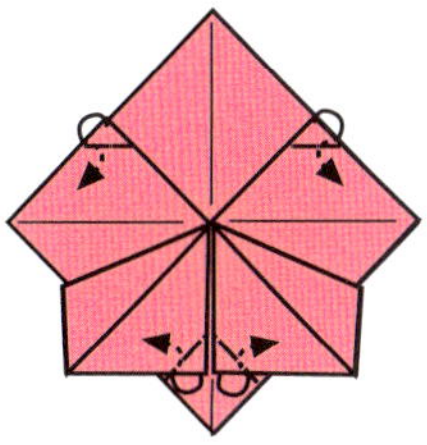

かどを小さく中わり折りする。

❿

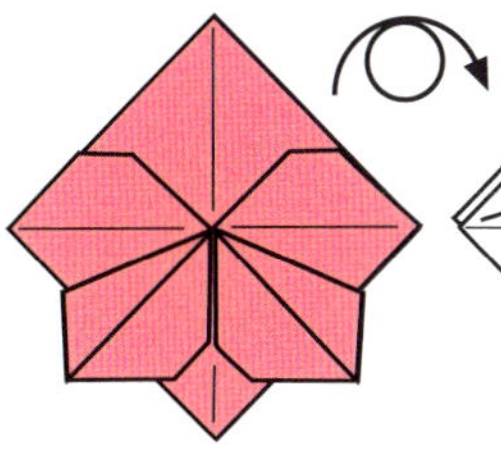

⓫

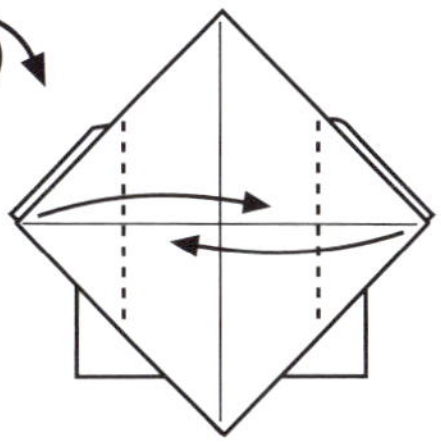

はなびらのかどの少し内側から折る。

⓬

⓭

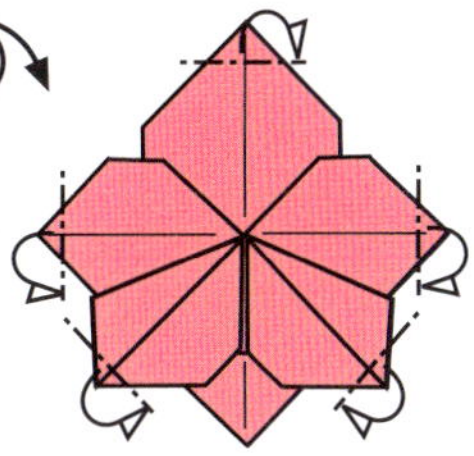

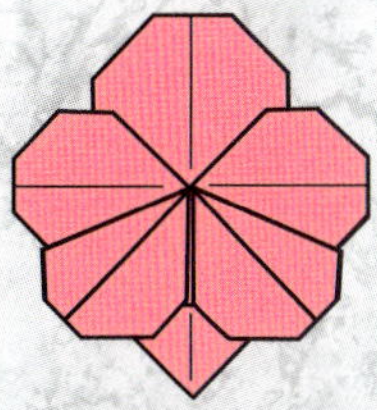

〈梅の花〉
できあがり

土台

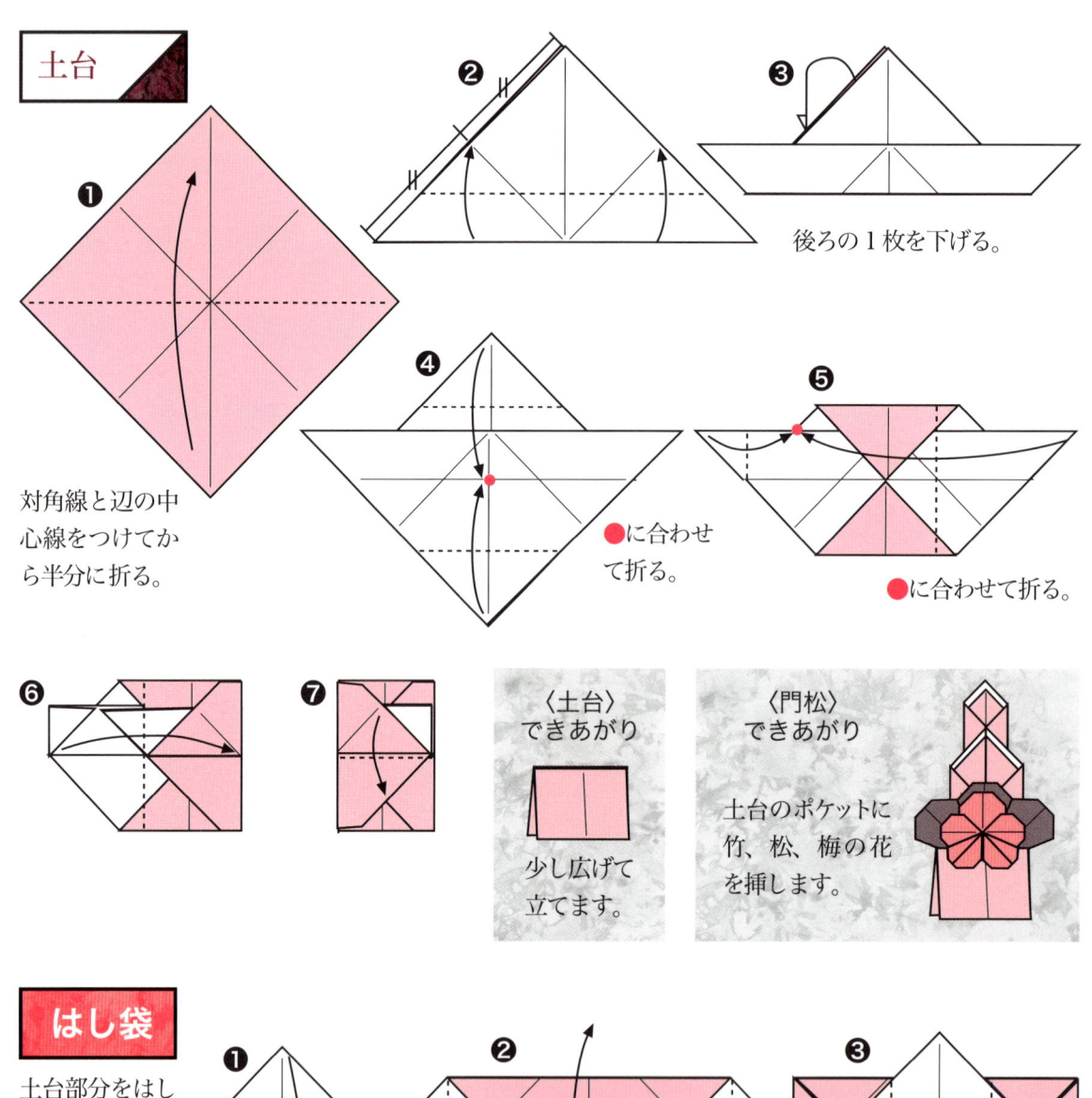

❶

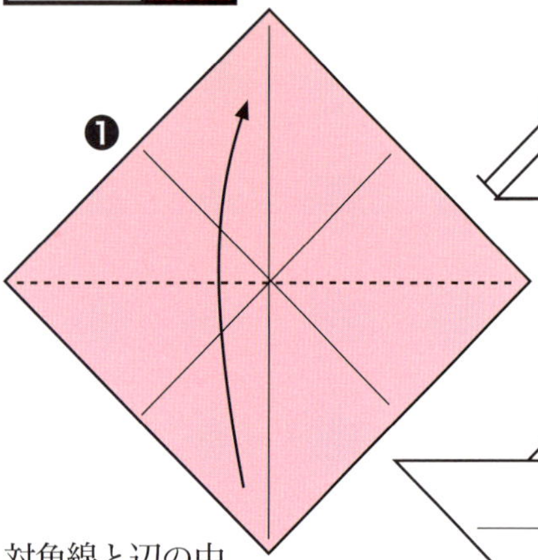

対角線と辺の中心線をつけてから半分に折る。

❷

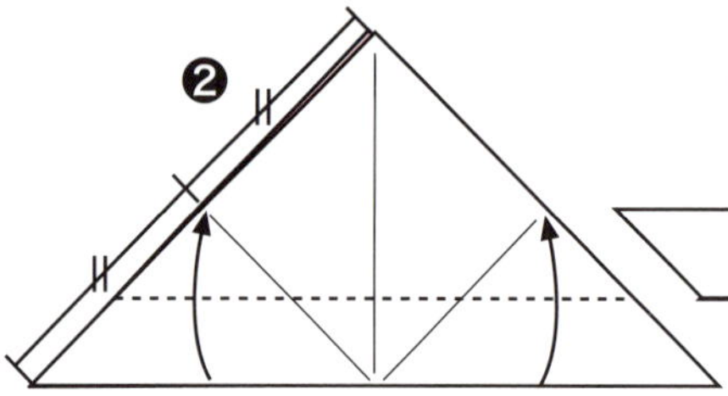

❸

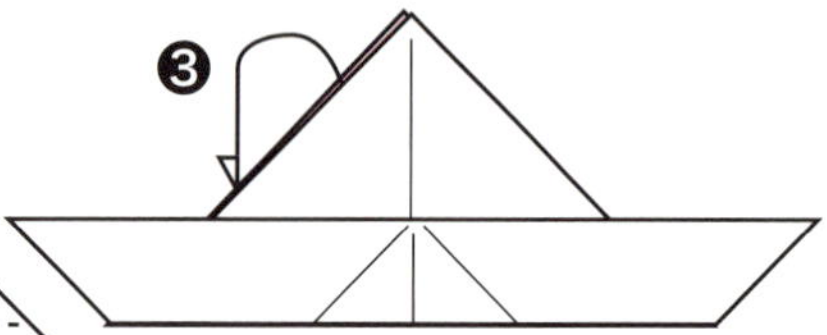

後ろの１枚を下げる。

❹

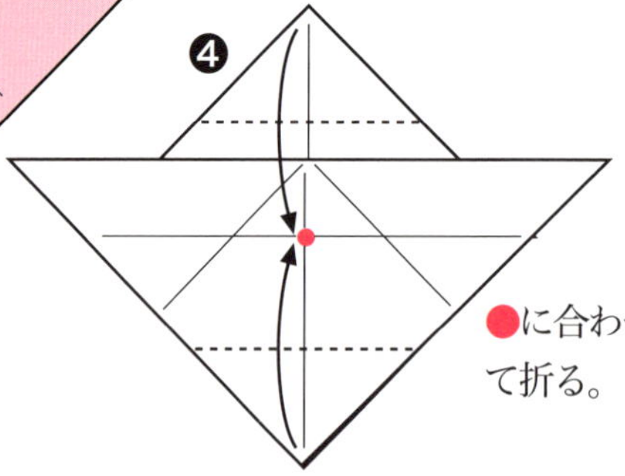

●に合わせて折る。

❺

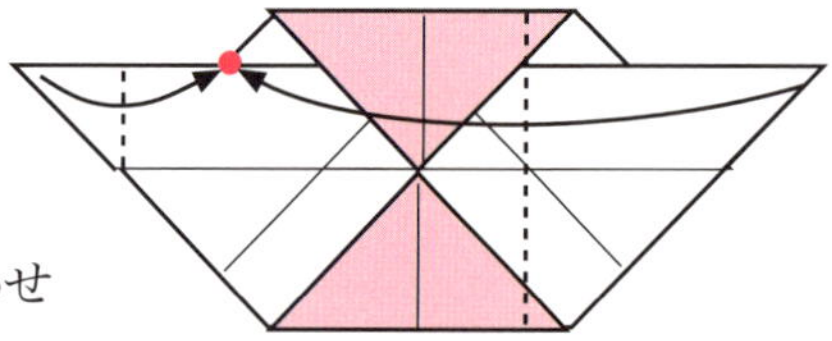

●に合わせて折る。

❻

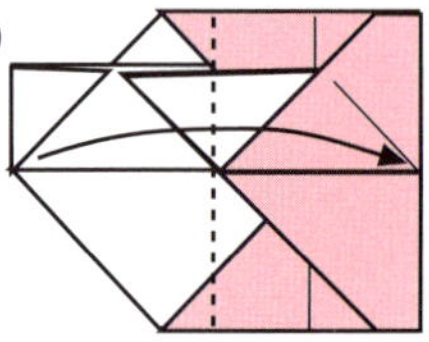

❼

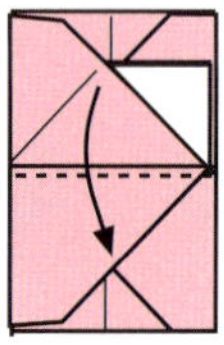

〈土台〉
できあがり

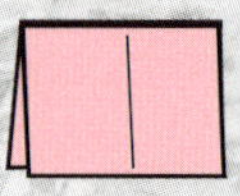

少し広げて立てます。

〈門松〉
できあがり

土台のポケットに竹、松、梅の花を挿します。

はし袋

土台部分をはし袋に変えます。

❶

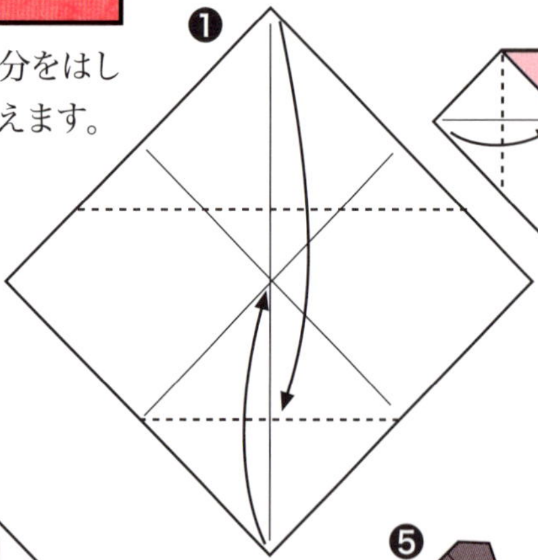

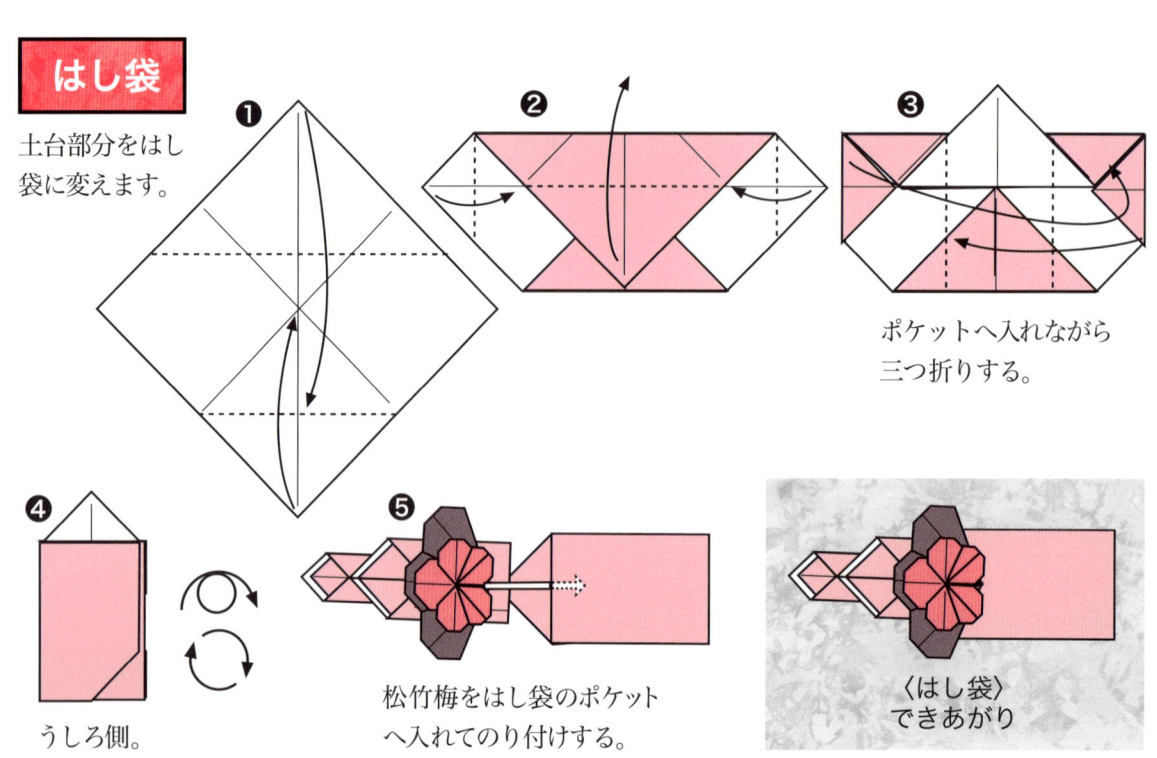

❷

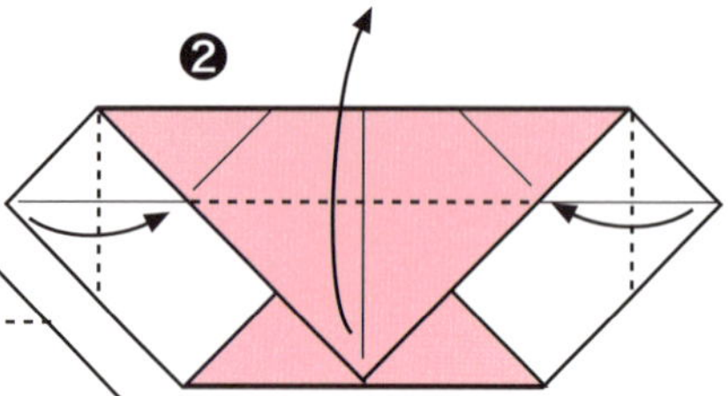

❸

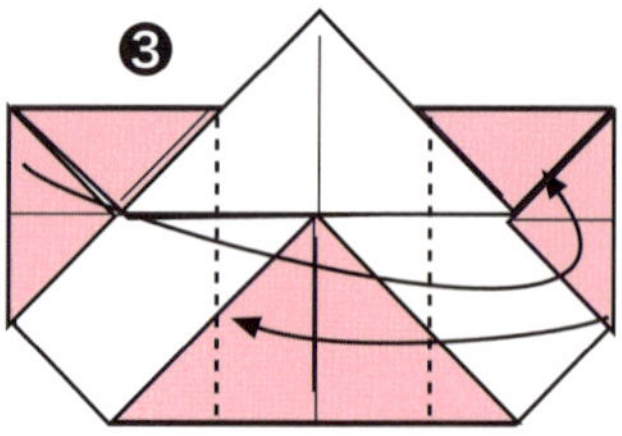

ポケットへ入れながら三つ折りする。

❹

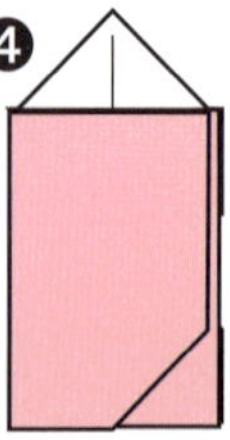

うしろ側。

❺

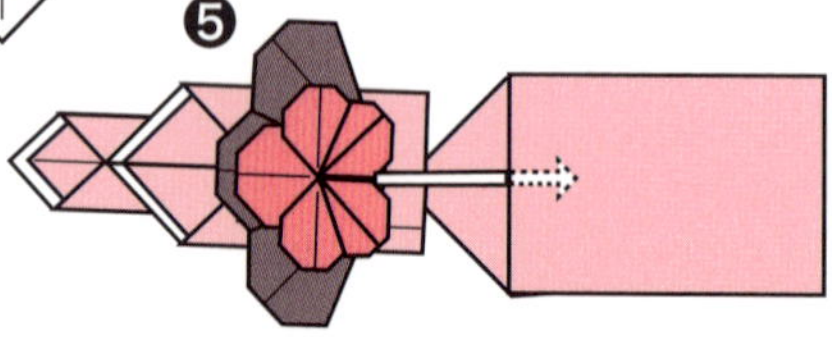

松竹梅をはし袋のポケットへ入れてのり付けする。

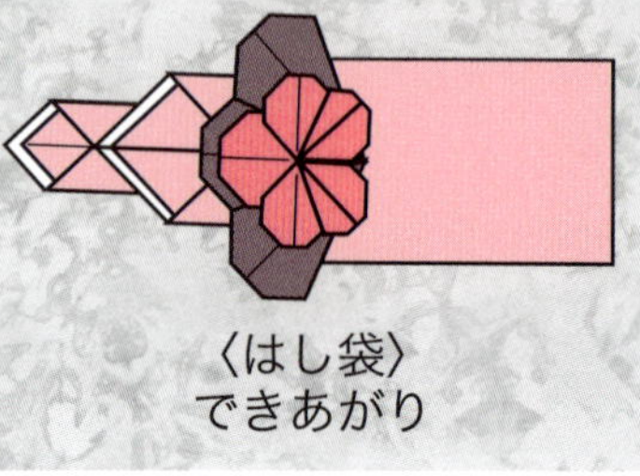

〈はし袋〉
できあがり

つるのはし袋

難易度：☆

つるは日本の折り紙を代表するめでたい形。
つるのはし袋はお節の膳に似合います。
用紙：色違いの両面折り紙　15×15cm　1枚

❶

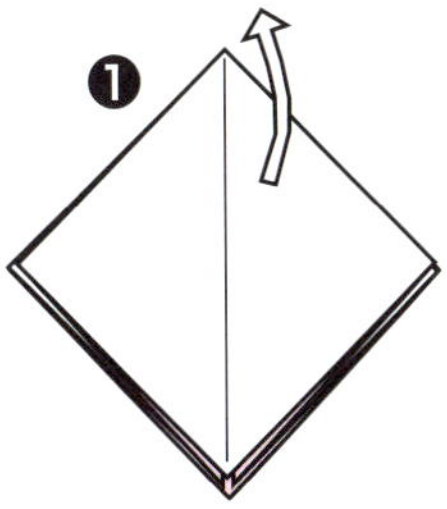

中表の正方基本形を折ってから全部開く。

❷

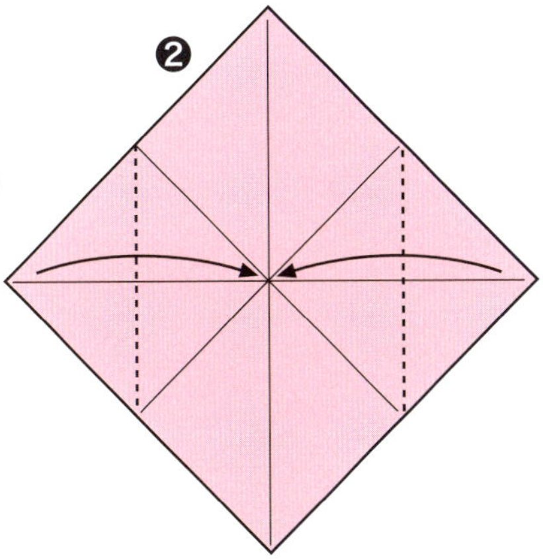

2つのかどを中心に合わせて折る。

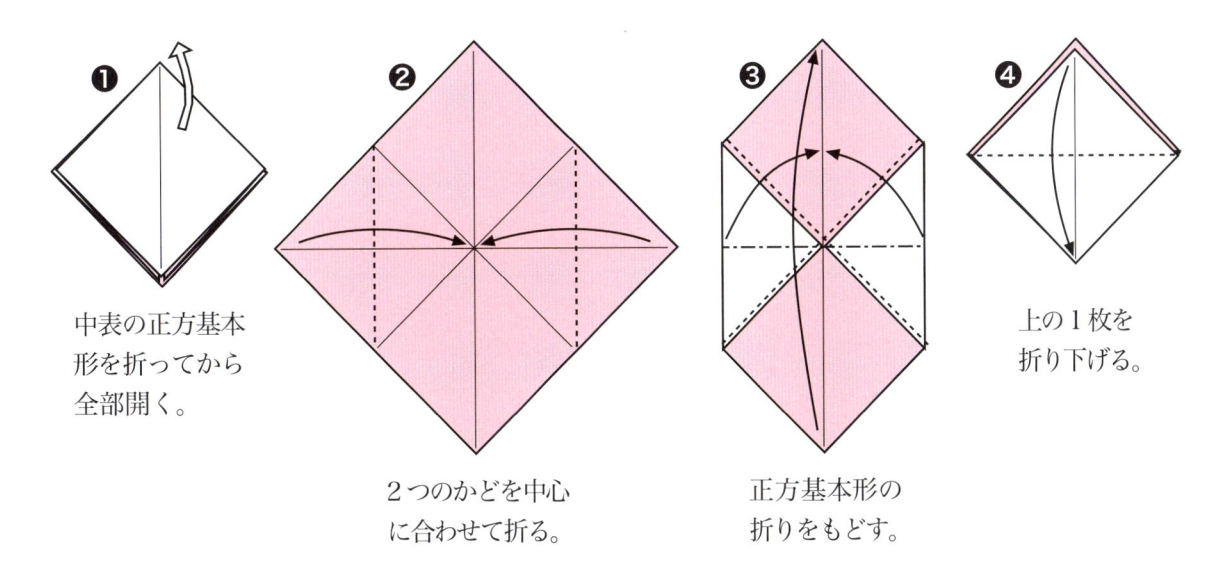

❸

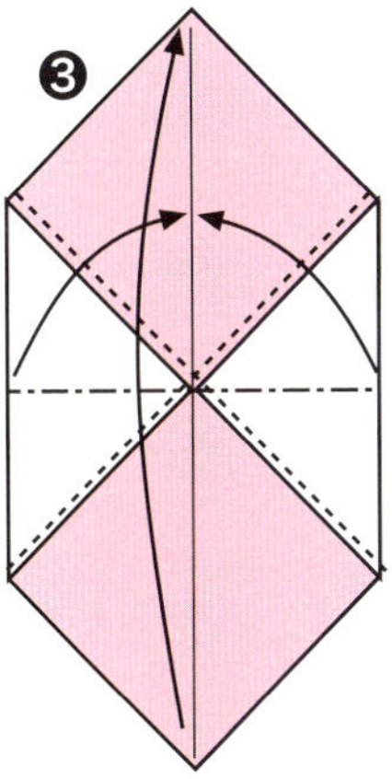

正方基本形の折りをもどす。

❹

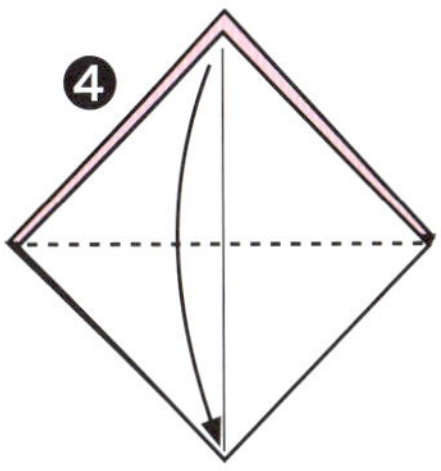

上の1枚を折り下げる。

❺

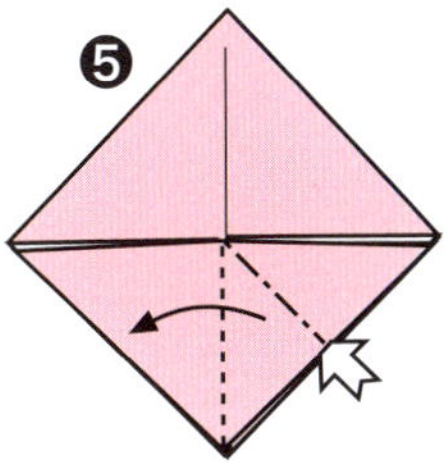

❻

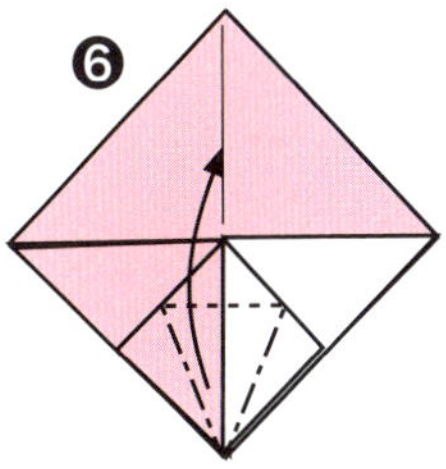

引き上げてたたむ。

❼

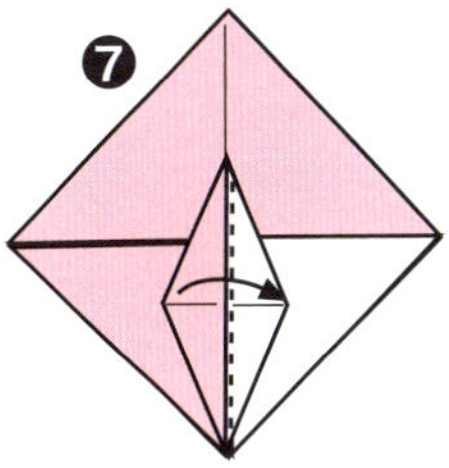

❽

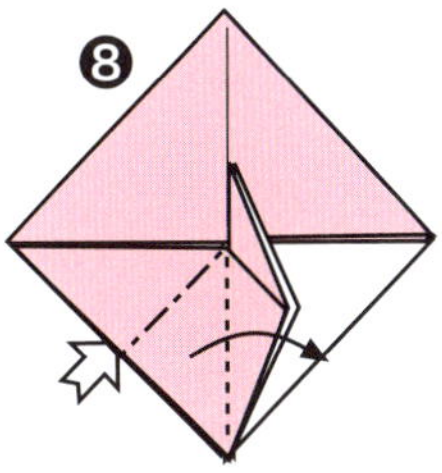

反対側も❺～❼と同じように折る。

❾

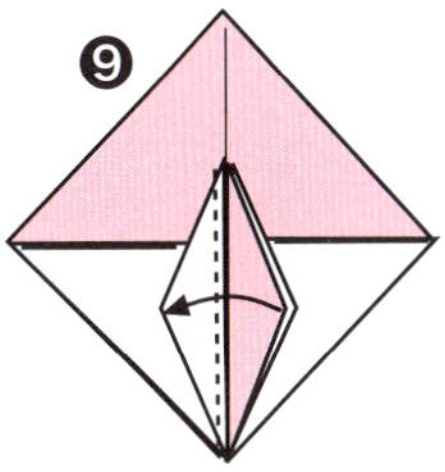

❿

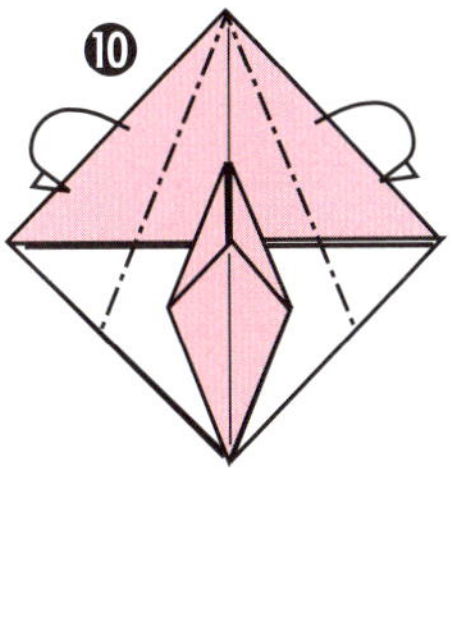

⓫

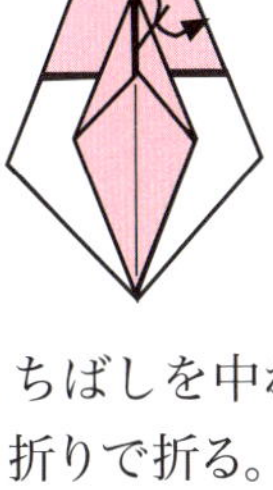

くちばしを中わり折りで折る。

⓬

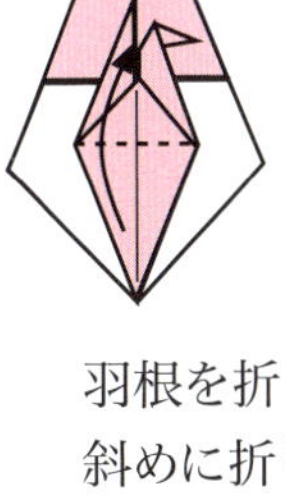

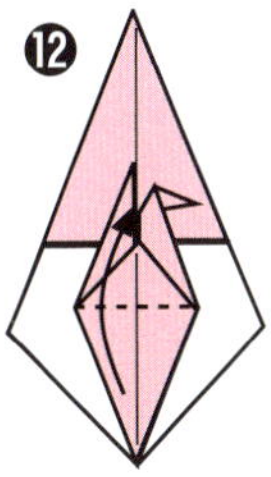

⓭

羽根を折り上げてさらに斜めに折り、形を作る。

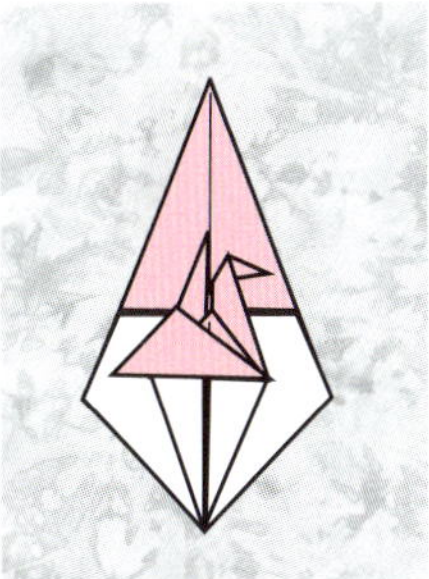

できあがり

立ちびな

難易度：☆

おびな、めびなとも基本的な作り方は同じですが、
少し変化させておびなとめびなのちがいを表現します。
用紙：色違いの折り紙　15×15cm　2枚　　黒の折り紙　5×5cm　2枚

〈用紙サイズ〉
男女同サイズ 15×15cm

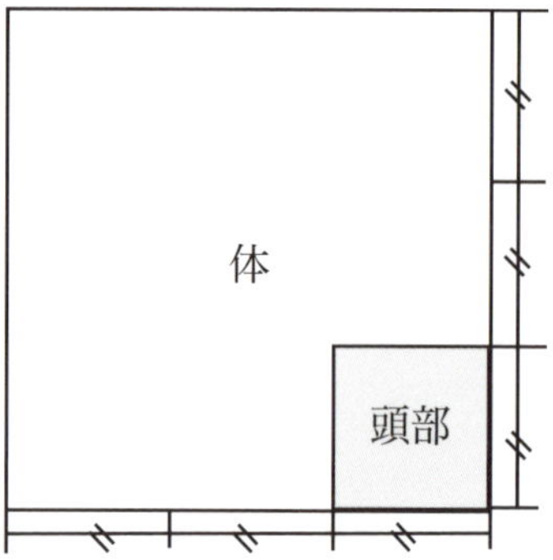

おびな・めびなの体 (最初の共通の作業)

Ⓐ

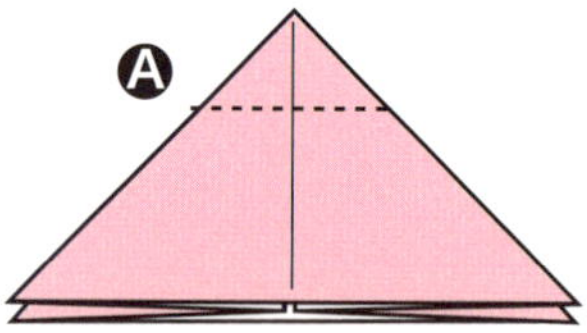

ふうせん基本形を折り、上のかどから約1/3のところに折りすじをつける。

Ⓑ

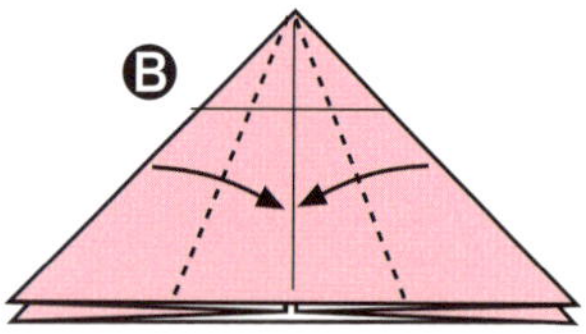

上の1組を折る。

Ⓒ

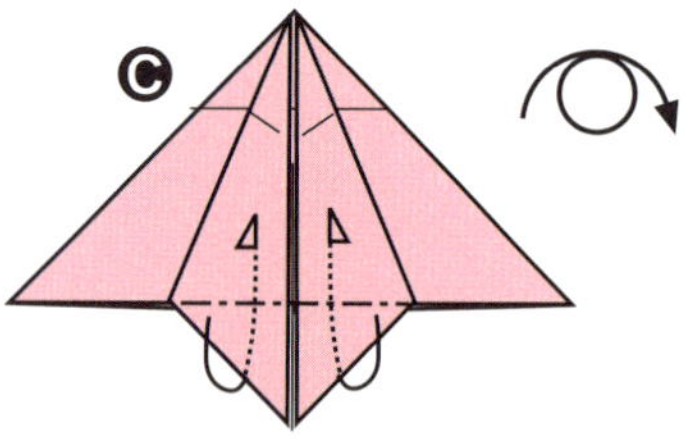

すぐ裏へ折り込む。

Ⓓ

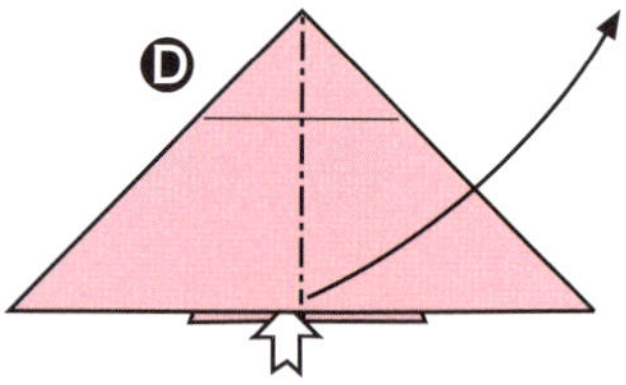

うしろの部分を広げて片方へよせる。

Ⓔ

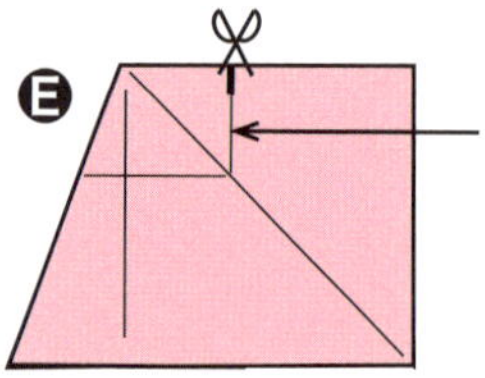

頭部を入れる幅を考えて切り込みを入れ、Ⓓにもどす。

おびなの体

❶

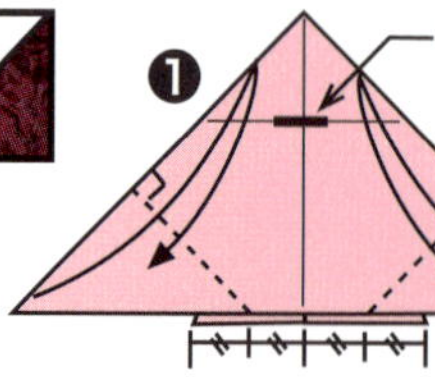

裏側の紙の図の位置から直角に折りすじをつける。

❷

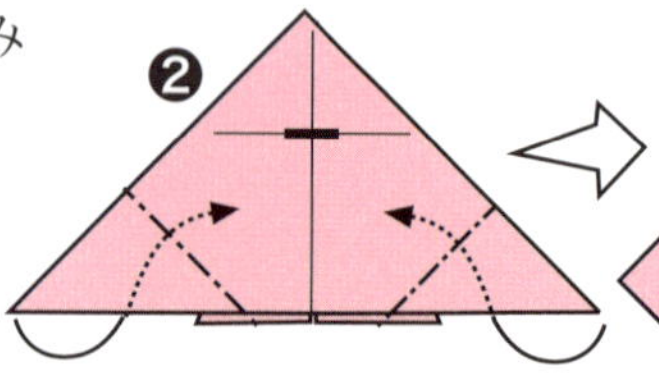

❶の折りすじから中わり折りする。

❸

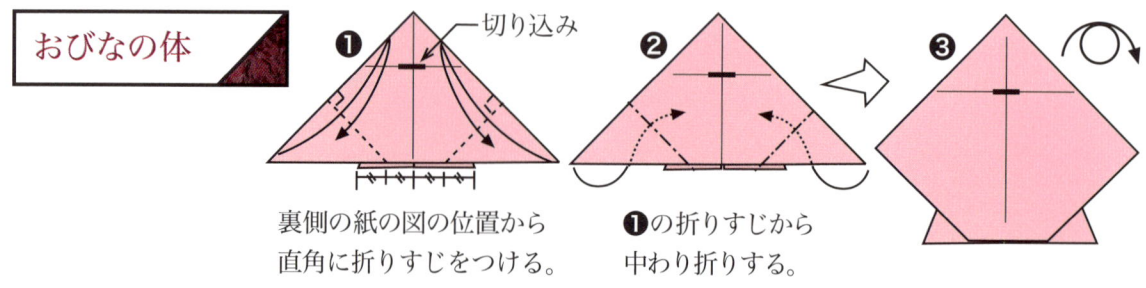

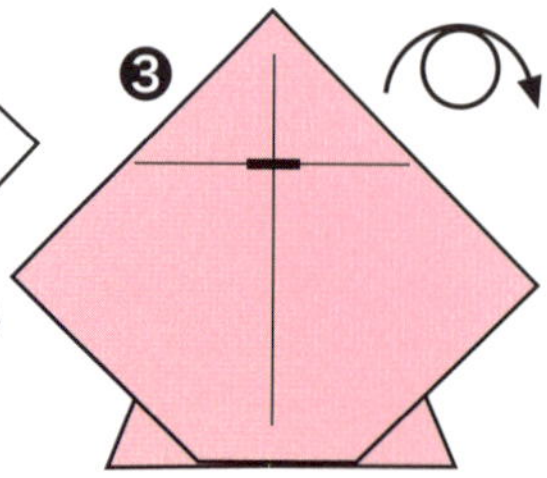

❹

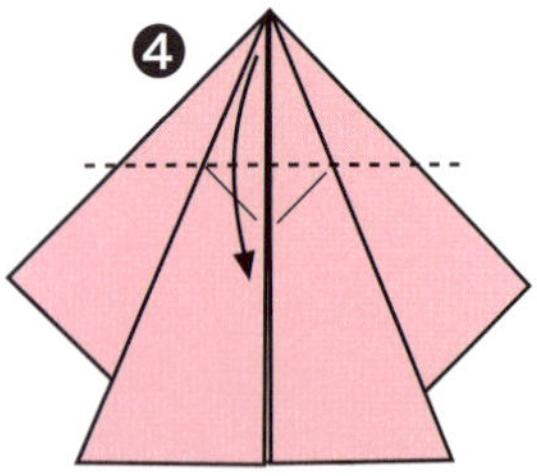

Ⓐの折りすじから折る。

❺

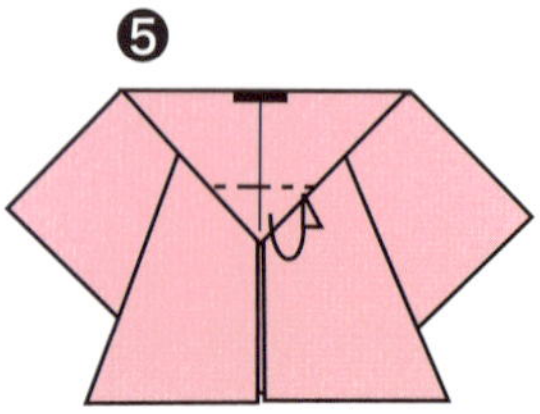

かどを山折りする。

❻

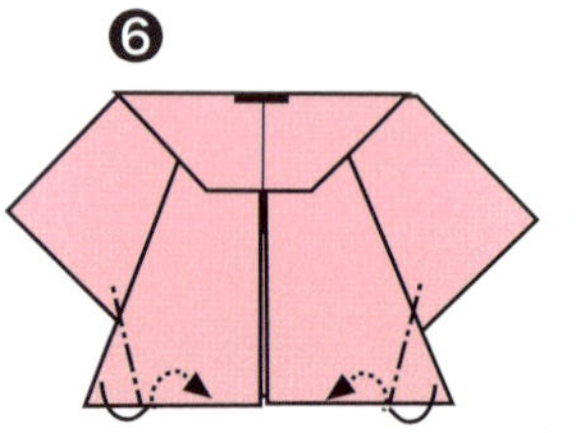

袴のかどを中わり折りする。

❼

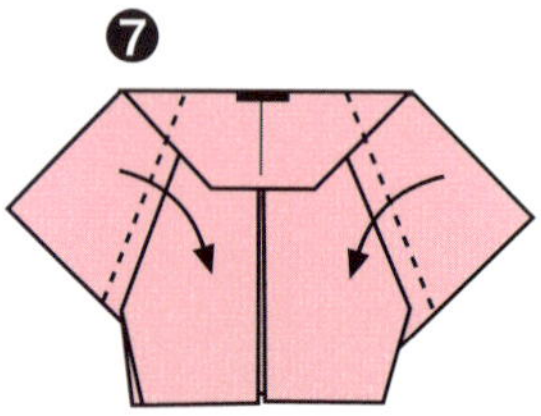

袖を折る。

〈おびなの体〉
できあがり

めびなの体

❶

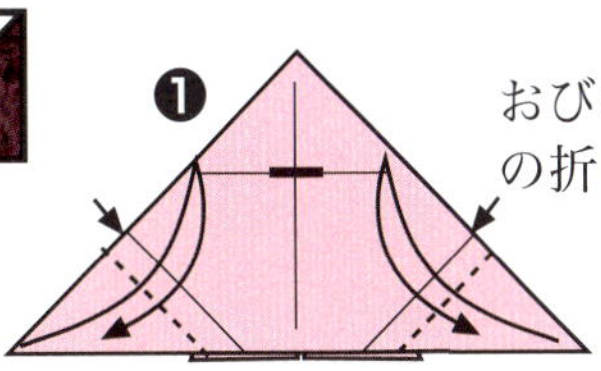

「おびなの体」❶の
線より少し外側に
折りすじをつける。

❷

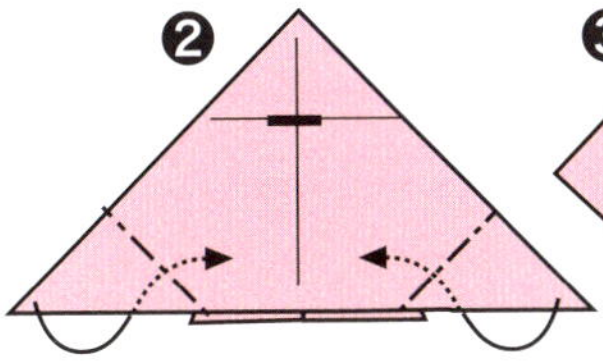

中わり折りをし、「おびなの体」❸〜❺の折り方で形を作る。

❸

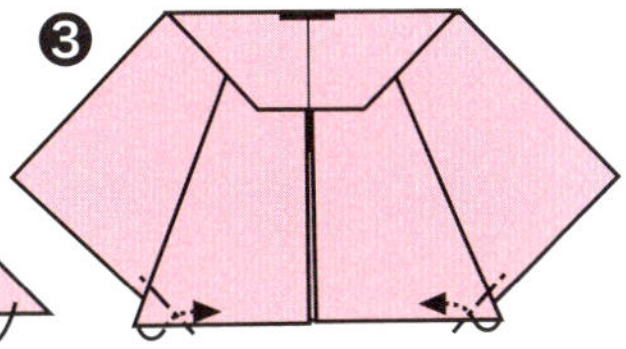

袴のかどを少し
中わり折りする。

❹

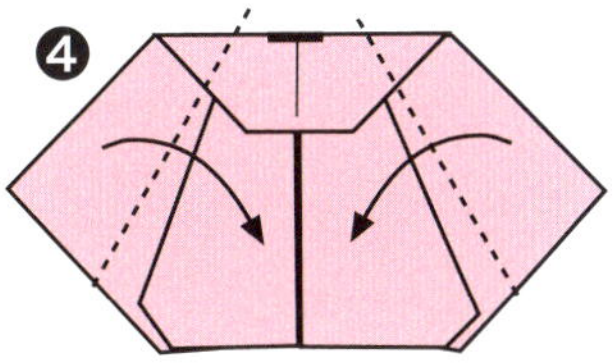

袖を折る。

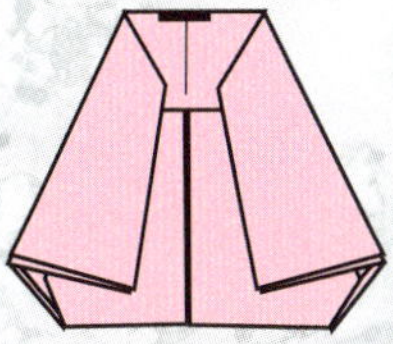

〈めびなの体〉
できあがり

おびなの頭部

❶

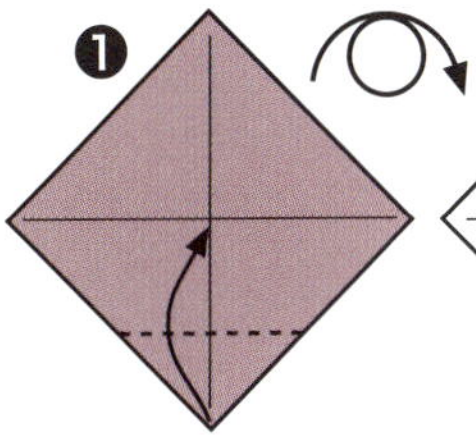

❷

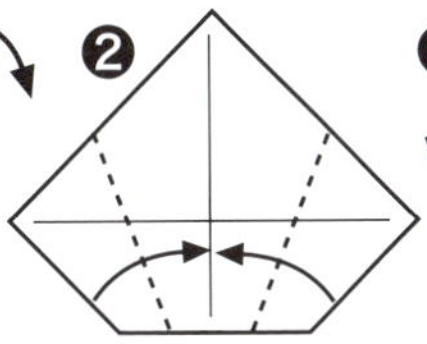

端を中心線に
合わせて折る。

❸

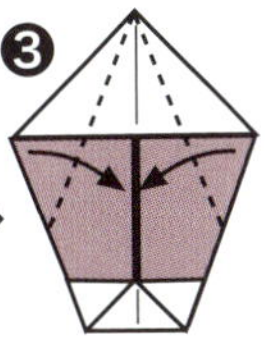

❹

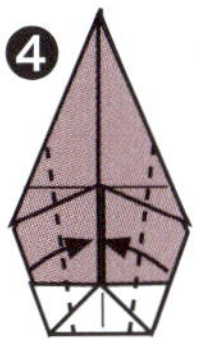

❺

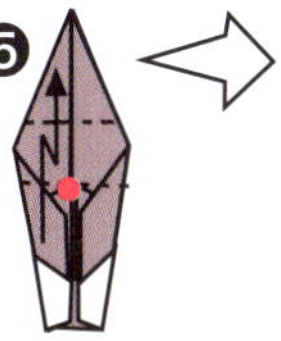

合わせ目の●から
折って、先が出る
ように段折りする。

❻

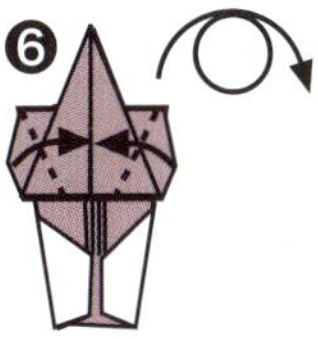

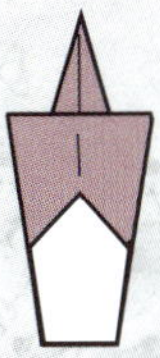

できあがり

めびなの頭部

❶

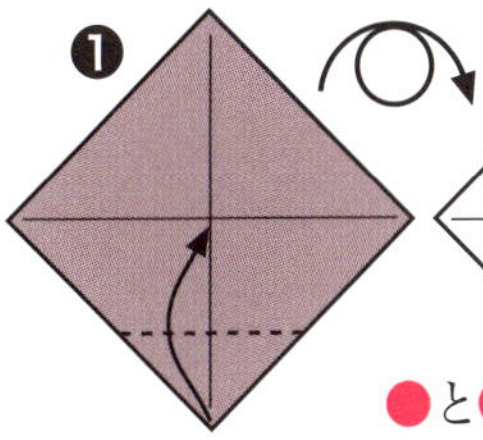

❷

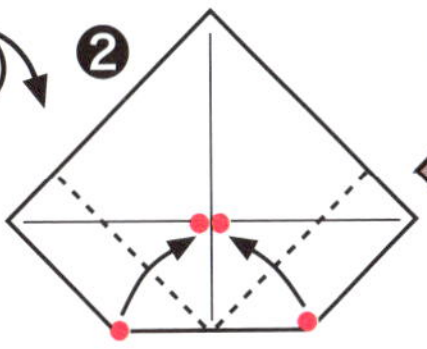

●と●を合わせて折る。

❸

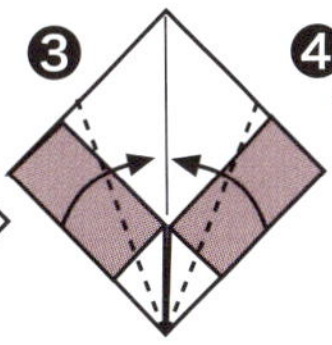

❹

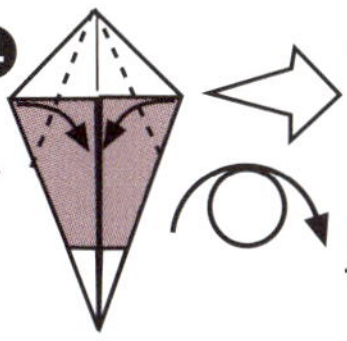

中心線に合わせて折る。

❺

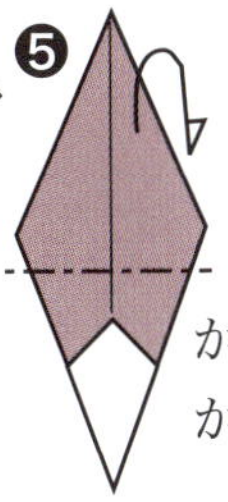

かどの少し下
から裏へ折る。

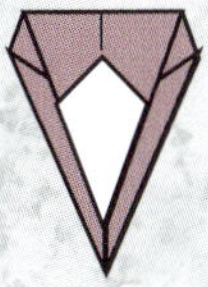

できあがり

〈立ちびな〉
できあがり

切り込みに頭部
を入れて、のり
付けします。

頭部の後ろ姿

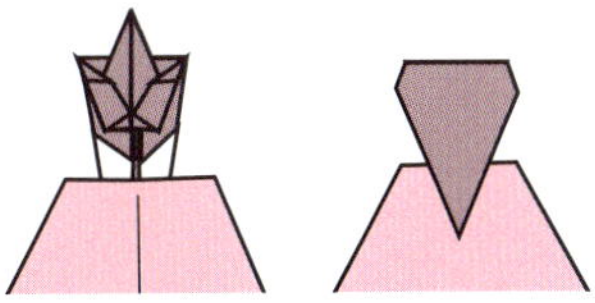

めびなの髪は後ろに出します。

鬼と福

難易度：☆☆

赤鬼、青鬼だけでなく、いろいろな鬼を作ってみましょう。
福さんの衣装選びも楽しんでください。
用紙：色違いの折り紙　サイズ1対2　2枚　　その他、下記の図参照

〈用紙サイズ〉
- 体：鬼、福ともサイズ1対2の用紙
- 鬼のパンツ(模様入り)
  体用紙の 1/8
- 福の頭部(片面黒)
  体用紙の 1/4 の長さに切っておく

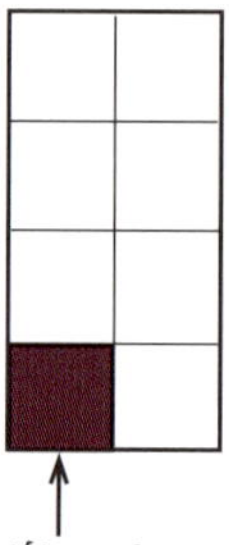

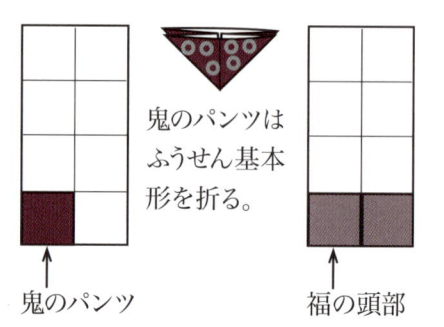

鬼のパンツ

鬼のパンツはふうせん基本形を折る。

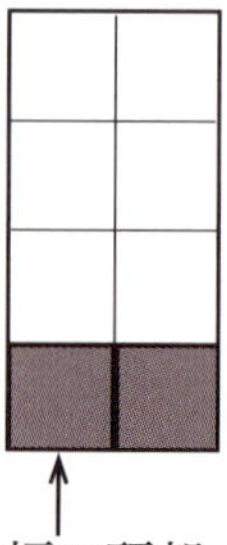

福の頭部

鬼

❶

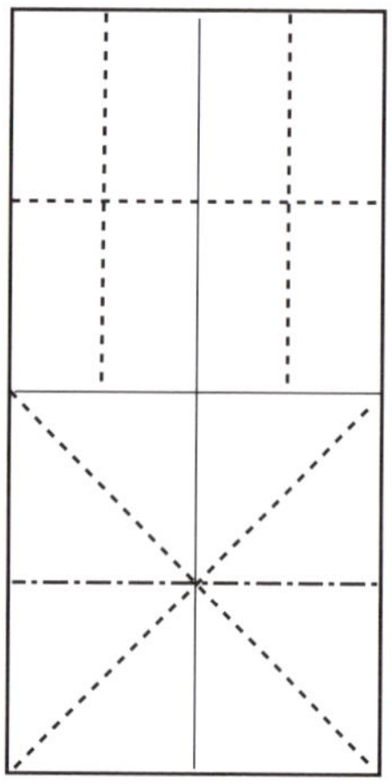

折りすじをつける。

❷

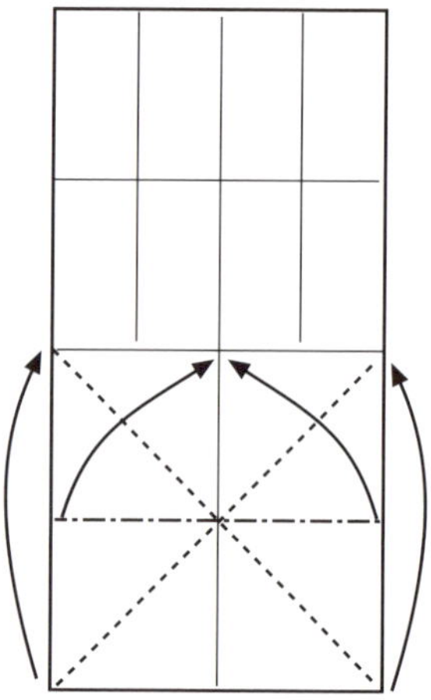

折りすじに従って集めて折る。

❸

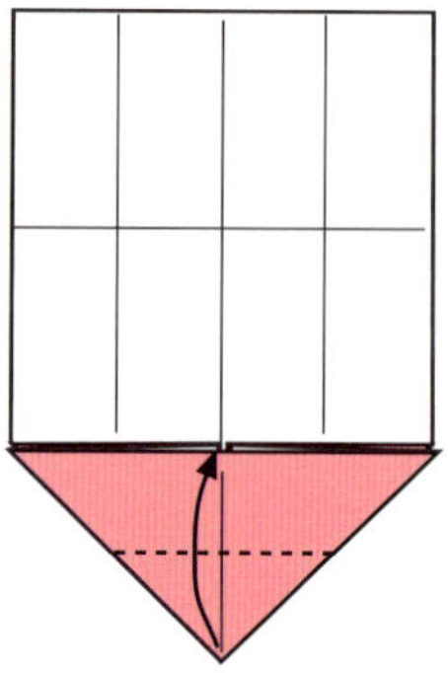

❹

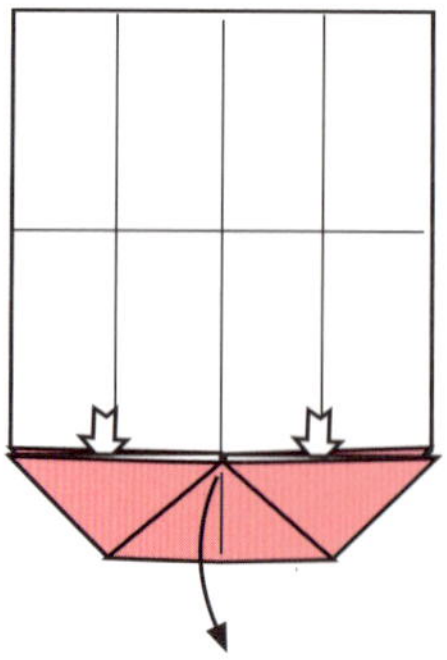

開いて、間にある袋をつぶす。

❺

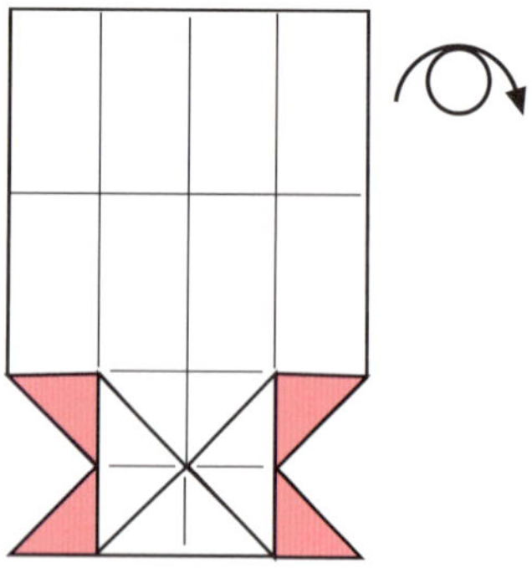

❻

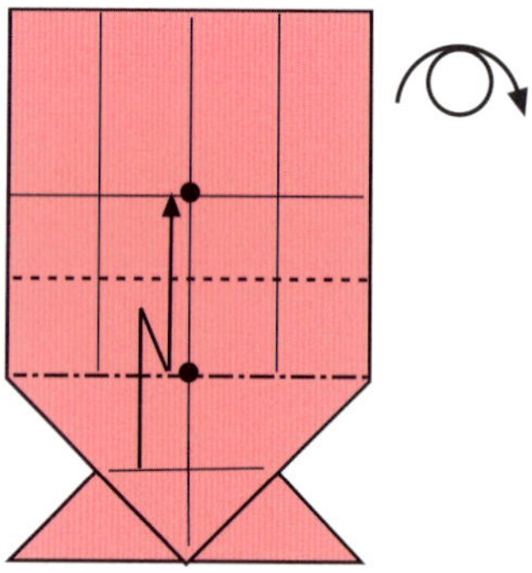

●と●を合わせて段折りする。

❼

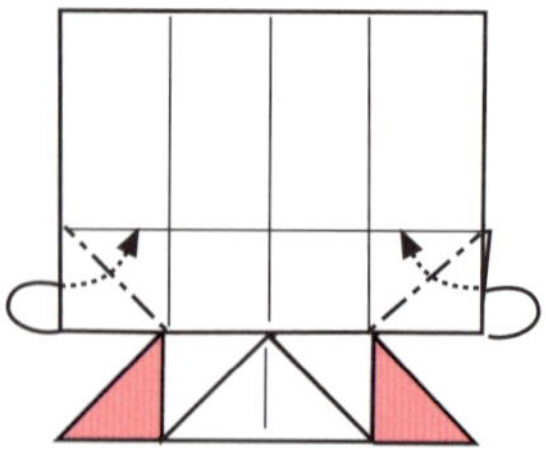

両かどを中わり折りする。

❽

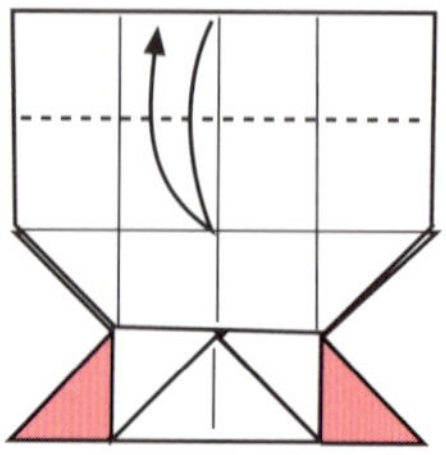

折りすじをつける。

❾

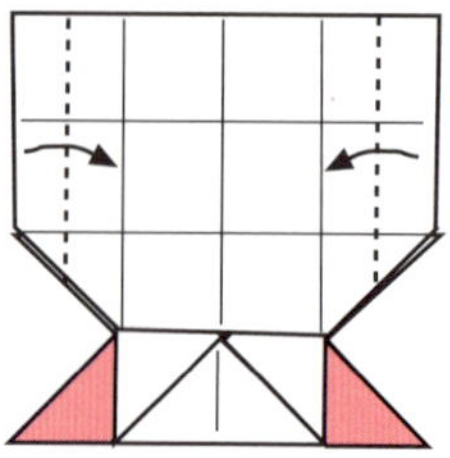

両脇を折る。

❿

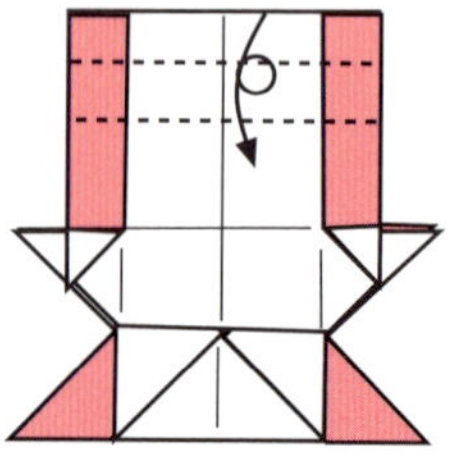

上を巻いて折る。

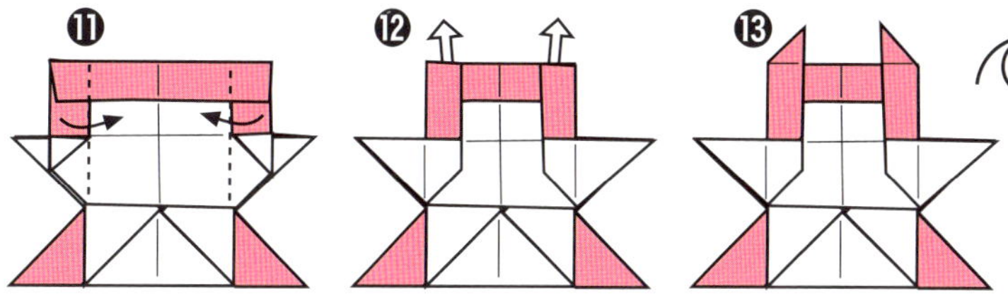

中に折り込んであるかどを引き出す。

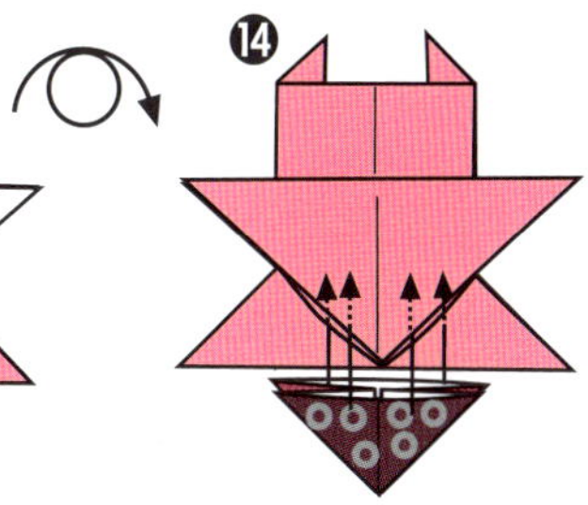

2つの折り山にそれぞれパンツの袋部分をかぶせる。

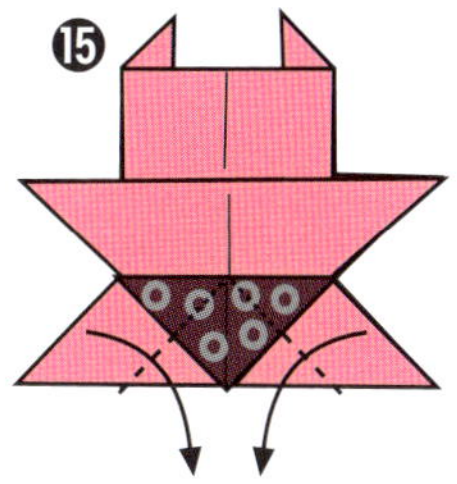

回転させるように脚を下げる。

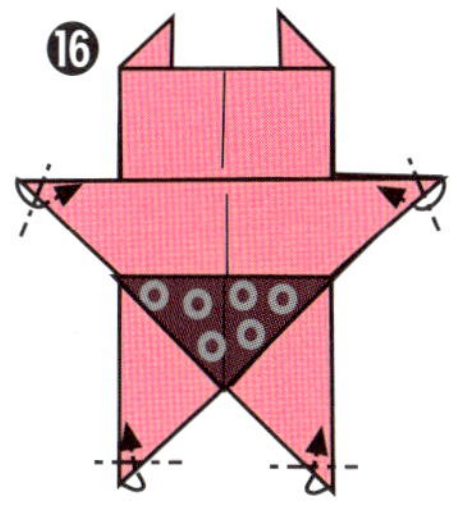

小さく中わり折りする。

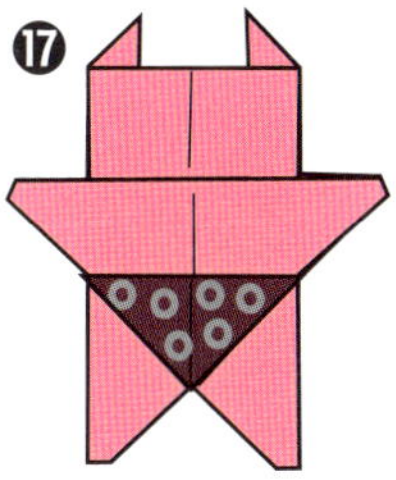

好みで顔を描く。

できあがり

福

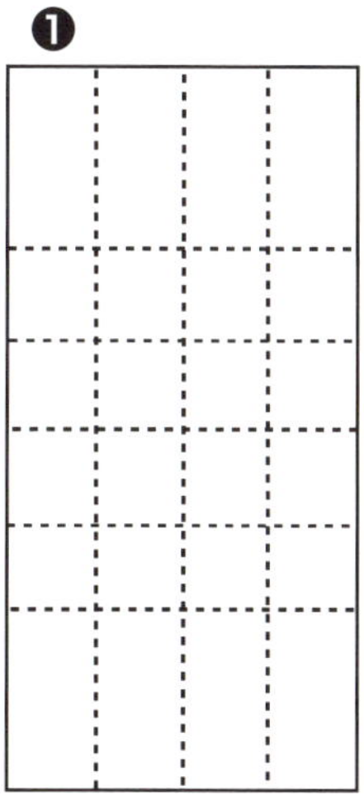

折りすじをつける。

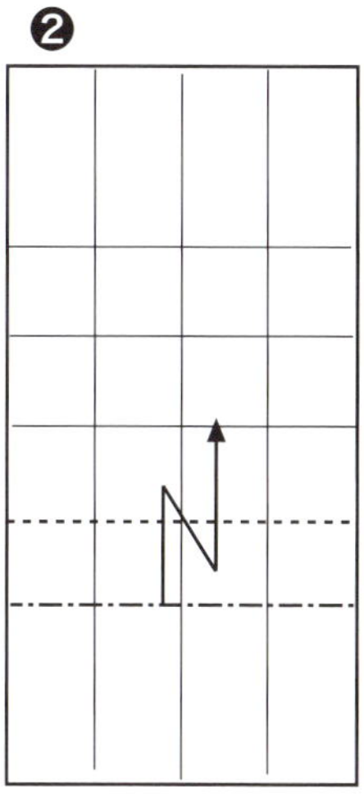

段折りする。

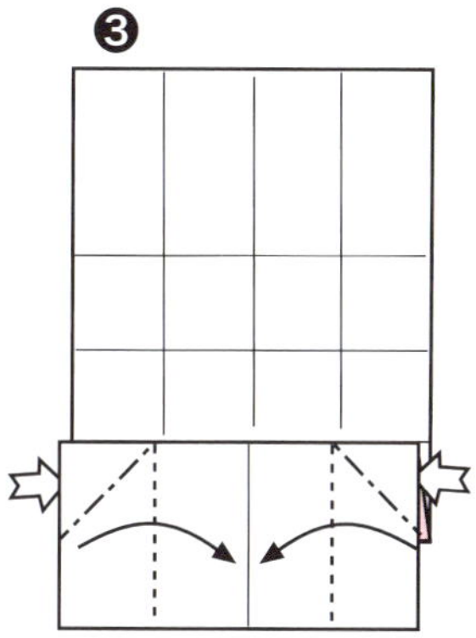

開いて中央に引きよせて折る。

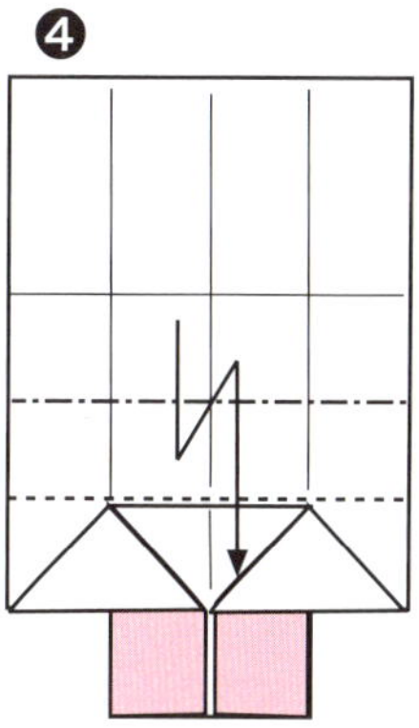

段折りする。

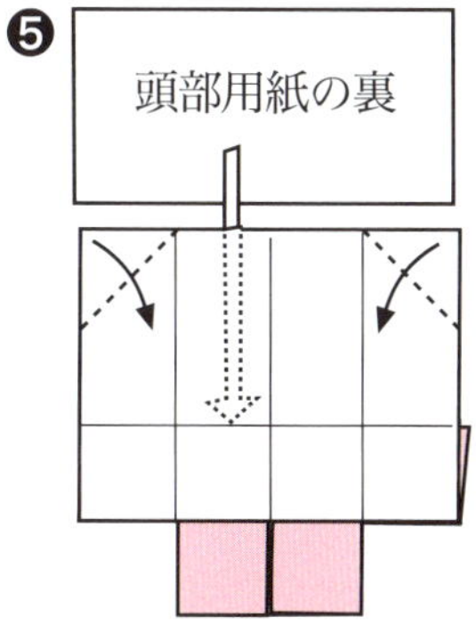
頭部用紙の裏

頭部の用紙を裏返して体の裏側に重ねて折る。

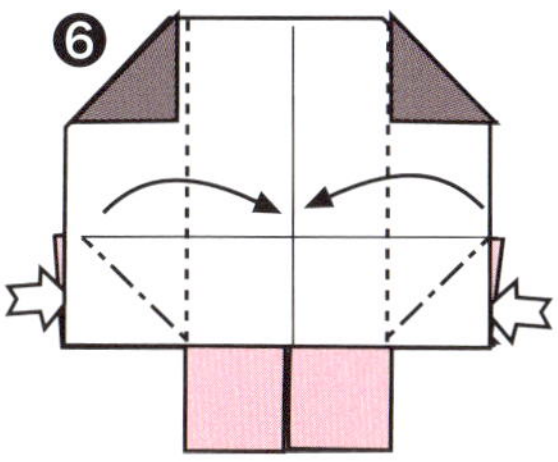

中央に引きよせて折る。

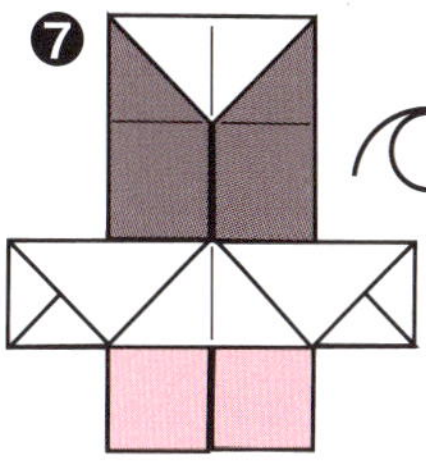

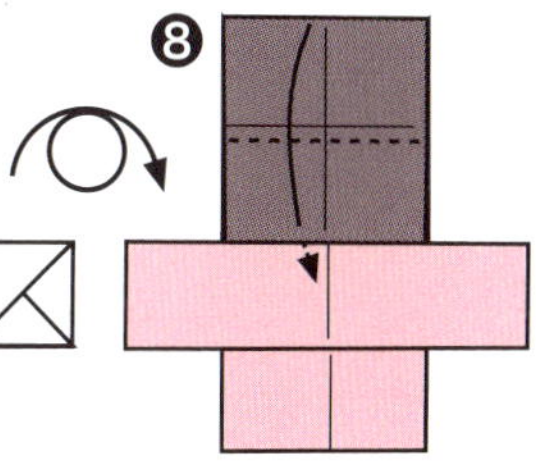

頭部を体と少し重なるように折って、体の袋にはさむ。

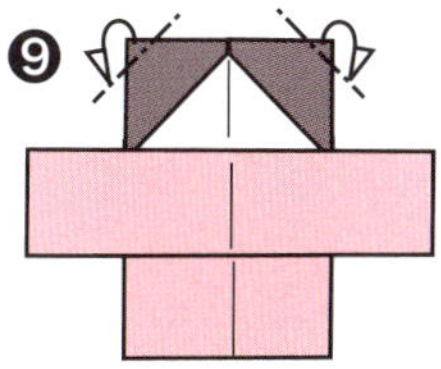

顔と髪ができる。かどを折って顔を描く。

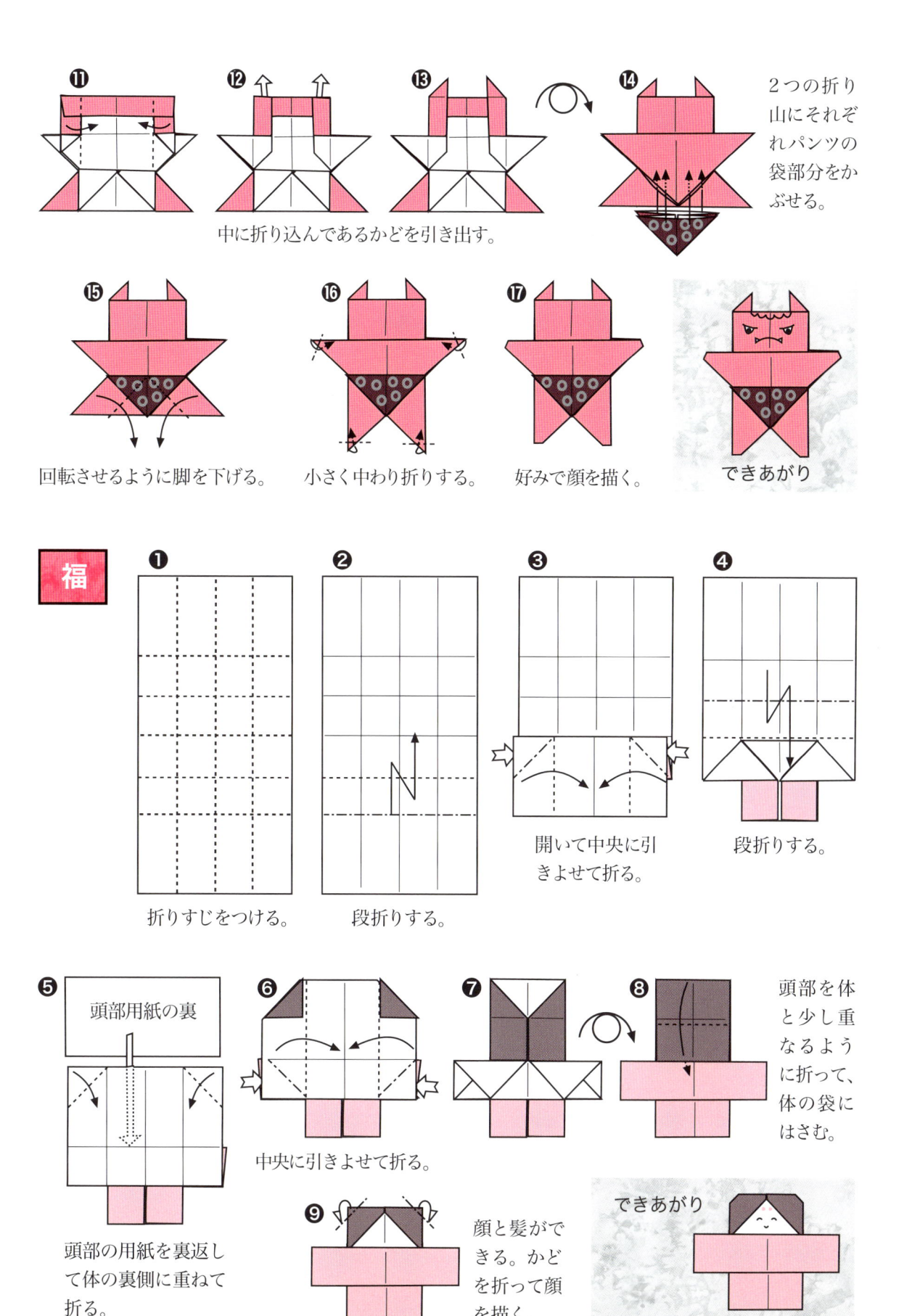

できあがり

かぶと

難易度：☆

金銀などを裏にして折ると、鍬形が輝いてかぶとらしさが増します。
大きな紙で折ると、かぶれるかぶとができます。
用紙：表裏で色の異なる紙　15×15cm　1 枚

❶
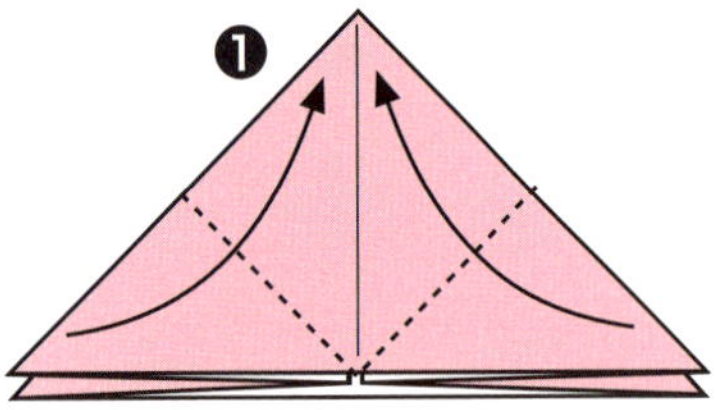

ふうせん基本形から上の
1 組を折り上げる。

❷
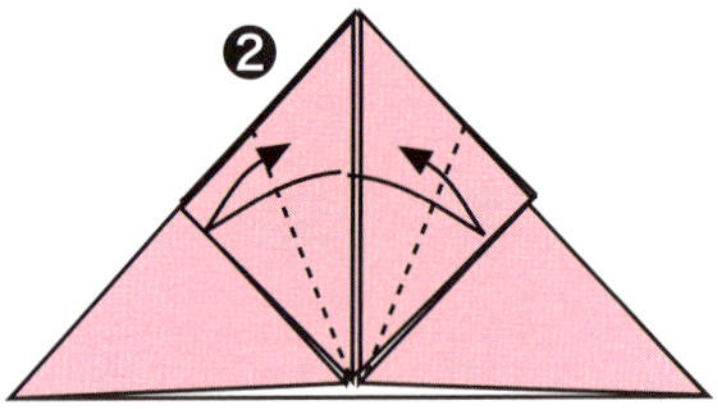

折りすじをつける。

❸
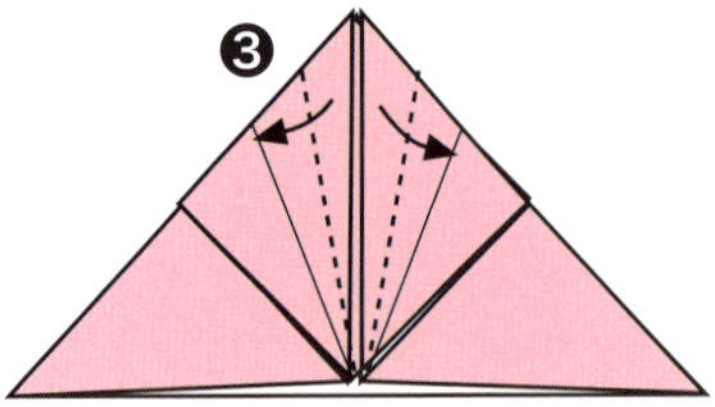

❷の折りすじに
合わせて折る。

❹
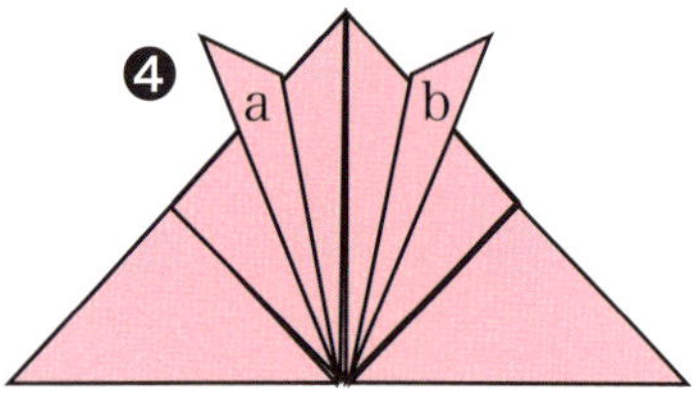

かぶとの飾り a、
b を裏返す。

❺
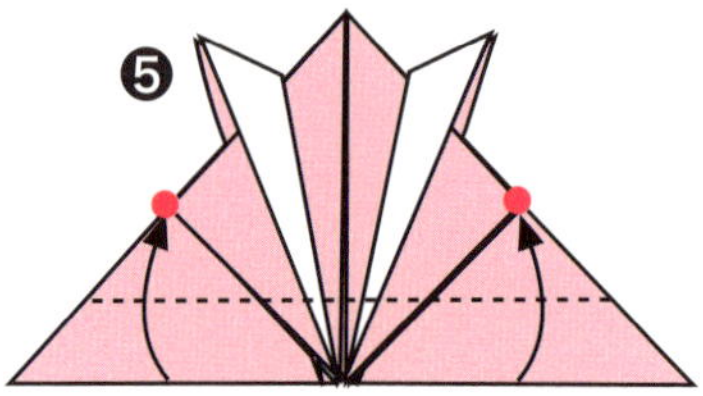

●に合わせてまとめ
て折り上げる。

❻
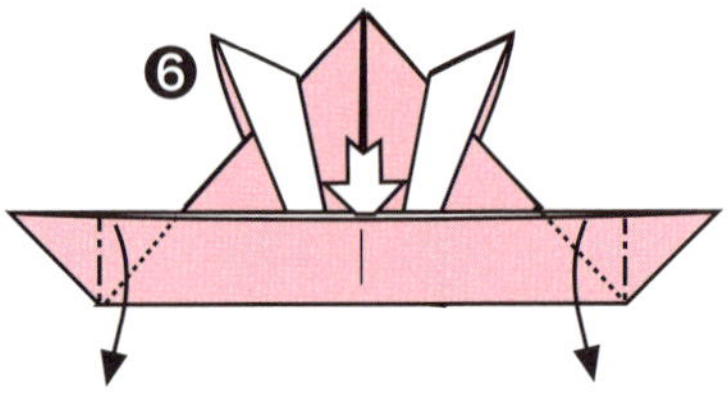

開いてつぶす。

❼
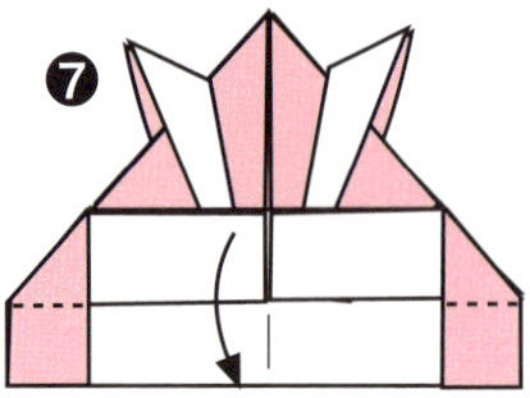

❽
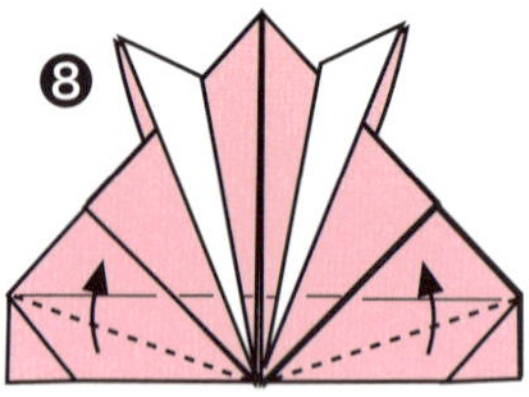

上の 1 枚を折り上げる。

❾
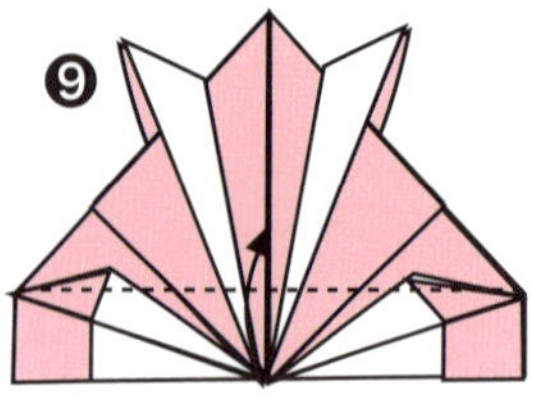

かどを結んでさら
に折り上げる。

❿

⓫
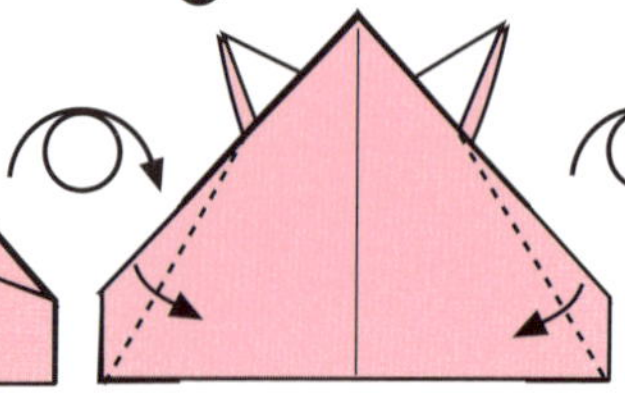

まとめてかどを折る。

⓬
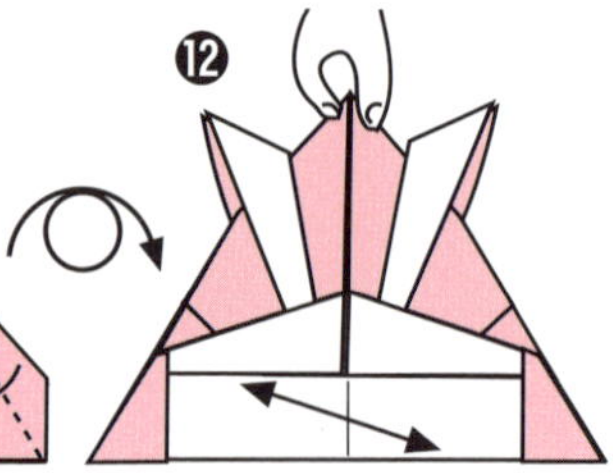

内側を広げ、頂
点をつまんで立
体化する。

できあがり

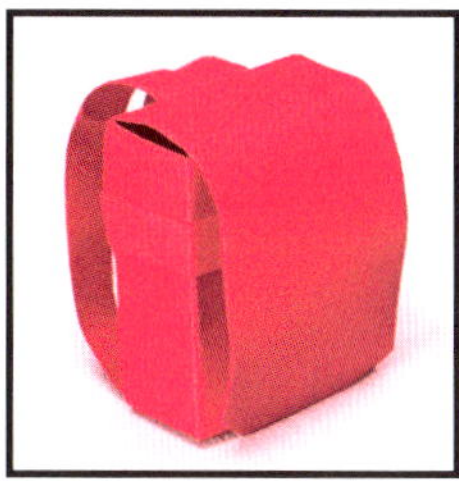

ランドセル

難易度：☆☆☆

本物のランドセルのように物を入れられます。
学用品を入れても楽しいし、プレゼントボックスにもなります。
用紙：下記参照

〈用紙〉
1対3の用紙 2枚
やや厚めの紙がよい（表裏同色の紙が使いやすい）

〈正方形用紙から作る場合〉

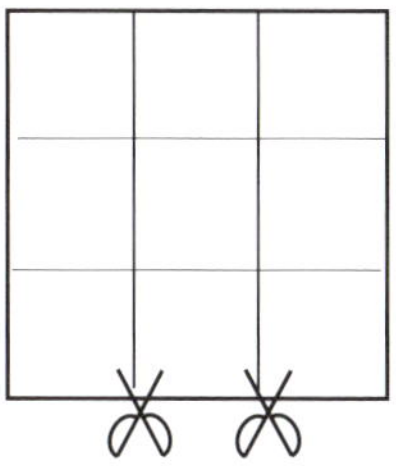

縦横3等分の折りすじをつけて切り、2列を使う。

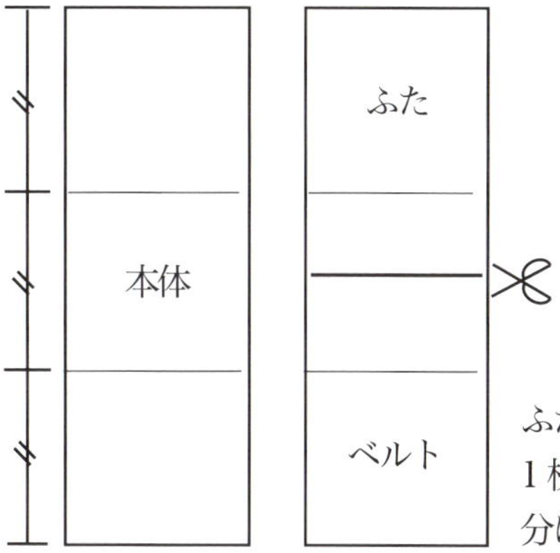

ふたとベルトは1枚の長さを半分に切って使う。

ベルトの作り方

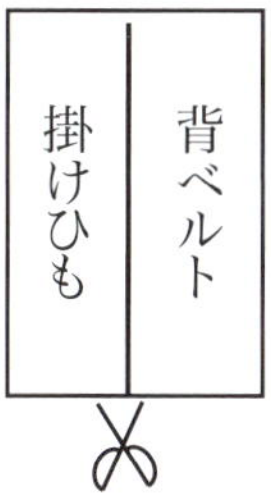

ベルト用紙を縦半分に切る。

〈掛けひも〉

用紙を半分に折り、わの方を生かして掛けひもの幅を切る（残りは不要）。

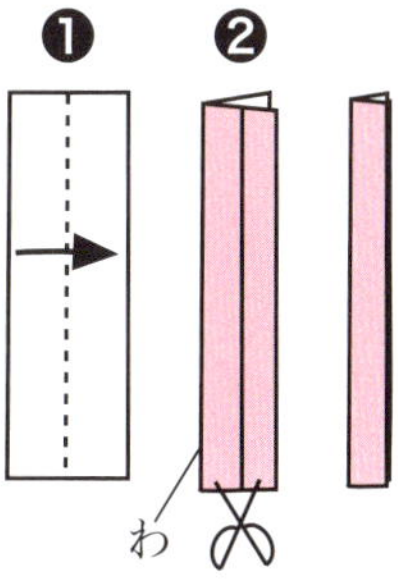

〈背ベルト〉

中心線に合わせて折る。
端を少し折って折り目まで切り、端を折っておく。

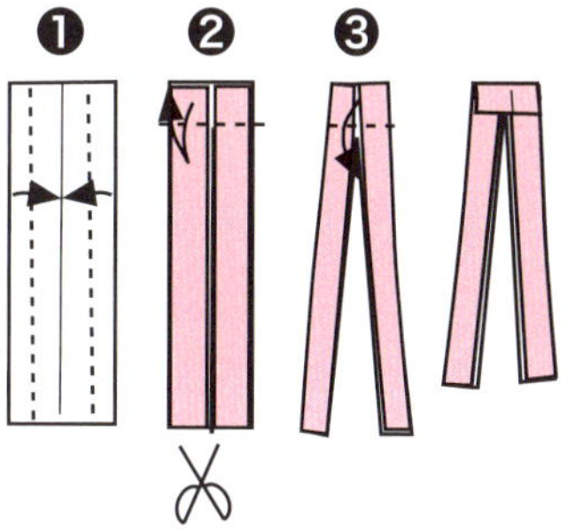

本体の折り方

❶

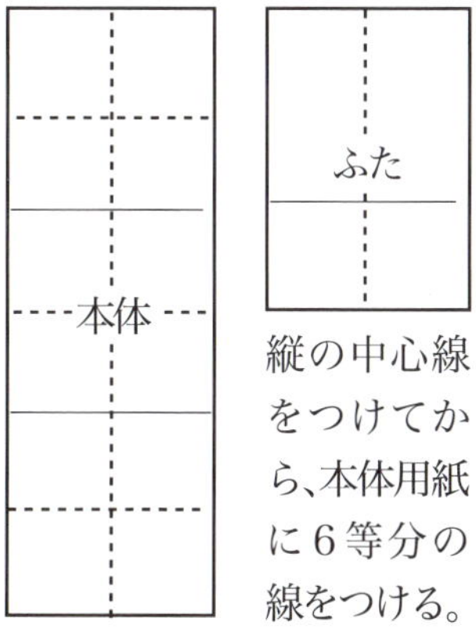

縦の中心線をつけてから、本体用紙に6等分の線をつける。

❷

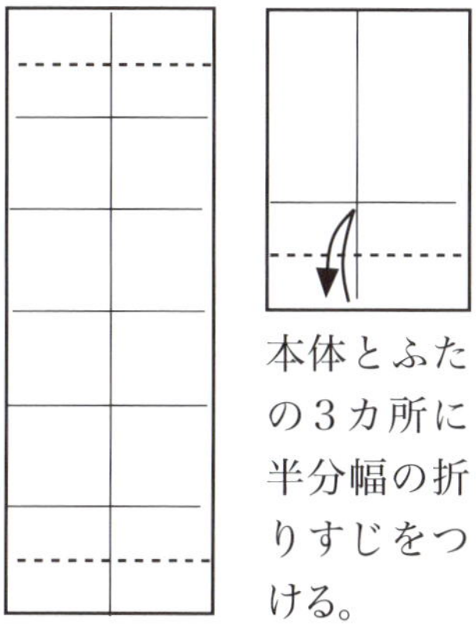

本体とふたの3カ所に半分幅の折りすじをつける。

❸

中心線に合わせて折り、左右4等分の折りすじをつける。

❹

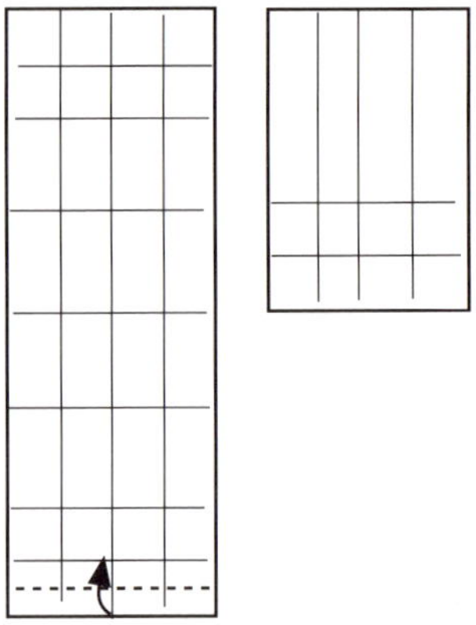

本体の端を1コマ折る。

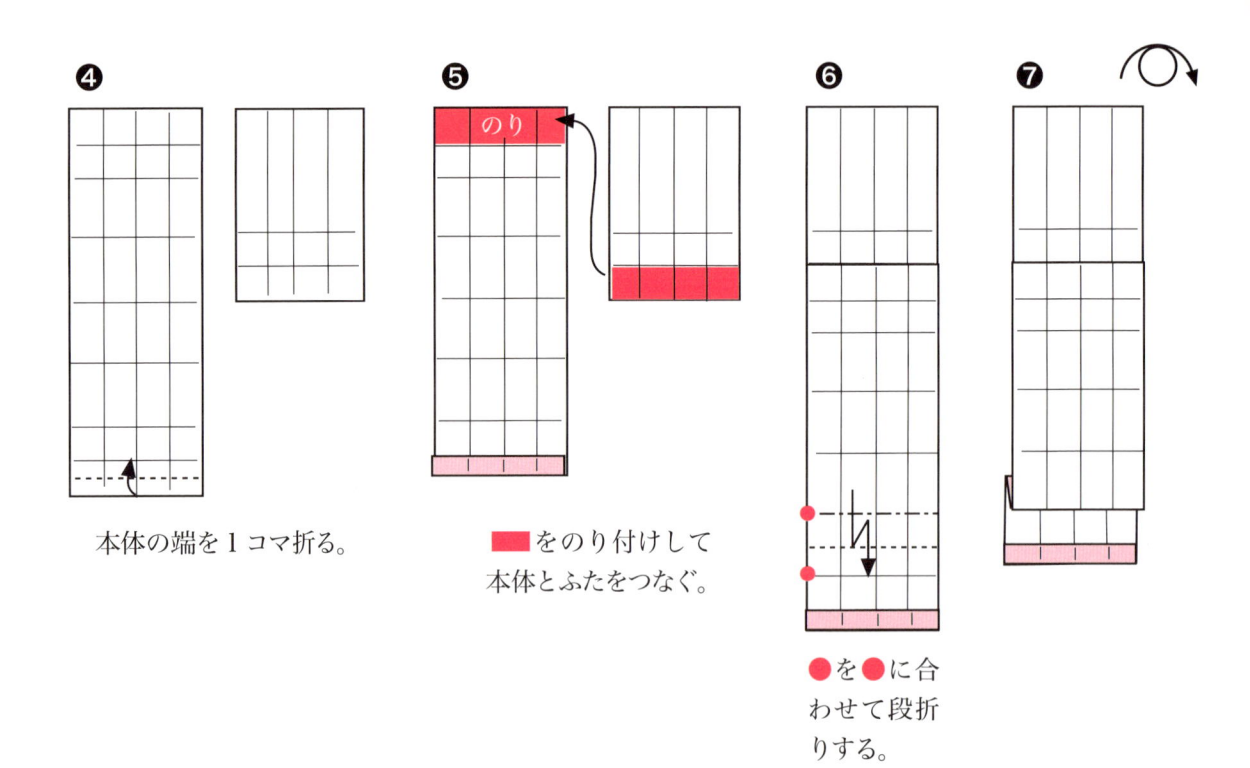

❺

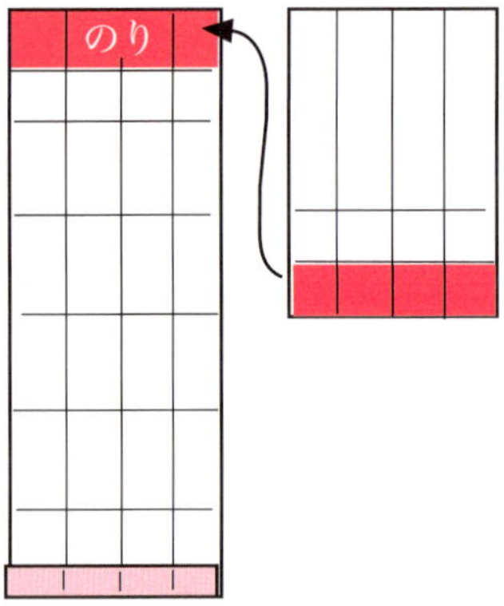

■をのり付けして
本体とふたをつなぐ。

❻

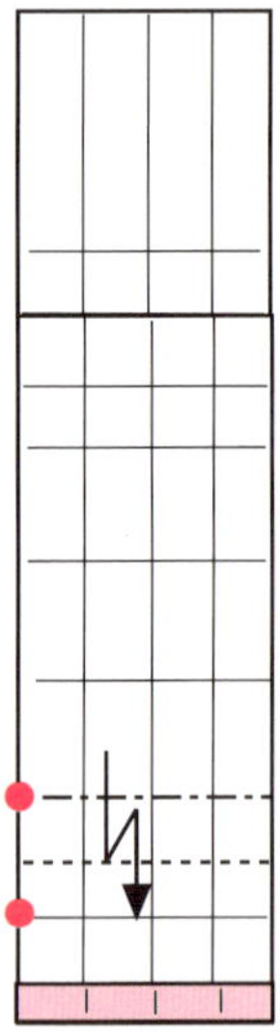

●を●に合わせて段折りする。

❼

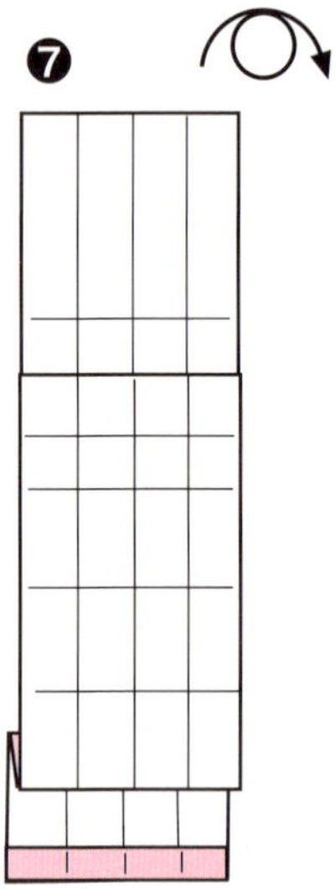

❽

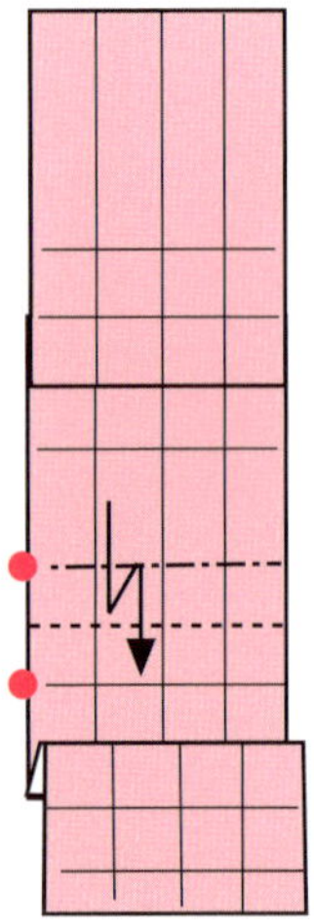

●を●に合わせて段折りする。

❾

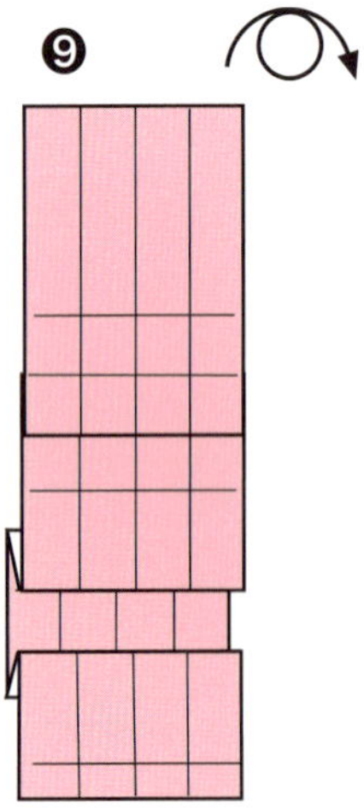

❿

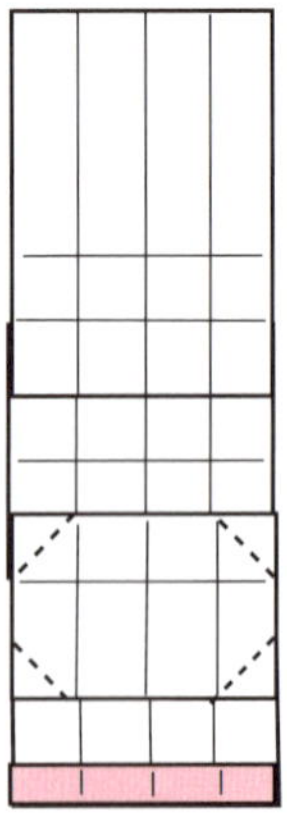

ひだのかどに斜めの折りすじをつける。

⓫

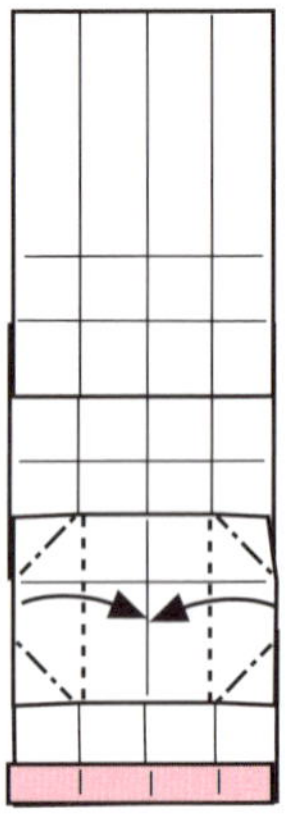

中心に引きよせて折る。

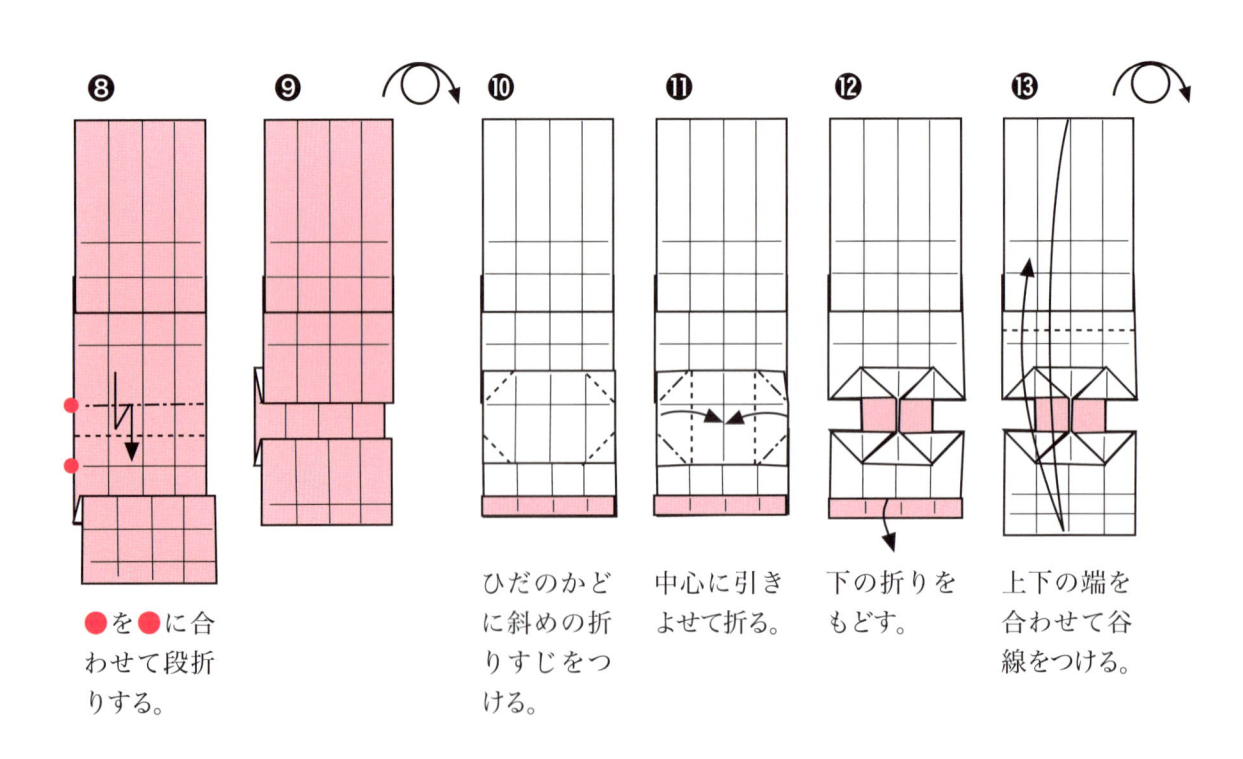

⓬

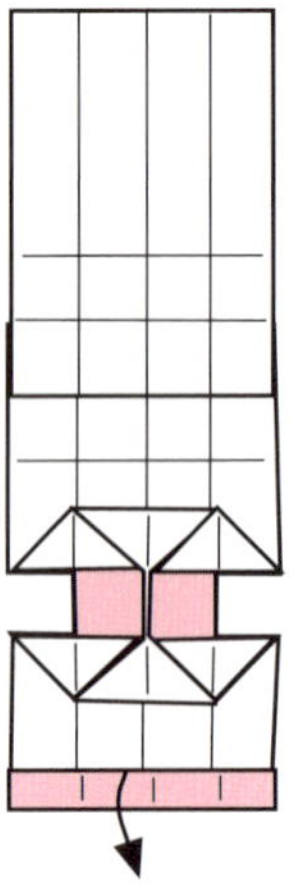

下の折りをもどす。

⓭

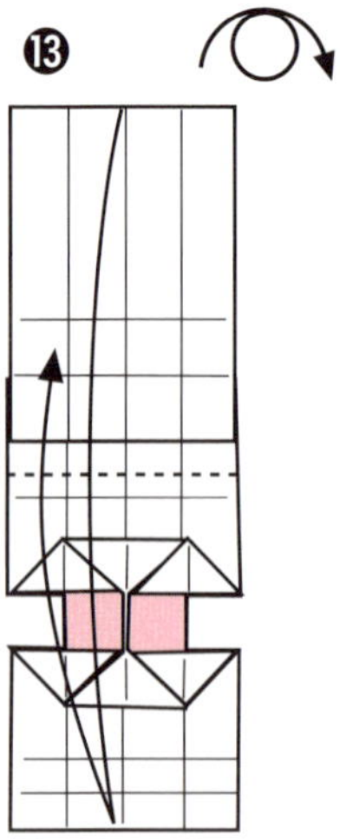

上下の端を合わせて谷線をつける。

⓮

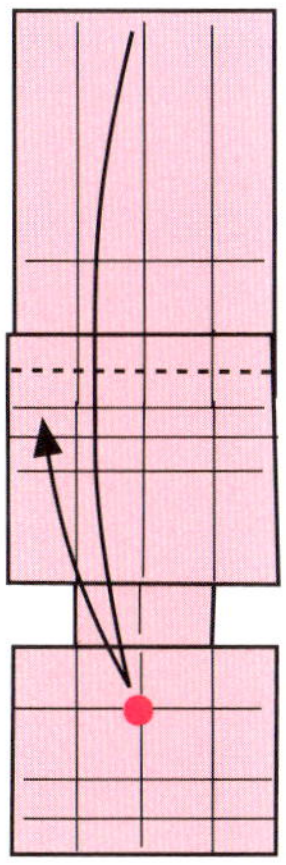

上の端をくびれた部分の１本下●に合わせて谷線をつける。

⓯

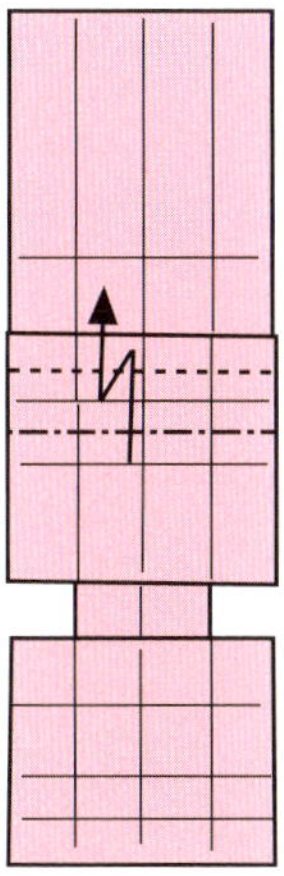

⓭⓮の線から段折りする。

⓰

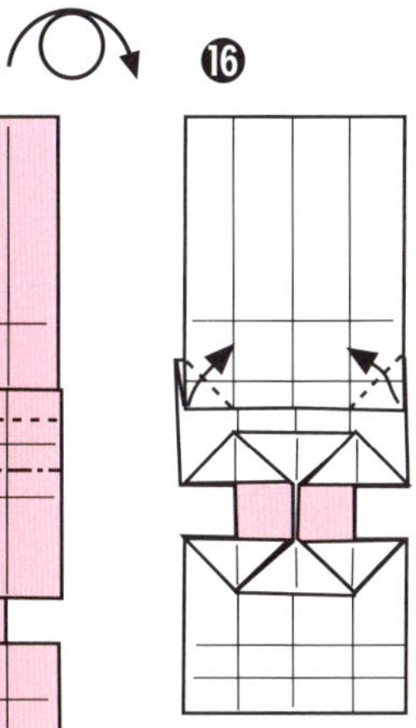

かどを折る。

⓱

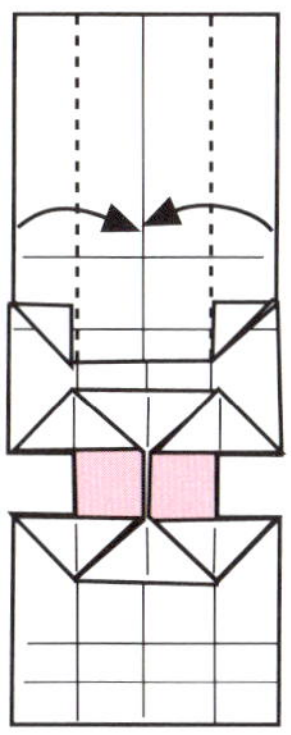

中心に引きよせて折る。

⓲

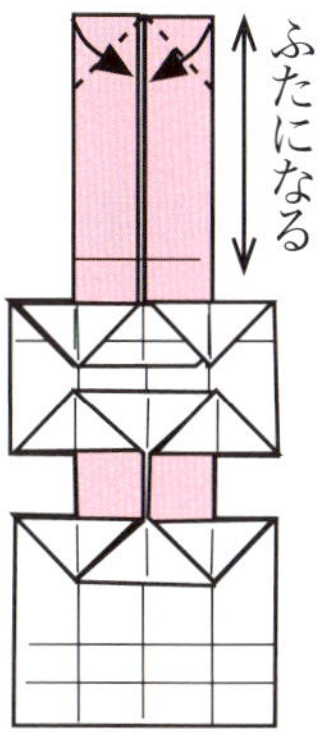

かどを斜めに折る。

⓳

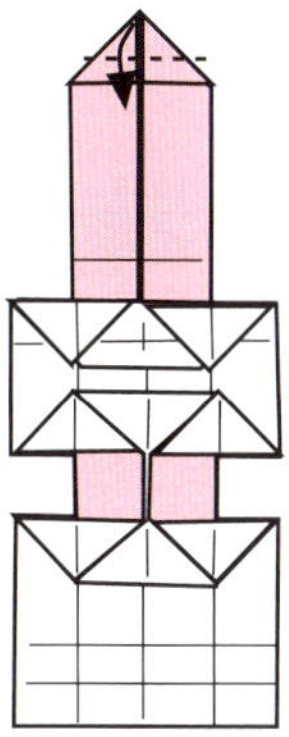

かどが少し出るように折って、かぎを作る。

⓴

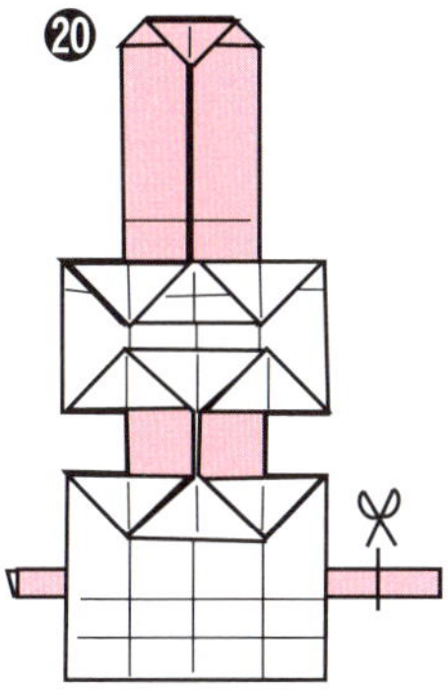

わを下にして掛けひもを置き、長さを調節して切る。

㉑

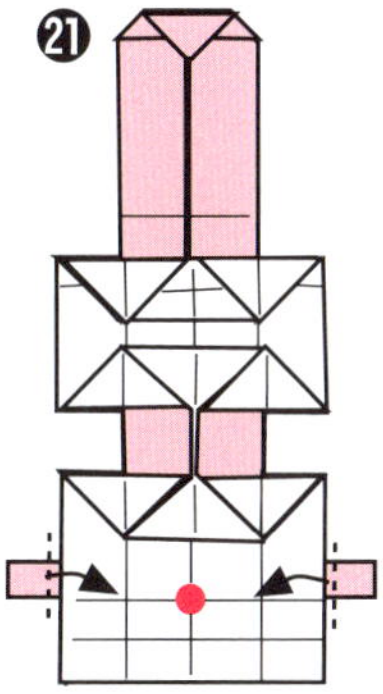

●の線に合わせて、掛けひもの両端をのりづけする。

㉒

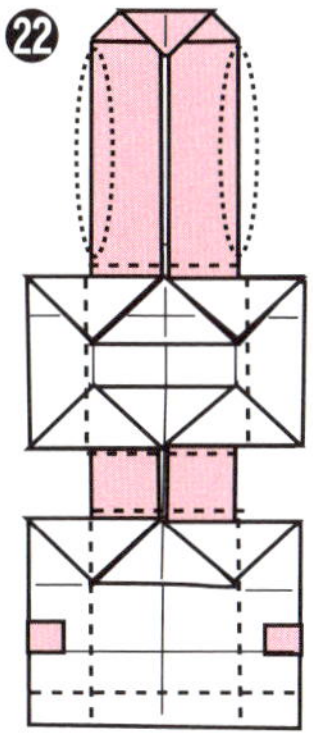

谷線の折りすじをしっかりつける。ふたの両側をしごいておく。

㉓

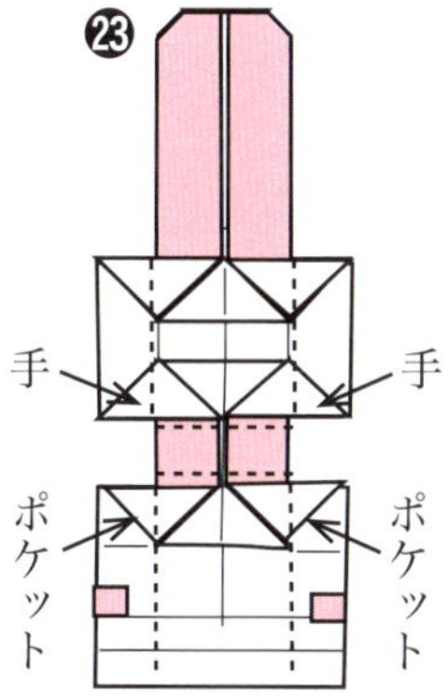

折りすじに従って箱形に立体化しながら、手をポケットに入れる。

㉔

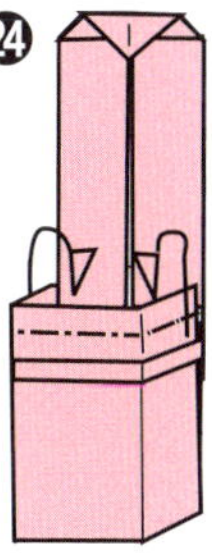

端にかぶせてのりでとめる。

㉕

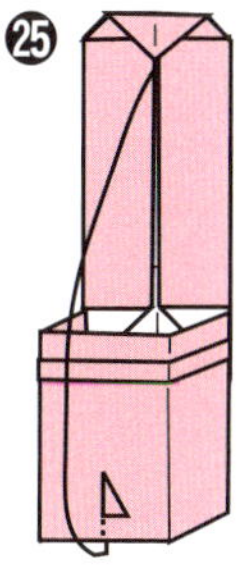

ふたを本体にかぶせ、ふたのかぎを本体下側のポケットに入れる。

㉖

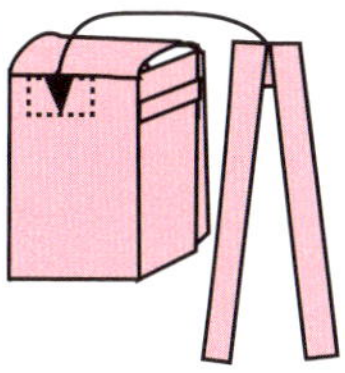

折ってあるベルトの端を、本体上部のポケットに差し込んでのりでとめる。

㉗

ベルトの長さを調節して切る。

㉘

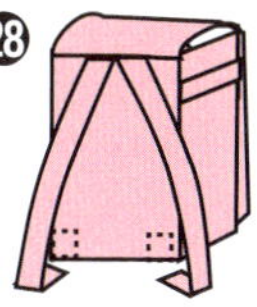

ベルトの端を両側のかどに入れて、のりでとめる。

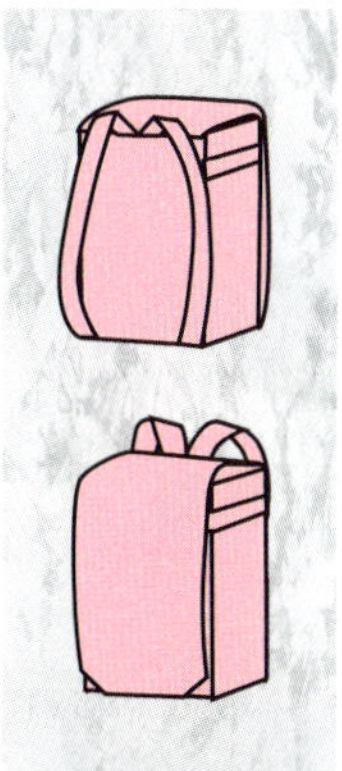

できあがり

ワンピース

難易度：☆☆

紙選びが楽しい作品です。思いっきりおしゃれを楽しみましょう。
アクセサリーをつけてもすてきです。
用紙：片面折り紙　15×15cm　1枚

❶

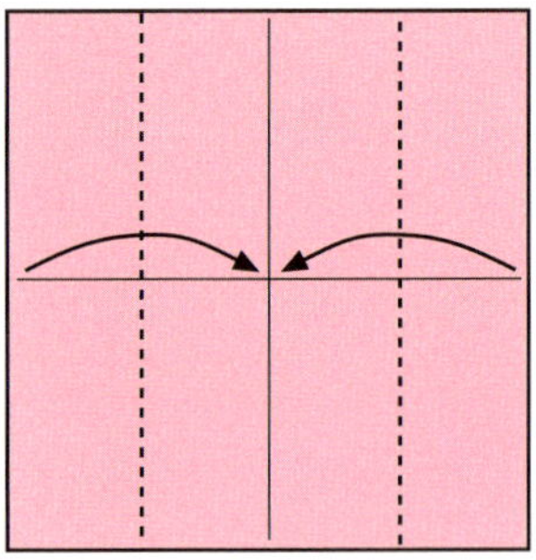

縦横の中心線をつけてから中心線に合わせて折る。

❷

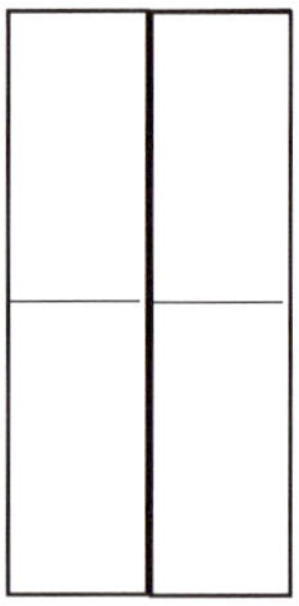

❸

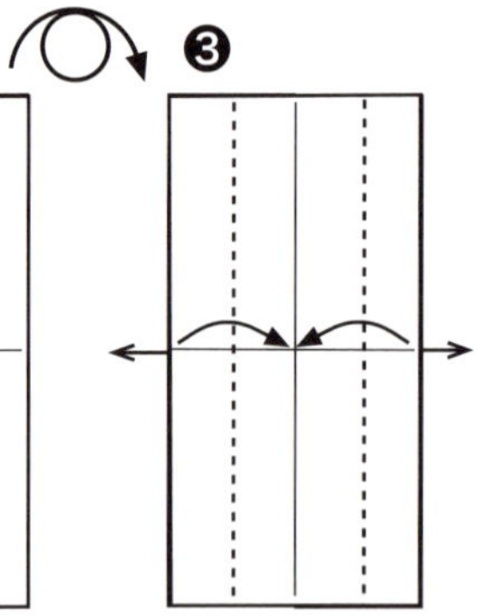

裏から紙を出しながら、中心線に合わせて折る。

❹

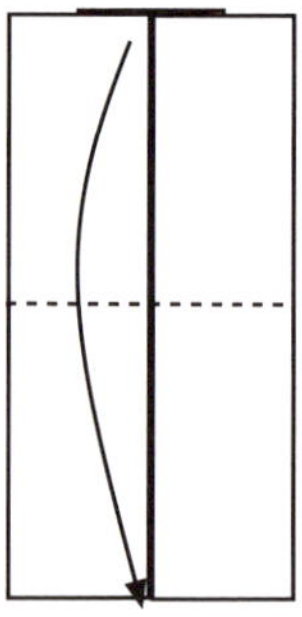

❺

表裏まとめてひだ山がのびるまで引き出す。

❻

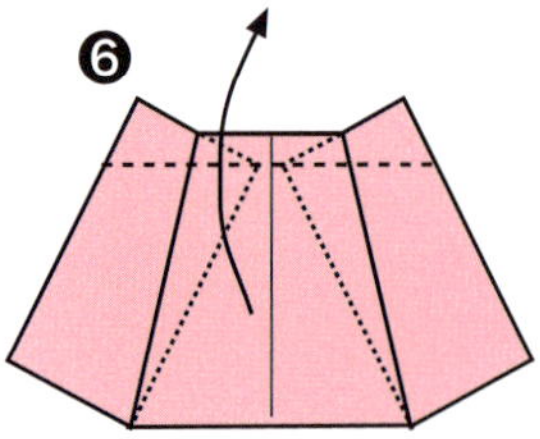

表の1枚を、内側にある山を結ぶ線から折る。

❼

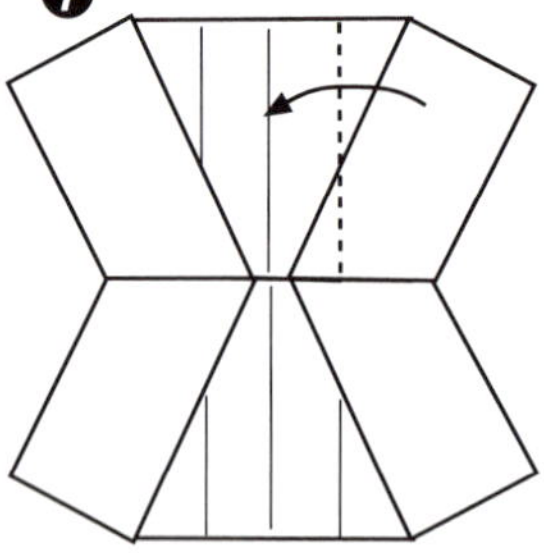

ついている折りすじを延長して折る。

❽

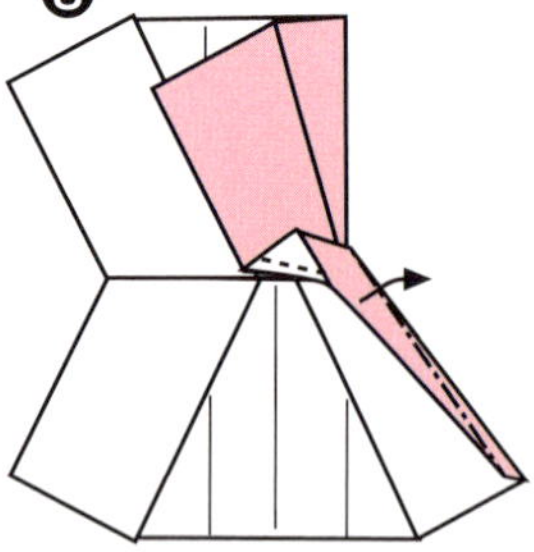

下のかどとウエストを結んで折り、浮いている部分をつぶす。

❾

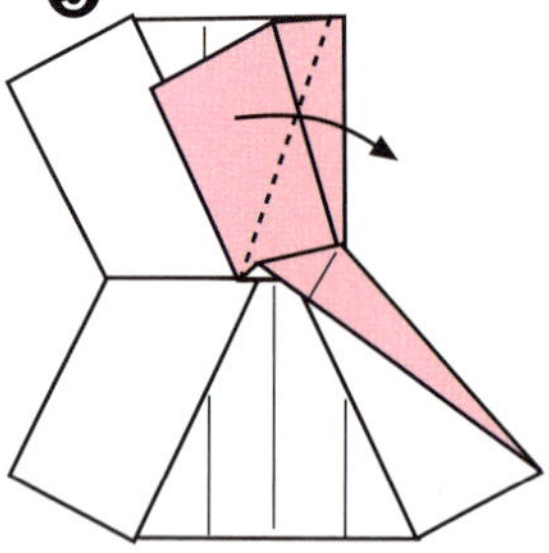

袖の形を考えて斜めに折る。

❿

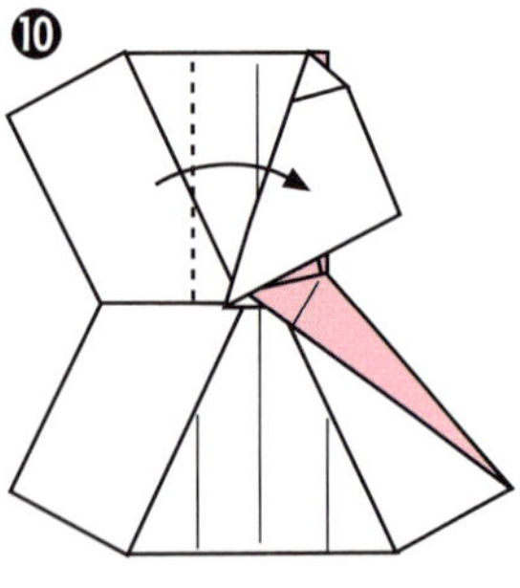

反対側も同じく折る。

⓫

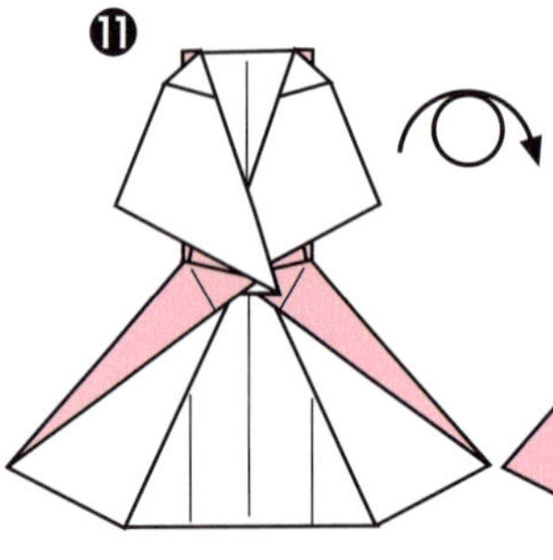

左右の折りがそろうよう調整する。

⓬

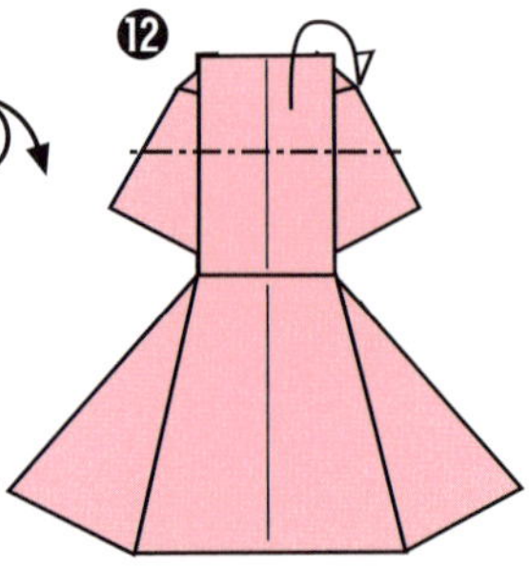

ワンピースの形を考えて衿側を裏へ折る。

できあがり

ジャケット

難易度：☆☆

好みの柄で折ったジャケットの裏のポケットにメッセージを入れて、父の日のプレゼントに添えましょう。
用紙：サイズ１対２の用紙（折り紙の半切など） １枚

❶
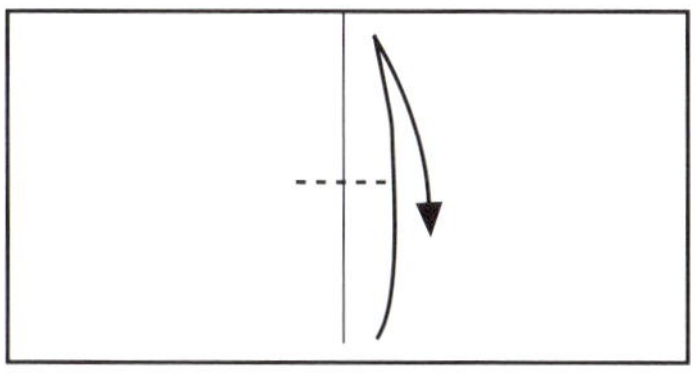
縦の中心線をつけてから縦半分のしるしをつける。

❷
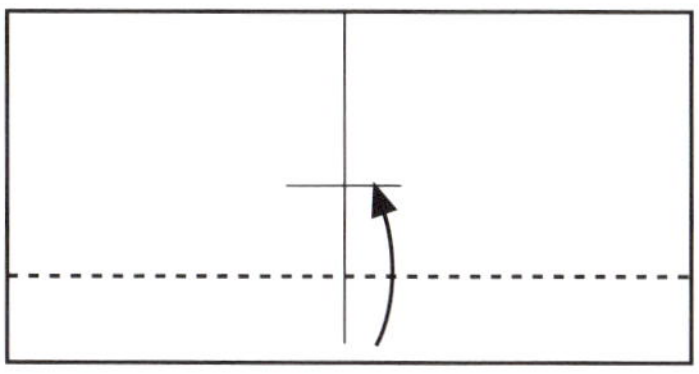
しるしまで折る。

❸
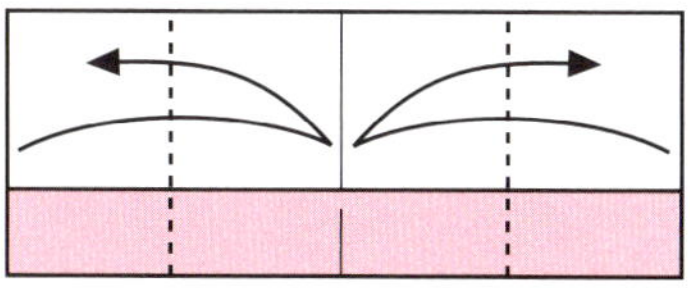
両端を中心線に合わせて折りすじをつける。

❹
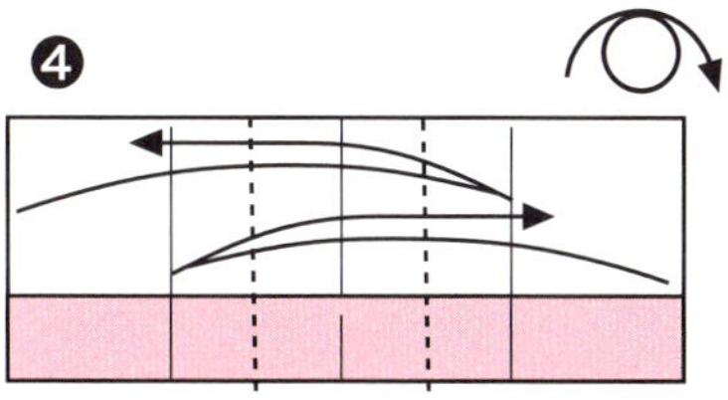
両端を❸の折りすじに合わせて折りすじをつける。

❺
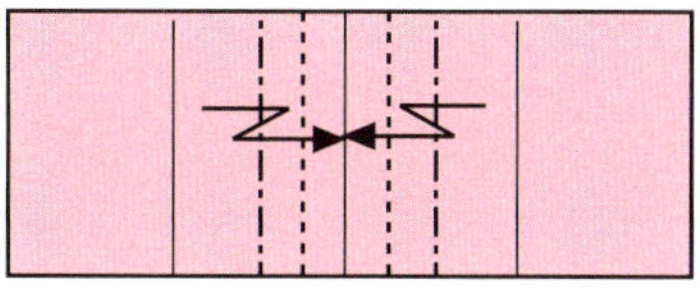
段折りする。

❻
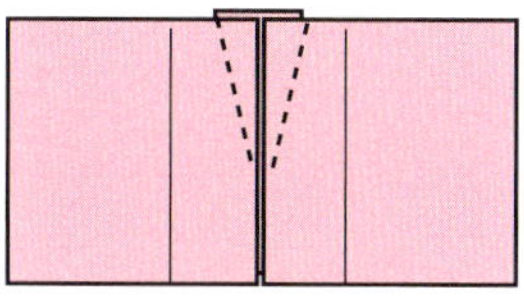
裏のひだの端から、衿の形を考えて折りすじをつける。

❼
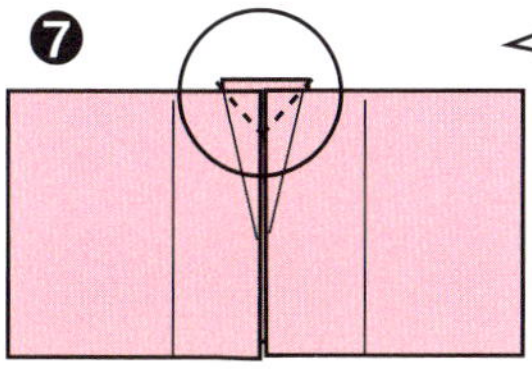
❻の折りすじに合わせてかどを折り、折りすじをつける。

❽ 衿部分の拡大図
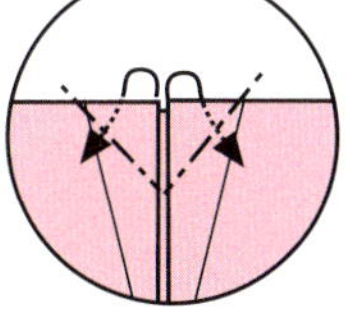
❼の折りすじから中わり折りする。

❾
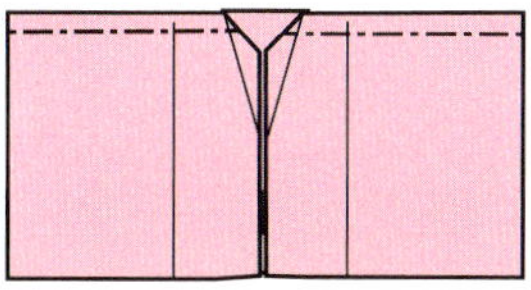
❽の衿の両側を衿の幅の約半分裏へ折る。

❿
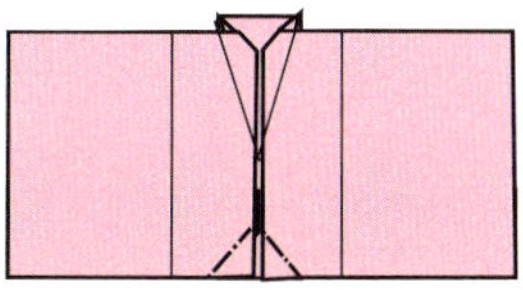
裏のひだの端からかどを内側へ斜めに折る。

⓫
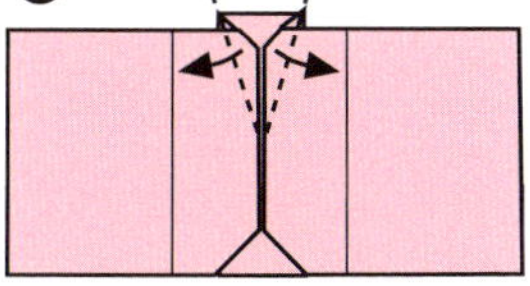
衿を開く。

⓬
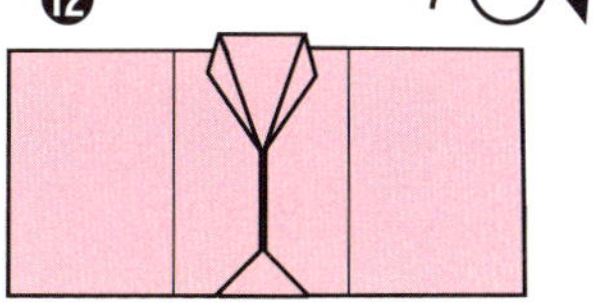

⓭
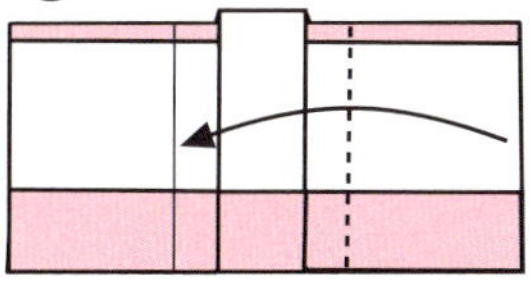
ついている折りすじから谷折りする。

⓮
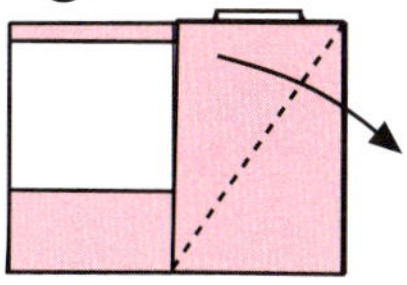
かどを結んで折る。

⑮

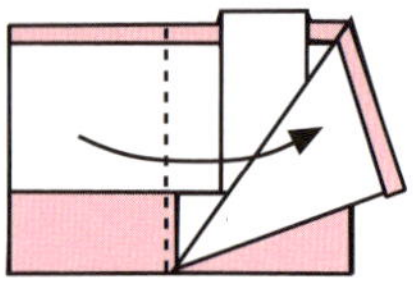

反対側も同じく折り、
さらに⓮同様かどを
結んで折る。

⑯

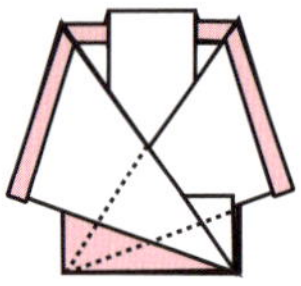

⑰

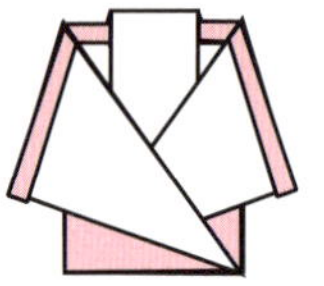

下の折り返し
部分に片方を
差し込む。

できあがり

裏のポケットに
カードを入れる
こともできます。

紙について

折り紙用紙には大きくわけて洋紙と和紙があります。洋紙の折り紙の代表は単色 15cm 角です。これは明治時代に、日本にドイツからフレーベルの幼稚園教育が導入されたときに作られたといわれています。今では大小様々なサイズの折り紙があります。表裏とも色や模様のある両面折り紙もあります。美しい模様の千代紙は持っているだけでわくわくします。

和紙は江戸時代から折り紙に使われてきました。美しい色、柄、和紙の持つ風合いには優雅な趣があります。ただ、和紙には折り目がつきにくいという短所があります。その短所は腰の強さという長所でもあり、千羽鶴折形など古典折り紙になくてはならないものです。

紙それぞれの特色を知って、そのよさを生かすことが折り手のセンスと言えましょう。

第3章

干支

絵馬

難易度：☆

（折り図65ページ）

子・ねずみ

難易度：☆☆

（折り図 66 ページ）

丑・うし

難易度：☆☆☆

（折り図 67 ページ）

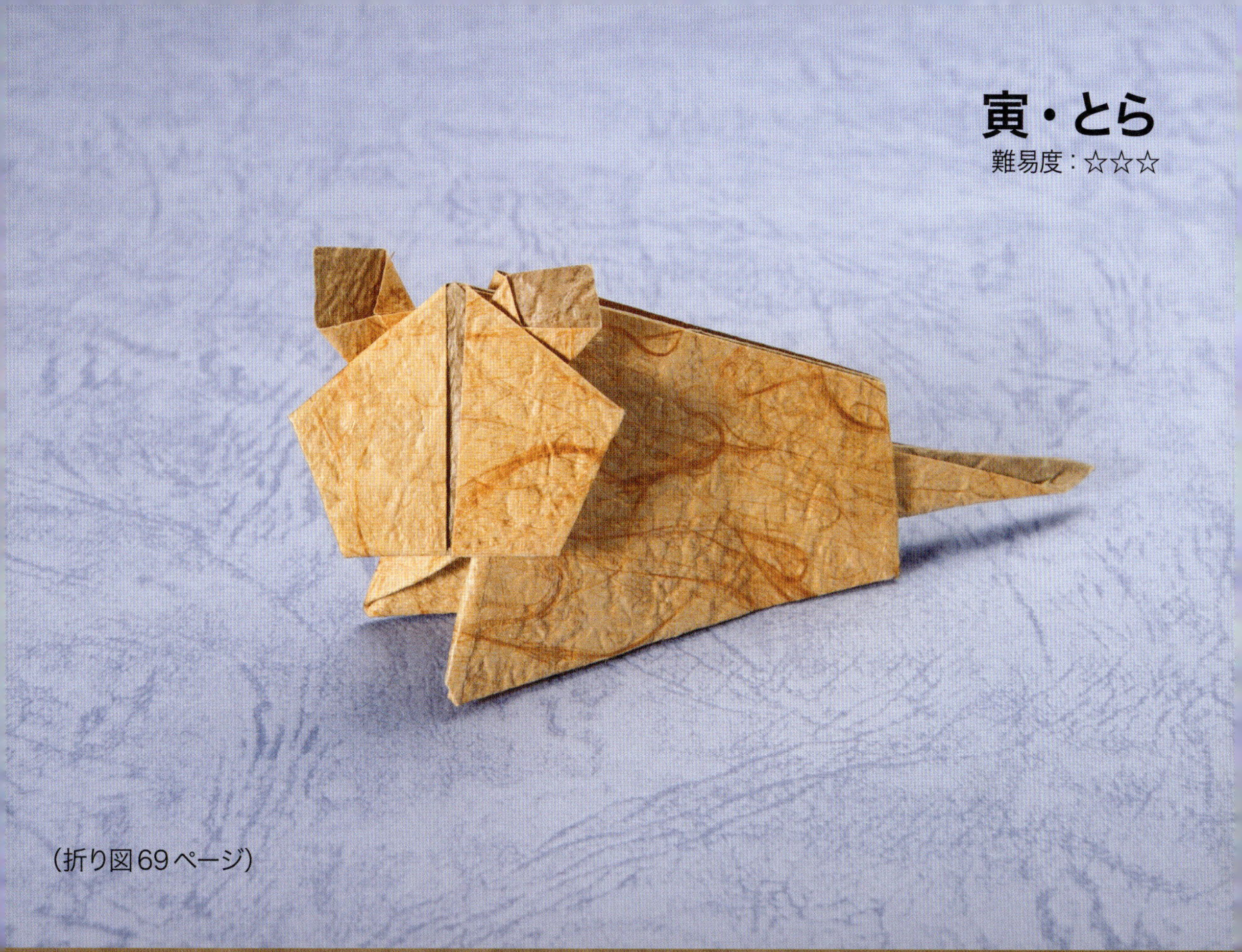

寅・とら

難易度：☆☆☆

（折り図69ページ）

卯・うさぎ

難易度：☆☆☆

（折り図70ページ）

辰・たつ

難易度：☆☆

（折り図 72 ページ）

巳・へび

難易度：☆☆

（折り図 73 ページ）

午・うま

難易度：☆☆

（折り図 74 ページ）

未・ひつじ

難易度：☆☆☆

（折り図 75 ページ）

申・さる

難易度：☆☆

（折り図 76 ページ）

酉・にわとり

難易度：☆☆

（折り図 77 ページ）

戌・いぬ

難易度：☆☆

（折り図78ページ）

亥・いのしし

難易度：☆☆☆

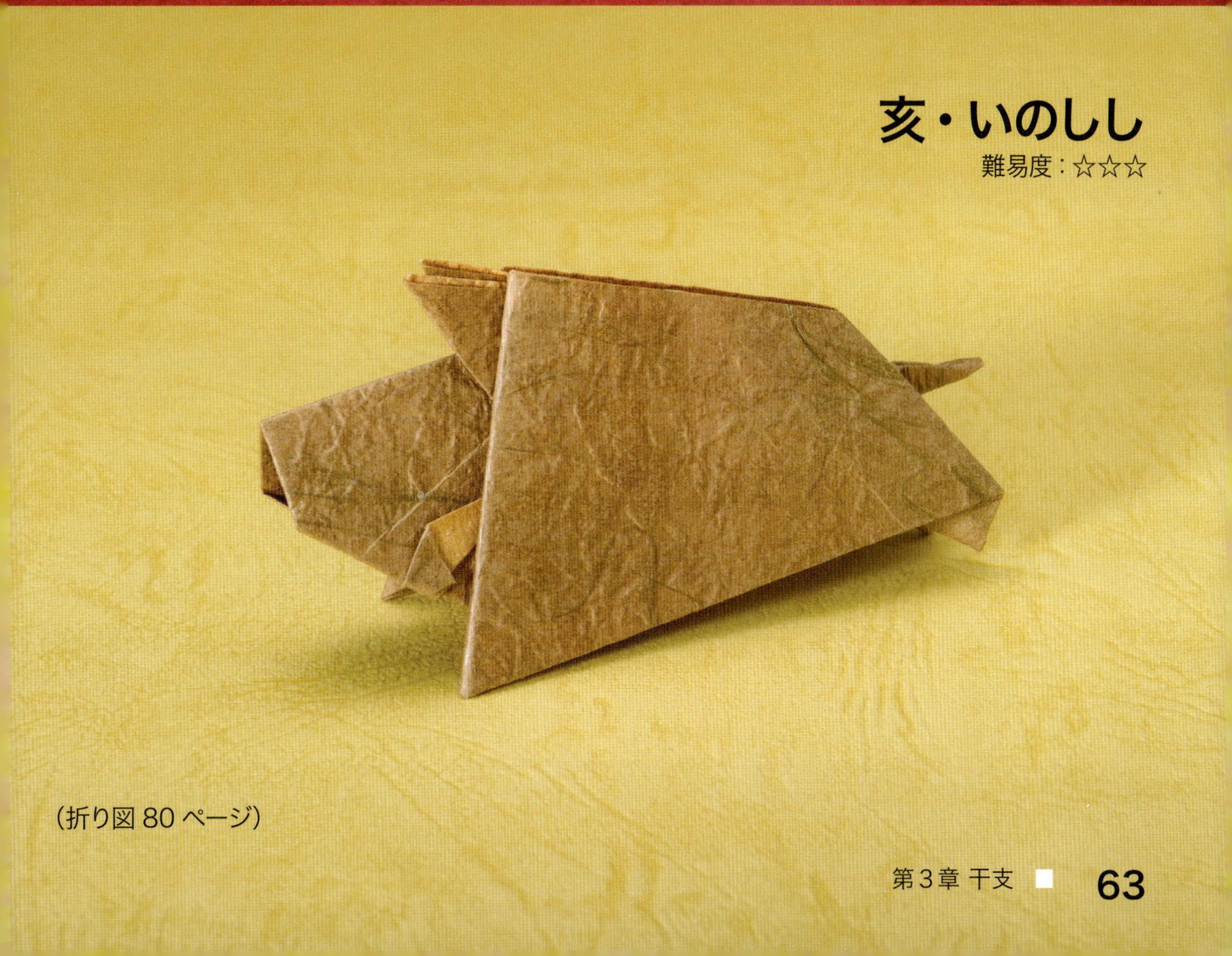

（折り図 80 ページ）

第3章の折り紙を使ったクラフト

できた折り紙で小物などを作って楽しみましょう

干支を小さく折ってマニキュアなどで固めれば、
身の回りの小物飾りになります。
額縁に干支を飾ってインテリアにも。

（作り方 126 ページ）

干支のかんざし

干支をいかに小さく折れるかが勝負です。飾り部分をストラップにも。

干支暦

今年の干支は何？十二支を同じ折り紙で一組折っておき、その年の干支だけ別の折り紙で折って入れかえましょう。額縁は好みの市販のものを使います。

制作・工房GEN

絵馬

難易度：☆

願い事を神様に届ける絵馬、今は合格祈願が一番人気です。
屋根を額縁のように折り出すのがポイントです。
用紙：正方形折り紙　15×15cm など　1 枚

❶

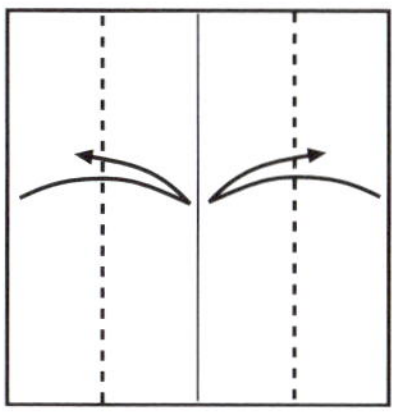

中心線に合わせて折りすじをつける。

❷

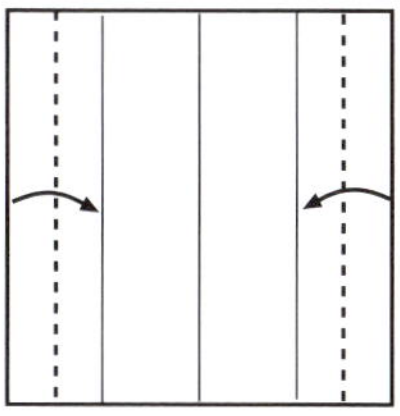

❶の折りすじに合わせて折る。

❸

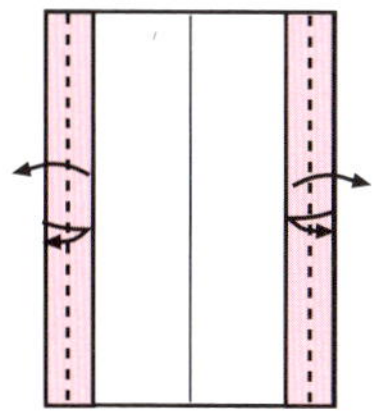

折りすじをつけてから全部開く。

❹

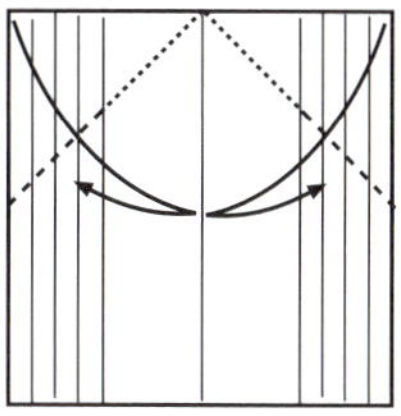

両かどを中心線に合わせて折りすじをつける(中心部にはつけない)。

❺

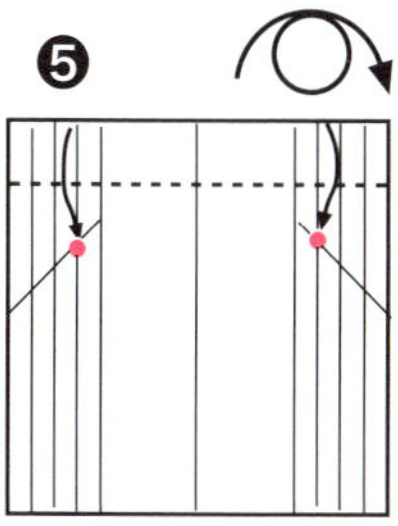

❹の折りすじと、外から３本目の線との交点●に合わせて折る。

❻

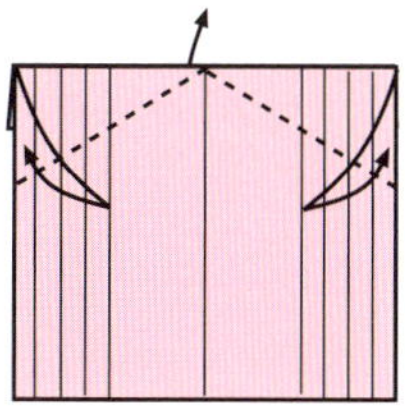

かどを一番内側の線に乗せて折りすじをつけてから、裏の折りをもどす。

❼

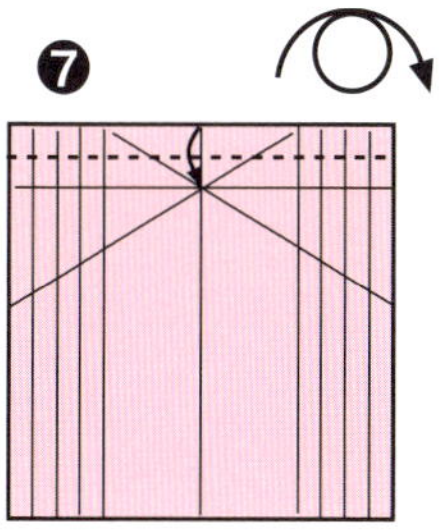

❽

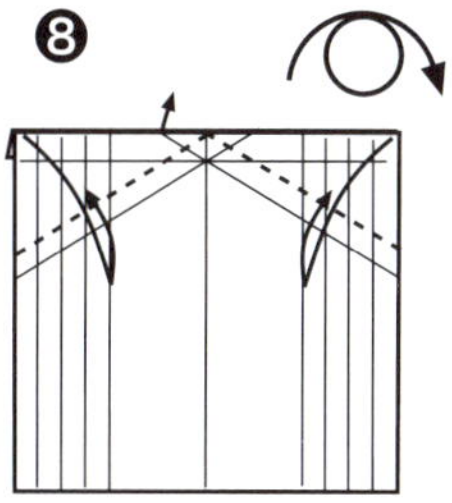

かどを一番内側の線に乗せて折りすじをつけてから、裏の折りをもどす。

❾

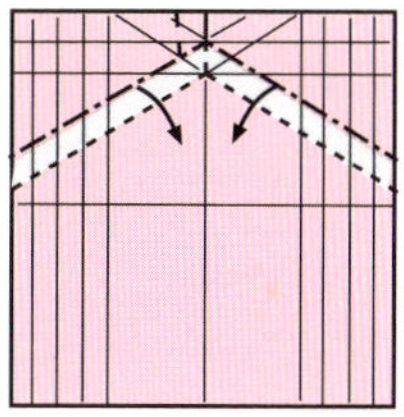

山線と谷線に合わせてひだにしてたたむ。

❿

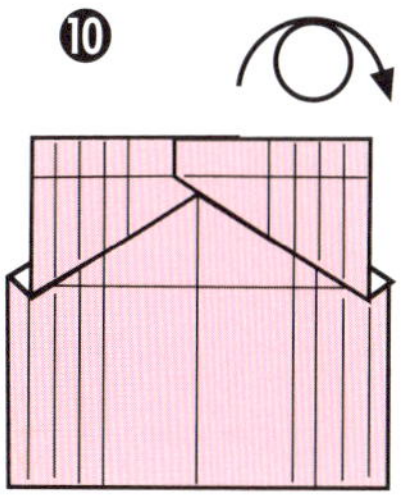

⓫

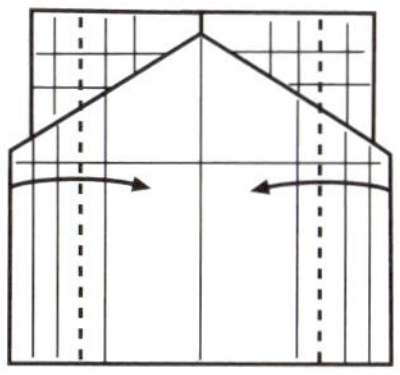

⓬

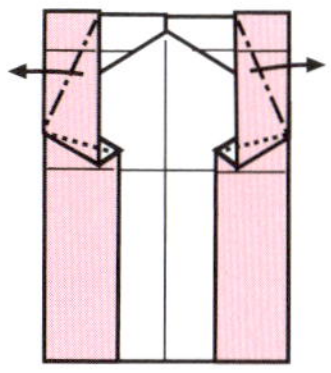

かどがのびるまで引き出す。

⓭

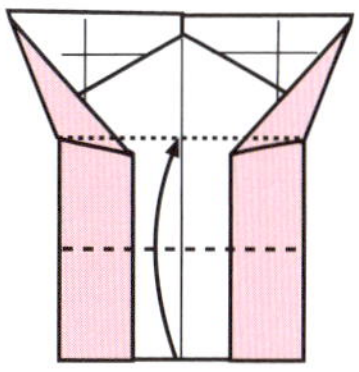

仮想線まで折る。

⓮

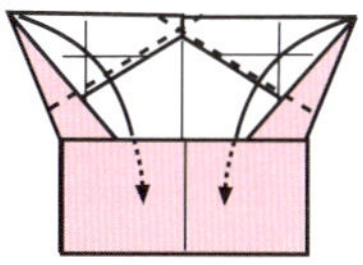

かどをポケットへ入れて折る。

⓯

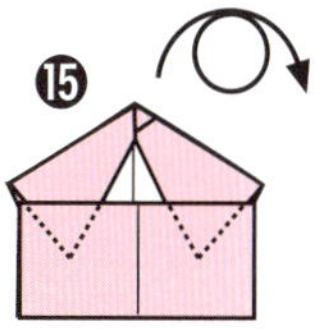

裏側の姿。

子・ねずみ

難易度：☆☆

牛の脊に乗ったねずみは、ピョンと神様の前へ飛び降りて十二支の一番になったとか。簡単そうでやや難しい折りです。

用紙：折り紙　15×15cm　1枚

❶

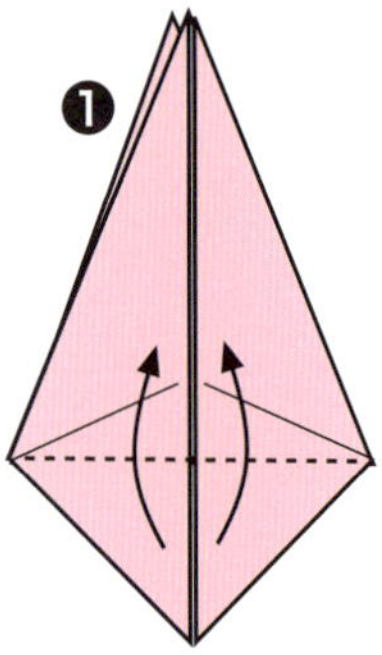

魚の基本形1から三角部分を上げて折る。

❷

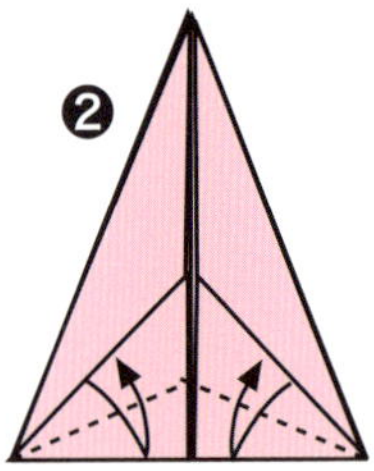

三角部分を底の線に合わせて折りすじをつける。

❸

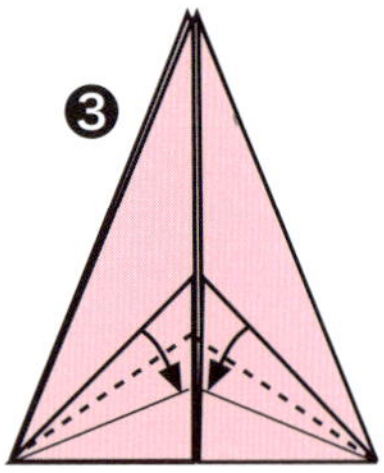

❷の折りすじに合わせて折る。

❹

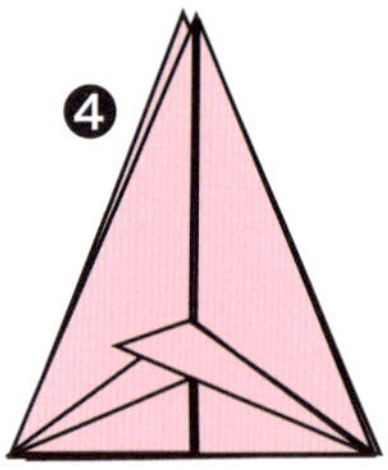

折りすじをしっかりつけて開く。

❺

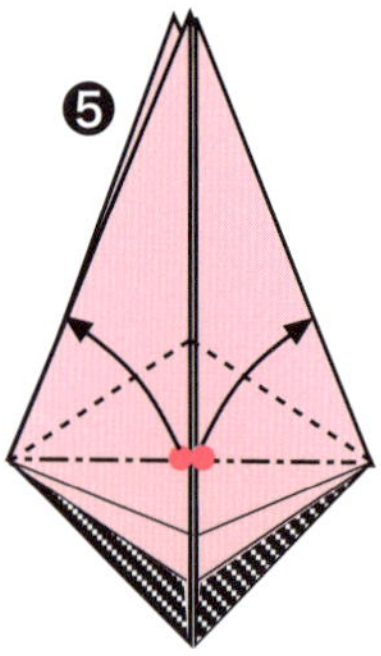

斜線部分を重ねた状態で、●を両側に引き上げる。

❻

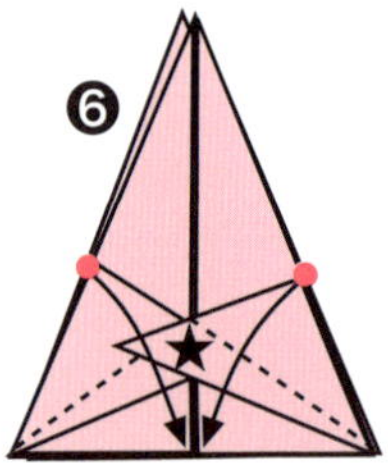

両かど(●)を底辺中央に合わせて折る。その際右側の端(★)は表に出す。

❼

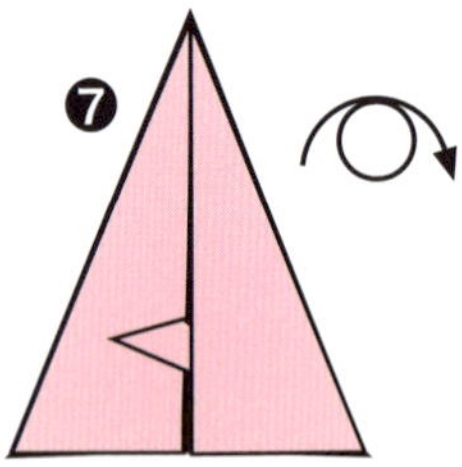

片方の耳だけ出る。

❽

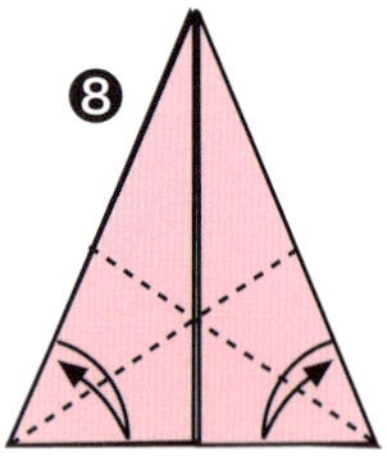

両脇の辺を底辺に合わせて折りすじをつける。

❾

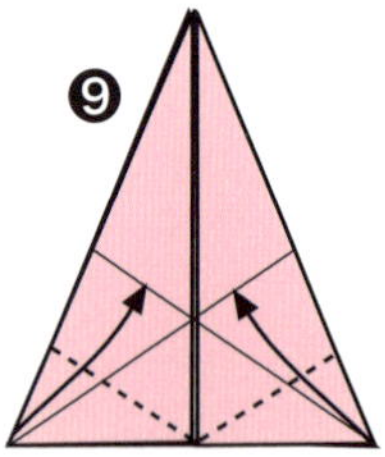

かどを折りすじに乗せて折る。

❿

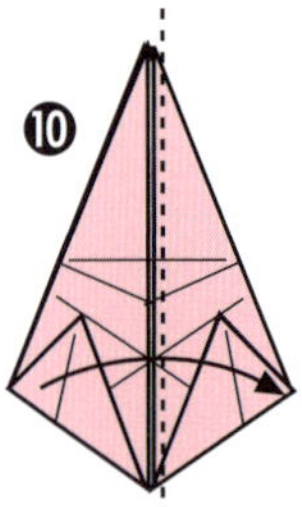

❼で内側に入っている方の耳を出しながら折る。

⓫

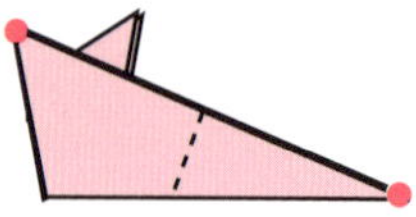

かど(●と●)を合わせて折りすじをつける。

⓬

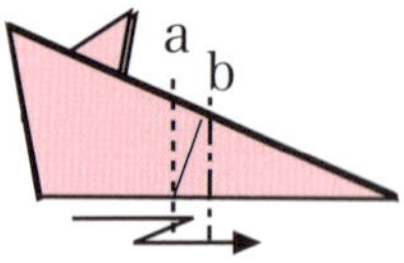

⓫の斜めの折りすじの両端に合わせて、底辺に垂直に段折りする。

⓭

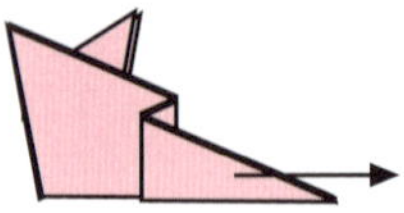

段をもどす。

⓮

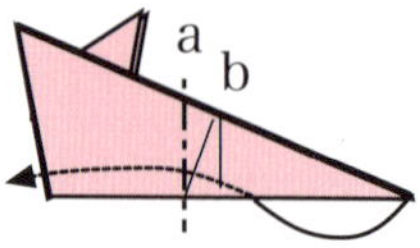

aの線からまとめて中わり折りする。

⓯

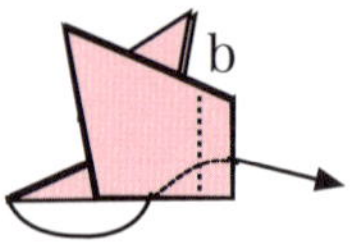

内側の1枚をbの線から引き出す。

⑯

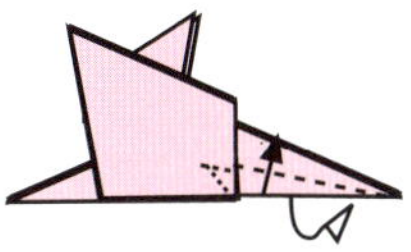

上の端に合わせて両側から引き上げて折る。

⑰

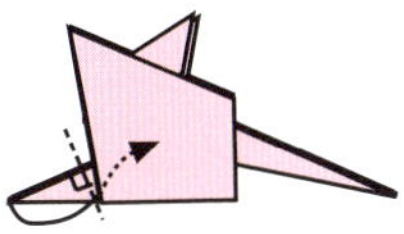

下のかどから上の端に直角になるように中わり折りする。

⑱

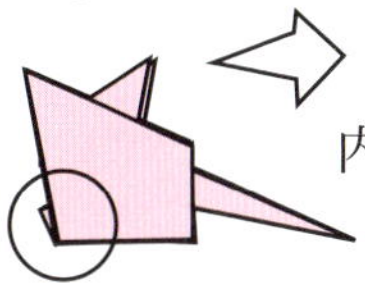

これが足になる。内側を見る。

⑲

足部分の内側の拡大図

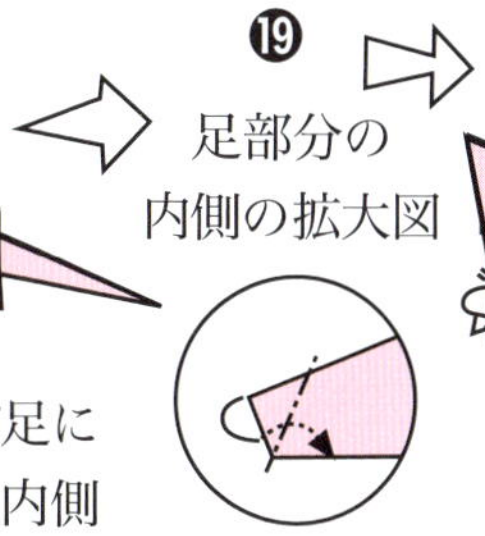

かどを中わり折りする。

⑳

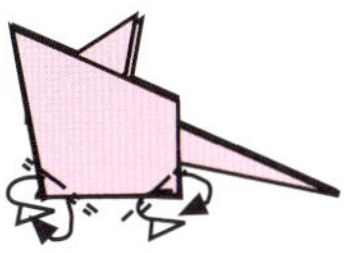

胴体のかどを少し内側へ折る。

丑・うし

難易度：☆☆☆

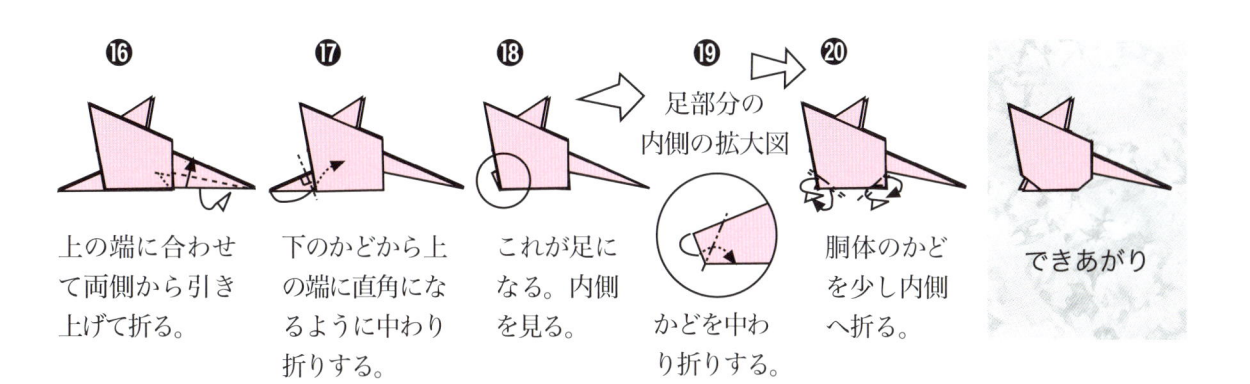

大きめの紙で折ります。
ステップ数が多いので、折り図を見ながらていねいに折ってください。
用紙：折り紙　24×24 から 25×25cm　1 枚

上下に裏返す

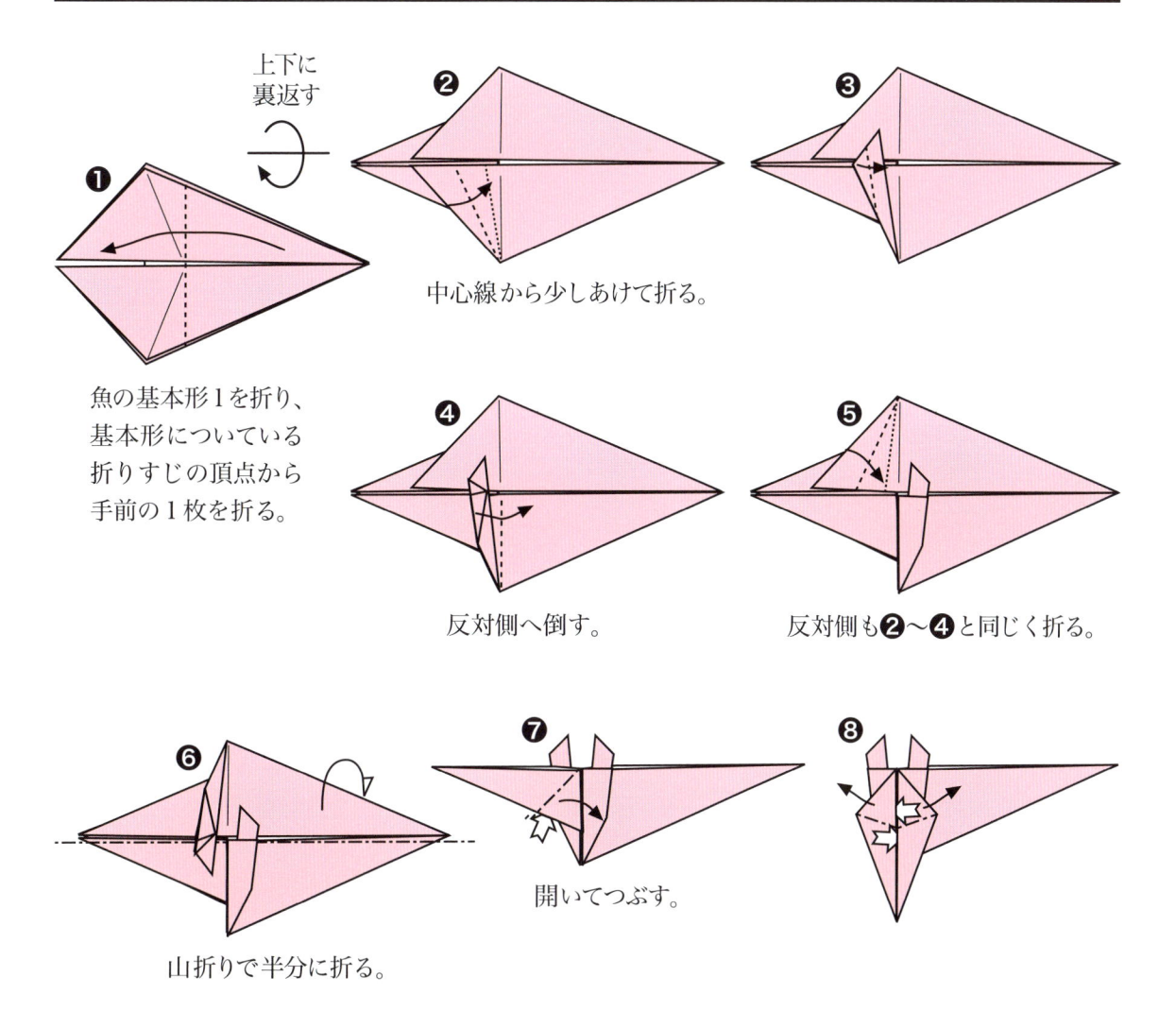

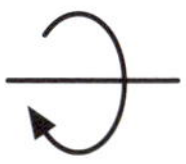

❶

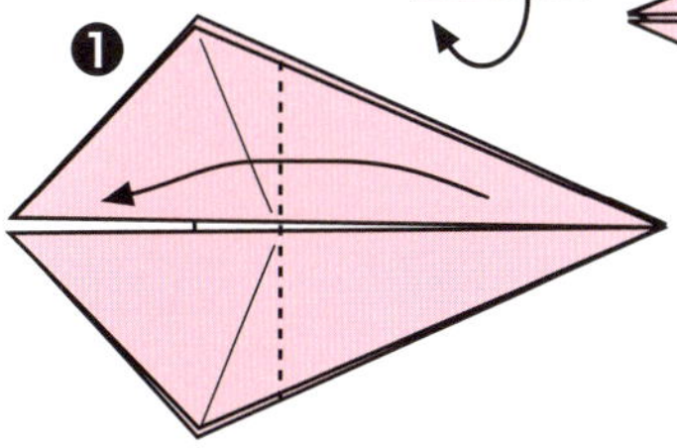

魚の基本形1を折り、基本形についている折りすじの頂点から手前の1枚を折る。

❷

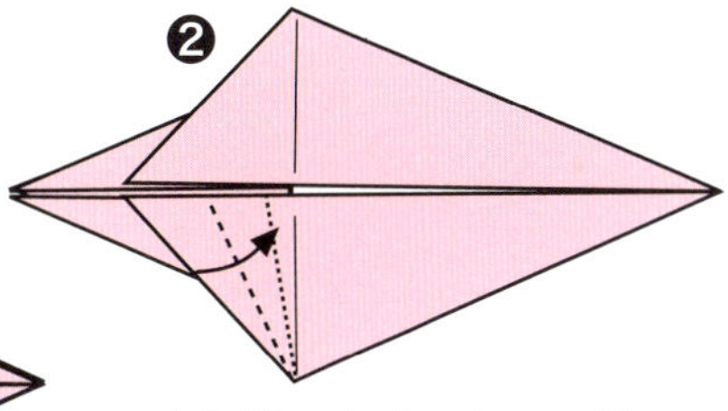

中心線から少しあけて折る。

❸

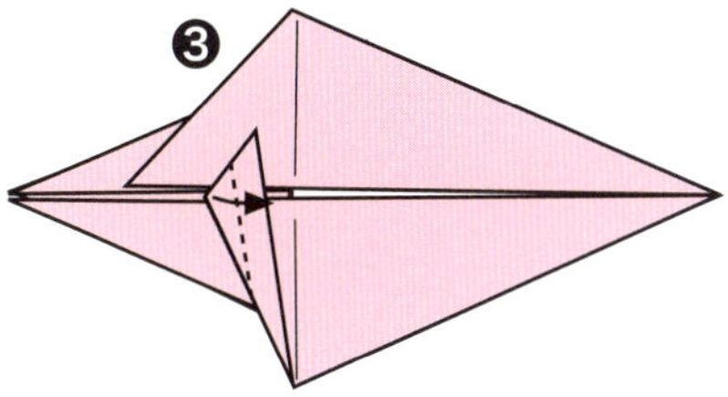

❹

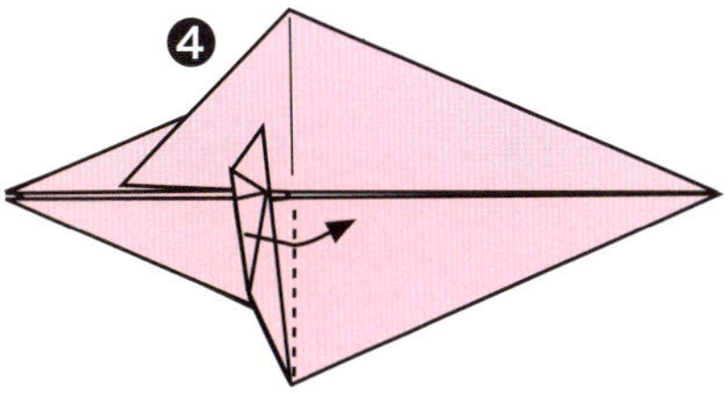

反対側へ倒す。

❺

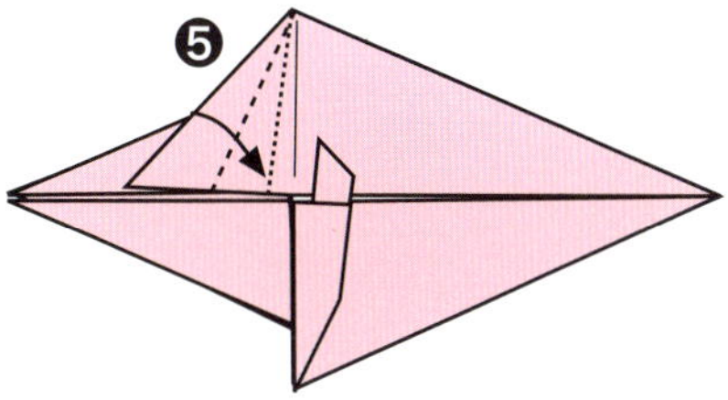

反対側も❷〜❹と同じく折る。

❻

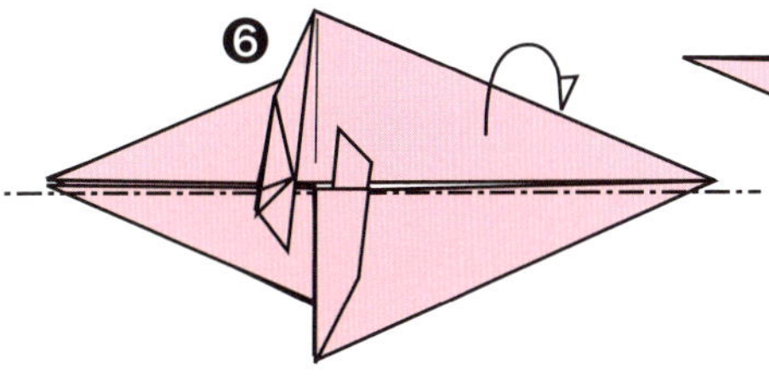

山折りで半分に折る。

❼

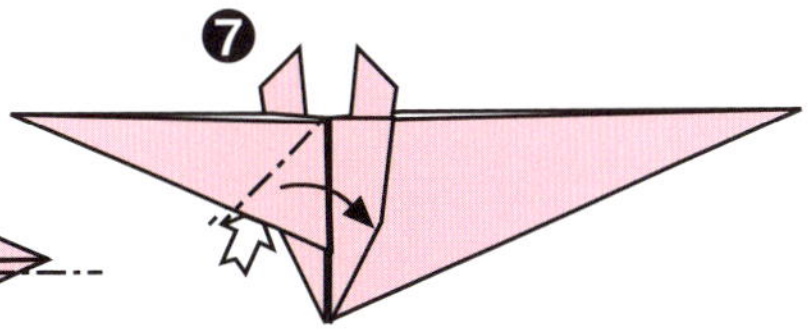

開いてつぶす。

❽

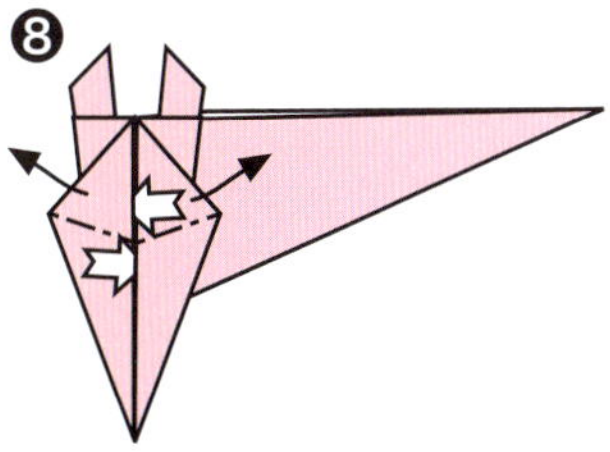

❾

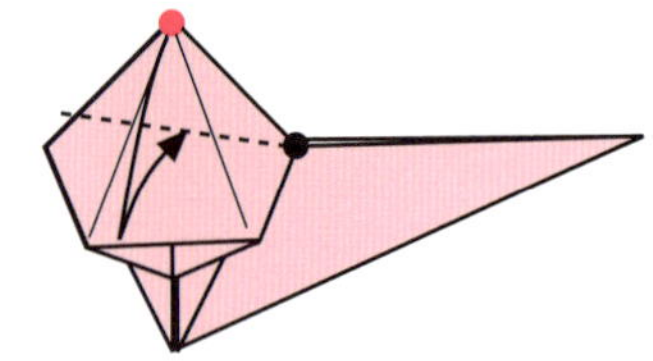

●から折って、かど●が底の線に乗るように折りすじをつける。

❿

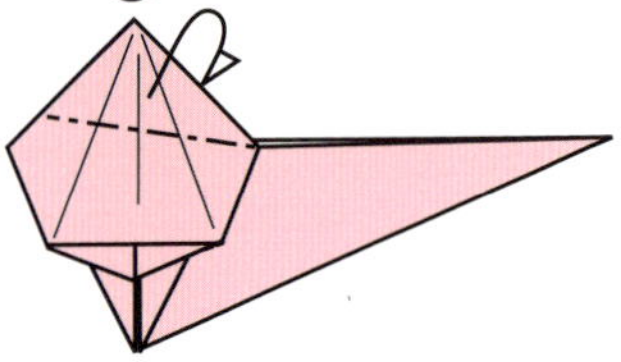

❾の折りすじを山にして内側へ折り込む。

⓫

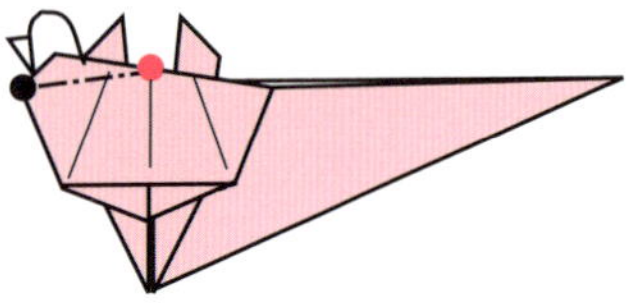

中心●とかど●を結んで内側へ折る。

⓬

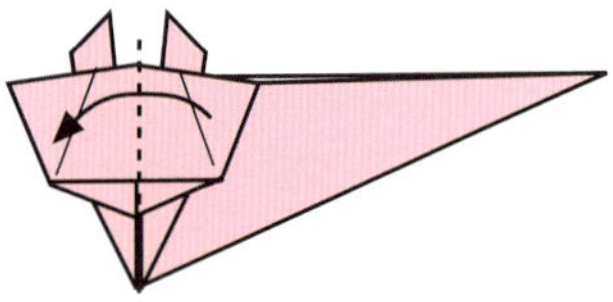

顔とつのをまとめて反対側へ倒す。

⓭

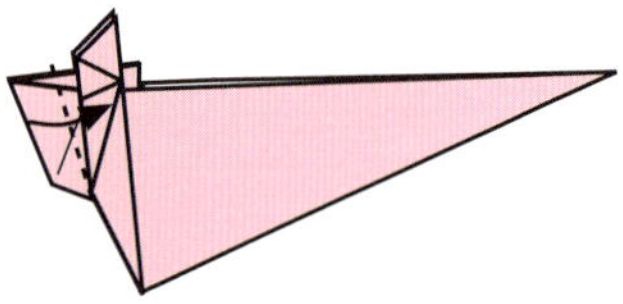

つのにかぶせて折る。

⓮

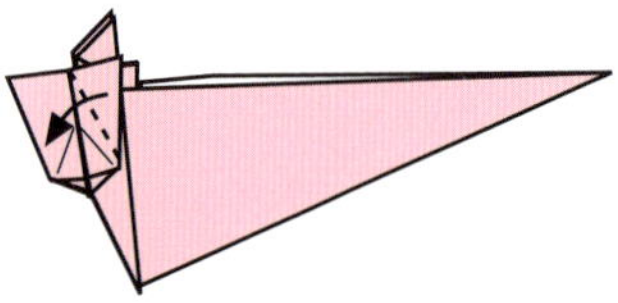

耳を折り返す。

⓯

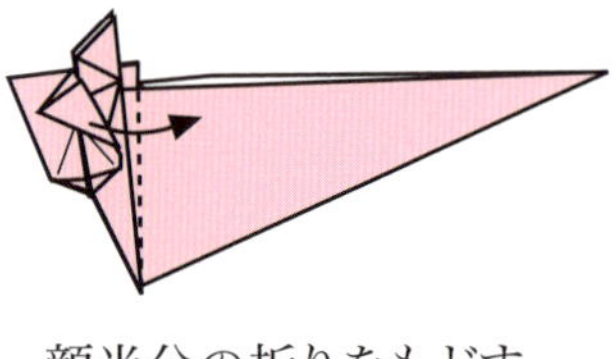

顔半分の折りをもどす。

⓰

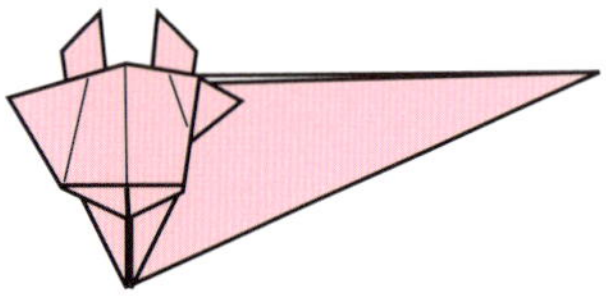

反対側も同じようにして耳を折る。

⓱

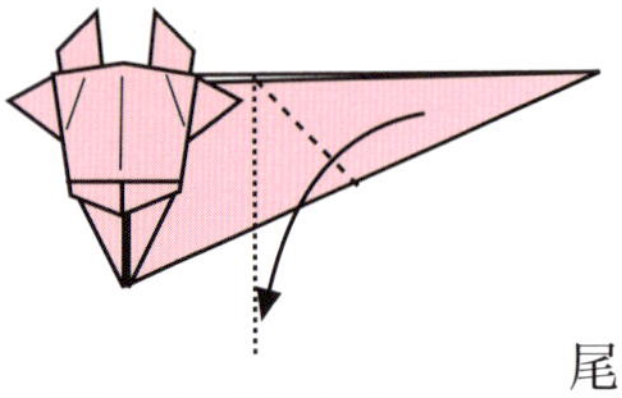

耳のかどから少し離して折る。

⓲

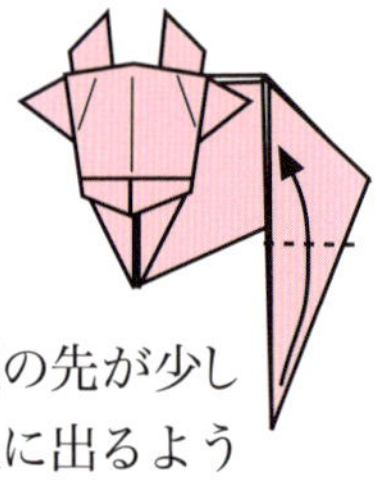

尾の先が少し上に出るように折る。

⓳

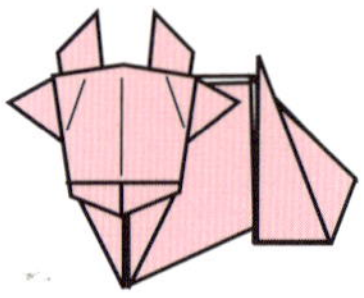

⓱にもどす。

⓴

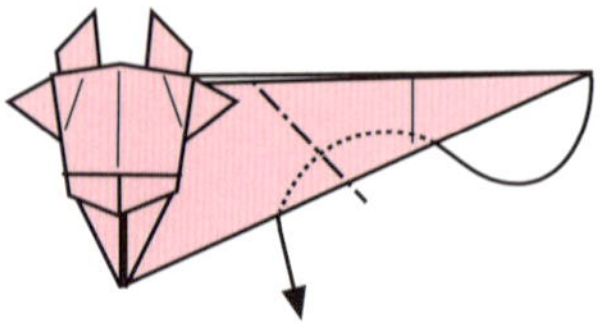

⓱の折りすじから中わり折りする。

㉑

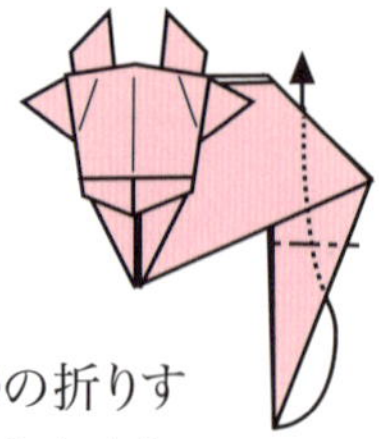

⓲の折りすじから中わり折りする。

㉒

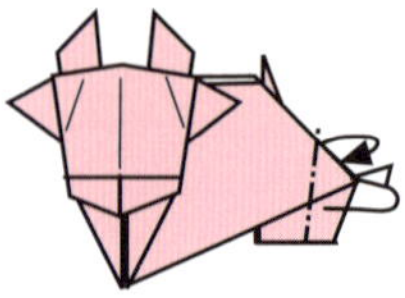

内側へ折る。

㉓

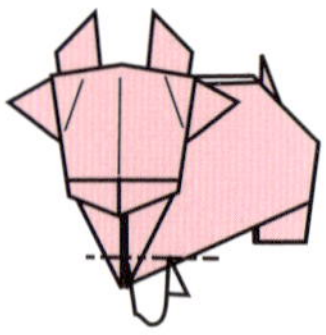

内側へ折る。

㉔

重なっている２枚を離す。

㉕

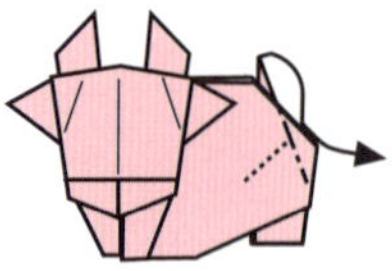

中わり折りで尾を出す。

㉖

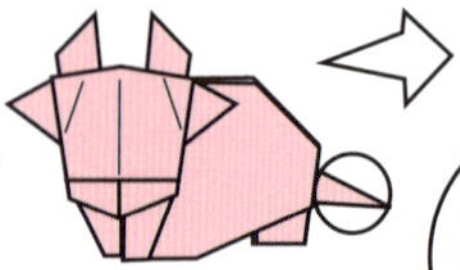

尾の先の拡大図

㉗

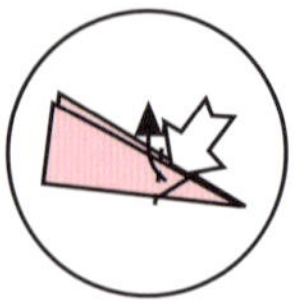

㉘

尾の先を中わり折りで前面へ出す。

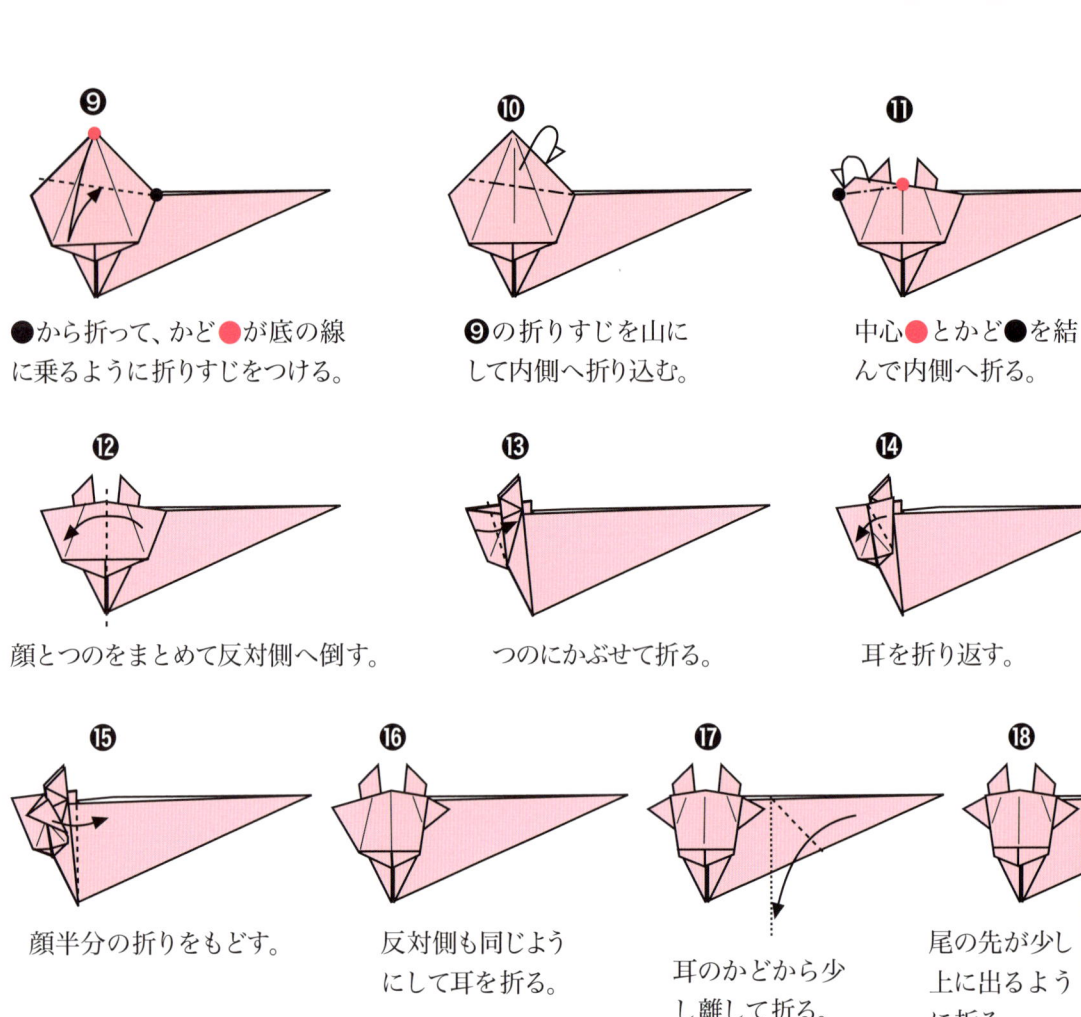

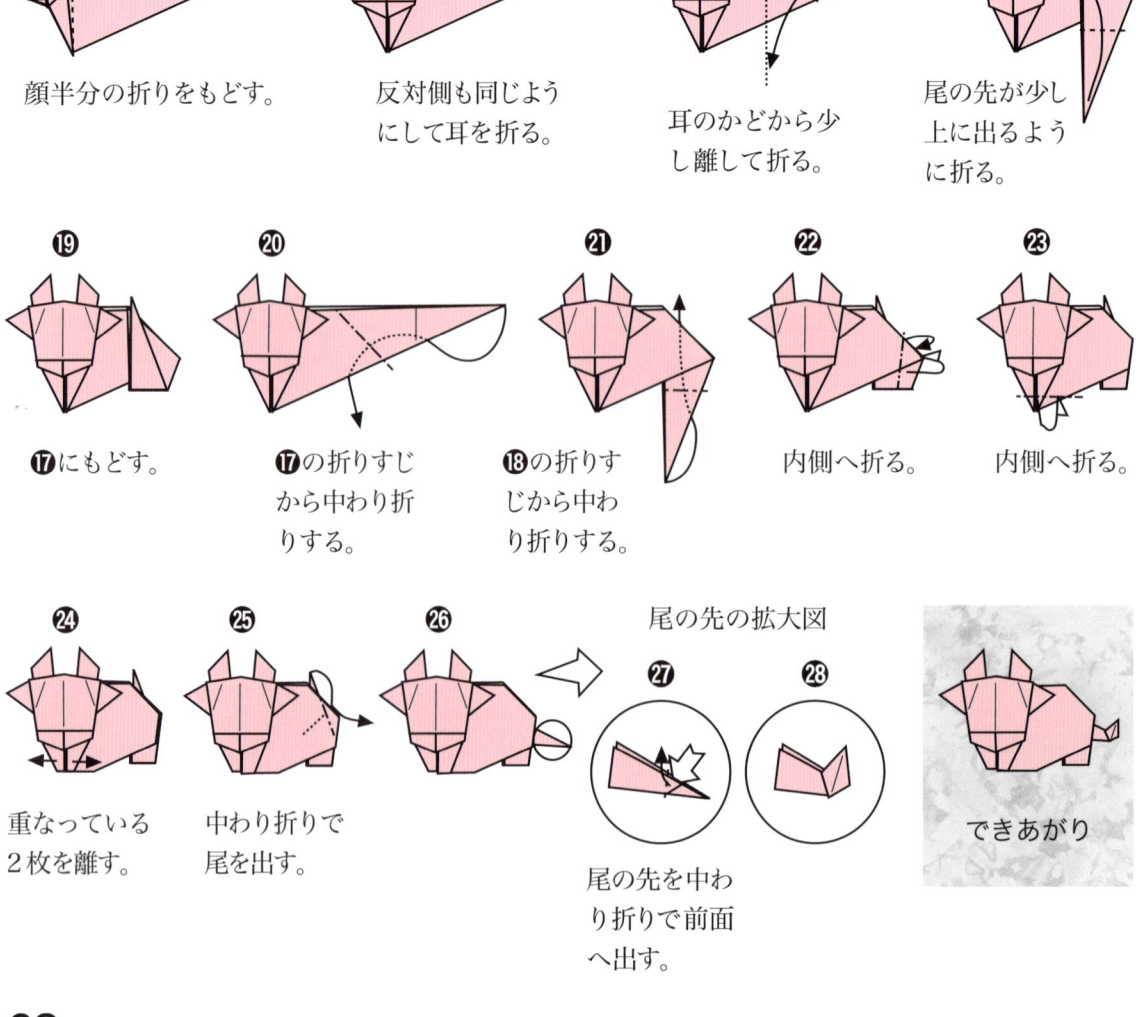

寅・とら

難易度：☆☆☆

耳の折りがやや複雑です。
小さいけれど威風堂々とした王者の風格を感じていただければ幸いです。
用紙：折り紙　15×15cm　1枚

❶
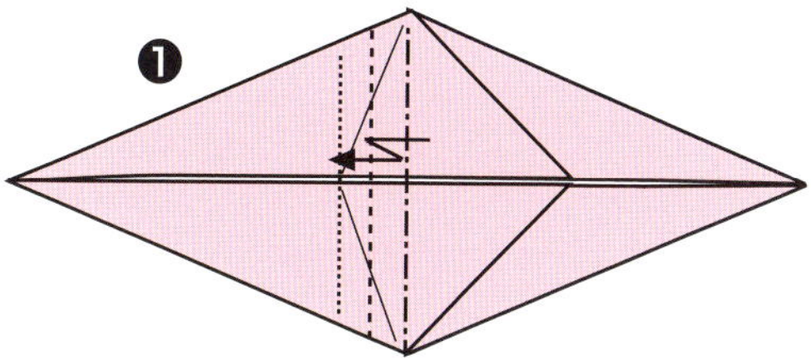
魚の基本形2を折り、基本形についている線の頂点まで段折りする。

❷
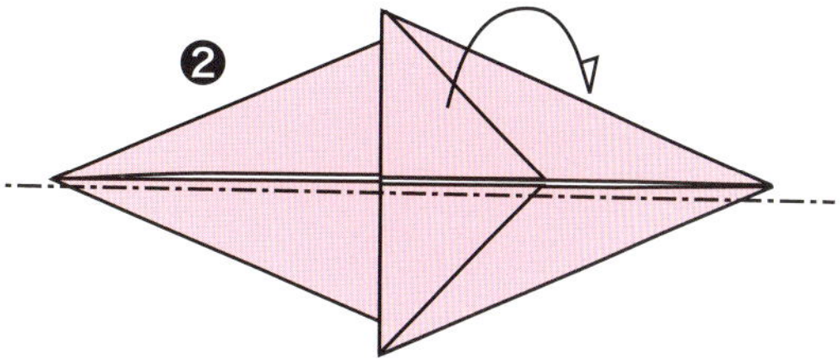
山折りで半分に折る。

❸
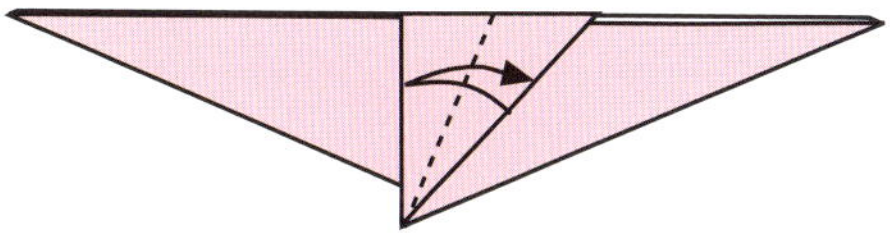
❸〜❺は反対側も同じく折る。

❹
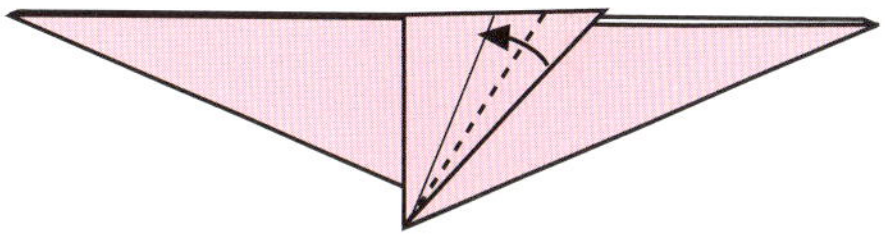

❺
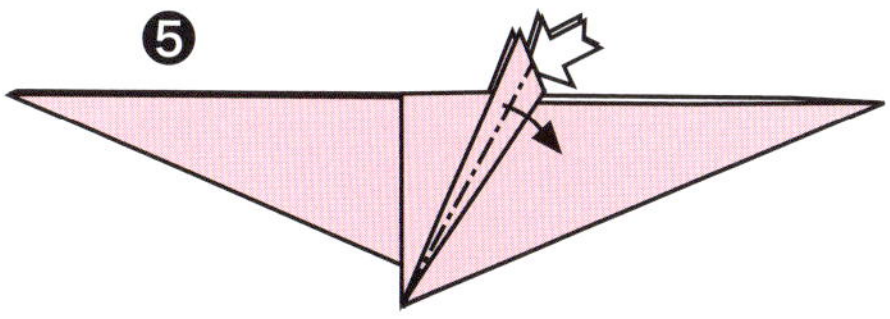
開いてつぶす。

❻
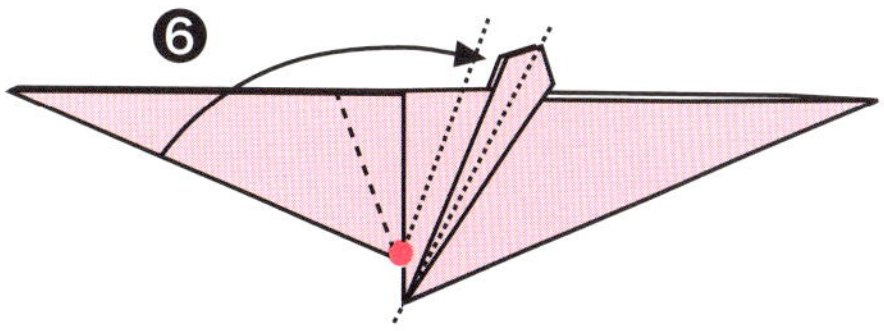
●から端に平行になるぐらいに折る。

❼
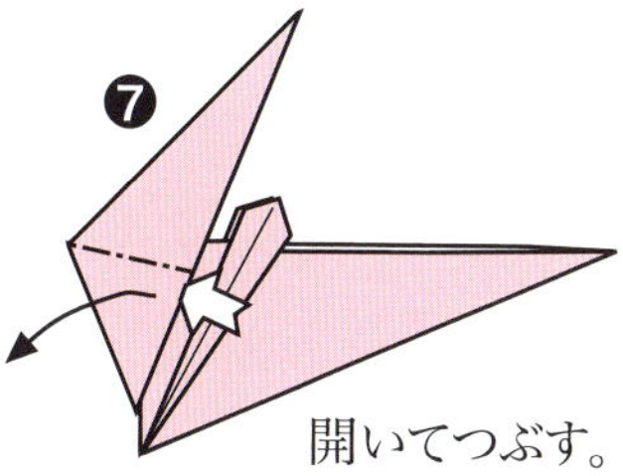
開いてつぶす。

❽
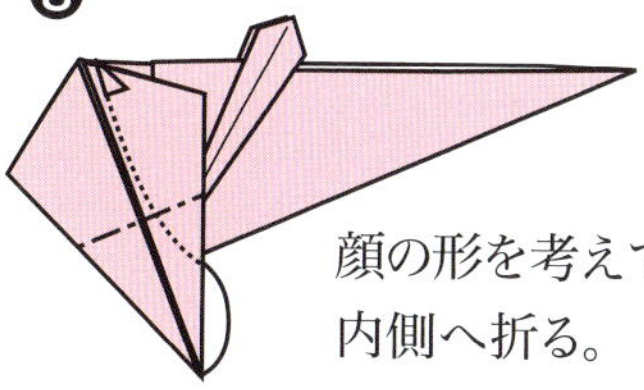
顔の形を考えて内側へ折る。

❾
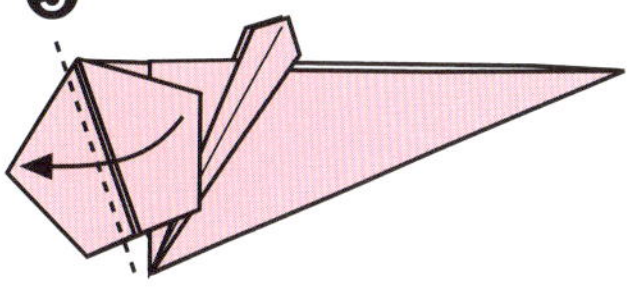
顔を半分に折る。

❿
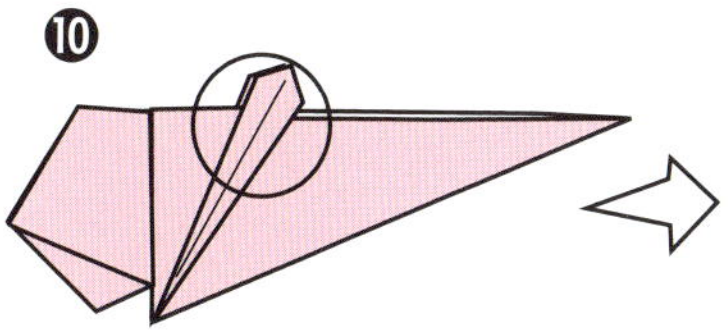

⓫
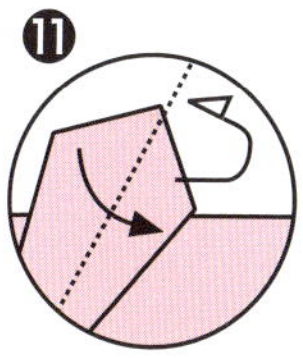
耳の中心を軸にして回転させる。

⓬
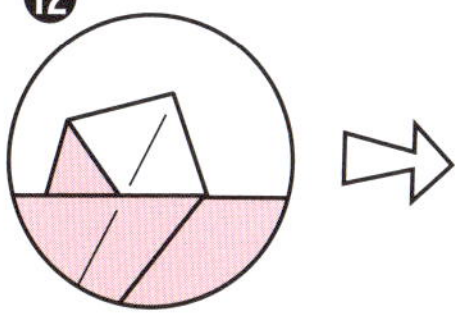
両耳とも同じく折る。

⓭
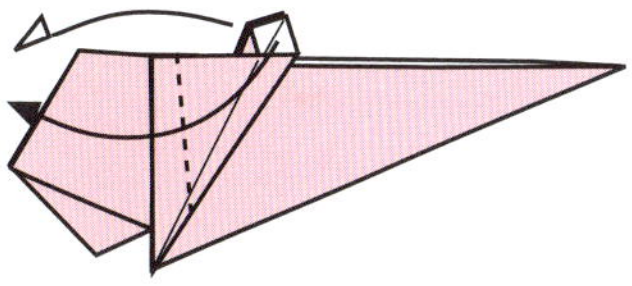
耳の位置を考えて折る。両耳とも同じ。

⑭

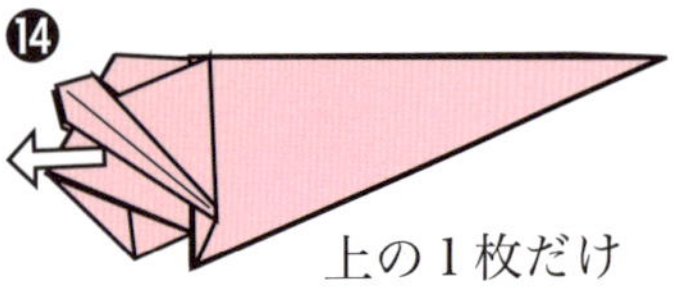

上の１枚だけ
もどす。

⑮

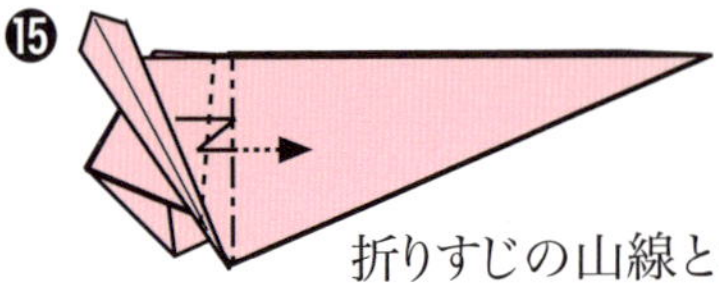

折りすじの山線と谷線を逆
にして内側へ段折りする。

⑯

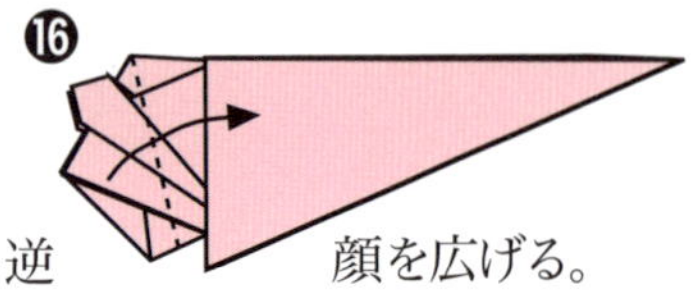

顔を広げる。

⑰

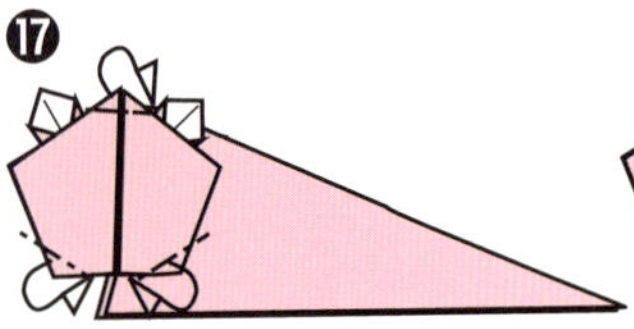

頭のかどとあごのかどを少
し折って顔の形を整える。

⑱

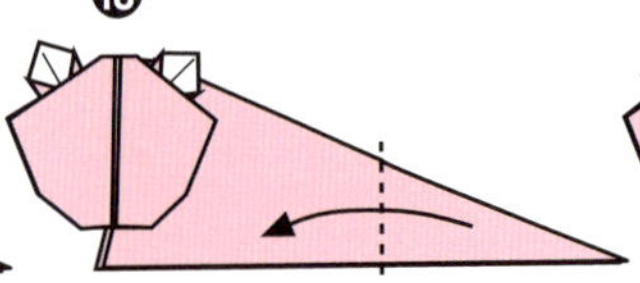

底辺の半分より少ししっ
ぽの先端寄りに折る。

⑲

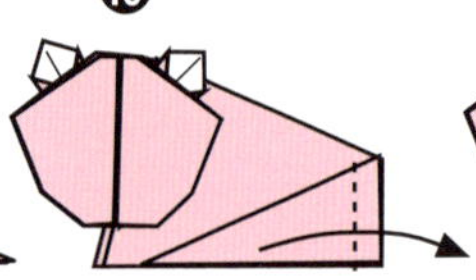

段折りで折り返す。

⑳

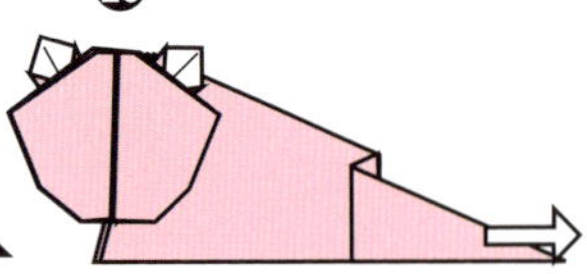

もどす。

㉑

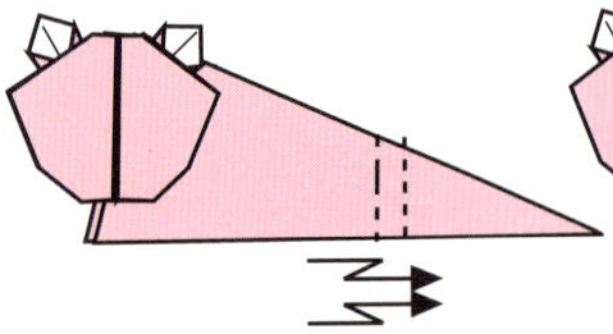

内側へ段折りする。

㉒

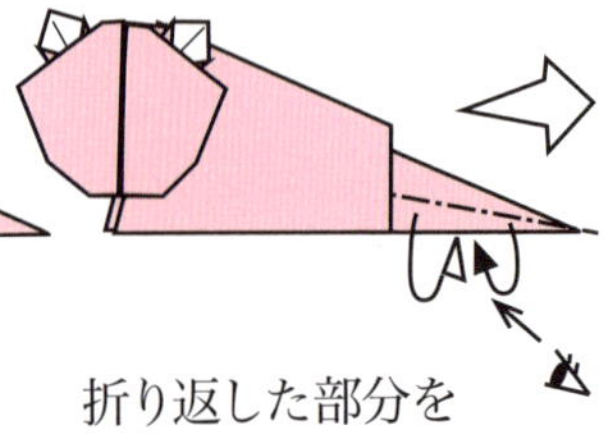

折り返した部分を
内側へよせて折る。

㉓

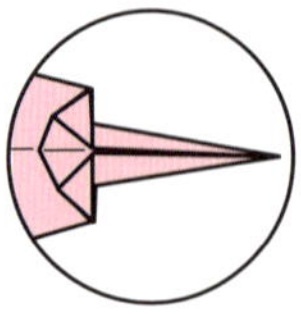

裏側から見たしっ
ぽの内側の姿

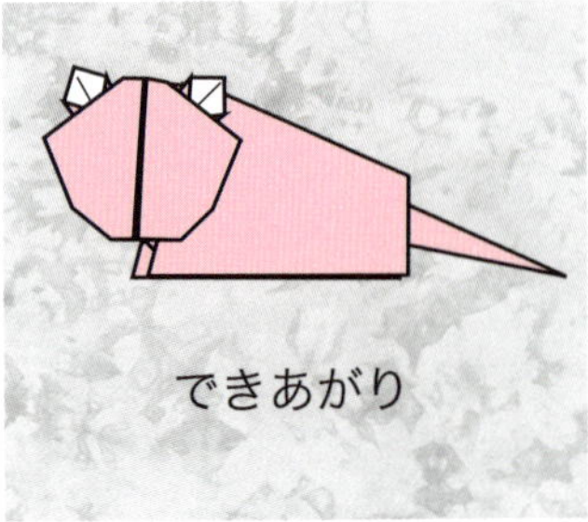

卯・うさぎ

難易度：☆☆☆

耳の裏から赤をのぞかせるのがアクセントになります。
⑮で内側で折り込むと形が落ち着きます。
用紙：折り紙　15×15cm　１枚

❶

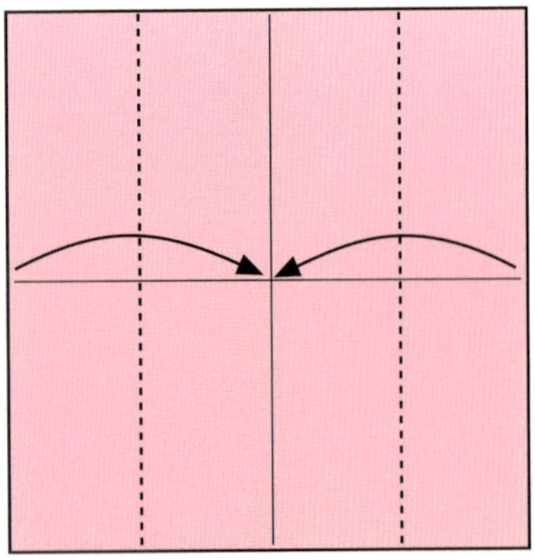

縦横の中心線をつけてか
ら中心に合わせて折る。

❷ ❸ ❹

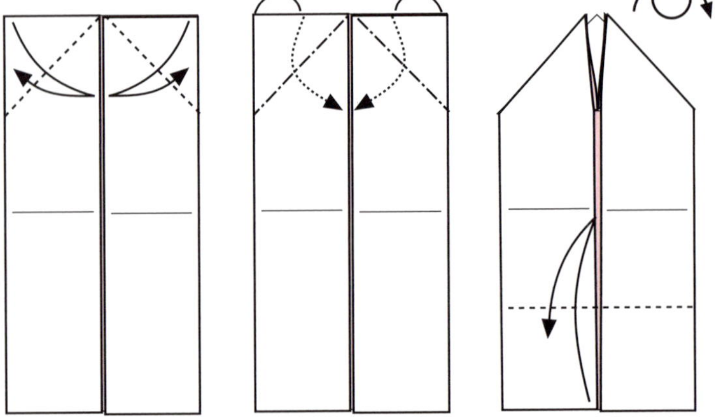

中わり折りする。

❺
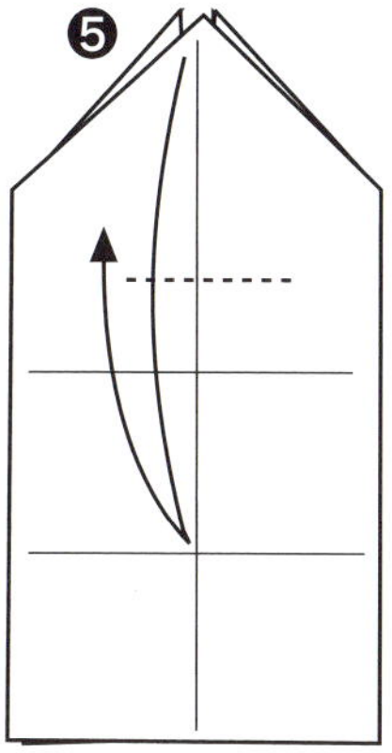
上のかどを❹の線に合わせてしるしをつける。

❻
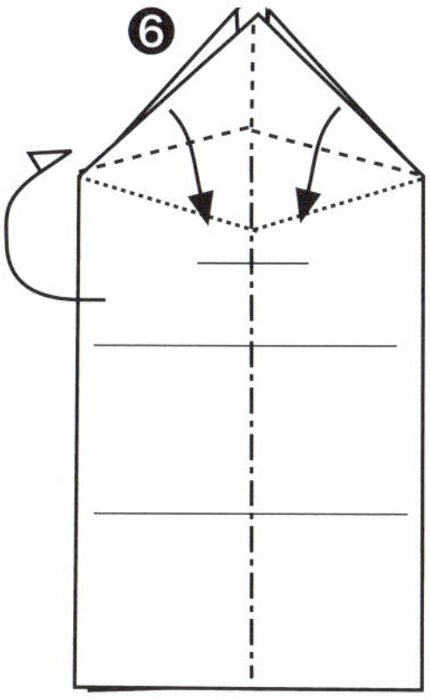
頭部の端がやや下向きになるように折りながら、全体を半分に折る。

❼
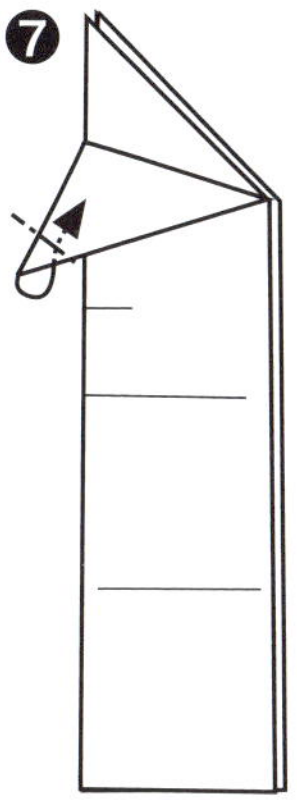
先端を中わり折りする。

❽
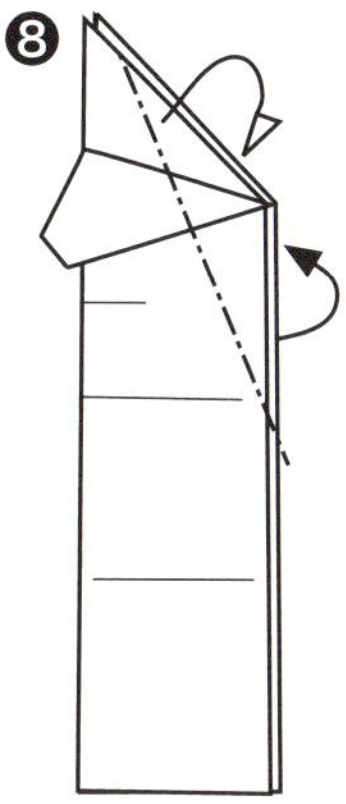
先端の少し下と中心を結んで内側へ折る。

❾
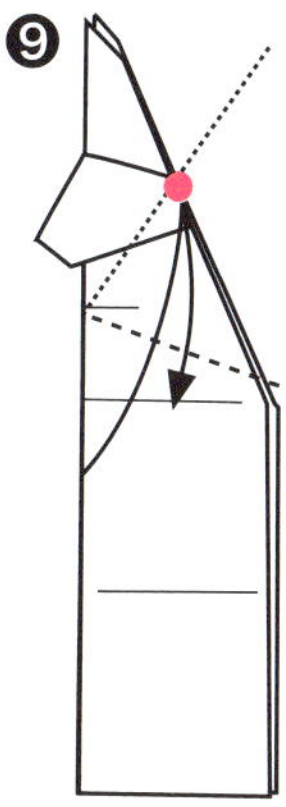
左の辺を、❺のしるしから折って端が耳のかど●を通るように折り、もどす。

❿
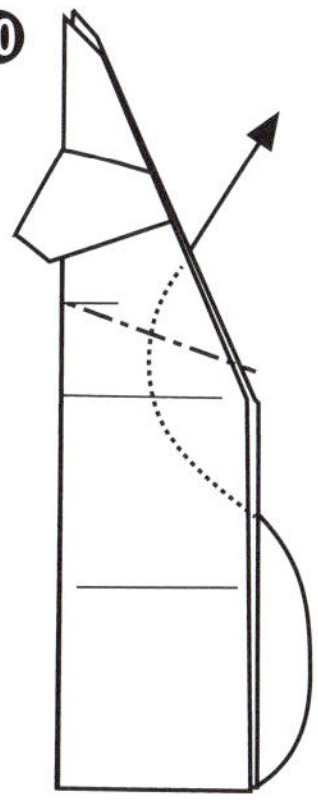
❾の折りすじから中わり折りする。

⓫
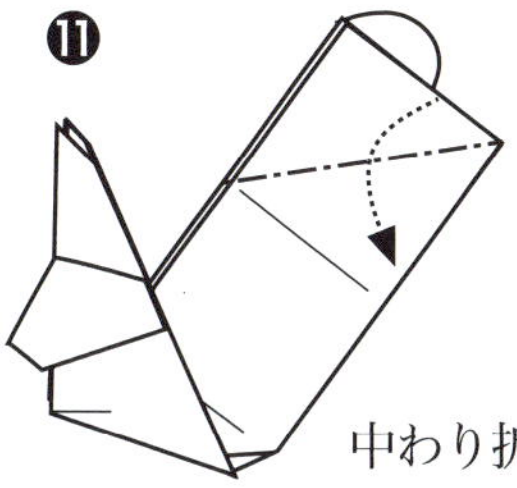
中わり折りする。

⓬
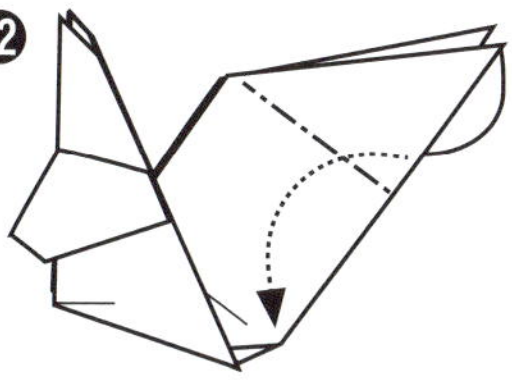
1枚を内側へ中わり折りする。

⓭
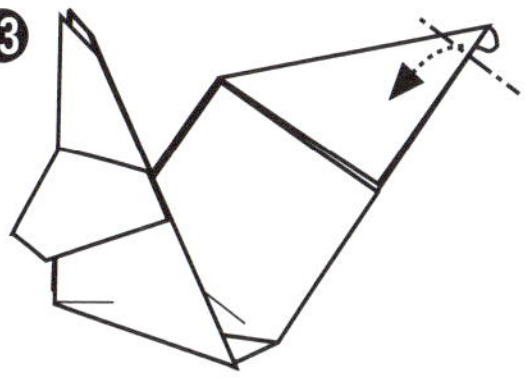
尾の先を中わり折りする。

⓮
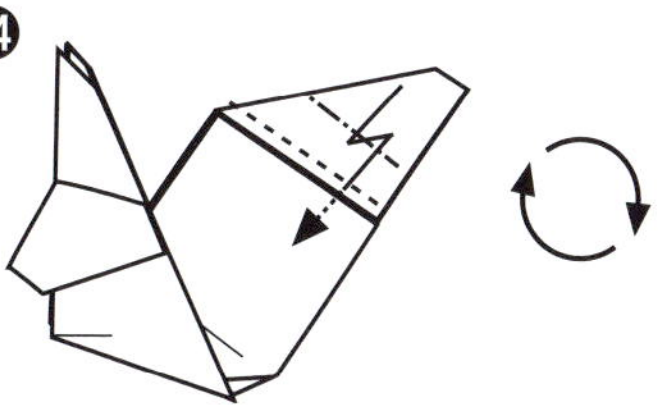
かどが少し出るように内側へ段折りする。

⓯
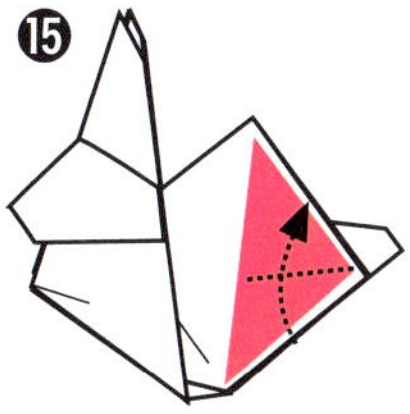
⓬と⓮で折り込んだ部分(■)を、まとめて内側で折り返してとめる。

⓰
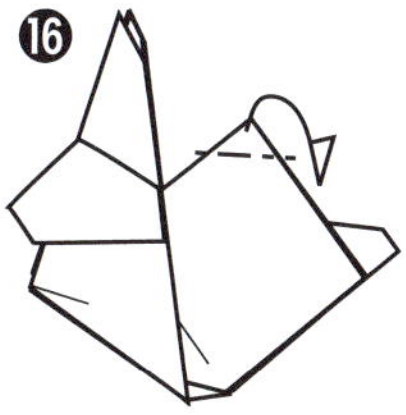
かどを裏へ折る。

⓱
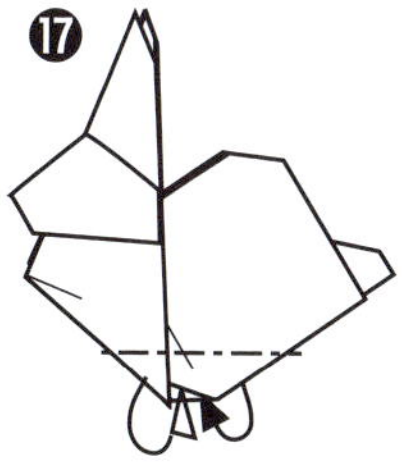
裏表とも内側に折る。

⓲
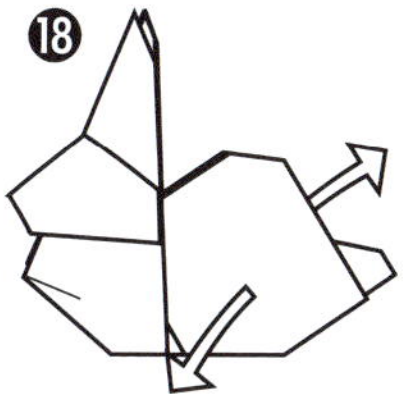
底側から内側を広げて立たせる。

⓳
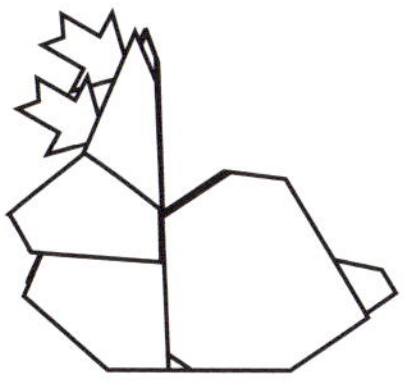
耳の内側を広げる。

辰・たつ

難易度：☆☆

辰は十二支中唯一の架空動物。ある時は淵に潜み、
またある時は天空を自在に駆け巡る竜とは異なるかわいらしいたつです。
用紙：折り紙　15×15cm　1枚

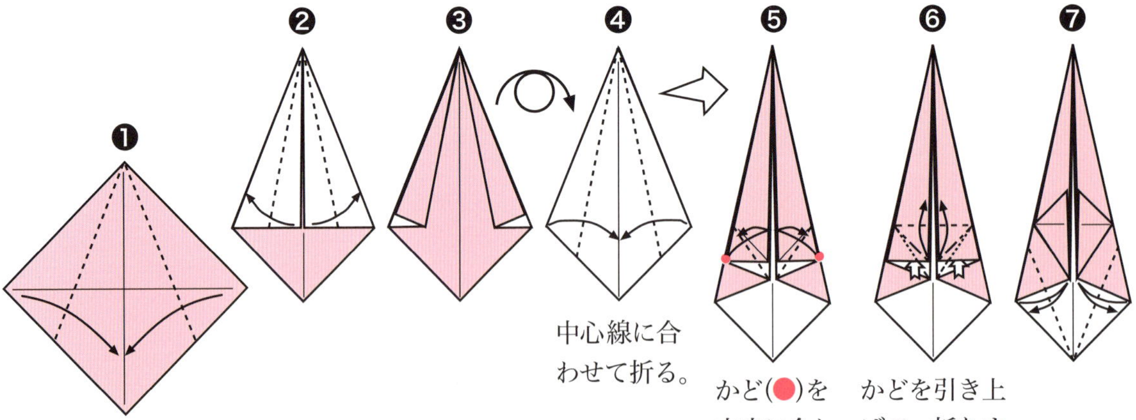

対角線をつけてから、中心線に合わせて折る。

中心線に合わせて折る。

かど(●)を中央に合わせて折りすじをつける。

かどを引き上げて、折りすじに合わせてたたむ。

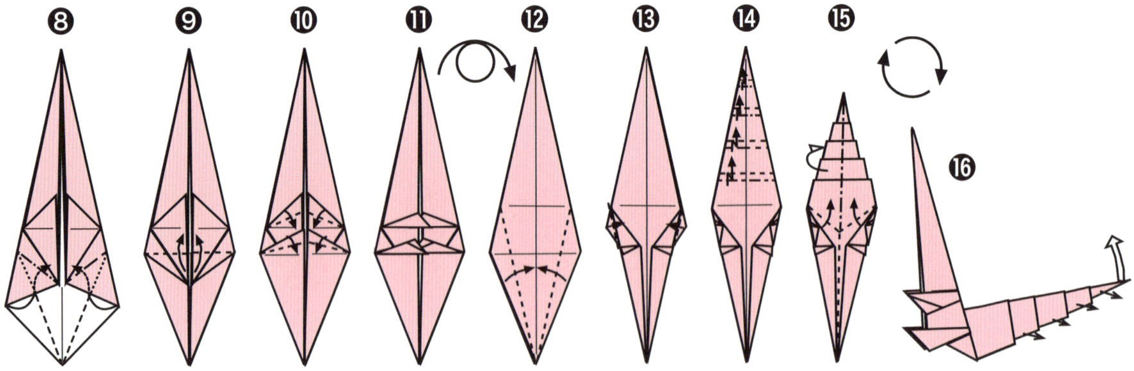

❼の折りすじから中わり折りする。

かどを引き上げて折る。

適宜に段折りする(4段ぐらい)。

よせるように折りたたむ。

ひだを伸ばしながら尾にカーブをつける。

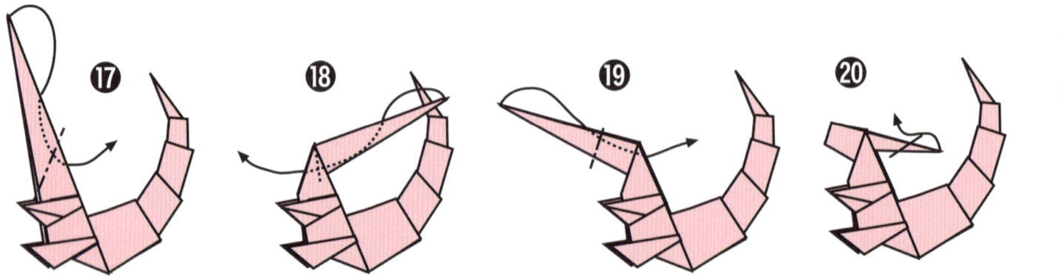

中わり折りで頭を後ろへ出す。

中わり折りで頭を前へ出す。

中わり折りで頭を後ろへ出す。

中わり折りでつののかどを上へ出す。

できあがり

巳・へび

難易度：☆☆

ニョロニョロ長いだけのへびは折り紙にしにくいものです。
舌と段折りでへびらしくしました。
用紙：折り紙　15×15cm　1枚

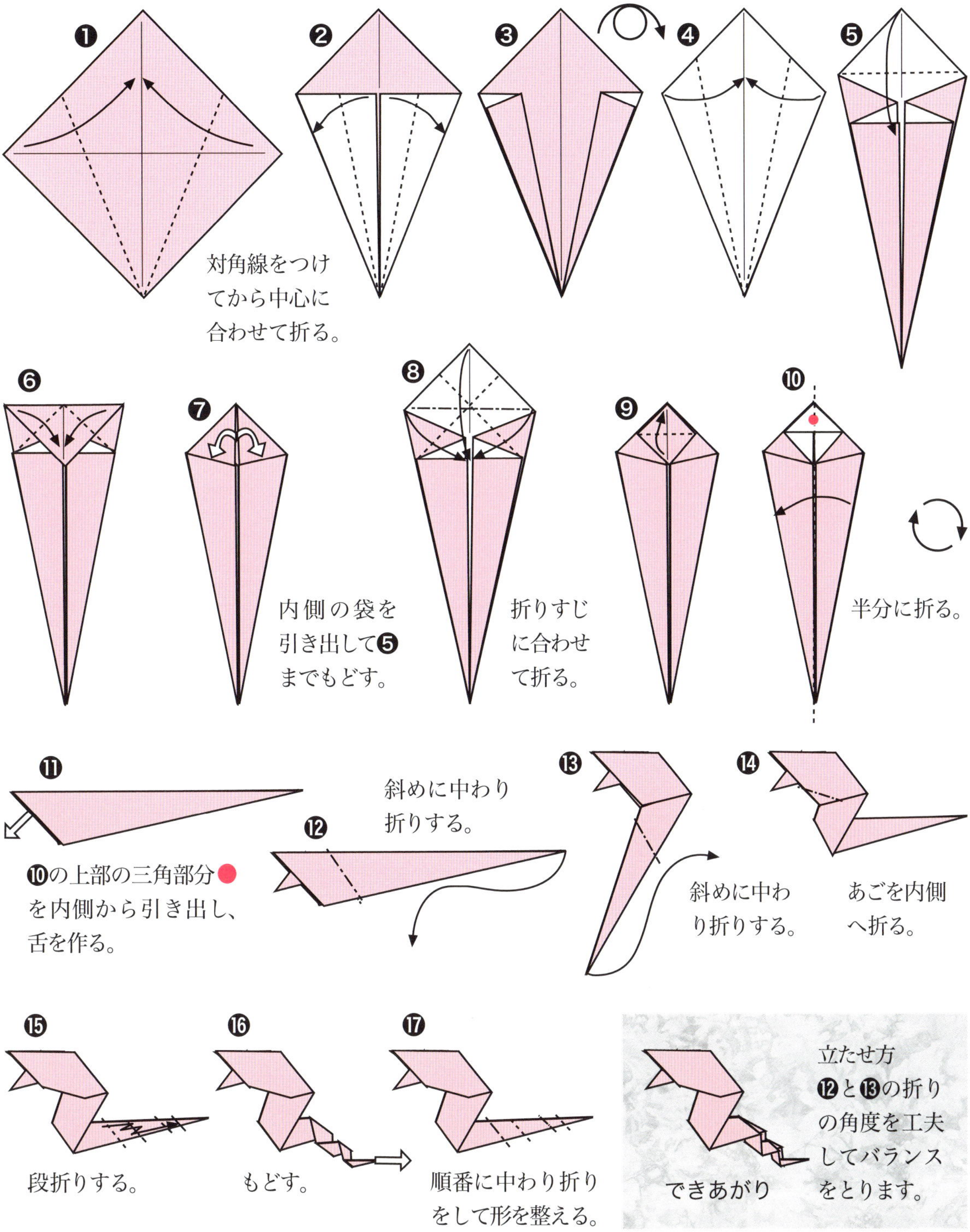

❶
❷
❸
❹
❺
対角線をつけてから中心に合わせて折る。
❻
❼
内側の袋を引き出して❺までもどす。
❽
折りすじに合わせて折る。
❾
❿
半分に折る。
⓫
❿の上部の三角部分●を内側から引き出し、舌を作る。
⓬
斜めに中わり折りする。
⓭
斜めに中わり折りする。
⓮
あごを内側へ折る。
⓯
段折りする。
⓰
もどす。
⓱
順番に中わり折りをして形を整える。
できあがり
立たせ方
⓬と⓭の折りの角度を工夫してバランスをとります。

午・うま

難易度：☆☆

この馬にはしっぽがありません。埴輪の馬のイメージで折りました。
❷〜❹は折り図をよく見て折ってください。
用紙：折り紙　15×15cm　1枚

❶
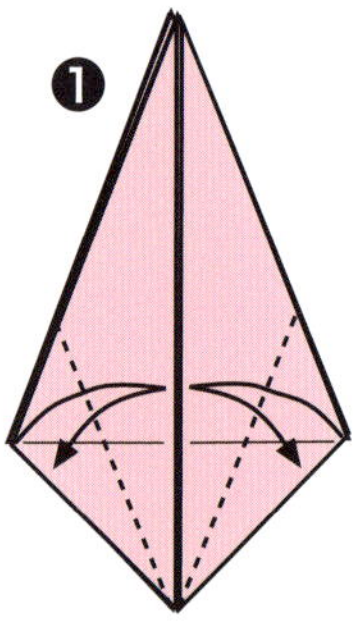
魚の基本形1を折り、中心線に合わせて折りすじをつける。

❷
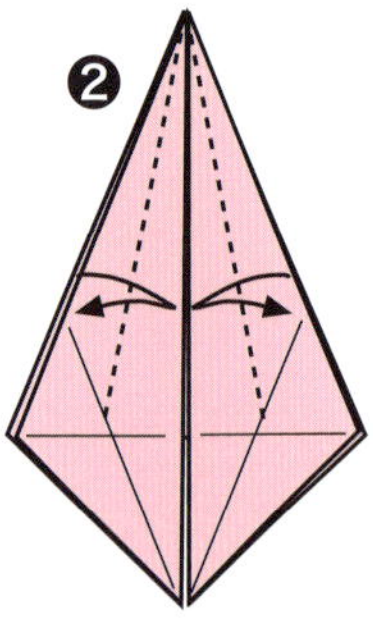
中心線に合わせて、❶の線と交叉するところまで折りすじをつける。

❸
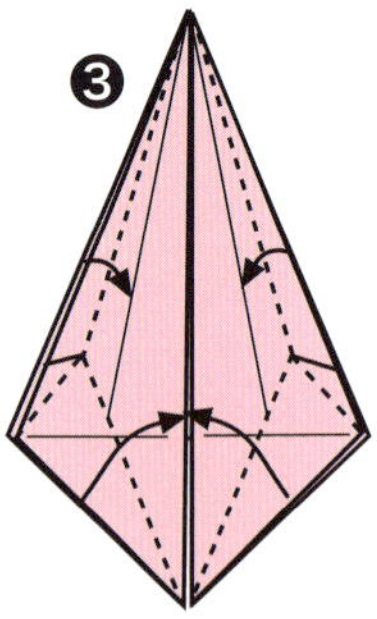
❷でつけた折りすじに合わせて手前の1枚を折りながら、折りすじに従ってたたむ。

❹
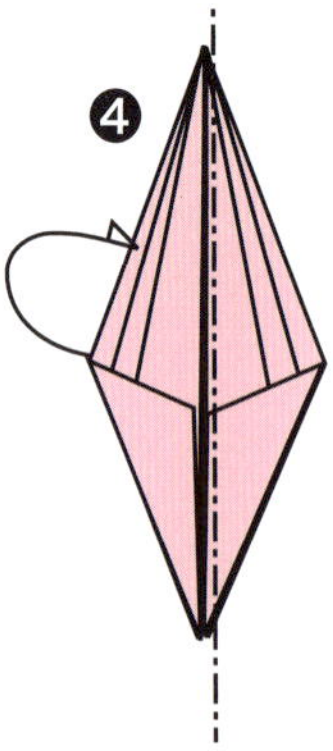
中央で山折りする。

❺
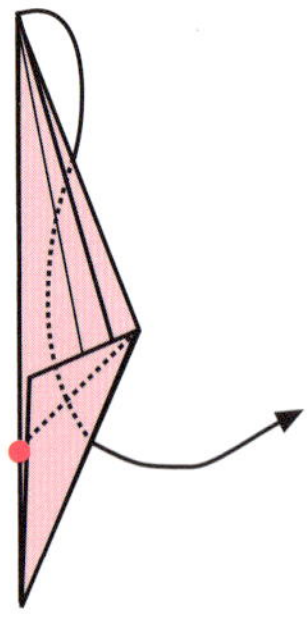
分かれ目（●）から1枚を中わり折りする。

❻
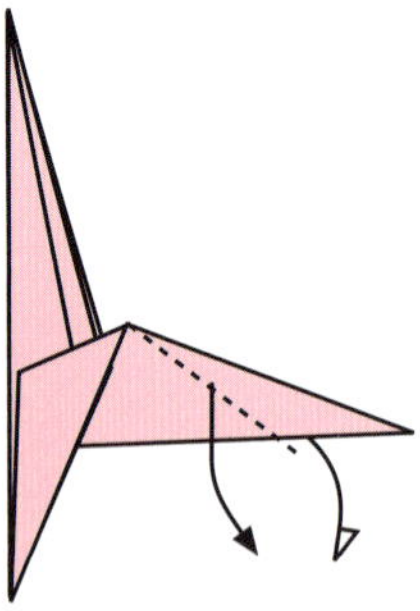
後ろ脚の姿を考えて折りすじをつけ、かぶせ折りする。

❼
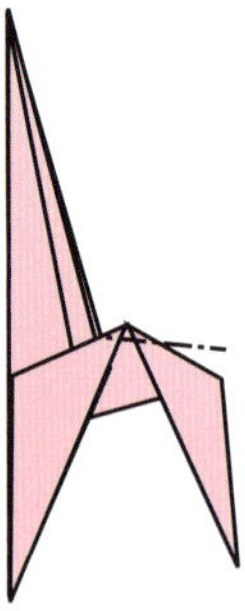
かどを内側へ折り込む。

❽
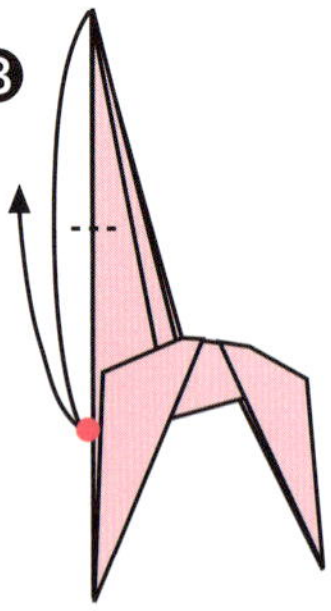
先端を分かれ目（●）に合わせてしるしをつける。

❾
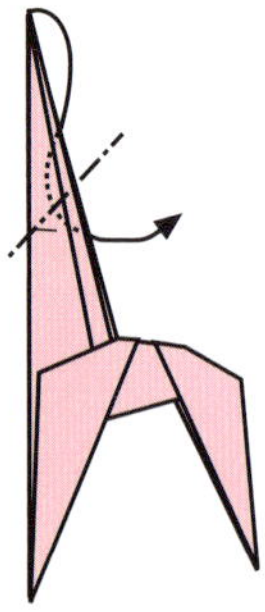
しるしから中わり折りする。

❿
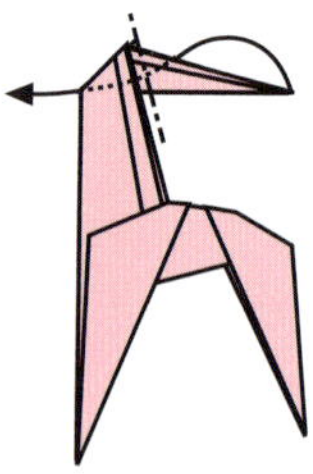
中わり折りで折り返す。

⓫

顔の折ってある部分を開いて引き上げる。

⓬

鼻先を中わり折りする。

⓭
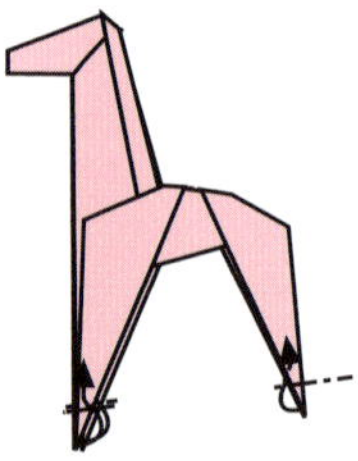
足先を中わり折りする。

できあがり

未・ひつじ

難易度：☆☆☆

❶の引きよせて折るのはなじみのない折り方かもしれません。
次の図を参照して折ってください。
用紙：折り紙　15×15cm　1枚

❶

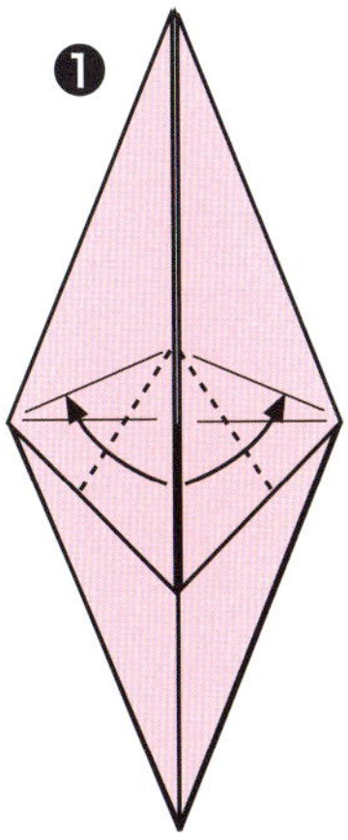

魚の基本形2についている折りすじに合わせて折り、浮いたところはたたむ。

❷

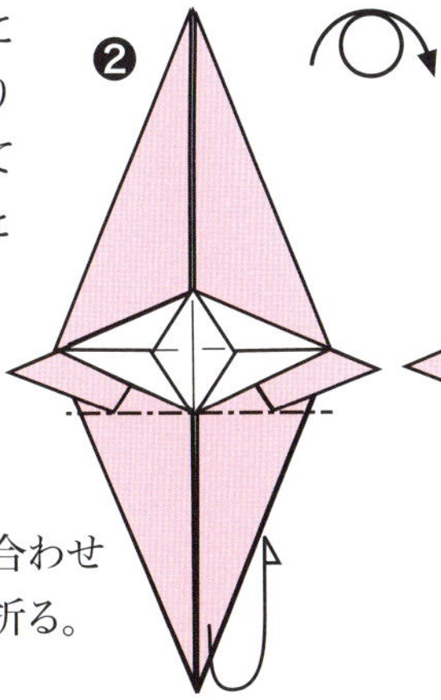

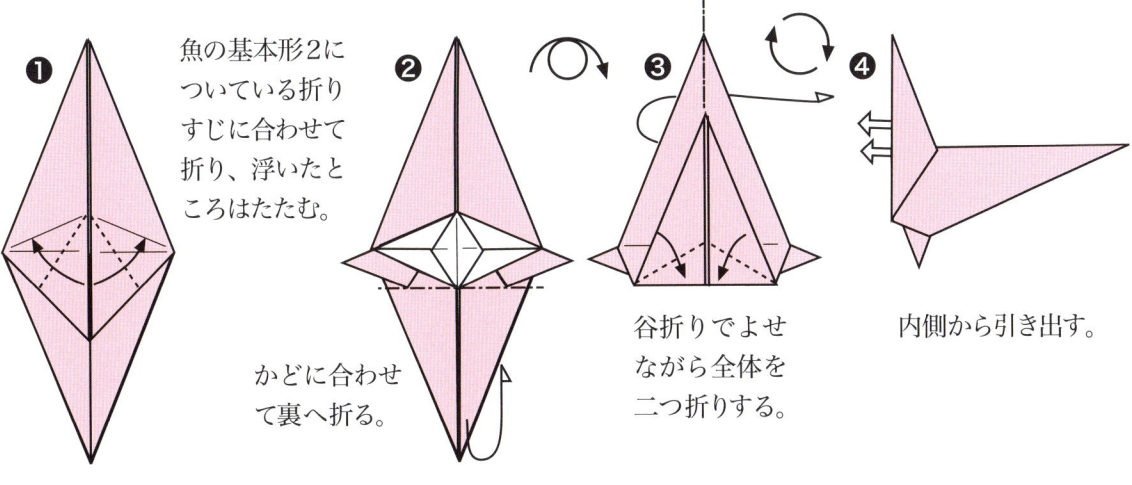

かどに合わせて裏へ折る。

❸

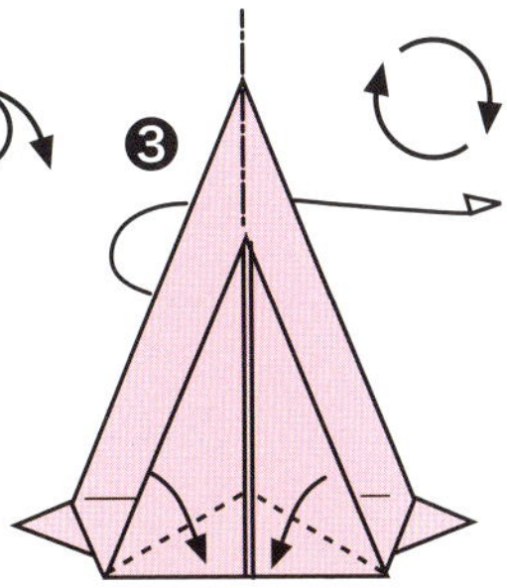

谷折りでよせながら全体を二つ折りする。

❹

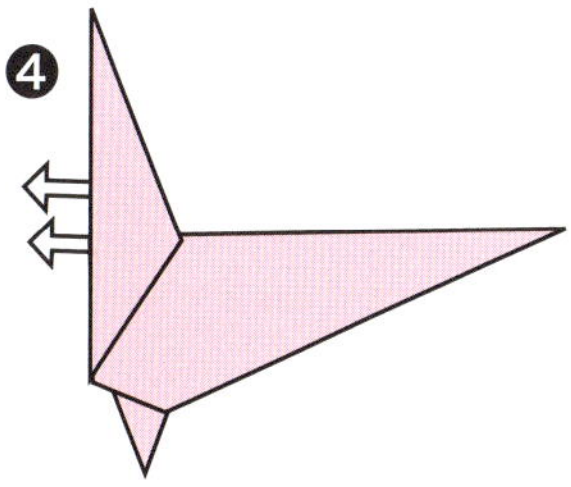

内側から引き出す。

❺

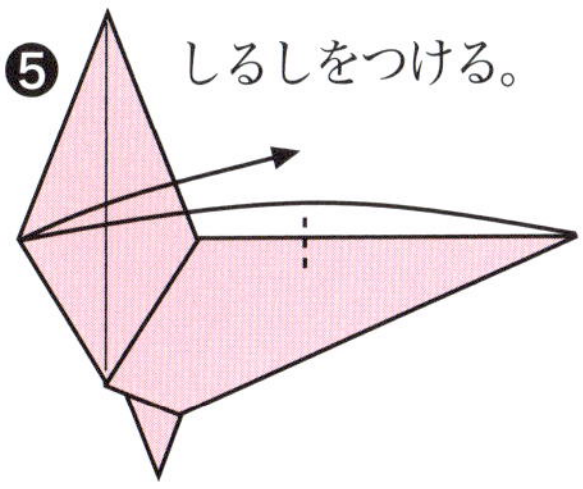

しるしをつける。

❻

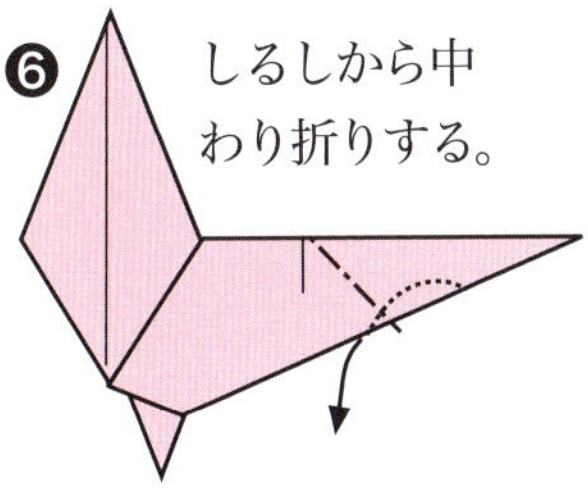

しるしから中わり折りする。

❼

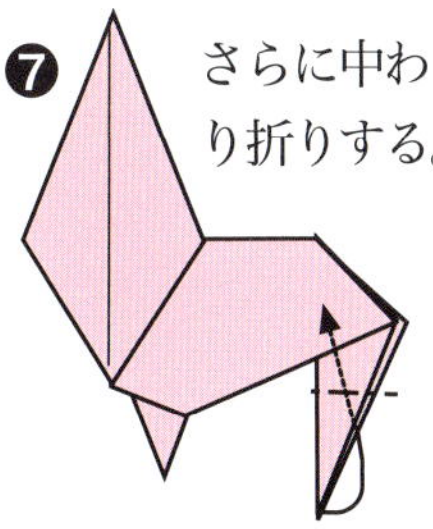

さらに中わり折りする。

❽

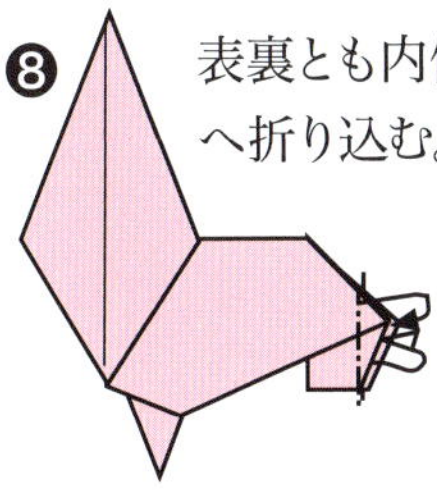

表裏とも内側へ折り込む。

❾

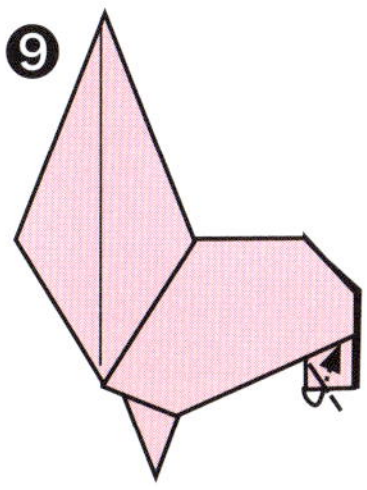

後ろ脚のかどを中わり折りする。

❿

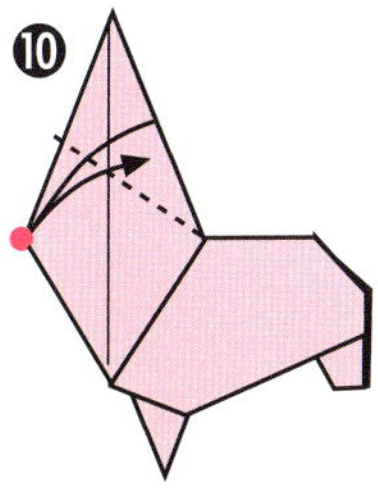

右の辺をかど(●)に乗せて折りすじをつける。

⓫

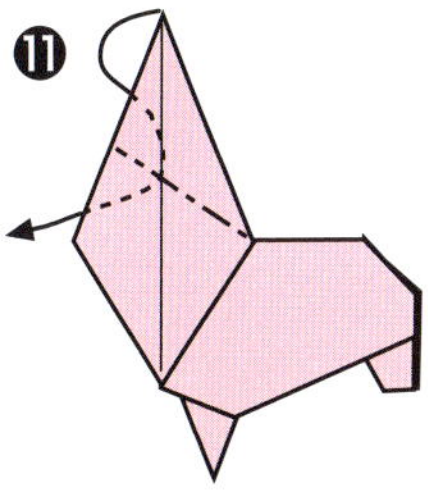

折りすじから中わり折りする。

⓬

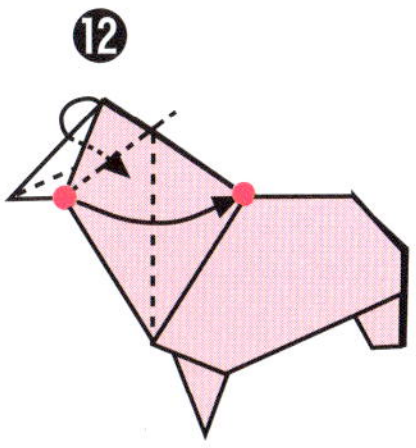

かど（●）を合わせて、手前の1枚を引きよせる。反対側も同様に。

⓭

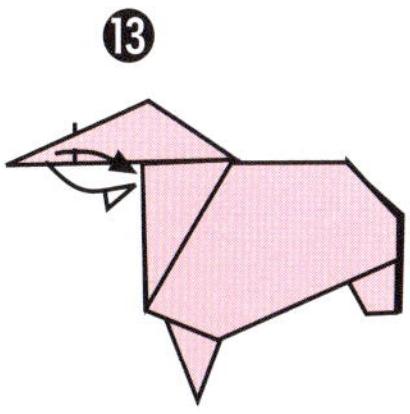

かぶせ折りする。

⓮

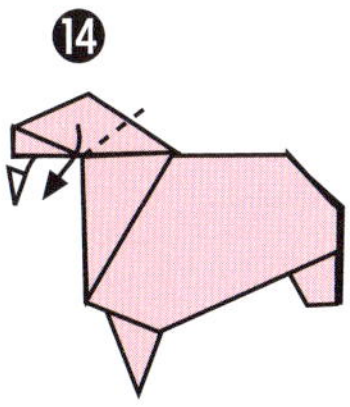

頭の形を考えながらかぶせ折りする。

⓯

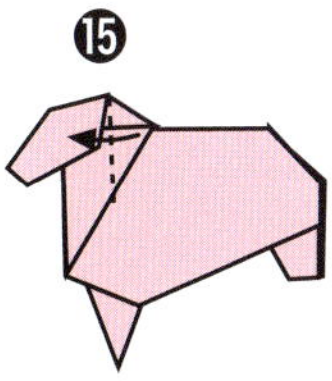

表裏とも上の1枚を折る。

⓰

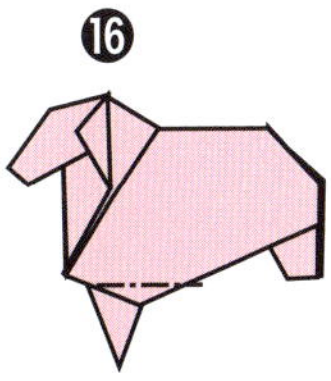

表裏とも内側に折り込む。

⓱

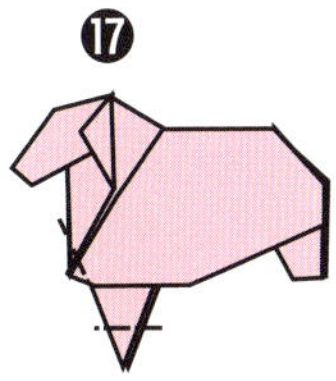

表裏とも胸のかどを内側に折り、脚は中わり折りで形を整える。

申・さる

難易度：☆☆

耳の折り方でさるらしさが出ます。
⓭を見て斜めに段折りをしてください。
用紙：折り紙　15×15cm　1 枚

❶

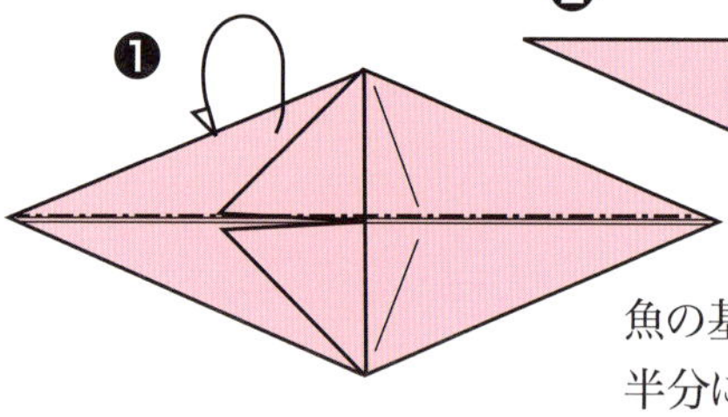

❷

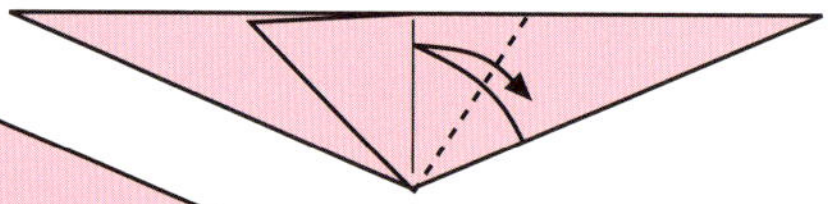

魚の基本形２から
半分に折る。

❸

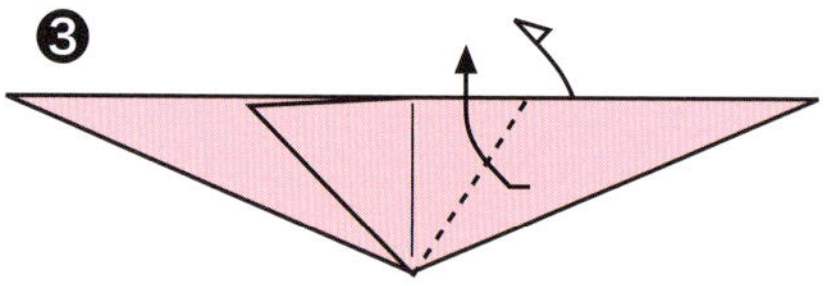

❷の折りすじから
かぶせ折りする。

❹

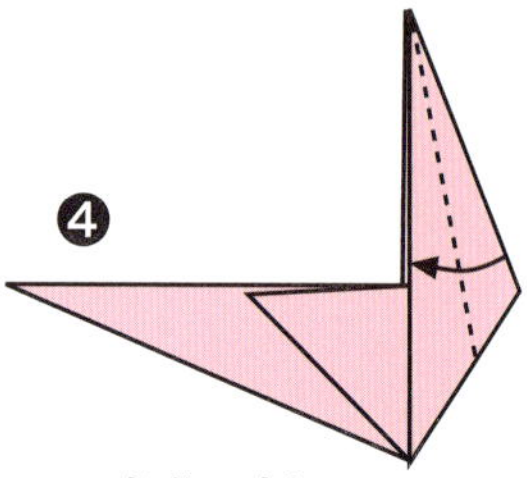

半分に折る。

❺

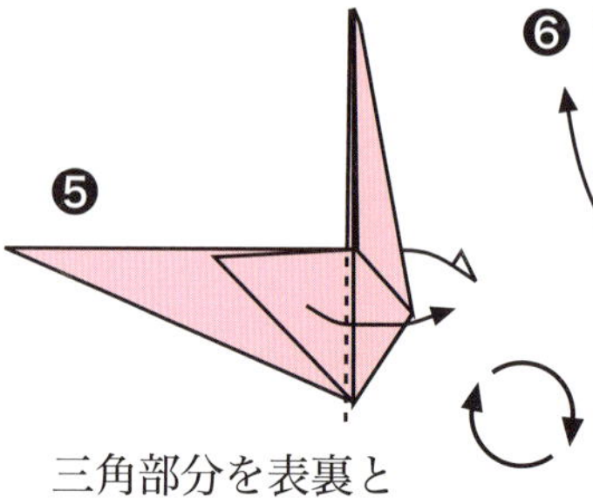

三角部分を表裏とも反対側に折る。

❻

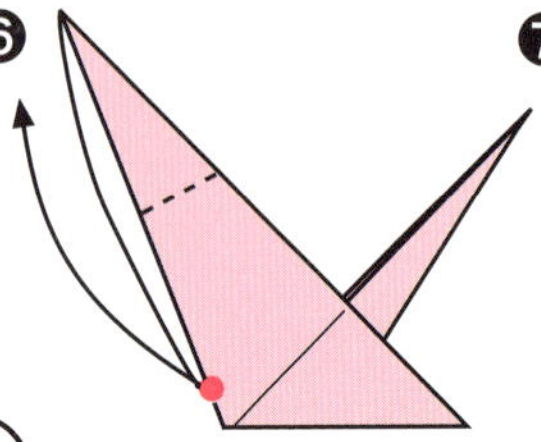

かどから少し上の●に合わせて折りすじをつける。

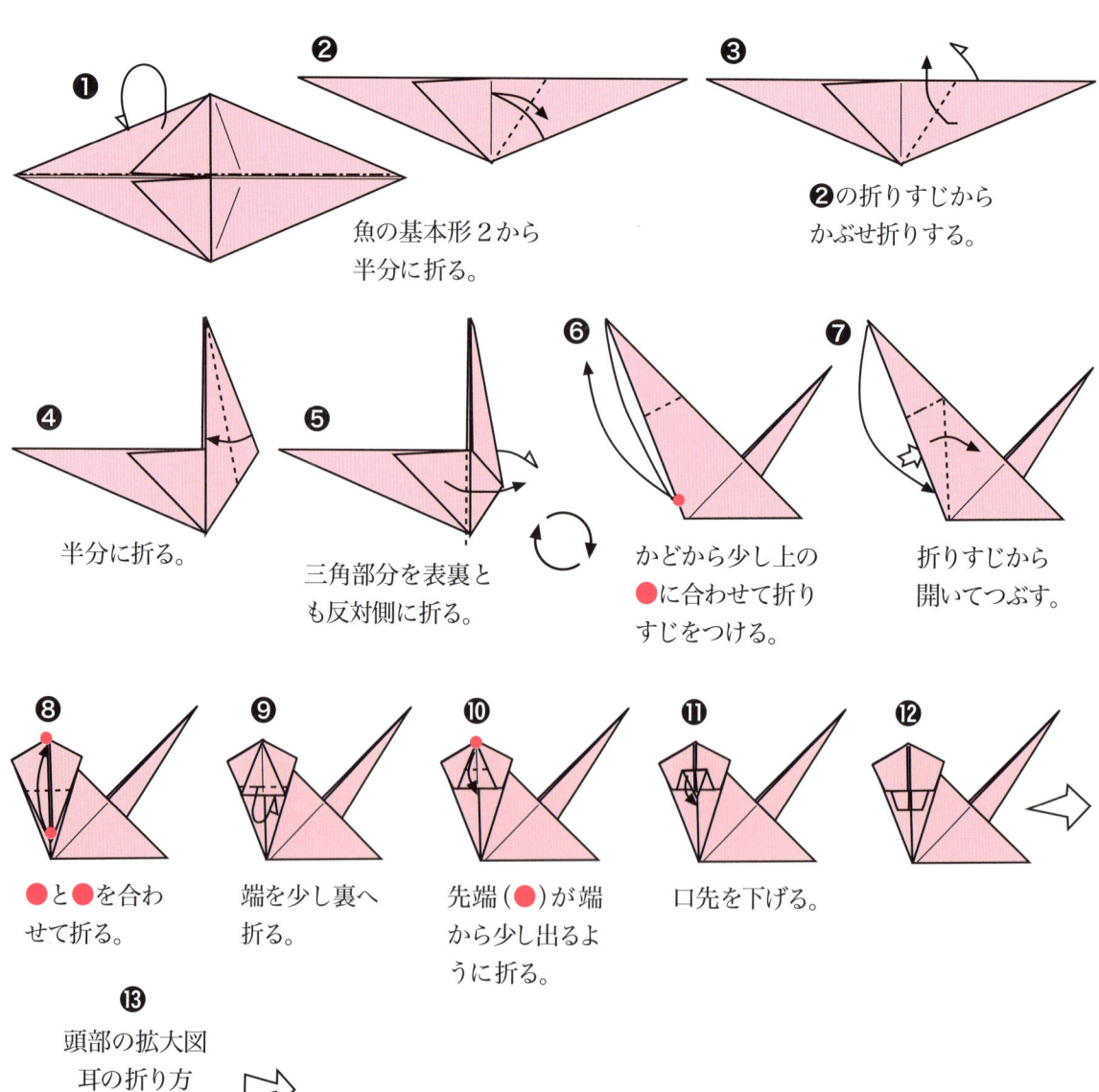

❼

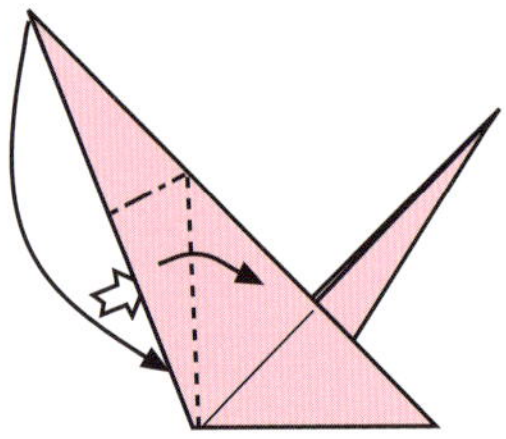

折りすじから開いてつぶす。

❽

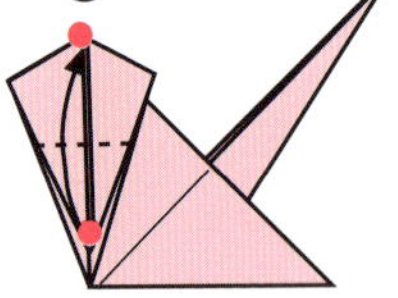

●と●を合わせて折る。

❾

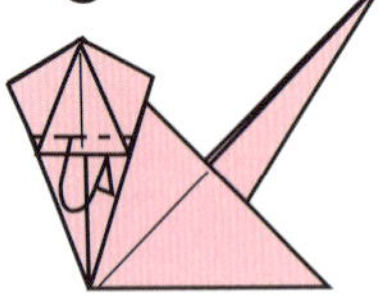

端を少し裏へ折る。

❿

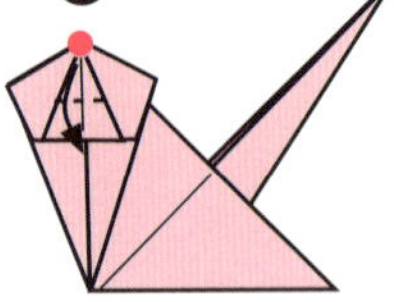

先端（●）が端から少し出るように折る。

⓫

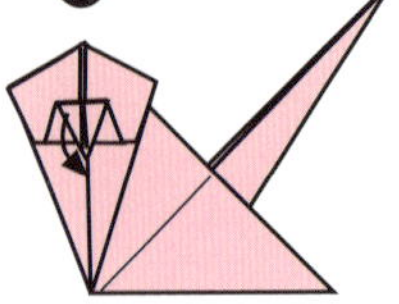

口先を下げる。

⓬

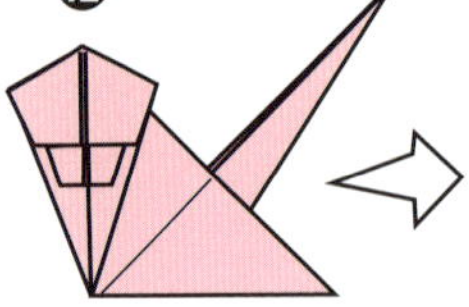

⓭

頭部の拡大図
耳の折り方

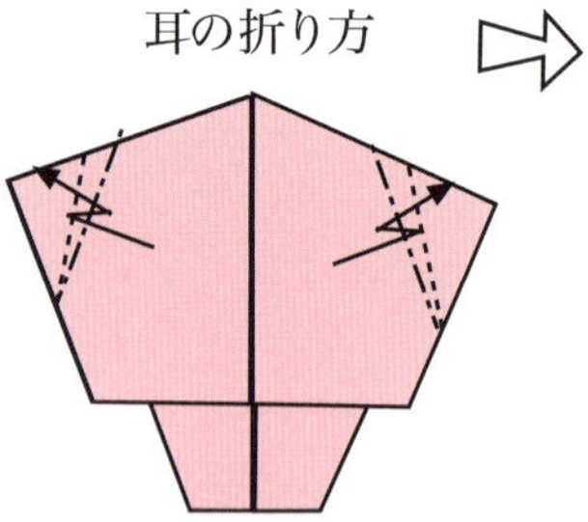

両かどを斜めに段折りして耳を作る。

⓮

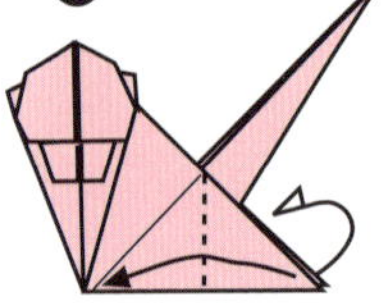

三角部分を表裏とも反対側に折る。

⓯

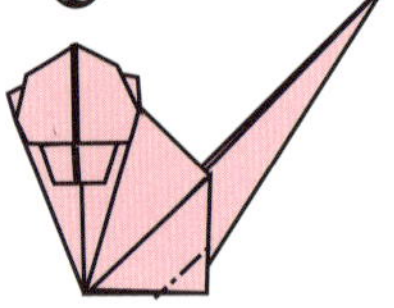

かどを内側に折る。

⓰

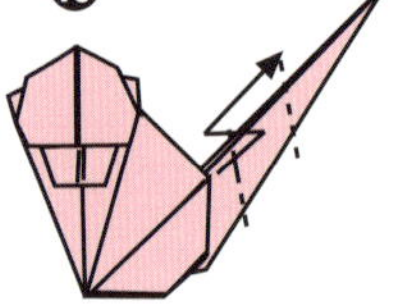

段折りで尾の姿を整える。

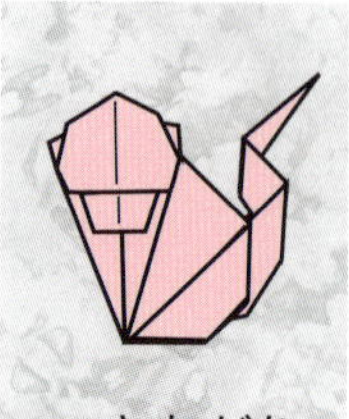

できあがり

酉・にわとり

難易度：☆☆

雌鶏のイメージで折りました。
⓬⓭の折りが混乱しやすいので、折り図と説明をよく見て折ってください。
用紙：折り紙　15×15cm　1枚

❶

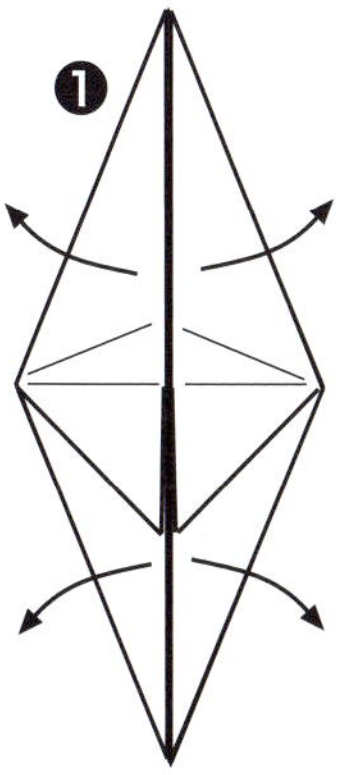

魚の基本形2
から全部開く。

❷

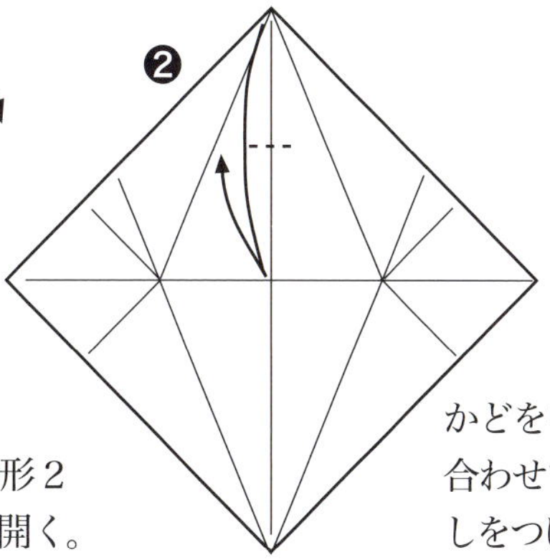

かどを中心に
合わせてしる
しをつける。

❸

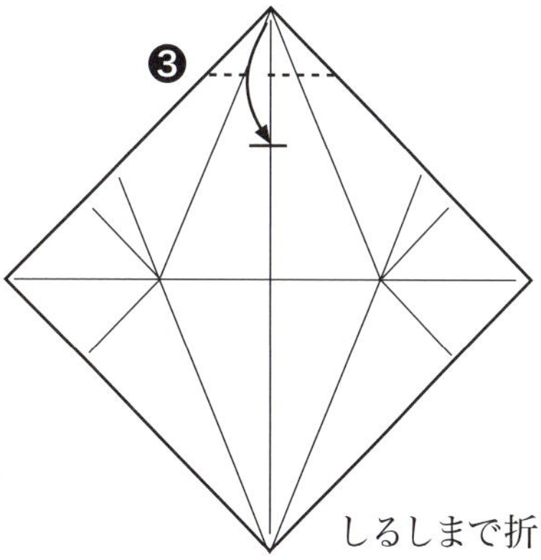

しるしまで折る。

❹

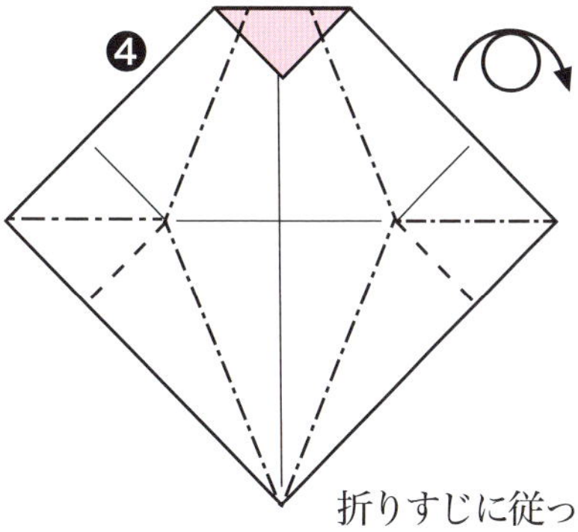

折りすじに従っ
て折りをもどす。

❺

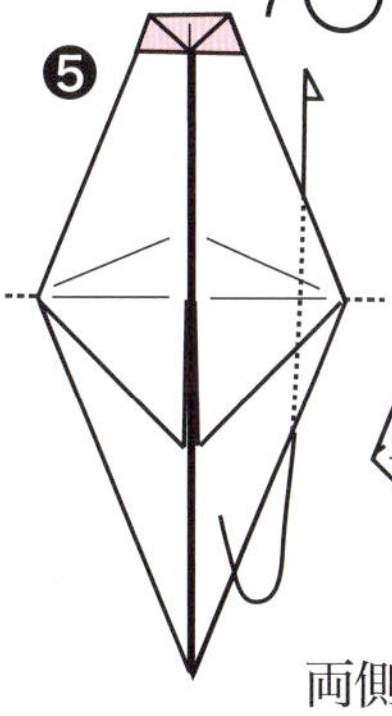

❻

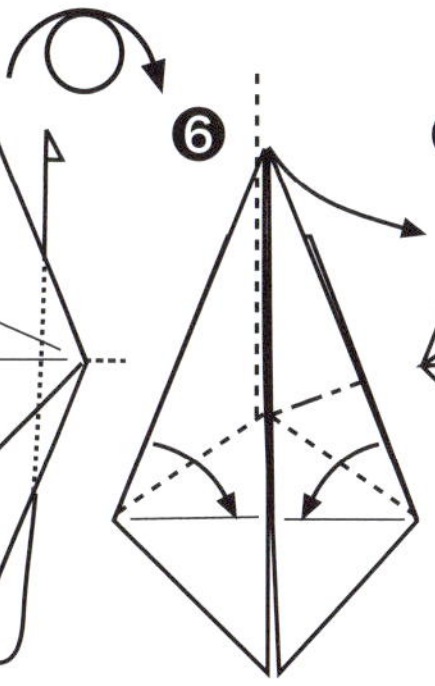

両側の辺を下の線に
合わせてよせて折る。

❼

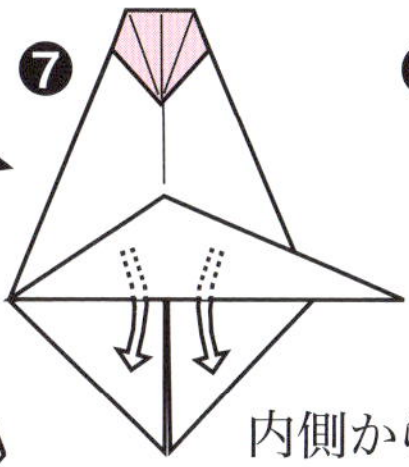

内側から
引き出す。

❽

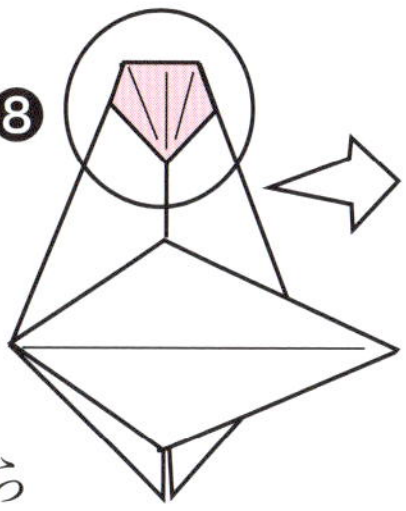

とさか部分の拡大図

❾

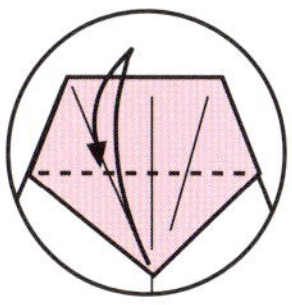

両かどを結んで折
りすじをつける。

❿

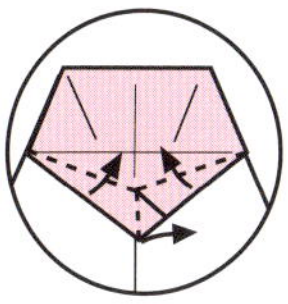

⓫

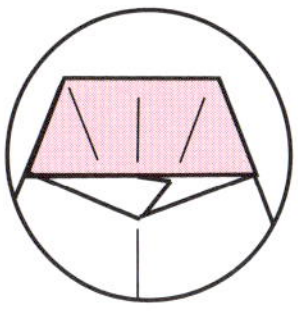

⓬

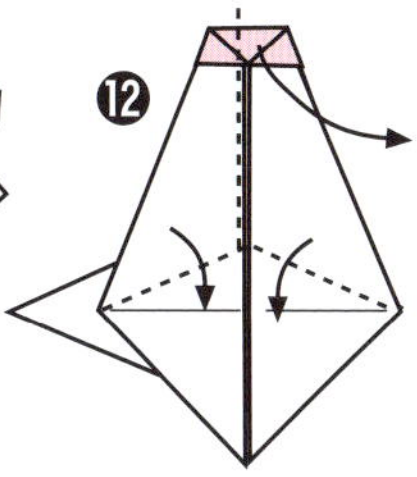

❶の魚の基本形の折りすじからよせ
て折り、倒さないで浮かせておく。

⓭

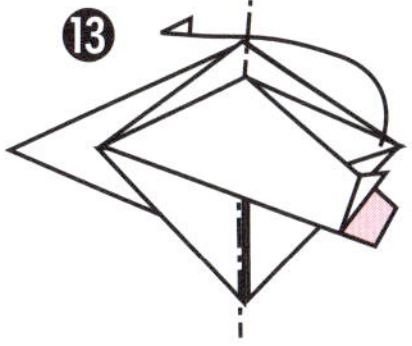

山折りして
から位置を
変えて頭を
上にする。

⓮

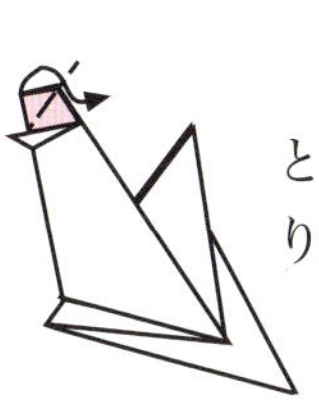

とさかを中わ
り折りする。

⓯

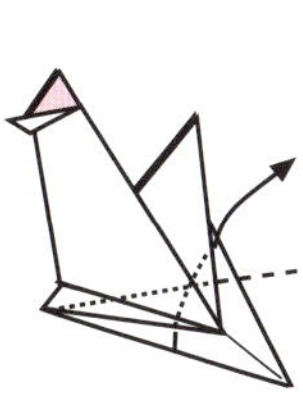

中にある紙を、内
側で回転させて
折って尾を作る。

戌・いぬ

難易度：☆☆

柴犬をイメージして折りました。
折り方のバランスが変わると姿が変わります。折り図通りに折ってください。
用紙：折り紙　15×15cm　1枚

❶

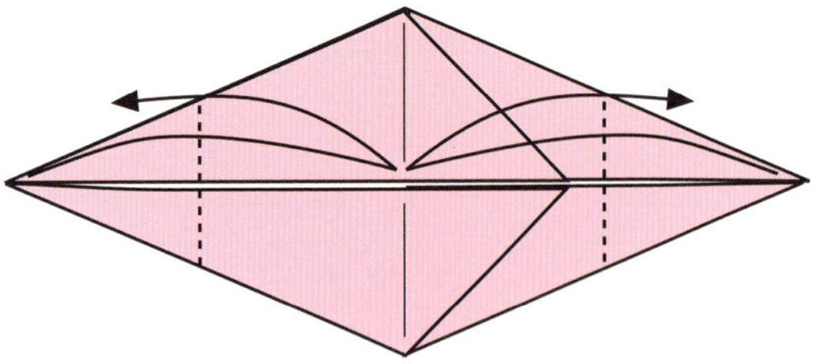

魚の基本形２から、両端を中心に合わせて折りすじをつける。

❷

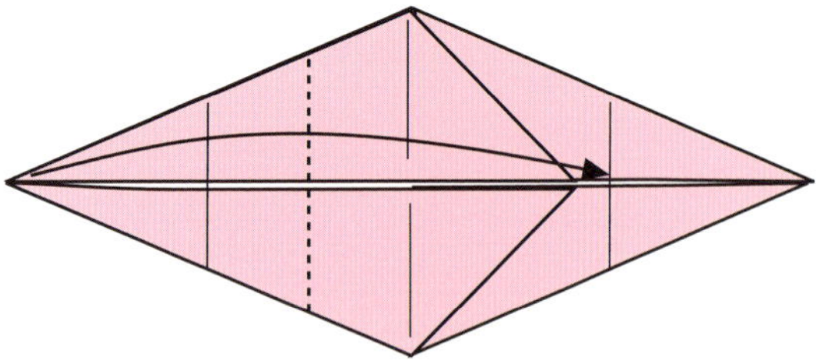

❶のしるしに合わせて折る。

❸

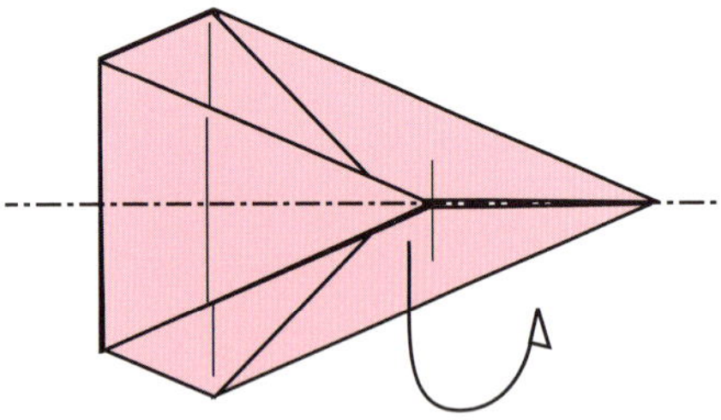

中央で山折りする。

❹

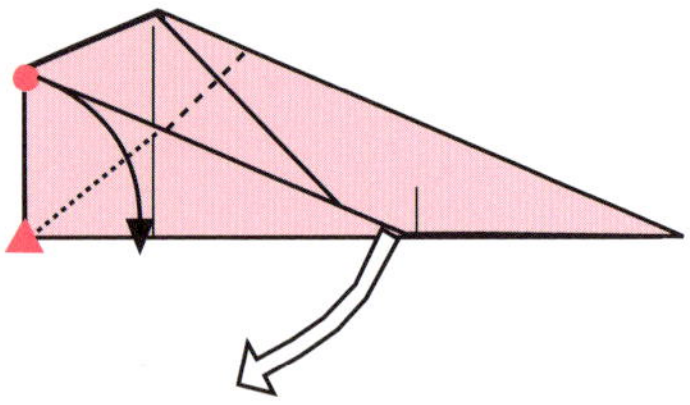

▲を中心として、●を底辺にのせるまでずらす。

❺

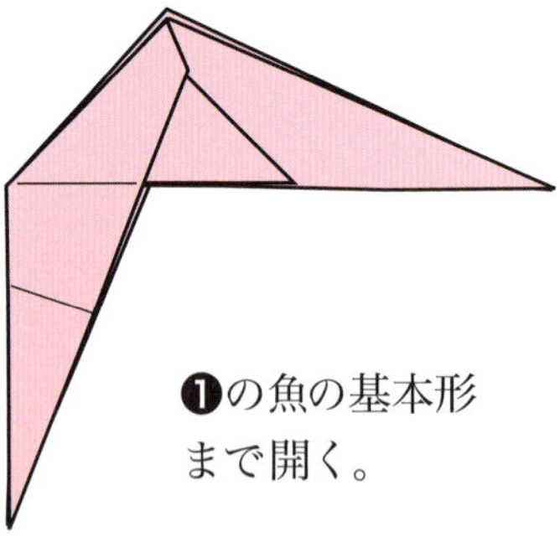

❶の魚の基本形まで開く。

❻

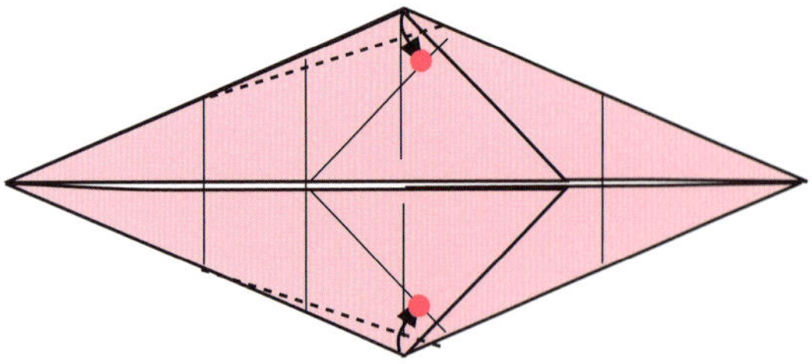

かどを折りすじ●に乗せて折る。

❼

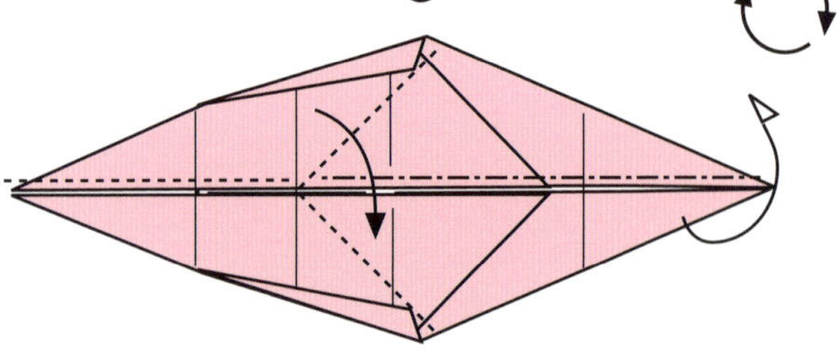

折りすじのようにに引きよせて折る。

❽

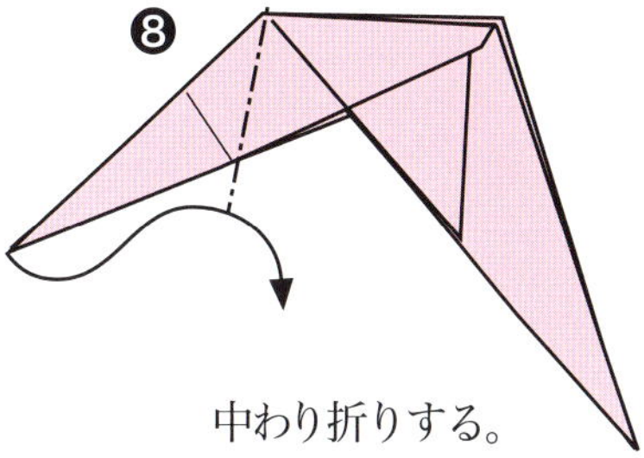

中わり折りする。

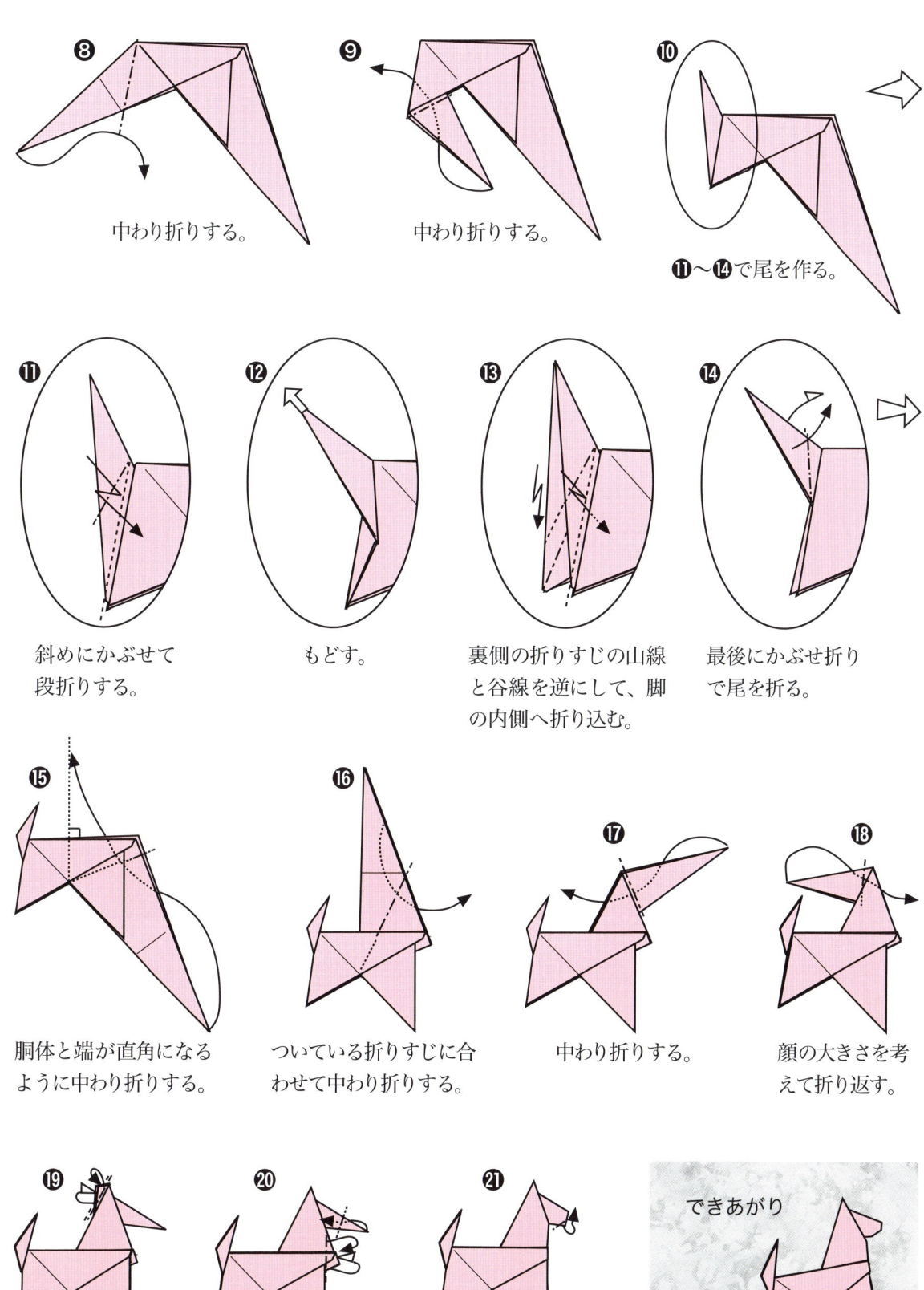

❾

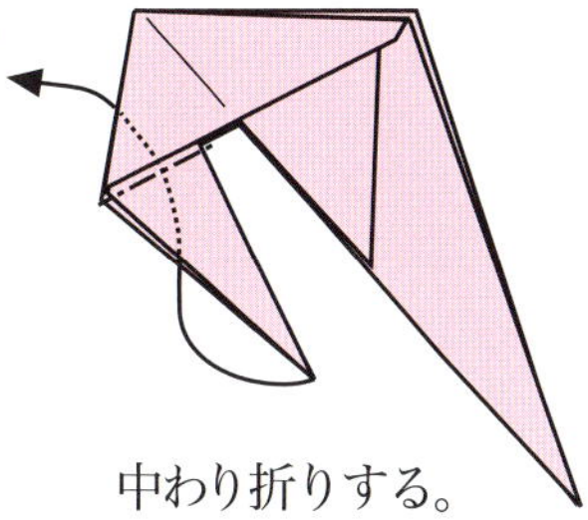

中わり折りする。

❿

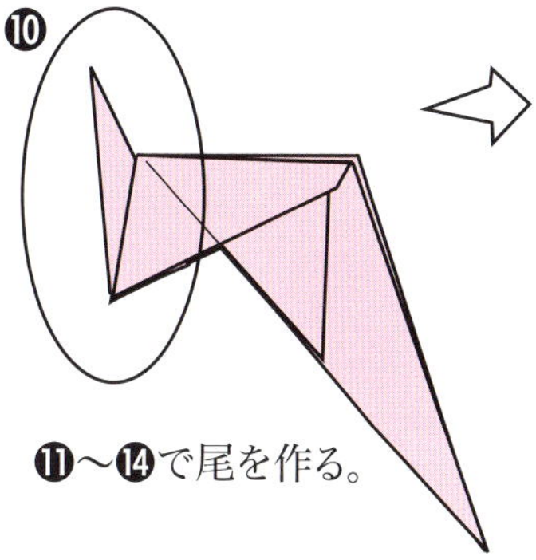

⓫〜⓮で尾を作る。

⓫

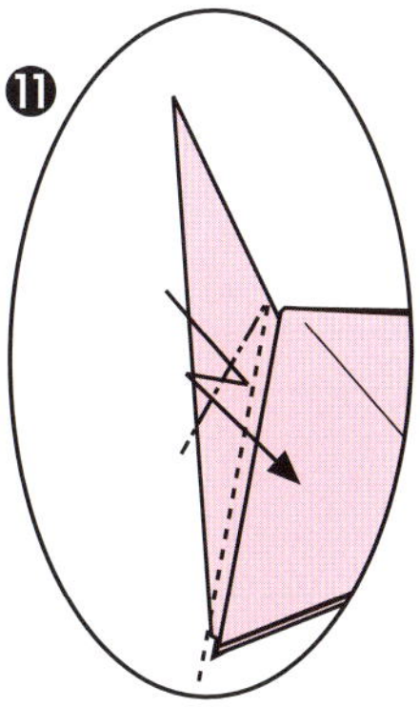

斜めにかぶせて
段折りする。

⓬

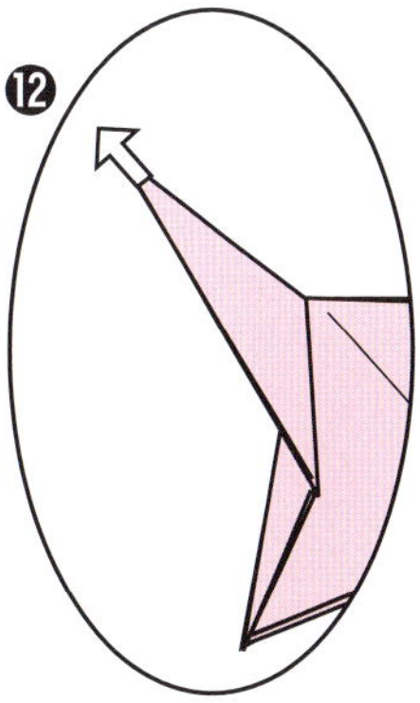

もどす。

⓭

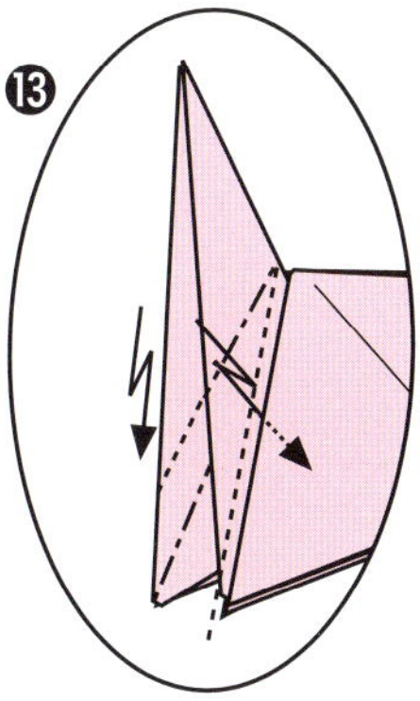

裏側の折りすじの山線
と谷線を逆にして、脚
の内側へ折り込む。

⓮

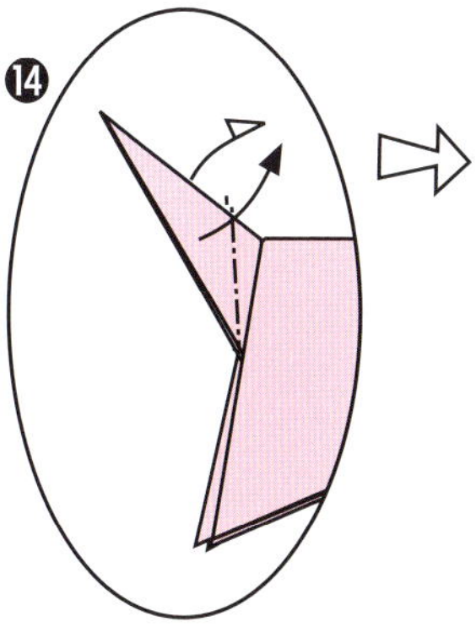

最後にかぶせ折り
で尾を折る。

⓯

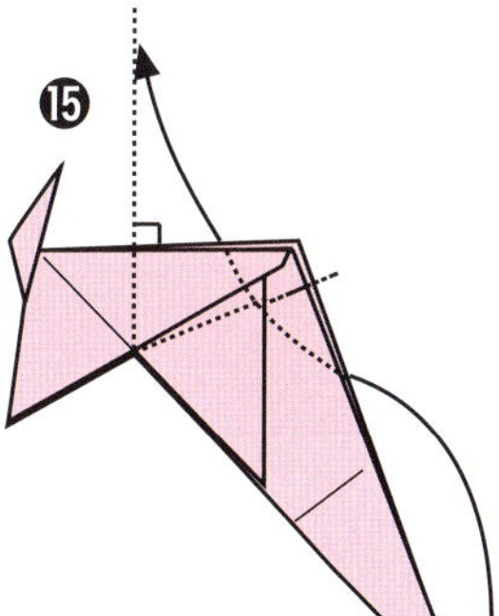

胴体と端が直角になる
ように中わり折りする。

⓰

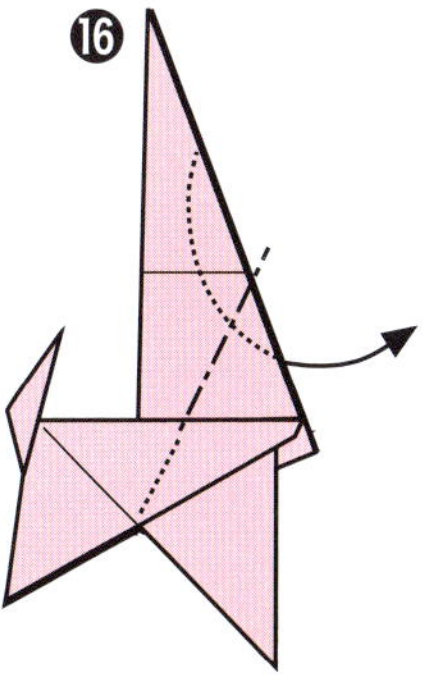

ついている折りすじに合
わせて中わり折りする。

⓱

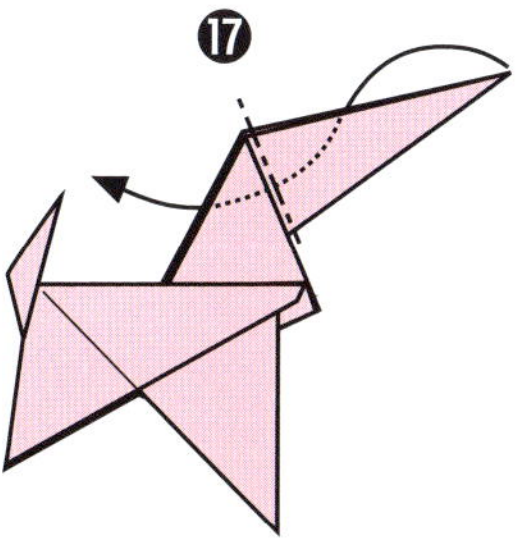

中わり折りする。

⓲

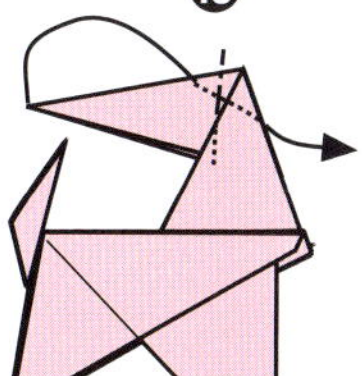

顔の大きさを考
えて折り返す。

⓳

はみ出している
部分を折り返す。

⓴

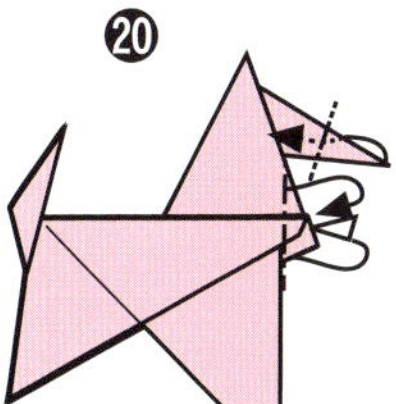

口先と胸を折る。

㉑

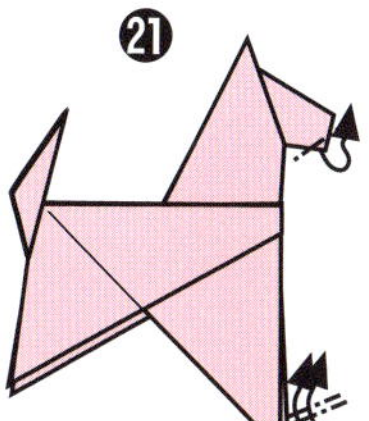

あごのかどを中わり折りし、
足先も少し中わり折りする。

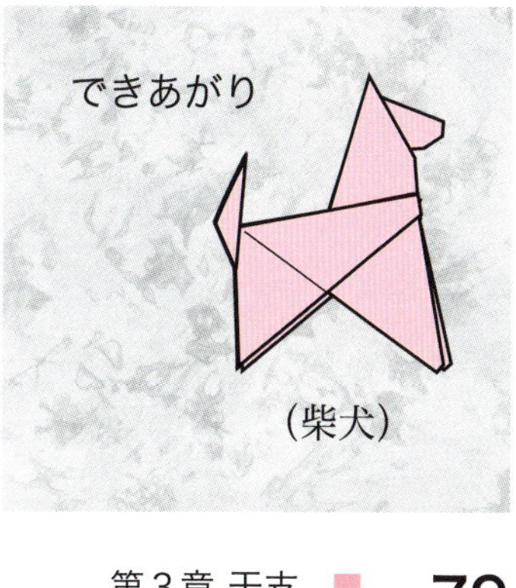

亥・いのしし

難易度：☆☆☆

いのししの牙は内側を向いています。
牙の折り出しに多くの手数をかけますが、ていねいに折ってください。
用紙：折り紙　15×15cm　1枚

❶
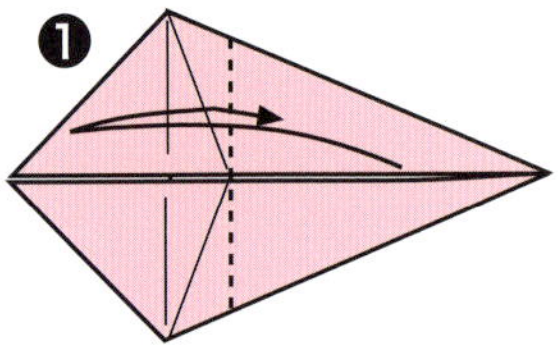

魚の基本形1を折り、魚の基本形についている折りすじの頂点から折りすじをつける。

❷
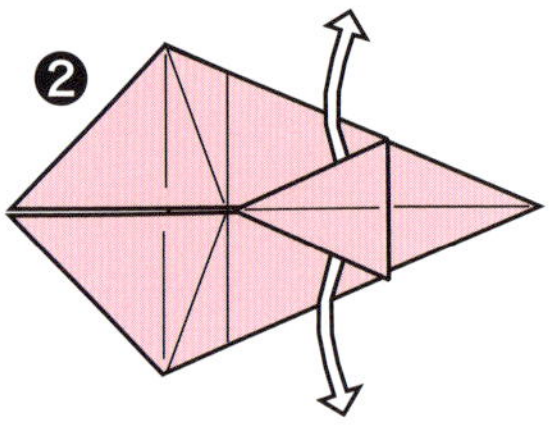

内側から引き出す。

❸
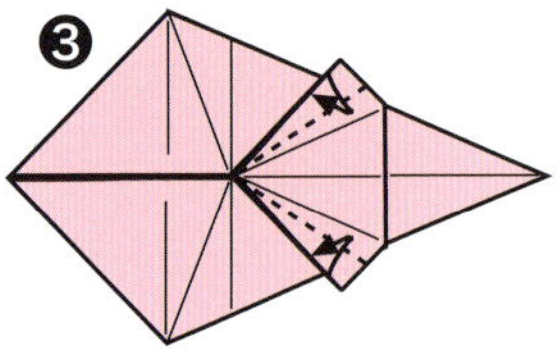

折りすじをつける。

❹
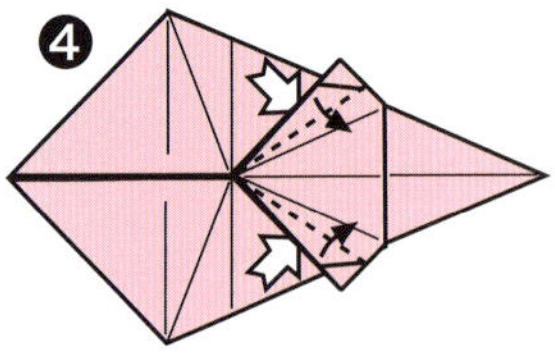

両脇を開いてつぶす。

❺
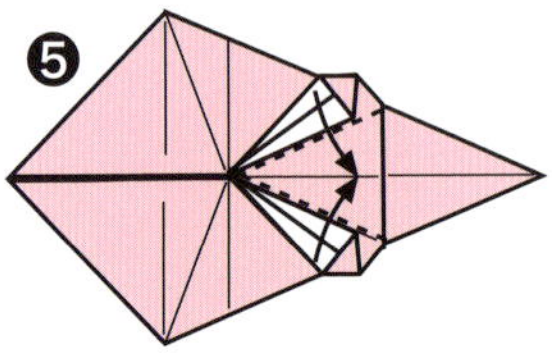

❻
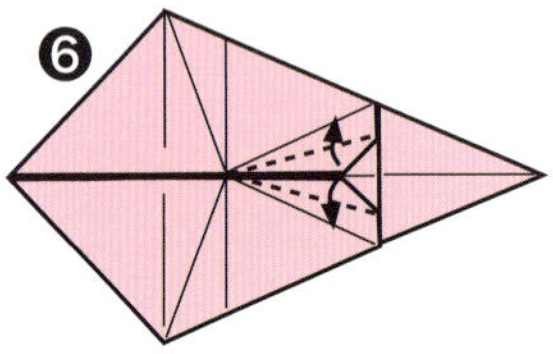

❼
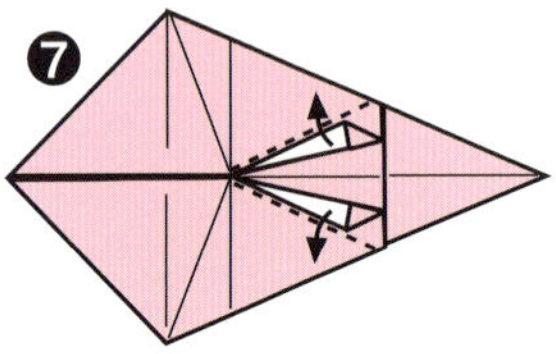

❽
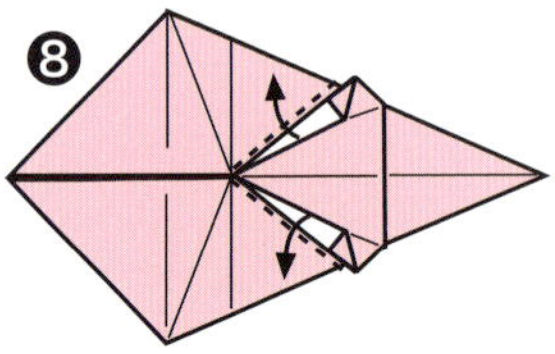

❾
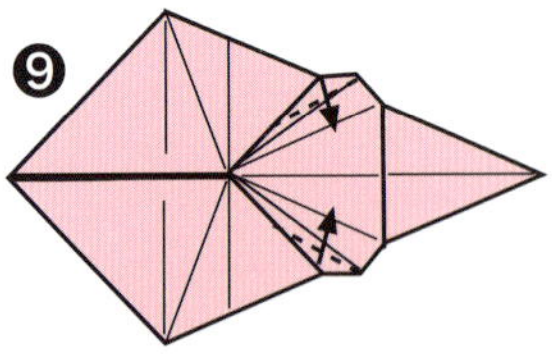

牙の形を考えて折り返す。

❿
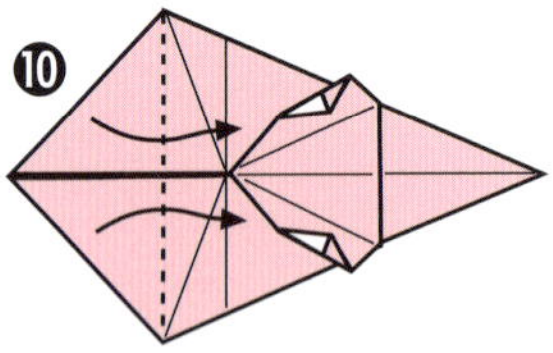

⓫
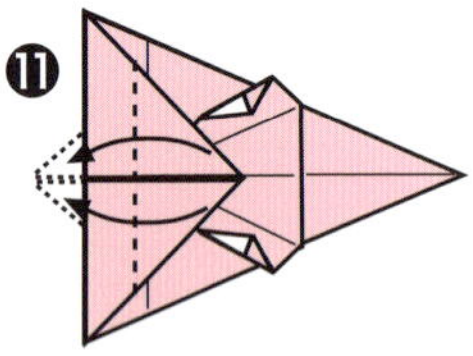

耳の形を考えて折り返す。

⓬
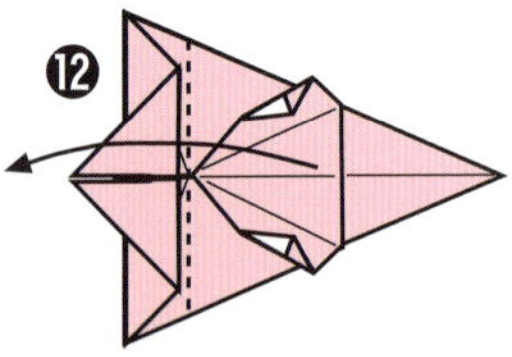

上の1枚を反対側へ倒す。

⓭
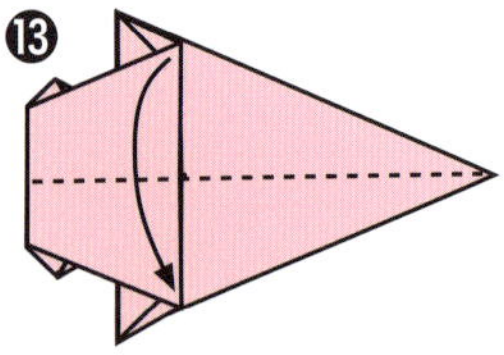

中央で谷折りする。

⓮
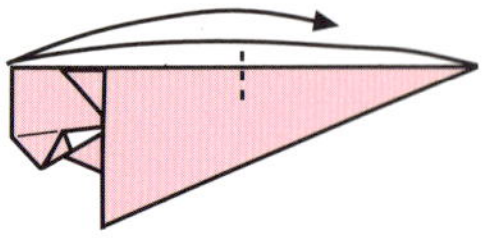

しるしをつける。

⓯
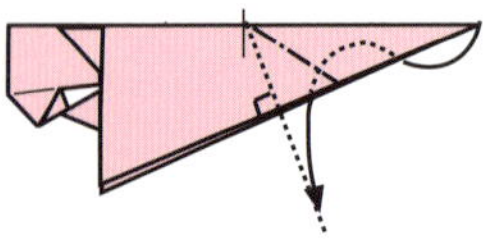

しるしから、底辺と直角に交差するぐらいの角度で中わり折りする。

⓰
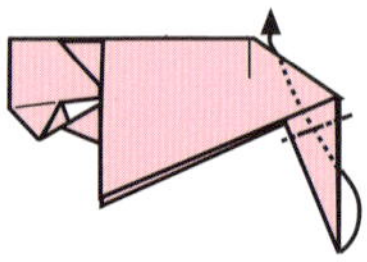

先が少し出るように中わり折りする。

⓱
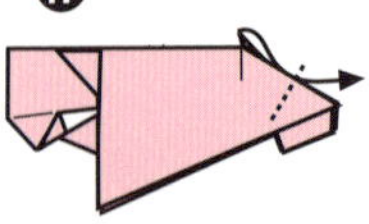

しっぽの先を中わり折りする。

⓲
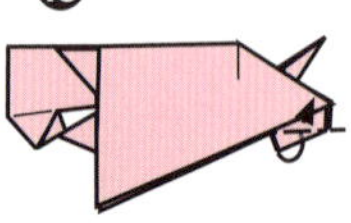

後ろ足のかどを中わり折りする。

⓳
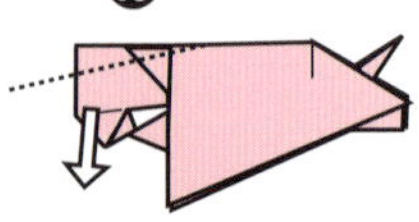

頭を引き下げる。

⓴
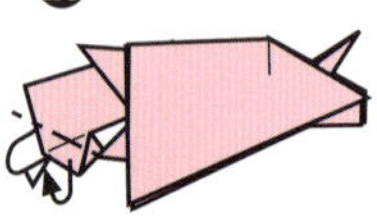

表裏ともあごを内側へ折る。

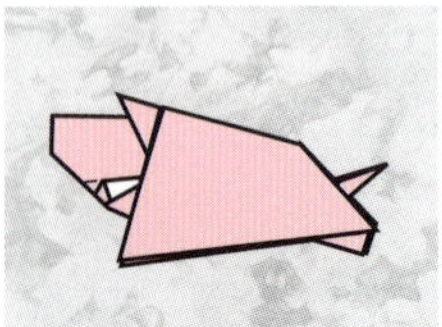

できあがり

第4章
箱と器

正四面体（三角錐）ケース

難易度：☆☆

（折り図89ページ）

伝承の箱（升）と
伝承の箱のふた

難易度：☆☆

（折り図 90 ページ）

直方体のふたつき箱（行李形）

難易度：☆☆☆

（折り図 92 ページ）

ケーキ箱

難易度：☆☆☆

（折り図 94 ページ）

窓つき箱

難易度：☆☆☆

（折り図 96 ページ）

伝承の箱にぴったり合う

中仕切りX型と+型

難易度：☆☆☆

（折り図　X 型 97 ページ、
+型 98 ページ）

重ね箱〈伝承〉

難易度：☆☆

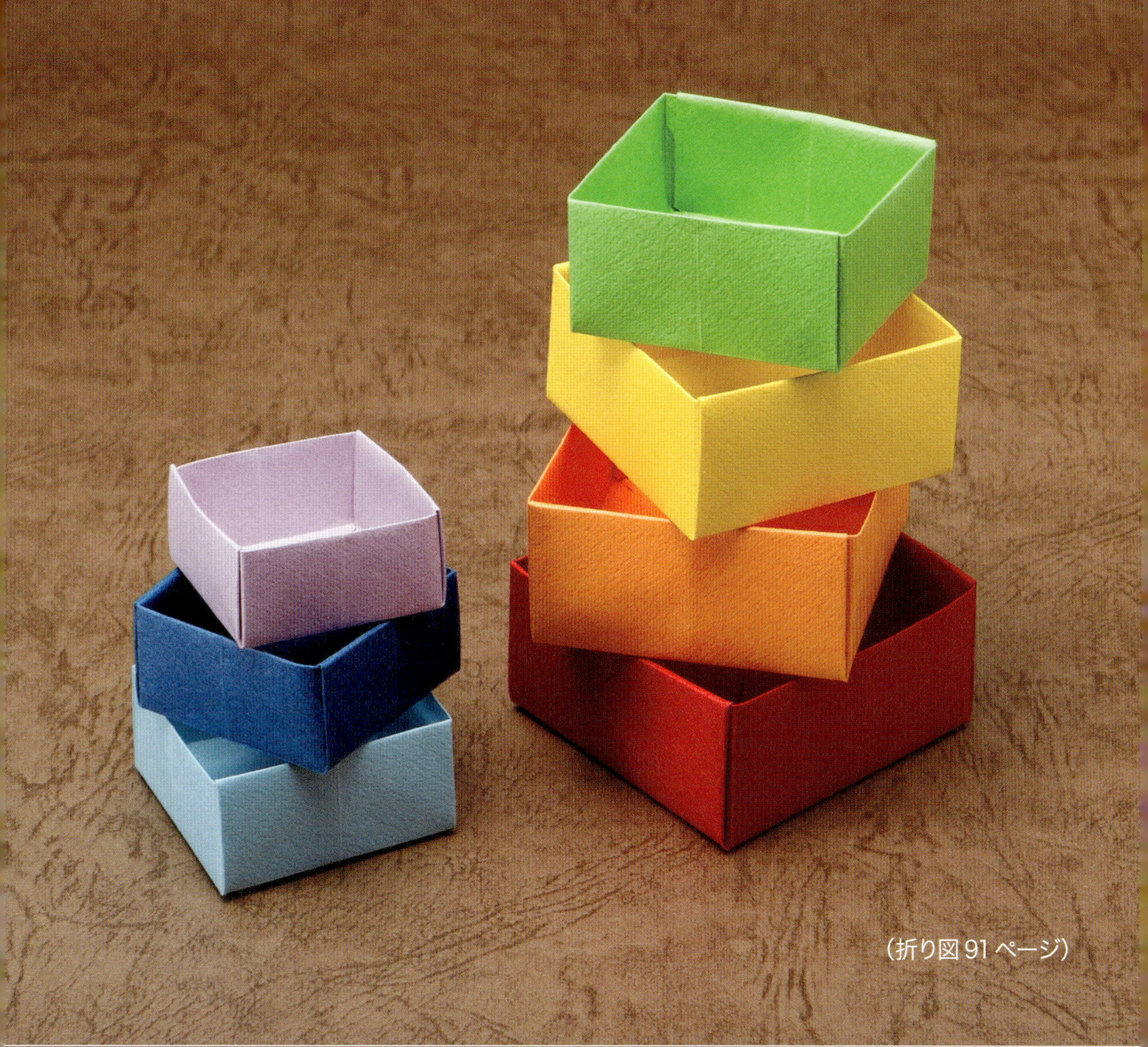

（折り図 91 ページ）

角香（つのこう）箱〈伝承〉

難易度：☆

（折り図99ページ）

チラシで作る
エコボックス

難易度：☆

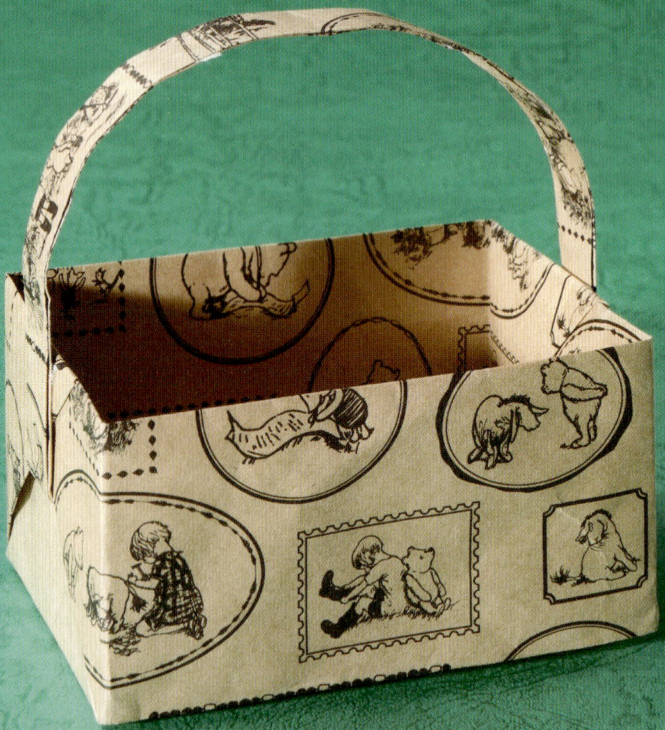

（折り図99ページ）

花小皿

難易度：☆☆☆

（折り図 101 ページ）

桜小皿

難易度：☆☆☆

（折り図 103 ページ）

第4章の折り紙を使ったクラフト

できた折り紙で小物などを作って楽しみましょう

透明マニキュアだけでなくネイルアート用のラメや飾りで加飾するのもおもしろいです。
81 ページの正四面体は小さく折ると小物飾りにぴったりです。

（作り方 126 ページ）

星模様を加えた花小皿

透明マニキュアとネイルアート用のラメや飾りを使って、単色折り紙の小皿も楽しく変身です。

テトラ三連ストラップ（正四面体ケース使用）

用紙とひも選びが楽しみなストラップです。

制作・工房GEN

正四面体（三角錐）ケース

難易度：☆☆

折り紙は幾何学と仲良し。❷❸の方法を使えば分度器なしで30°と 60°の角ができます。勉強にも役立つ知識です。
用紙：A4 など 1 対√2 の用紙　1 枚

〈用紙サイズ〉

A4 など 1 対√2 の用紙

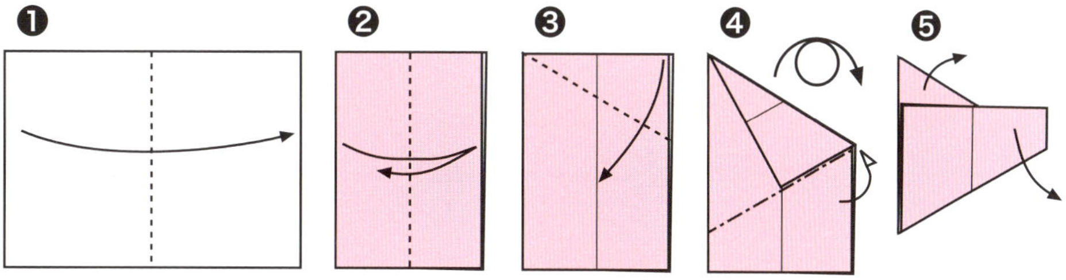

❸ かどを❷の線上に乗せて折る。

❺ 開いて❷の位置に置く。

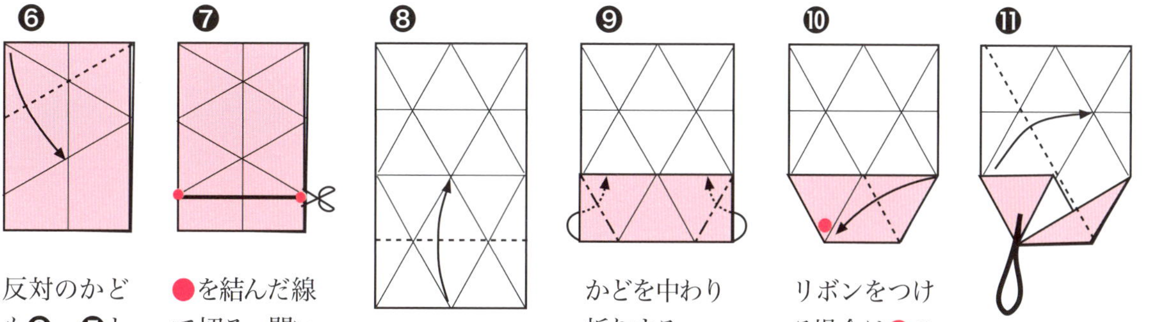

❻ 反対のかども❸〜❺と同様に折ってもどす。

❼ ●を結んだ線で切る。開いて縦に置く。

❾ かどを中わり折りする。

❿ リボンをつける場合は●の位置に貼る。上の 1 枚を反対側へ倒す。

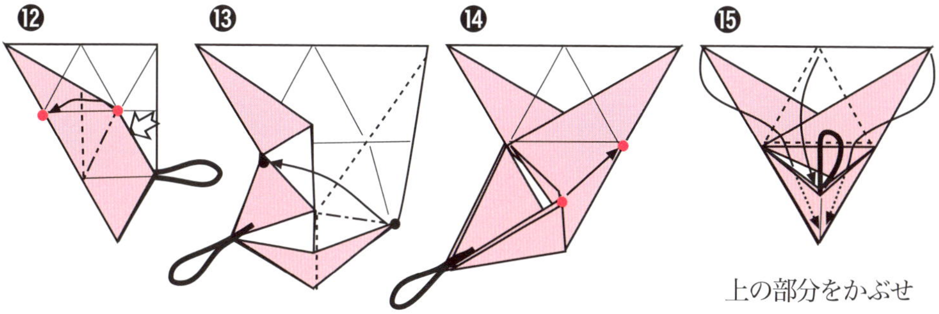

⓬⓭ ●と●を合わせ、つづいて●と●を合わせると、正四面体の容器ができる。

⓮ ●と●を合わせる。

⓯ 上の部分をかぶせながら、両かどをすき間に入れる。

できあがり

開ける時は最後の折り込みを引き出す。

伝承の箱(升)と伝承の箱のふた

難易度:☆☆

ふたをつくるには容器より少しゆとりのある箱が必要です。
ここでは自然にゆとりができる方法を考えました。
用紙:箱、ふたとも同サイズ(15×15cm など)の折り紙　各1枚

伝承の箱

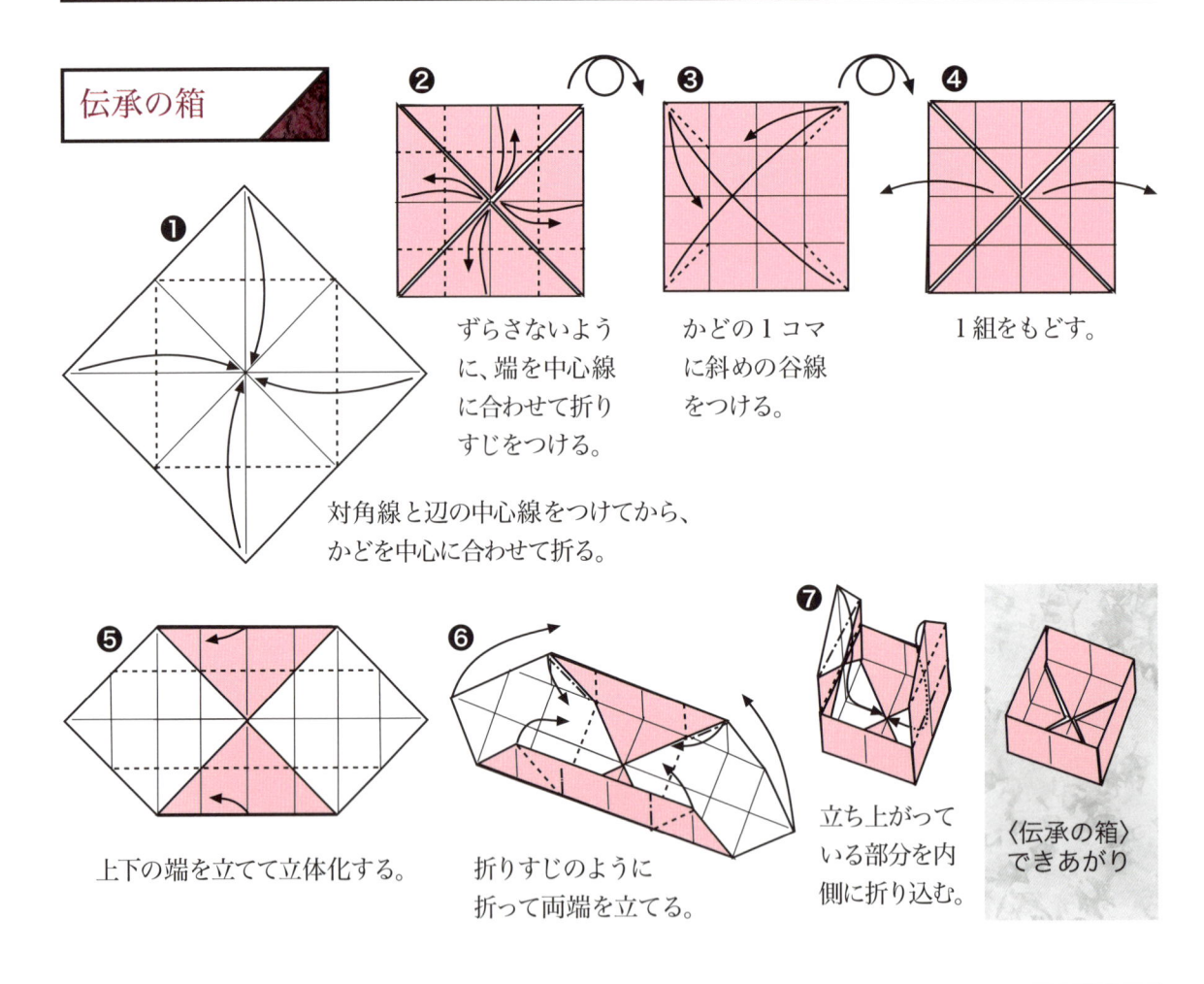

❶

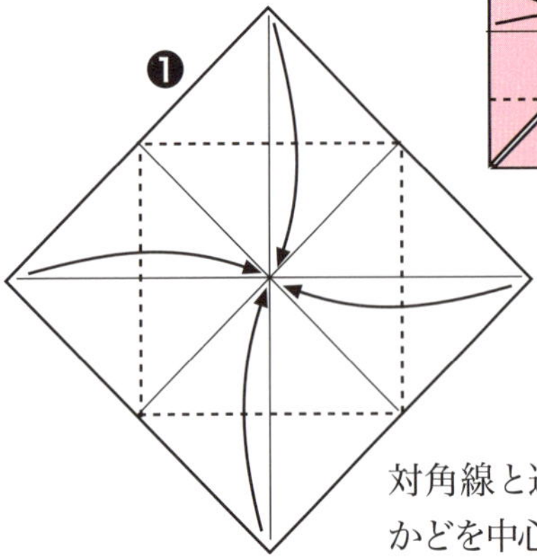

対角線と辺の中心線をつけてから、かどを中心に合わせて折る。

❷

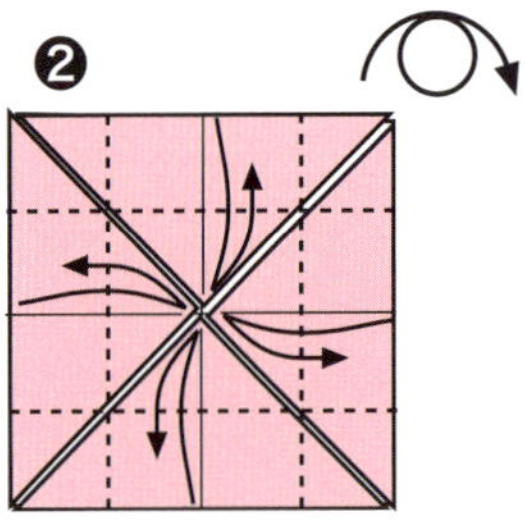

ずらさないように、端を中心線に合わせて折りすじをつける。

❸

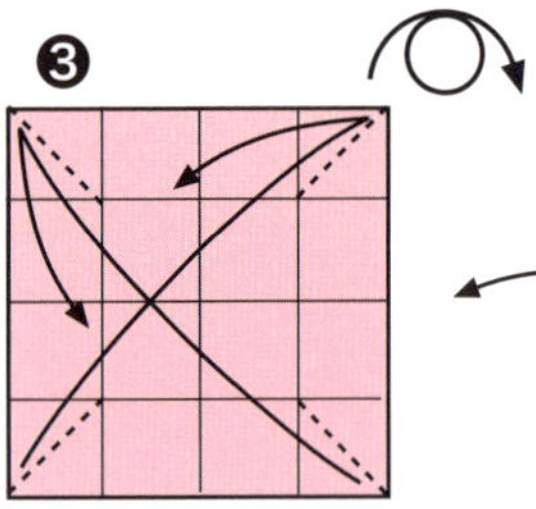

かどの1コマに斜めの谷線をつける。

❹

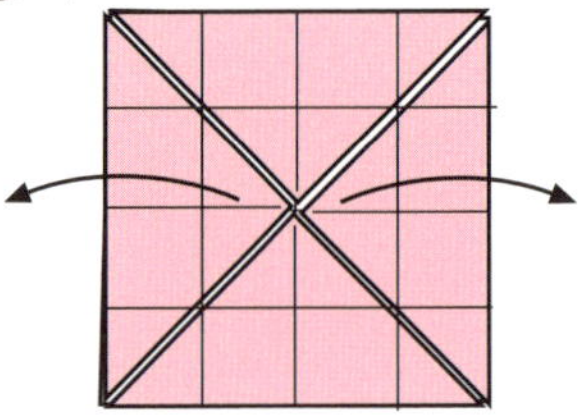

1組をもどす。

❺

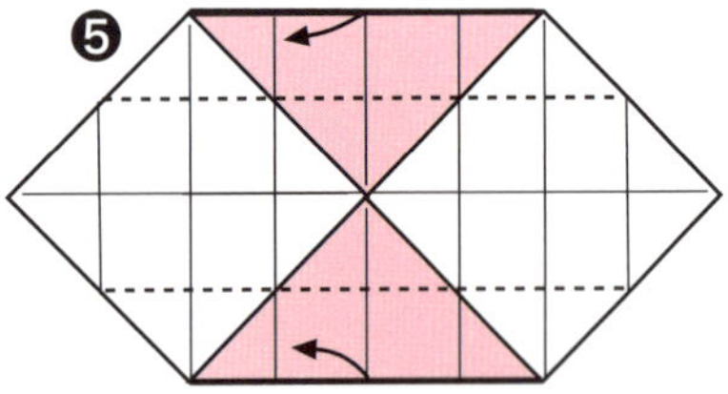

上下の端を立てて立体化する。

❻

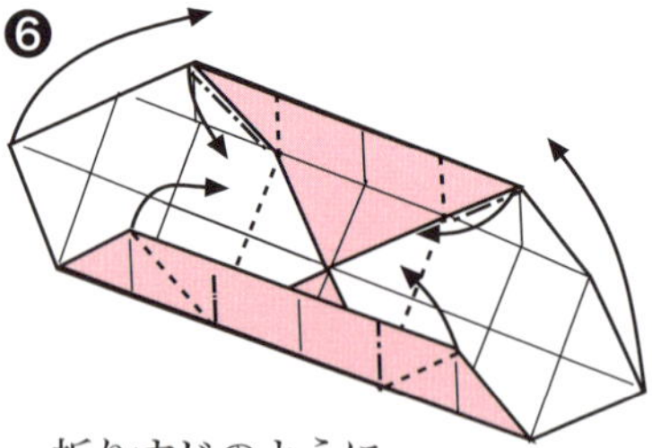

折りすじのように折って両端を立てる。

❼

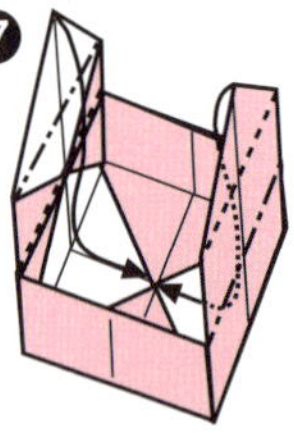

立ち上がっている部分を内側に折り込む。

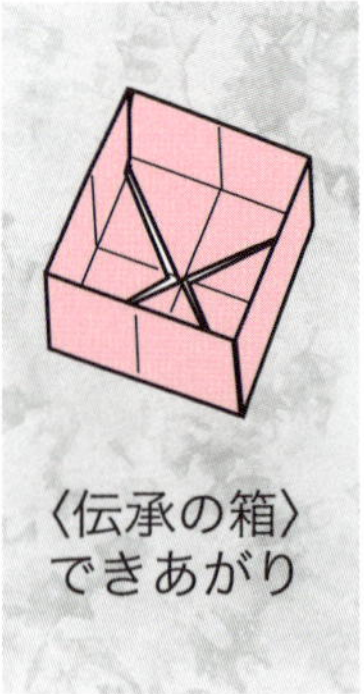

〈伝承の箱〉できあがり

伝承の箱のふた

丹羽兌子　作

❶

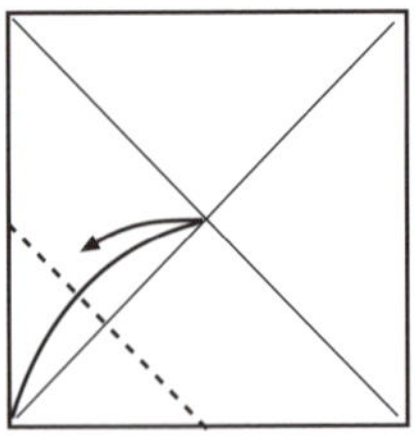

対角線をつけてから中心に合わせて折りすじをつける。

❷

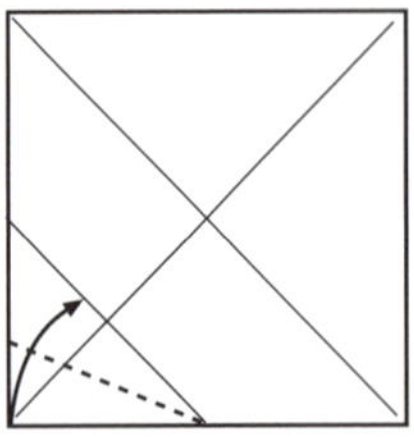

❶の折りすじに合わせて折る。

❸

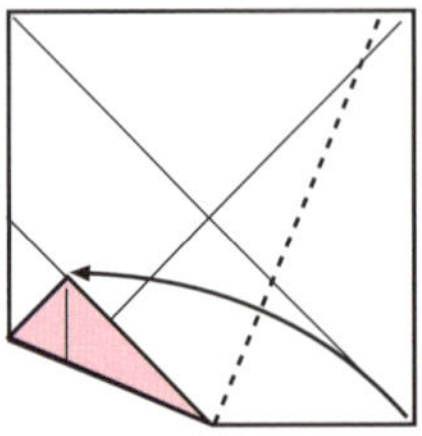

かどとかどを合わせて折る。

❹

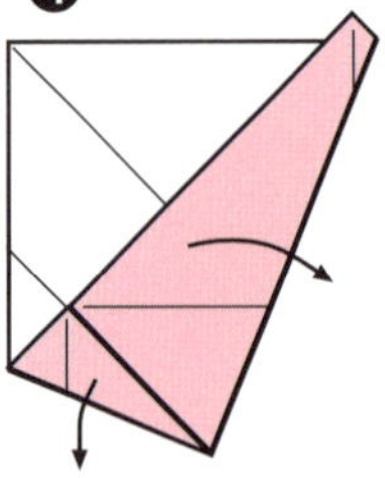

開いて、他のかども同じく折る。

❺

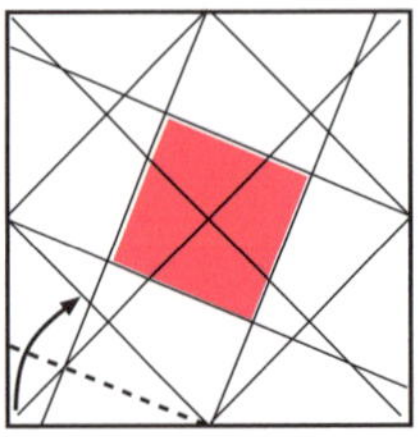

このような折りすじがつく。■部分は天井になる。かどを折る。

❻

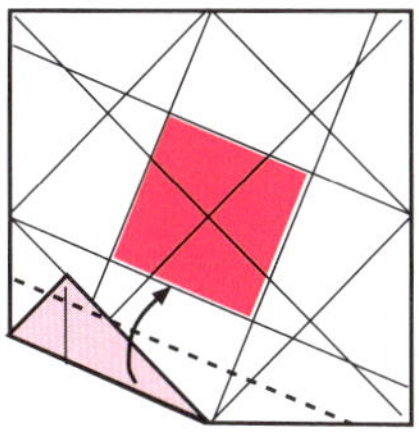

さらに天井（■部分）の端に合わせて折る。

❼

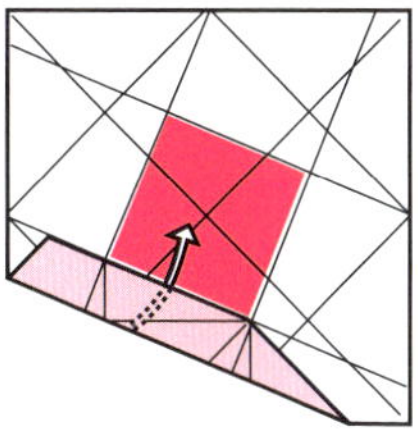

内側から先端を引き出す。

❽

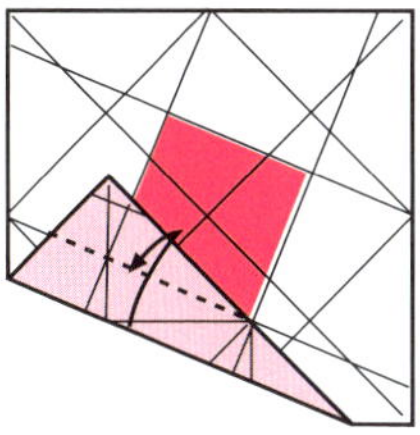

折りすじをつける。他の辺も同じく折る。

❾

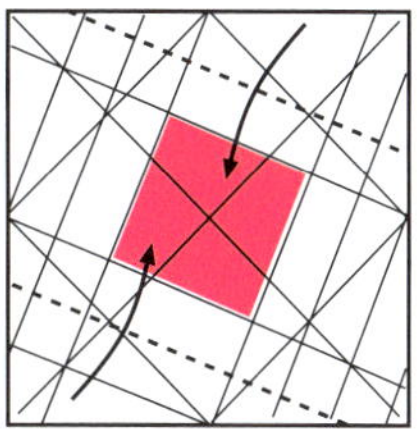

全部開くと、このような折りすじになる。2つの辺を折る。

❿

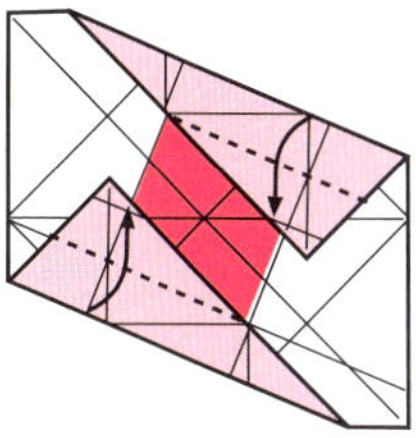

天井の端の線に合わせて谷折りする。

⓫

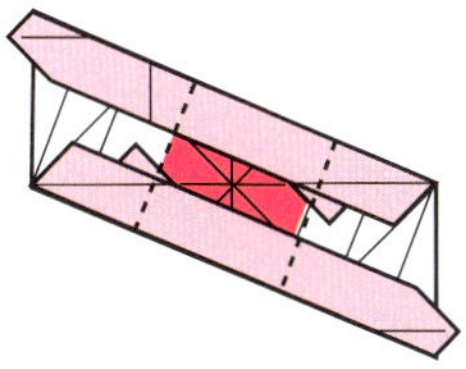

天井の端に合わせて折りすじをつけ直す。

⓬

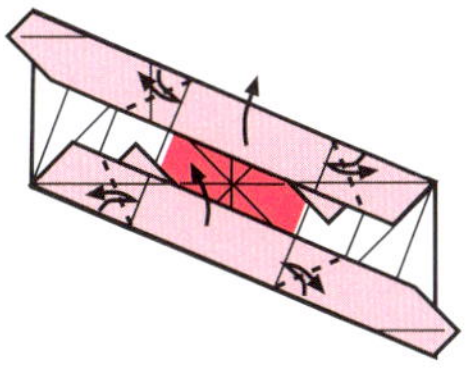

⓫の折りすじに合わせて斜めの折りすじをつけてから、両側を直角に立てて立体化する。

⓭

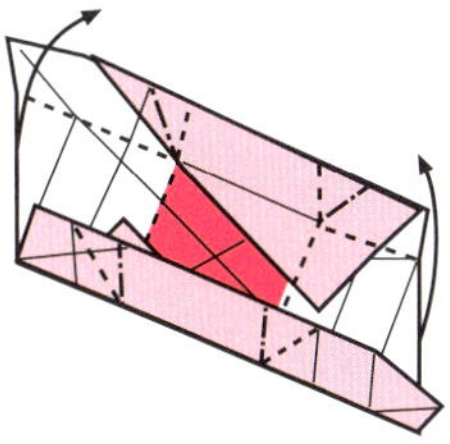

折りすじのようにたたんで残りの側面を立てる。

⓮

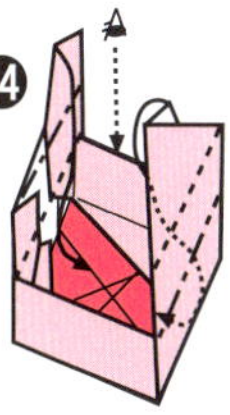

真上から見ながら内側に折り込む。

⓯ 天井の姿

かど＊をとなりにあるひだの下に入れる。

⓰

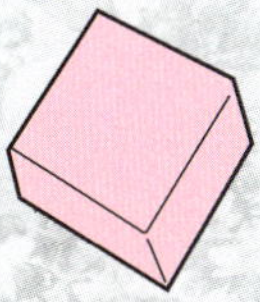

〈伝承の箱のふた〉
できあがり

伝承の箱にかぶせます。

重ね箱〈伝承〉

難易度：☆☆

少しずつ小さく折って重ねるには正確な裁断、正確な折りが必要です。
何個重ねられるかチャレンジ！
用紙：折り紙　15×15cm　紙の色を変えて辺を1cmずつ短くして7枚

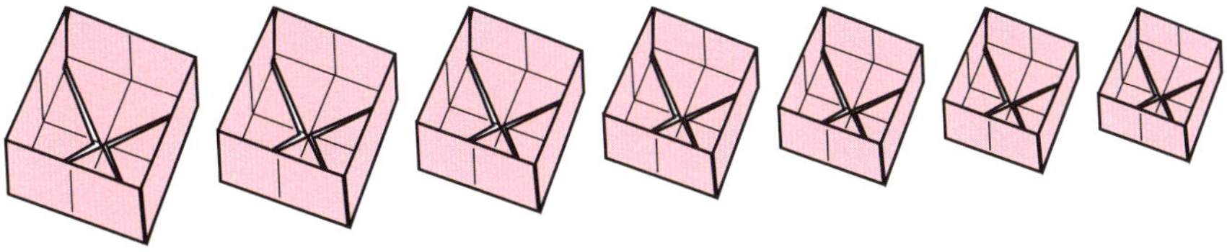

辺を1cmずつ短くした紙で、「伝承の箱」を折る。

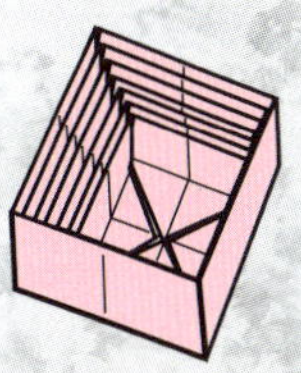

できあがり
順次重ねていきます。

直方体のふたつき箱（行李形）

難易度：☆☆☆

この箱を作るには対角線を正確に３等分することが必要です。
❶～❸の方法をマスターしましょう。
用紙：正方形折り紙 15×15cm など　　容器 １枚　　ふた １枚

箱・容器

❶
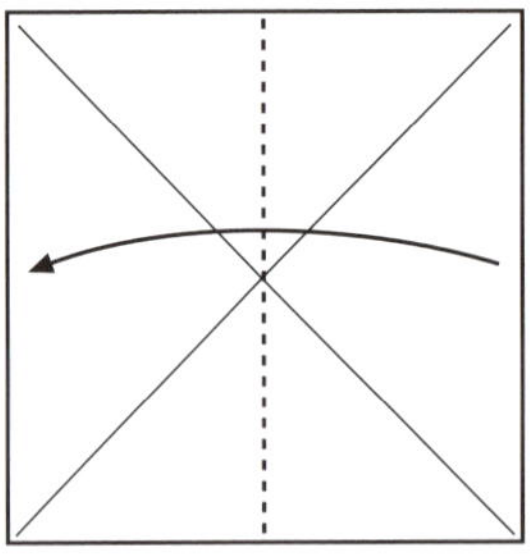

対角線をつけてから半分に折る。

❷
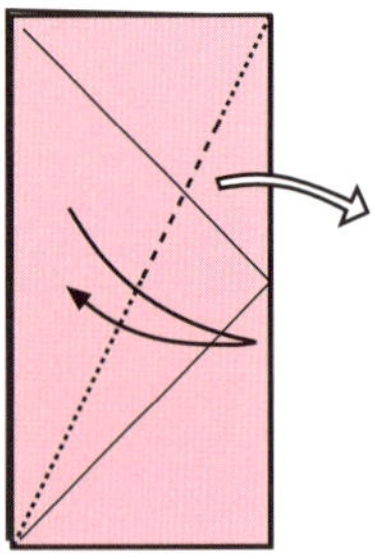

図のように折り、対角線との交点（３等分のポイントとなる）にしるしをつけてから開く。

❸
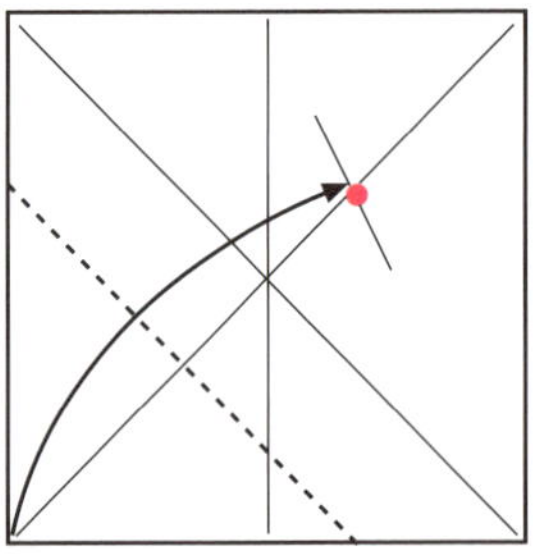

❷でつけた３等分のポイント●にかどを合わせて折る。

❹
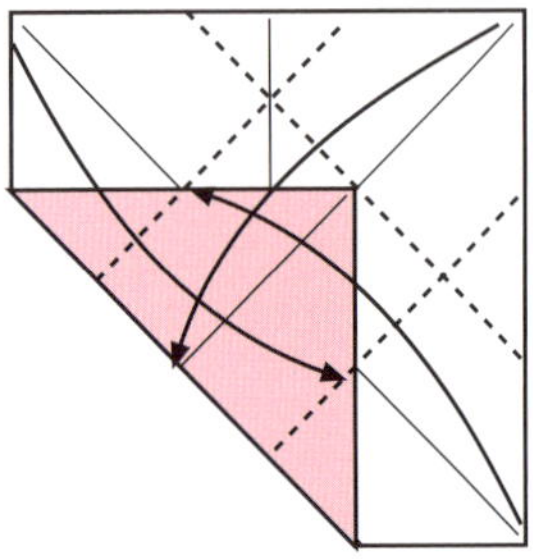

順次ポイントを決め、３等分に折っていく。

❺
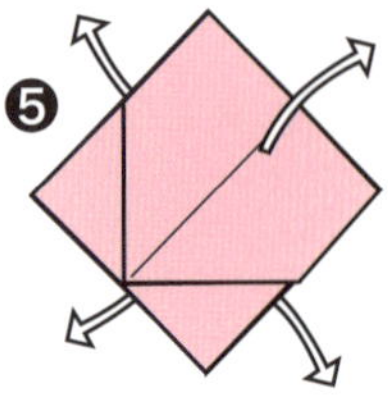

全部開く。

❻
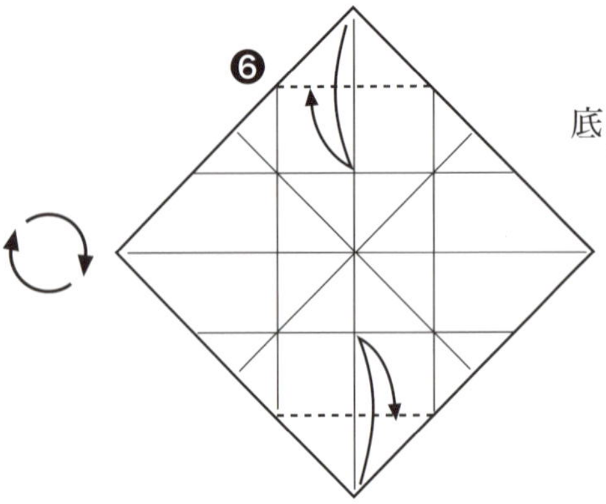

❼
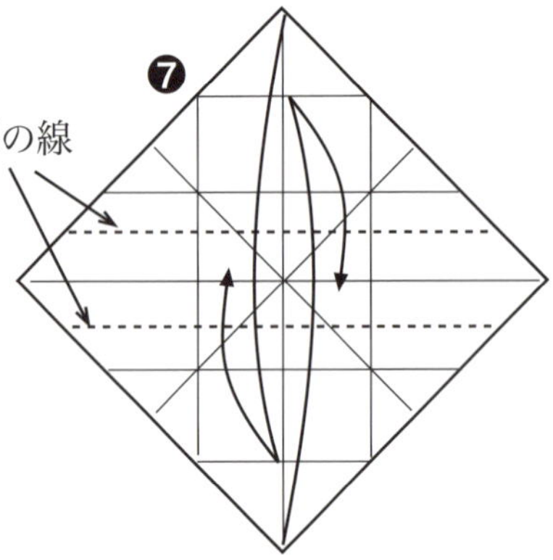

かどを❻の線に合わせて折りすじをつける。これが底の線になる。

❽
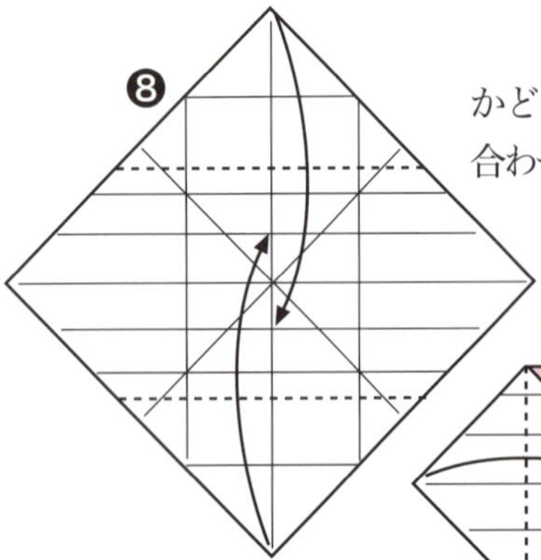

かどを❼の底の線に合わせて折る。

❾
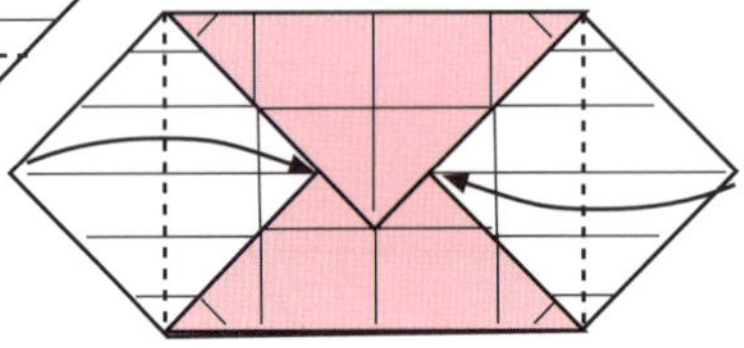

❿
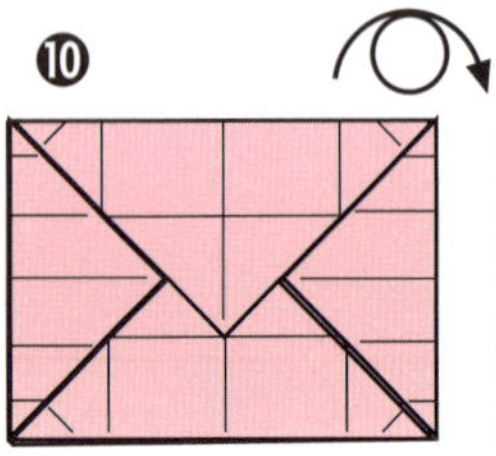

⓫
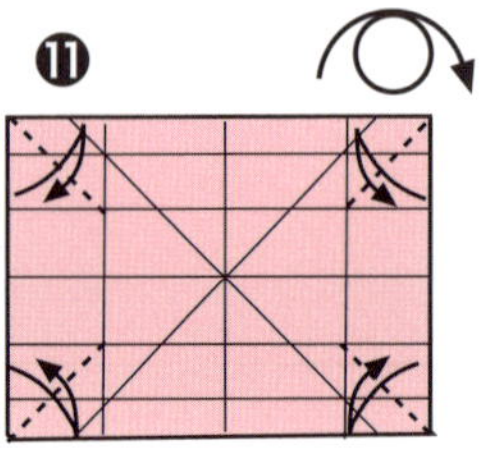

⓬

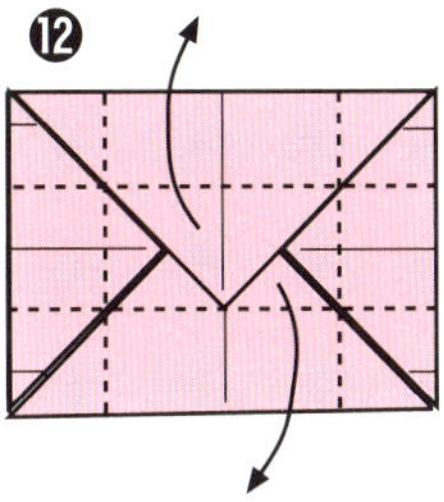

あらためて折りすじ(底の線)をしっかりつけたら、上下のかどをもどす。

⓭

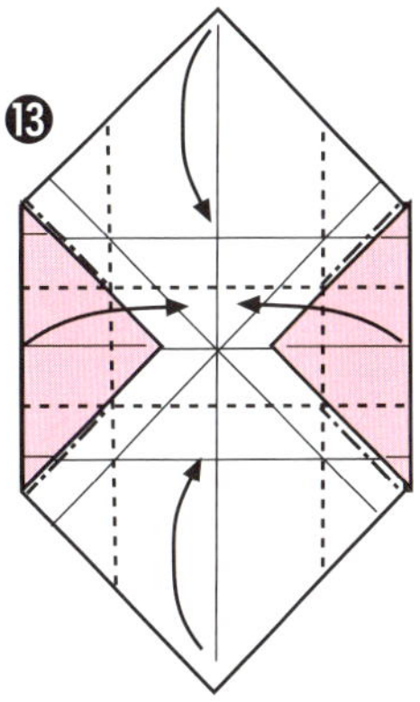

折りすじに合わせて、90ページの「伝承の箱」(❻❼)も参考に箱を組み立てる。

⓮

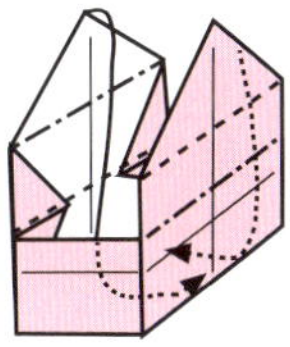

立ち上がっている側面を内側に折り込む。

〈容器〉
できあがり

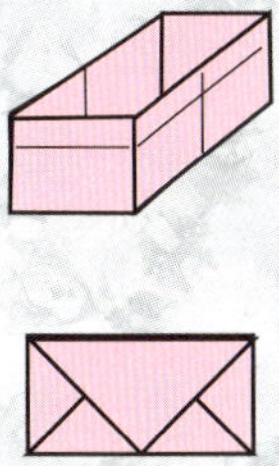

内側の姿

ふた

❶

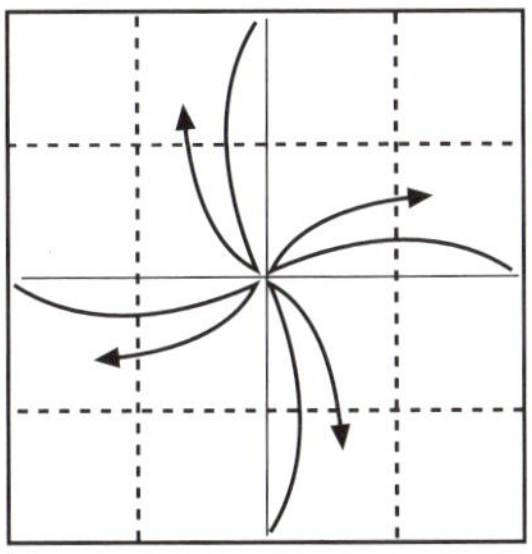

縦横の中心線をつけてから、辺を中心線に合わせて折りすじをつける。

❷

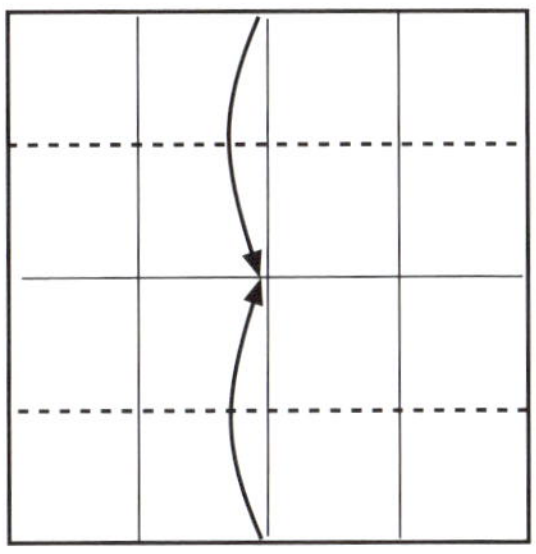

中心に合わせて折る。

❸

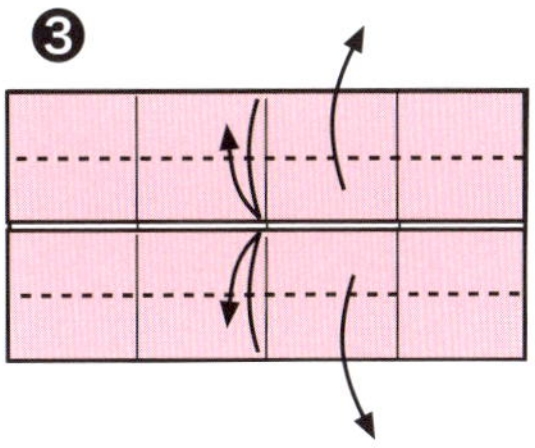

さらに中心に合わせて折ってから全部開く。

❹

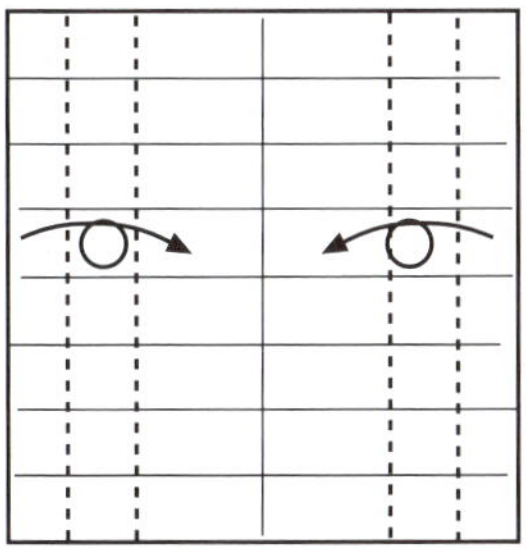

巻いて折る。

❺

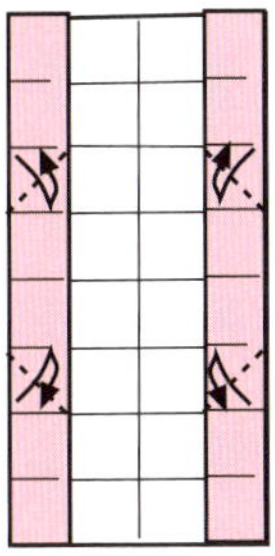

短く斜めの折りすじをつける。

❻

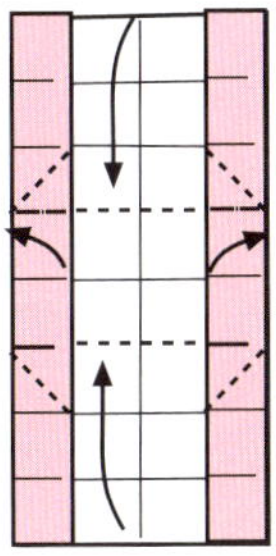

折りすじに従って長い方の側面を立てる。

❼

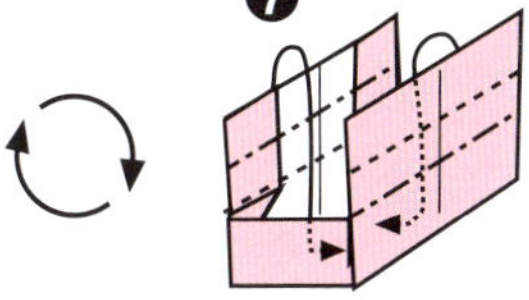

内側へ折り込む。

❽

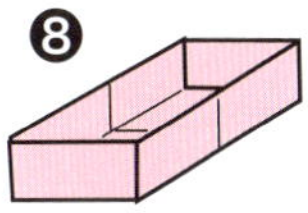

内側の姿

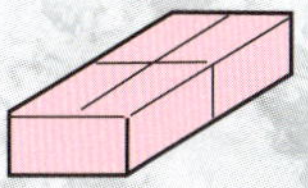

表側

〈ふた〉
できあがり

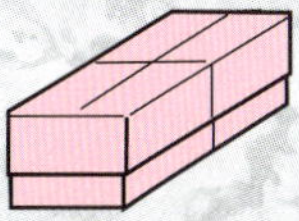

箱にかぶせます。

ケーキ箱

難易度：☆☆☆

クリームつきの美味しそうな箱。折りすじを正確につけることがポイントです。仕上げの折りがミラクルです。

用紙：正方形折り紙 15×15cm など　　ふた 1枚　　箱 2枚

ふた

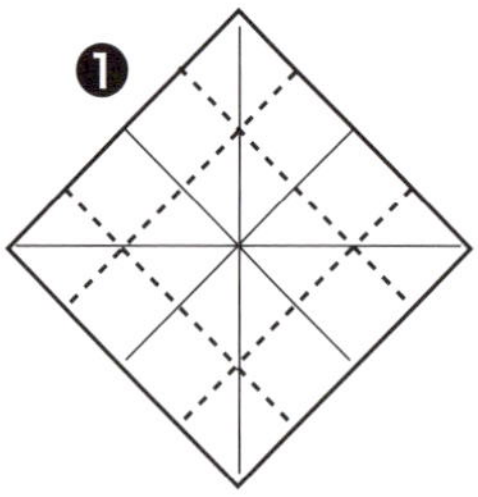
❶

図のように折りすじをつける。

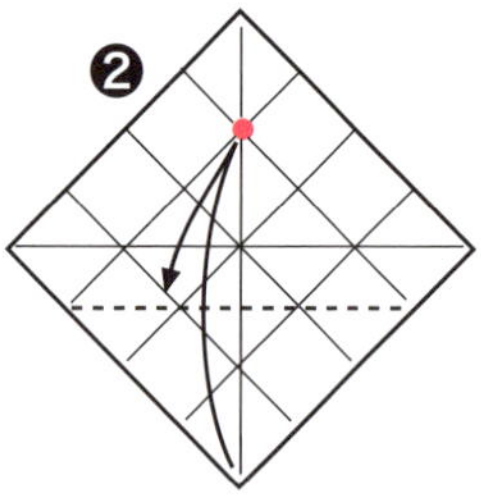
❷

かどを●に合わせて折りすじをつける。

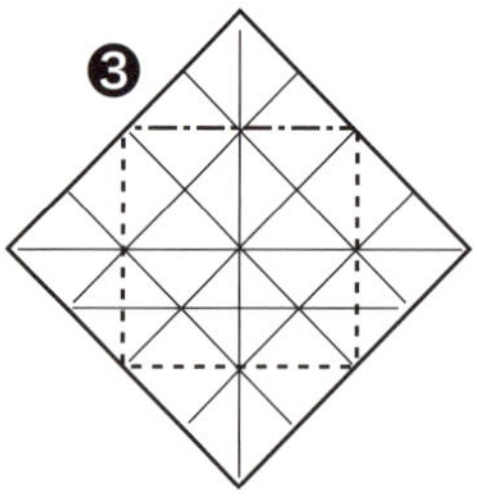
❸

図のように山線と谷線の折りすじをつける。

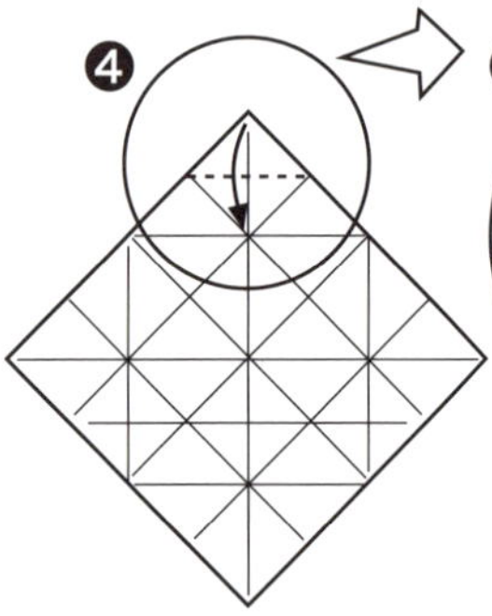
❹

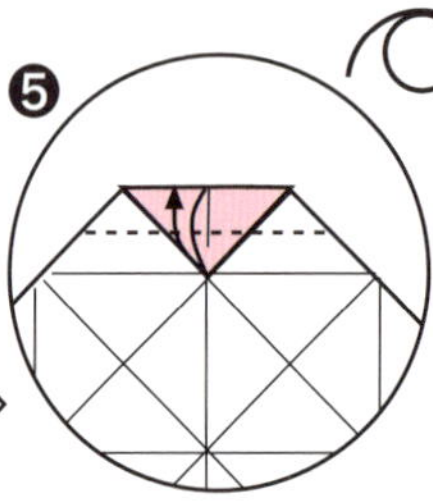
❺

折りすじをつけてからもどす。

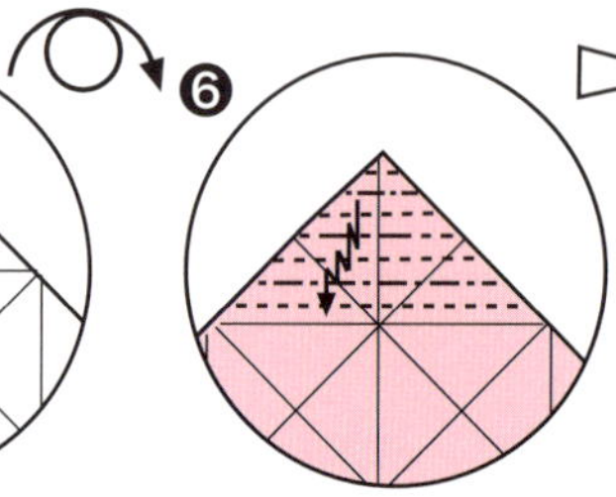
❻

ついている3本の線を山として、段折りでジャバラに折る。

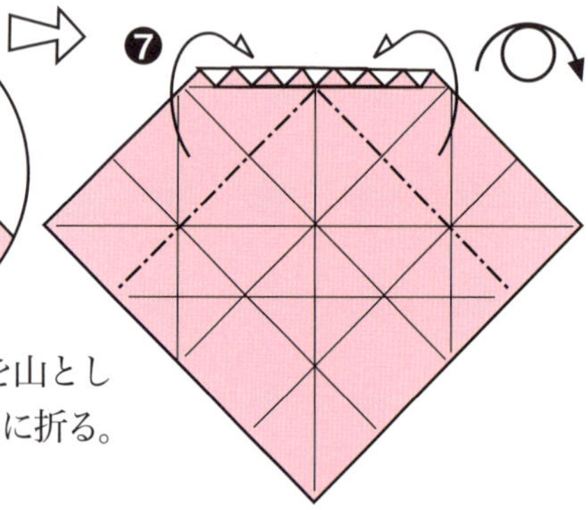
❼

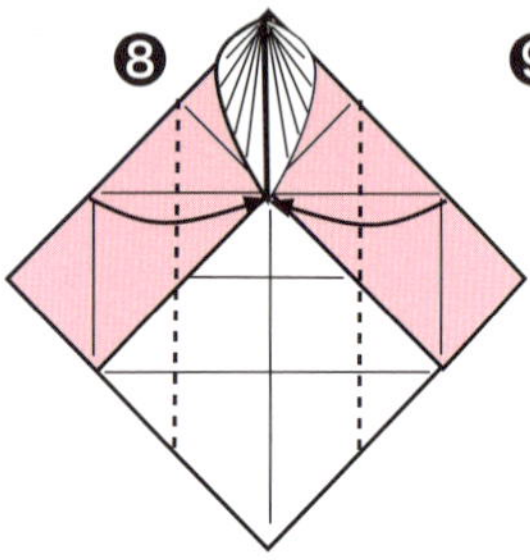
❽

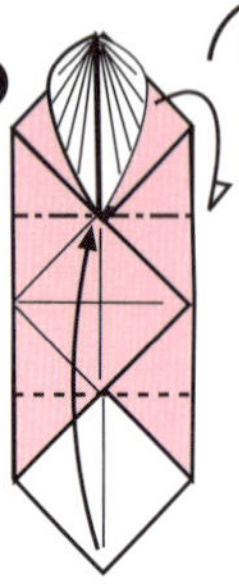
❾

段折りした部分が表の飾りになる。

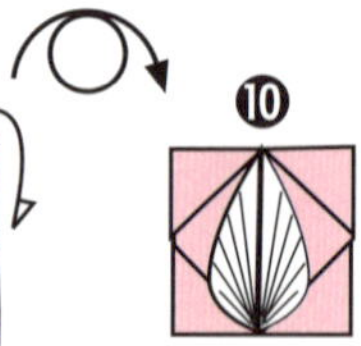
❿

箱の表になる。❽の状態までもどす。

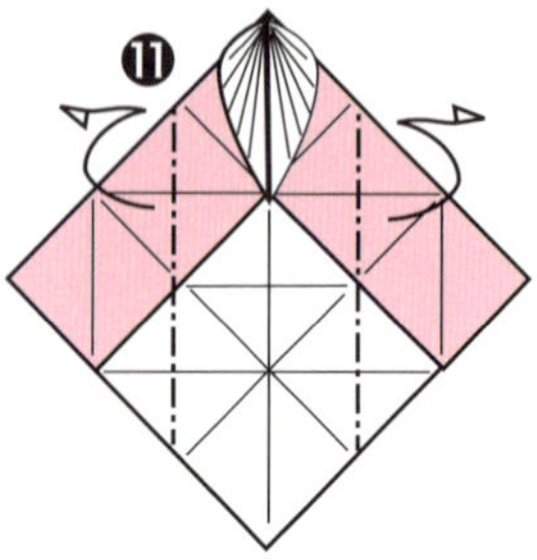
⓫

山線をしっかりつける。

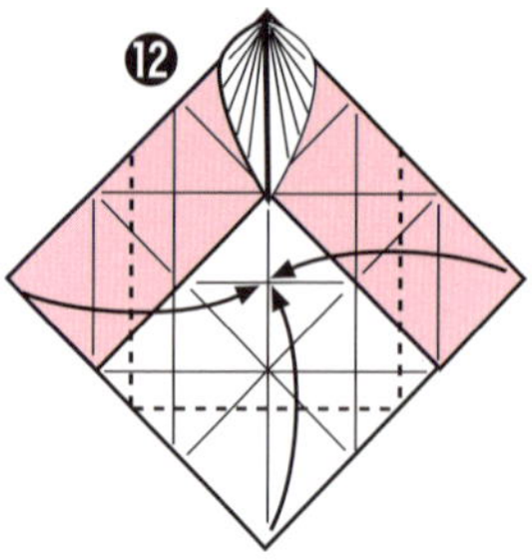
⓬

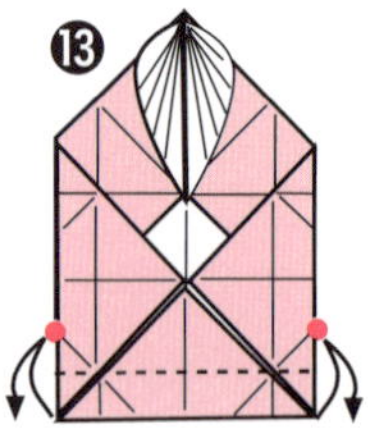
⓭

かどを斜めの折りすじの端●に合わせて折りすじをつける。

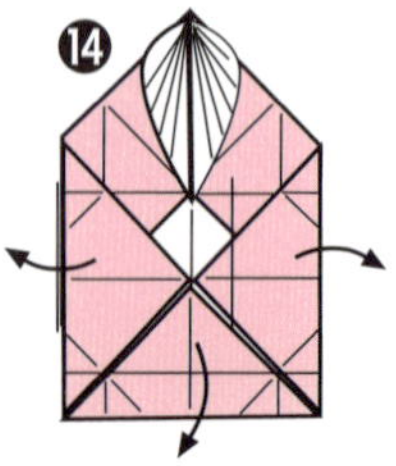
⓮

もどす。

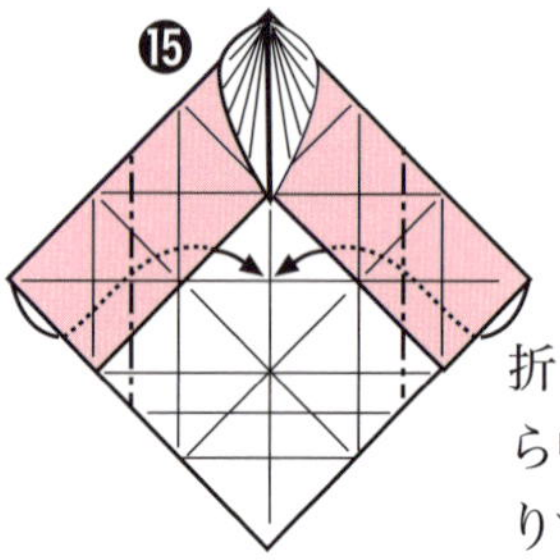
⓯

折りすじから中わり折りする。

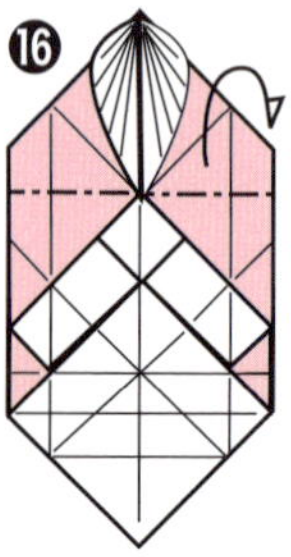
⓰

17

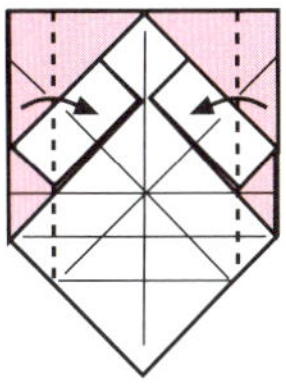

18

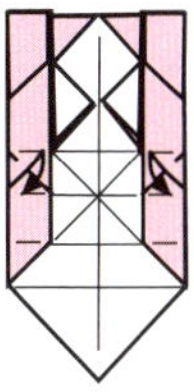

斜めの折りすじをつける。

19

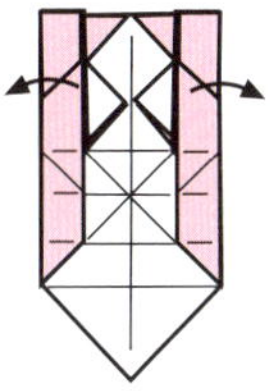

20

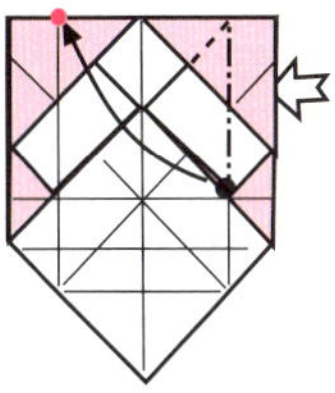

●と●(上の1枚のかど)を合わせて端を立てる。

21

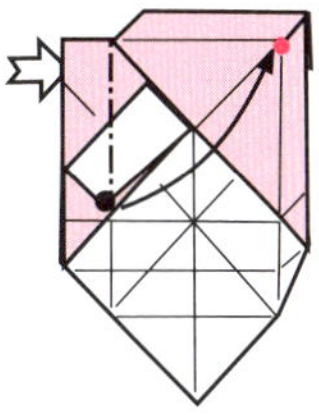

反対側も同じく折り重ねる。

22

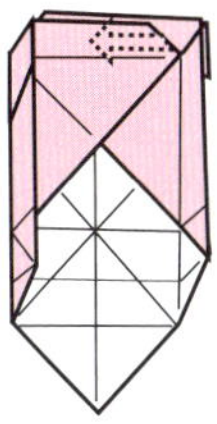

端を交互に差し込んで重ね合わせる。

23

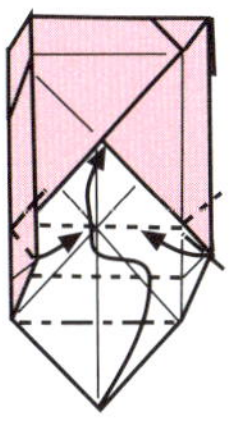

90ページの「伝承の箱」(67)の要領で箱にする。

24

ふたの内側

〈ケーキ箱のふた〉できあがり

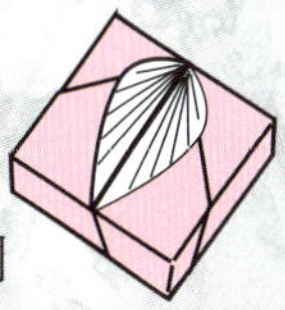

ふたの表側

箱 2枚組み

1

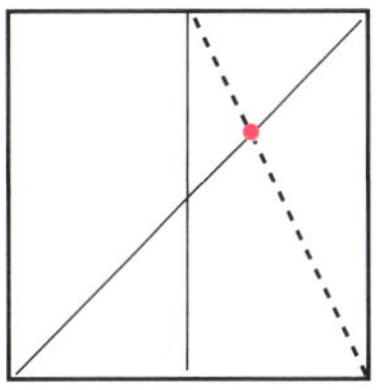

縦の中心線と対角線をつけてから折りすじをつける。●は3等分のポイントとなる。

2

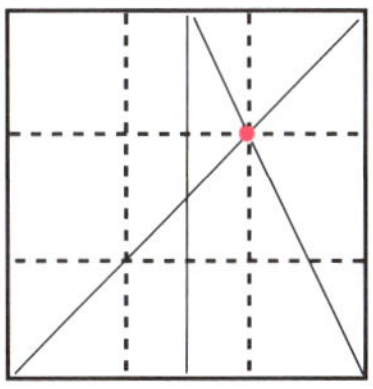

●に合わせて3等分の折りすじをつける。

3

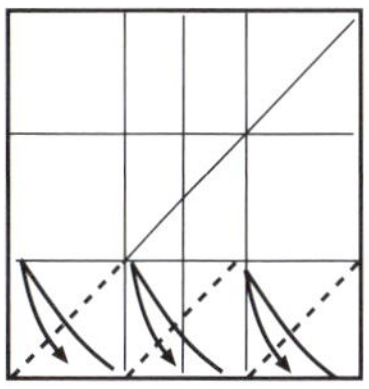

下の3コマに斜めの折りすじをつける。

4

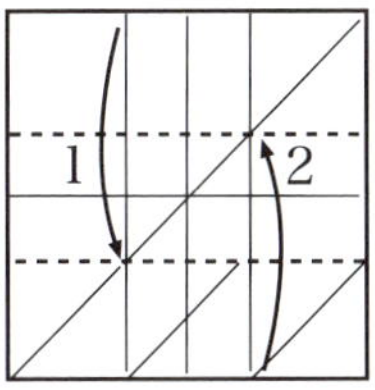

1→2の順に折る。

5

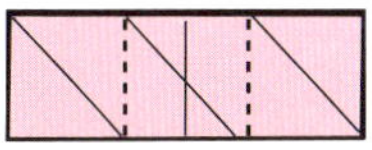

まとめて谷線にする。

6

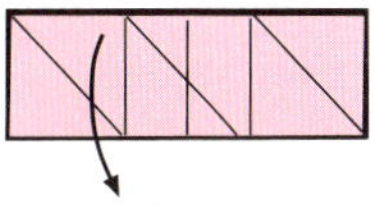

上の1枚をもどす。

7

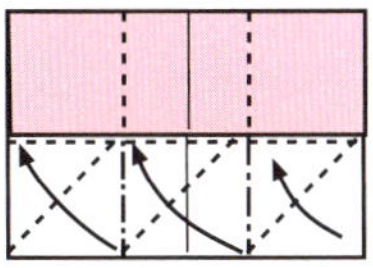

折りすじに従って立体化する。

8

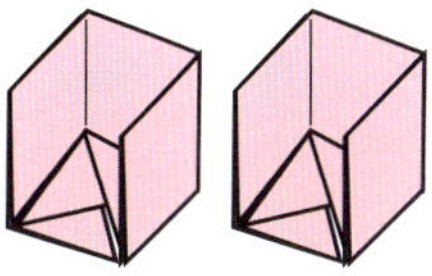

同じものを2個作ってからもどす。

9

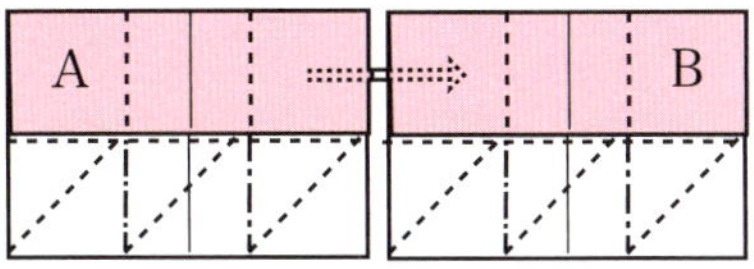

1コマ重ね、底のひだを交互に回るように重ねながら折りをもどす。側面A、Bは取りあえず重ねておく。

10

上から見た底の姿

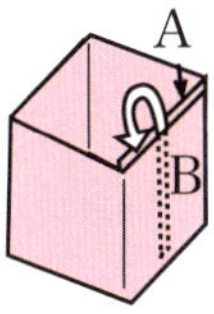

側面Aに側面Bをかぶせて形を整える。

できあがり　ふたをかぶせます。

窓つき箱

難易度：☆☆☆

⓮⓯のかどを作る手順が分かりづらいかもしれません。
まず練習をして、折り込まれる手順を考えてみましょう。
用紙：色違いの両面折り紙 15×15cm　ふた 1枚　箱 ふたと同じ

❶

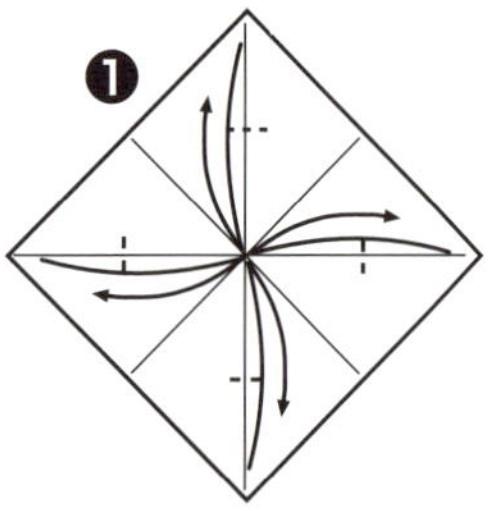

辺の中心線と対角線をつけてから、かどを中心に合わせてしるしをつける。

❷

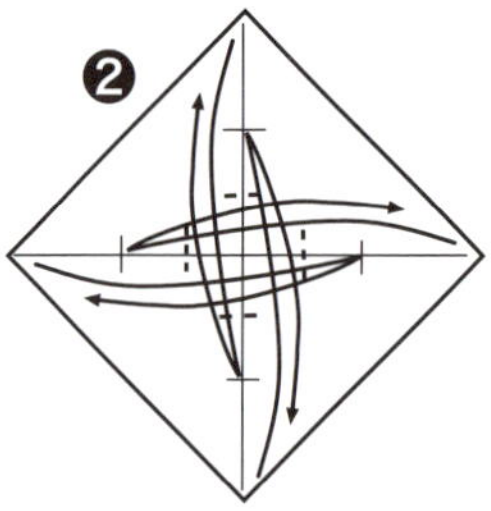

かどを中心の先にある❶のしるしに合わせてしるしをつける。

❸

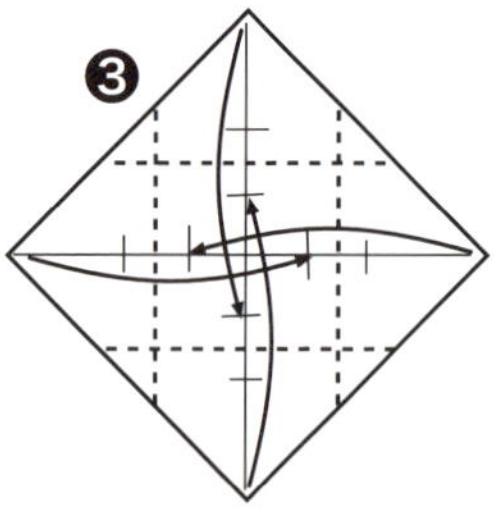

かどを中心の先にある❷のしるしに合わせて折る。

❹

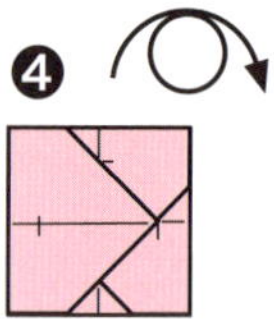

❺

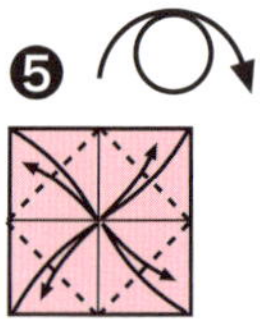

中心に合わせて折りすじをつけてから、全部開く。

❻

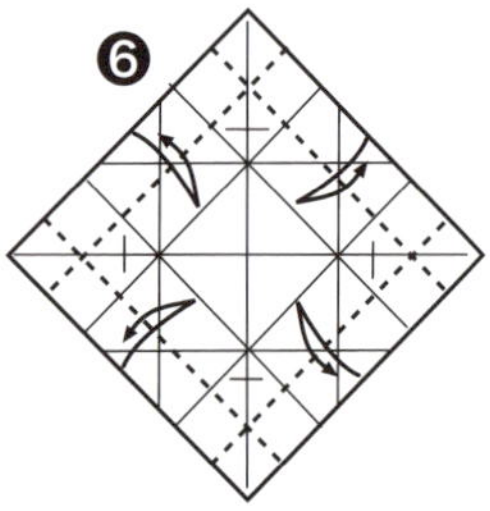

❼

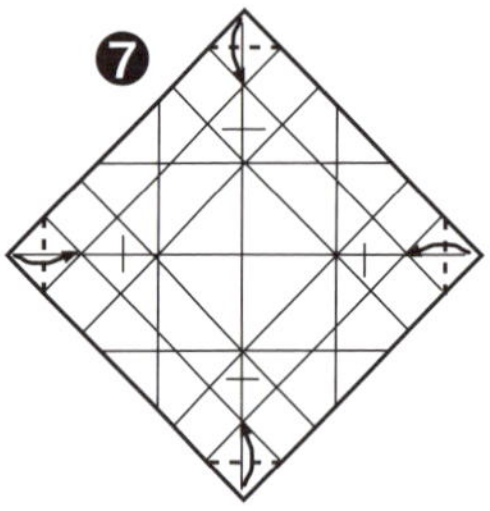

かどを折る。

❽

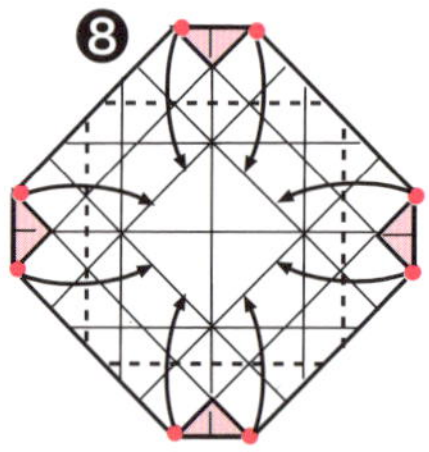

●が❺の線に乗るように折る。

❾

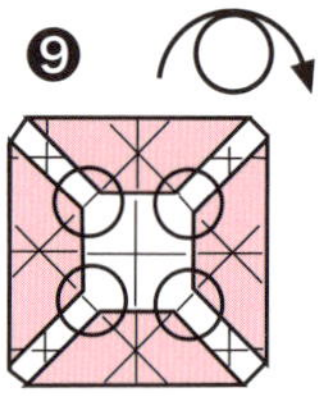

円内で3本の折りすじが直線になっている。

❿

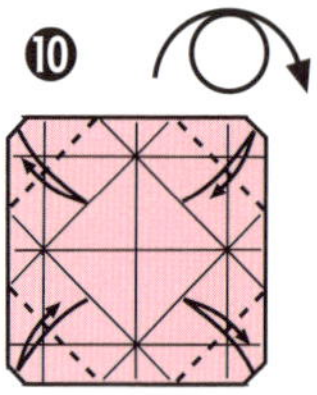

折りすじをつける。

⓫

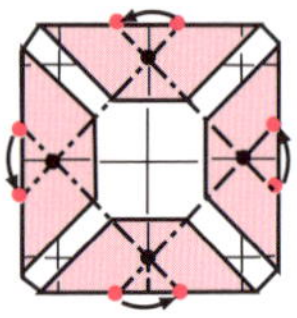

●を中心として●同士を合わせて立体化する。

⓬

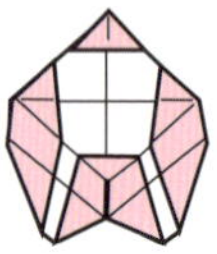

❿までもどす。

⓭

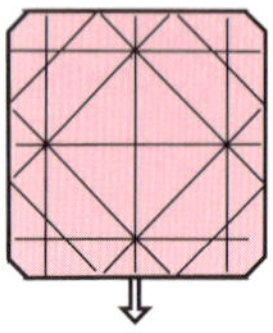

裏側から1つのかどを引き出す。

⓮

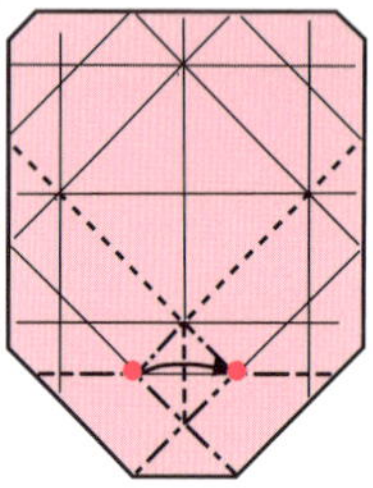

●と●を合わせながら折りすじのように立体化する。

⓯

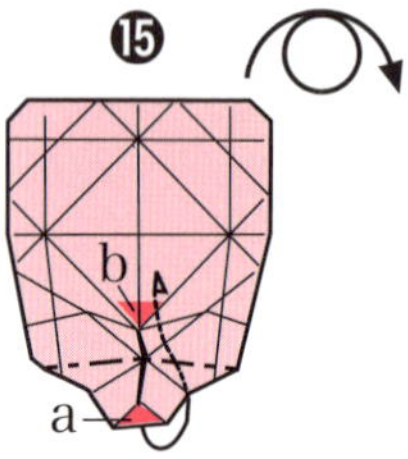

裏にできた三角の部分を片方に倒しながら、aが裏にあるかどbに重なるようにかぶせて折る。

⓰

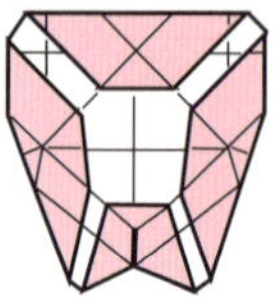

他の3カ所も同じく折る。

⓱

最後に裏へ折り込む。(4カ所とも同じ)

〈窓つき箱のふた〉
できあがり

ふたは上面にかざりやメッセージカードを入れることができます。箱(容器)は「伝承の箱」と同様に折ります。

伝承の箱にぴったり合う **中仕切りＸ型**

難易度：☆☆☆

ポイントはずらさないように正確に折ること。90、91 ページの「伝承の箱」・ふたと一緒にお使いください。X 型、+型（次ページ）とも小物の整理に便利です。

用紙：「伝承の箱」と同じサイズの折り紙　1枚

❶

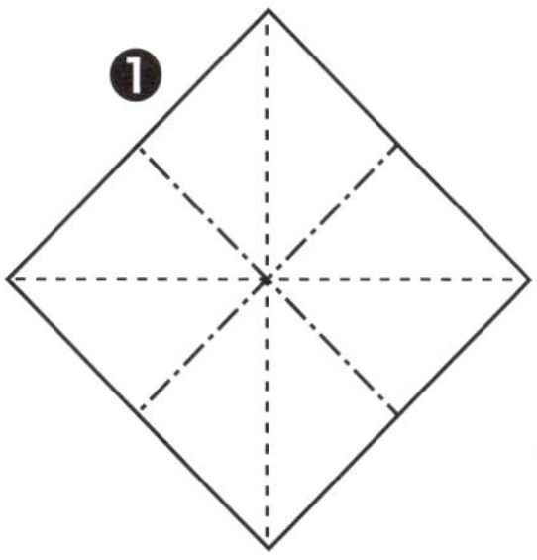

対角線を谷線、辺の中央線を山線の折りすじをつける。

❷

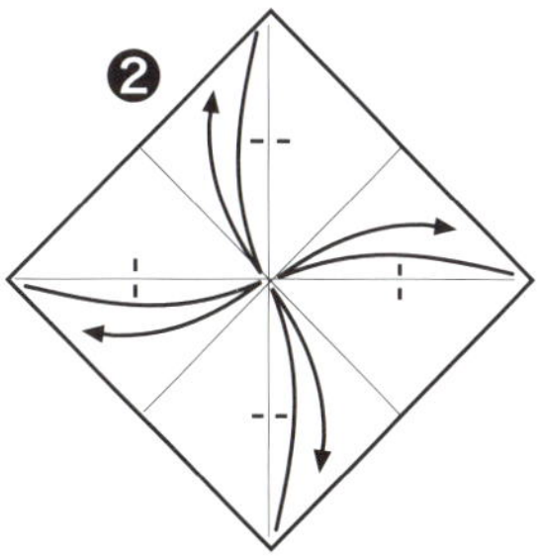

かどを中心に合わせてしるしをつける。

❸

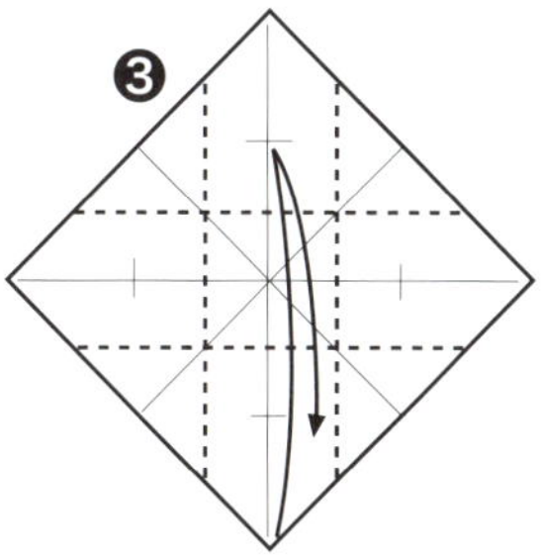

かどを４カ所とも、中心の先にある❷のしるしに合わせて折りすじをつける。

❹

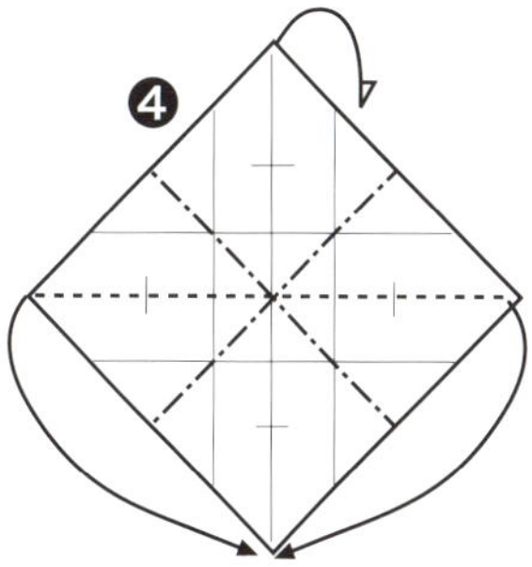

折りすじのようにたたむ（正方基本形）。

❺

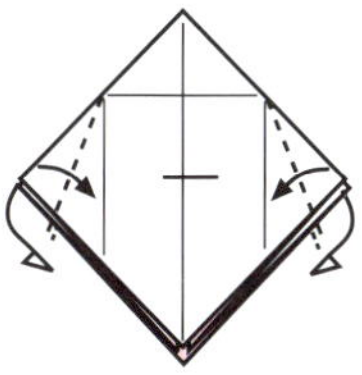

４カ所とも折る。

❻

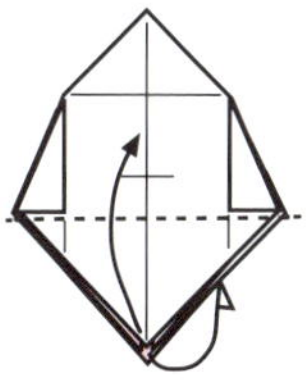

❼

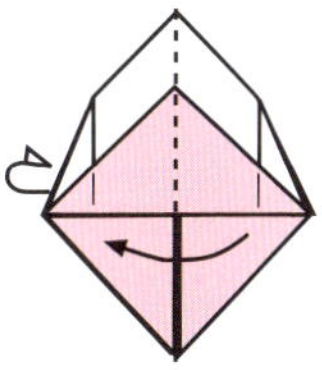

開き返して他の２カ所も❻のように折る。

❽

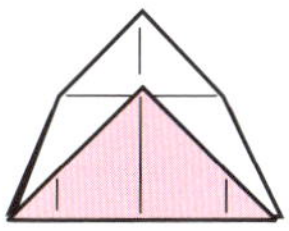

❻❼の折りを残して開く。

❾

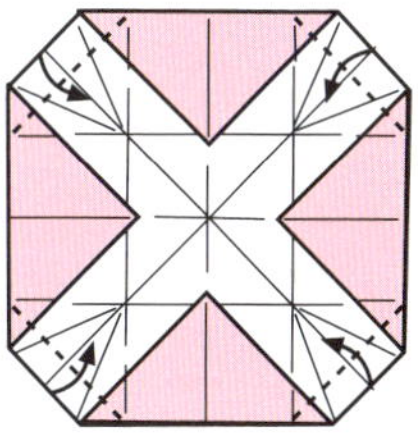

❿

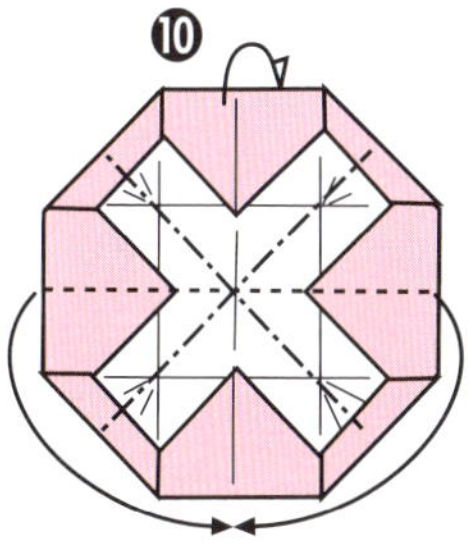

折りすじに従ってふうせん基本形のように折る。

⓫

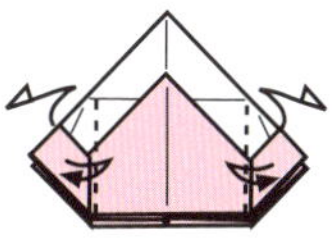

折りすじをつける。

⓬

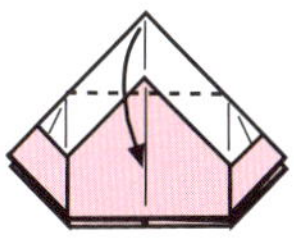

⓭

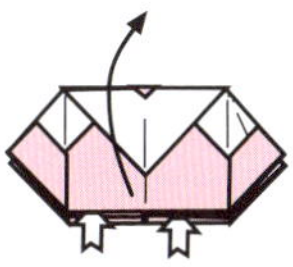

広げて天地をひっくり返して置く。

⓮

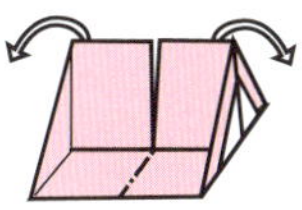

中央を開いて左右に倒すと、山折り線が持ち上がってX型ができる。

できあがり

裏の姿

形を整えて「伝承の箱」に入れます。

伝承の箱にぴったり合う 中仕切り十型

難易度：☆☆☆

前ページＸ型同様、ポイントはずらさないように正確に折ること。納める箱とふたとも、少し大きな紙で作ってプレゼントボックスにしてもすてきです。

用紙：「伝承の箱」と同じサイズの折り紙　１枚

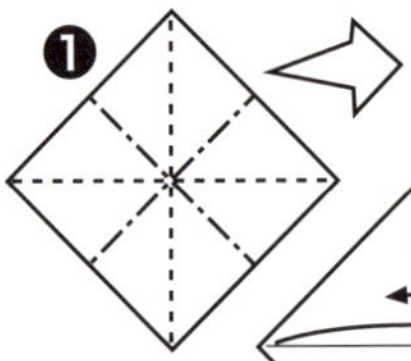

❶ 対角線を谷線、辺の中央線を山線の折りすじをつける。

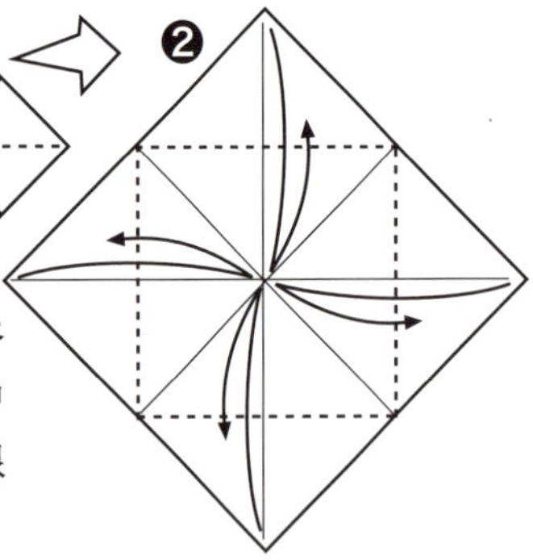

❷ かどを中心に合わせて折りすじをつける。

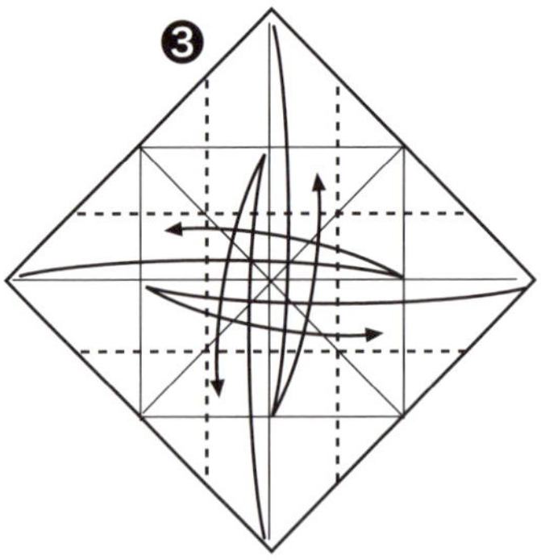

❸ かどを中心の先にある❷の折りすじに合わせて折りすじをつける。

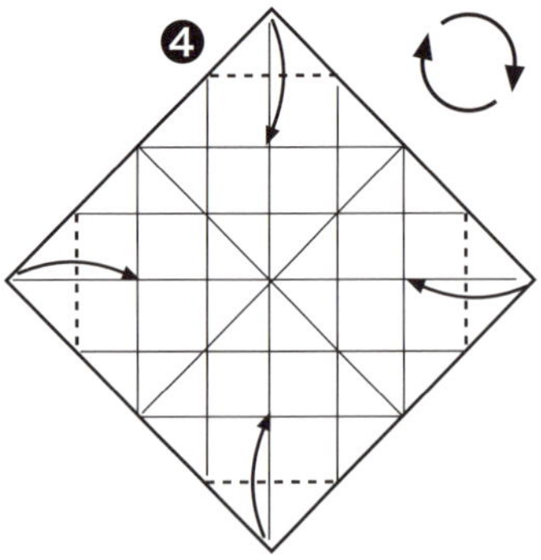

❹ かどを折る。

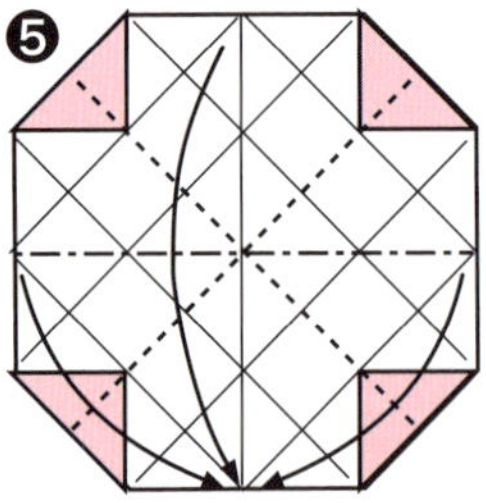

❺ 折りすじに従ってふうせん基本形のように折る。

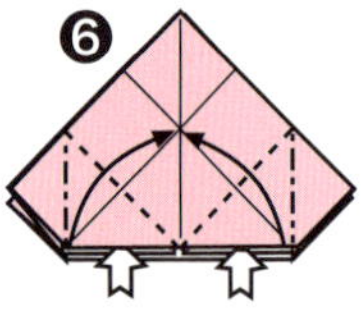

❻ 開いてつぶす。他の３カ所も同じく折る。

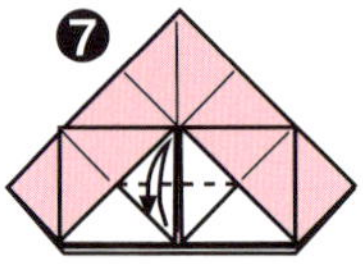

❼

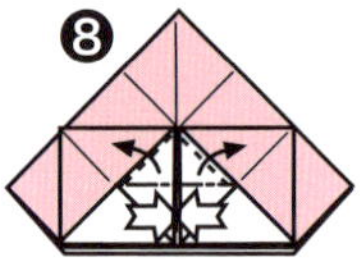

❽ 開いてつぶす。

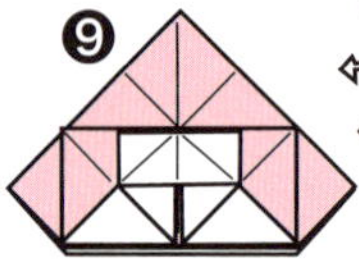

❾ 他の３カ所も同じく折る。

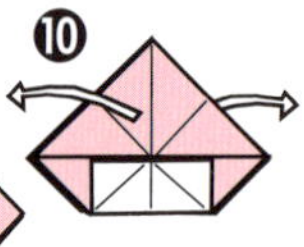

❿ 開いて⓫のように置く。

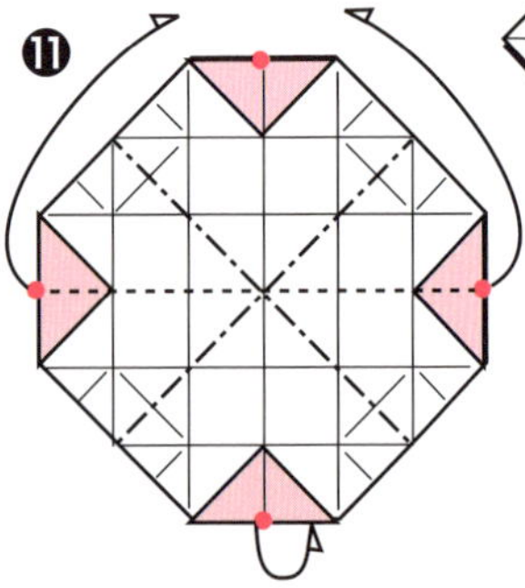

⓫ 折りすじに従って正方基本形のように折る。裏側で●が1点に集まる。

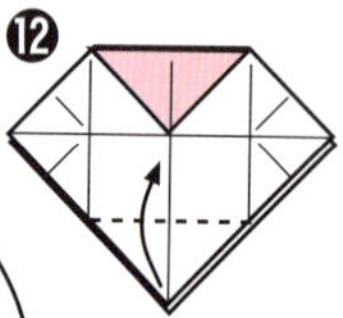

⓬

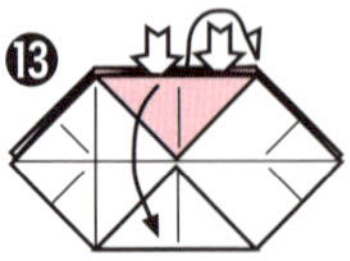

⓭ 前後に開く。

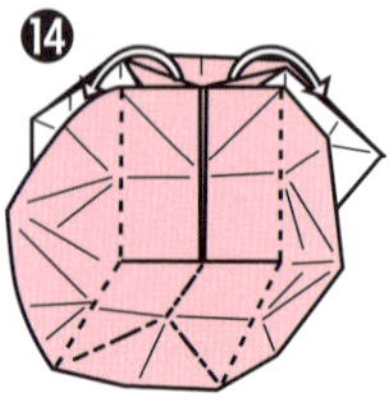

⓮ 左右に開く。

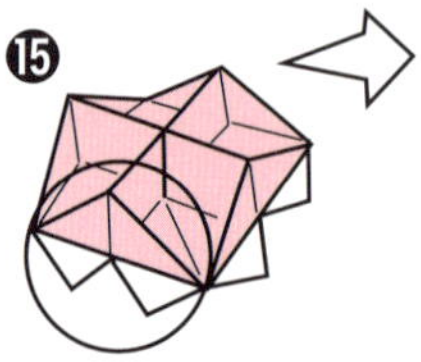

⓯ 端の三角面を垂直に立てると十型ができる。その際、底側に2つの三角ができる。

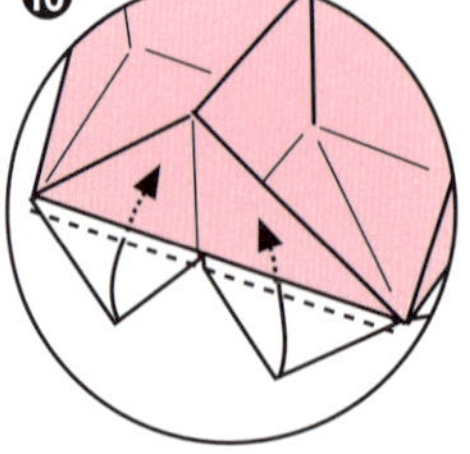

⓰ 底側に出ている三角の部分は内側に入れる。他の３カ所も同じように折る。

できあがり

裏の姿

形を整えて「伝承の箱」に入れます。

角香（つのこう）箱〈伝承〉

難易度：☆

角香箱、なんと優雅な名前でしょうか。
平面に折ったものが一瞬にして立体に変わる瞬間はドラマチックです。
用紙：色違いの両面折り紙　15×15cm など　1 枚

❶
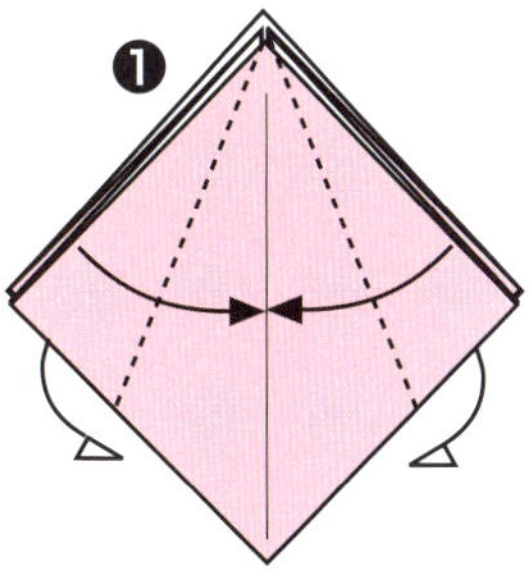
正方基本形から、中心線に合わせて４カ所とも折る。

❷
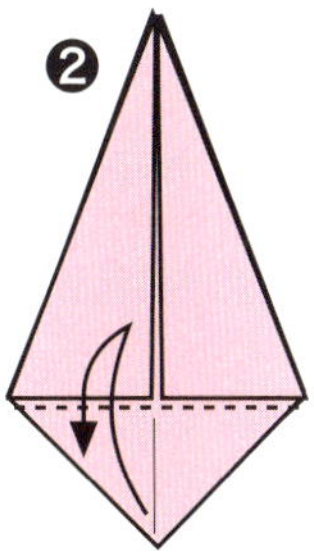
折りすじをつける（箱の底面になる）。

❸
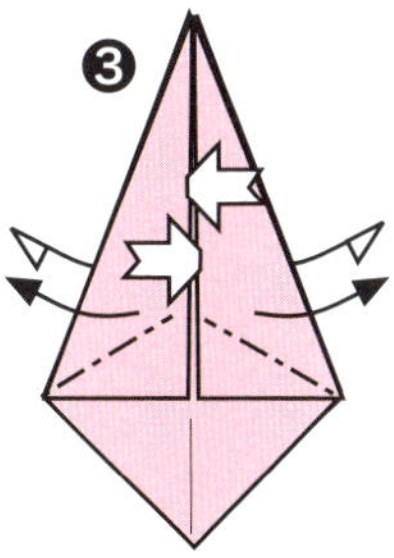
４つの袋を開いてつぶす。

❹
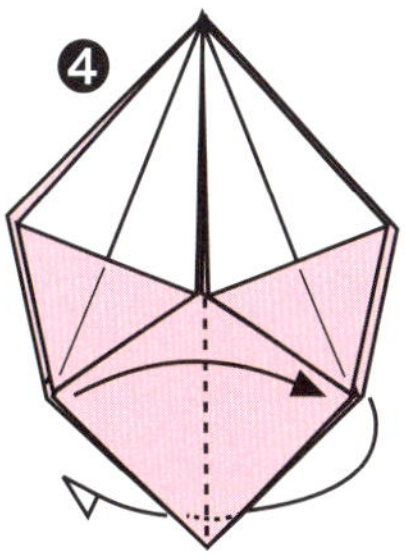
表と裏と１枚ずつ反対側へ折る。

❺
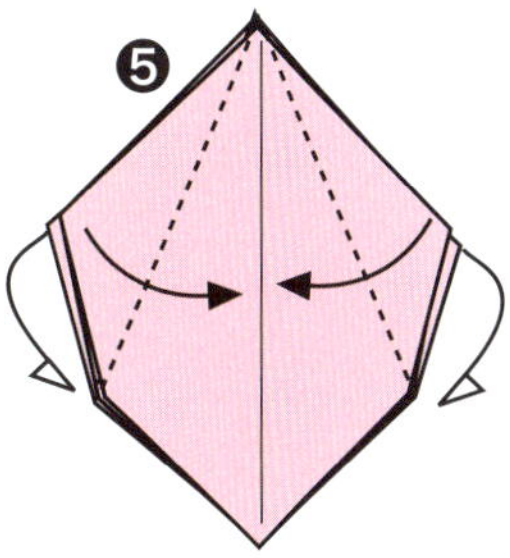
中心線に合わせて折る。

❻
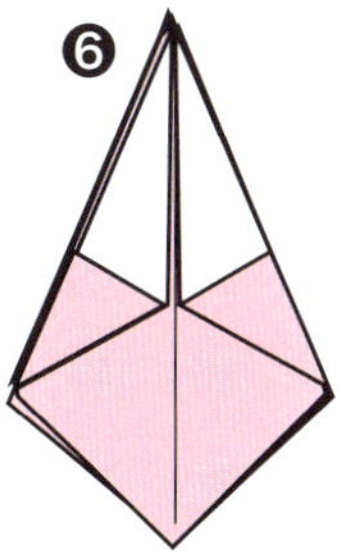

❼
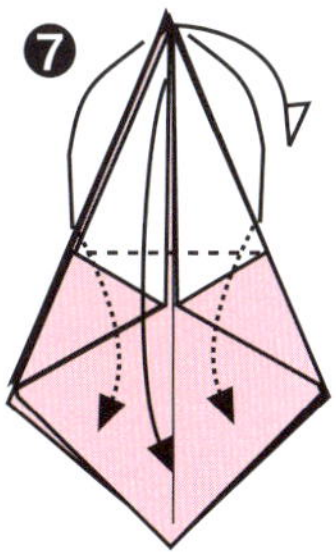
上の三角部分を４カ所とも下側へ折る。

❽
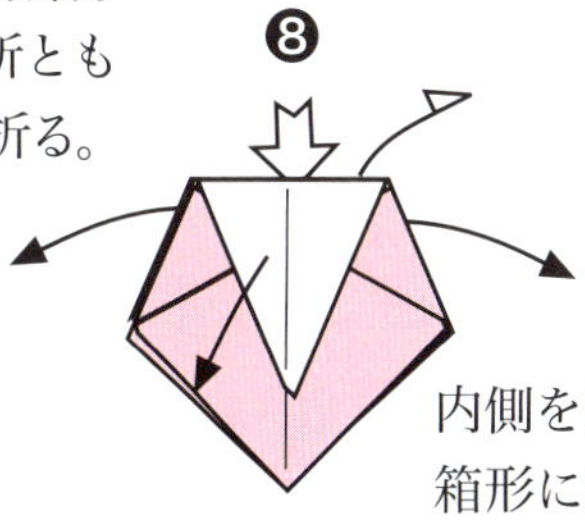
内側を広げて箱形に整える。

できあがり

チラシで作るエコボックス

難易度：☆

身近にあるチラシや包装紙を利用してできる便利な箱です。
卓上に置いてゴミ箱にすればそのままぽいポイ！
用紙：包装紙　1 枚　　サイズなどは下記参照

〈用紙〉
- A4 などの規格用紙（1 対 $\sqrt{2}$）やチラシなど長方形用紙
- 厚めの紙の方がしっかりした箱になる

箱本体

❶
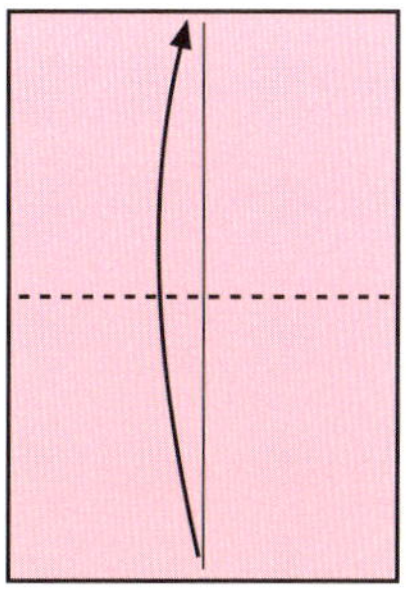
縦横の中心線をつけてから半分に折る。

❷
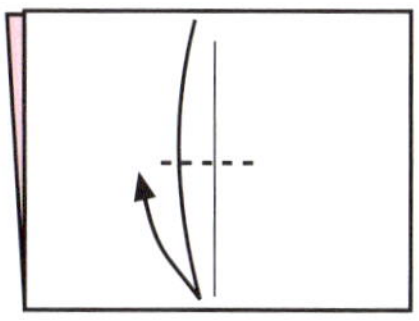
上の１枚にしるしをつける。

❸

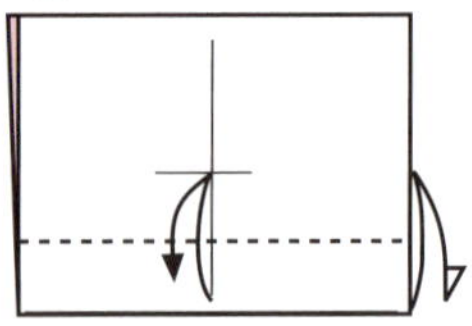

しるしに合わせて山線・谷線両方の折りすじをつける。

❹

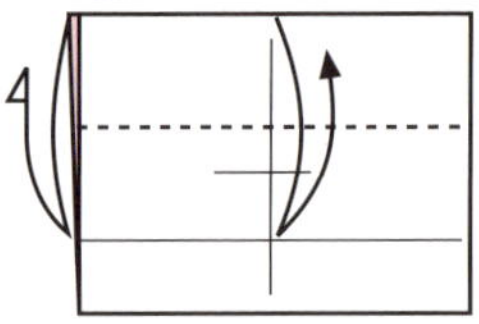

❸の折りすじに合わせて折りすじをつけてから、全部開いて裏を出す。

❺

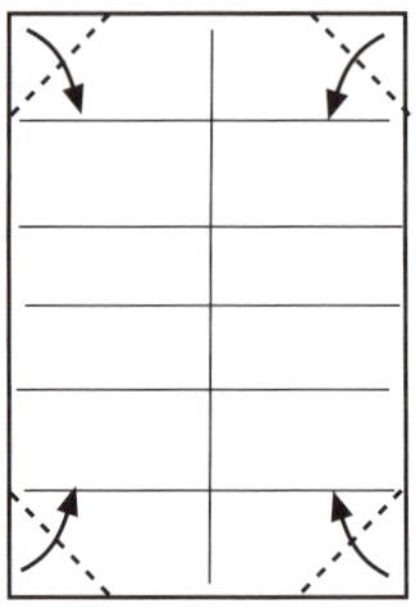

かどを折る。

❻

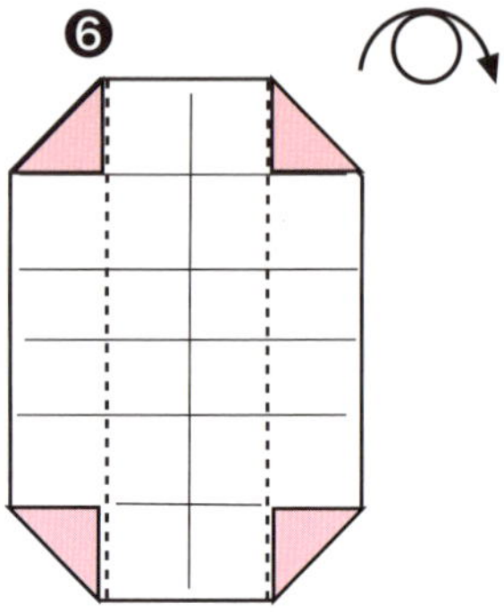

表と裏から折って山線と谷線の折りすじをつける。

❼

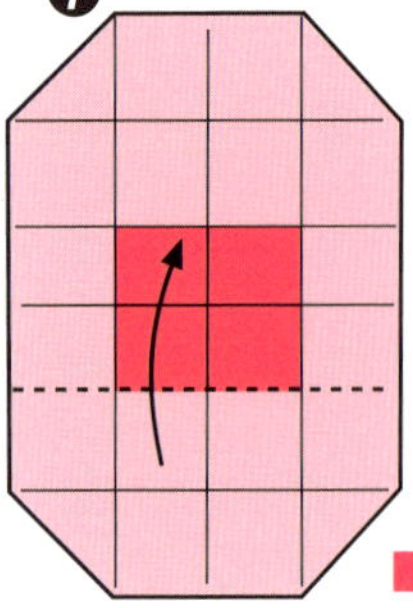

■は箱の底になる。

❽

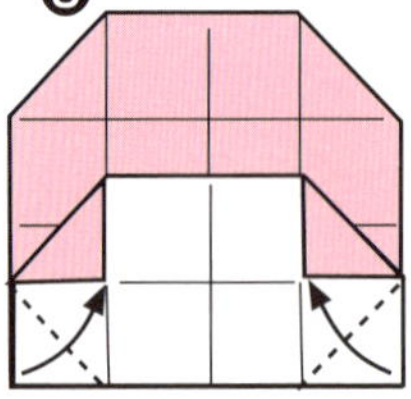

❾

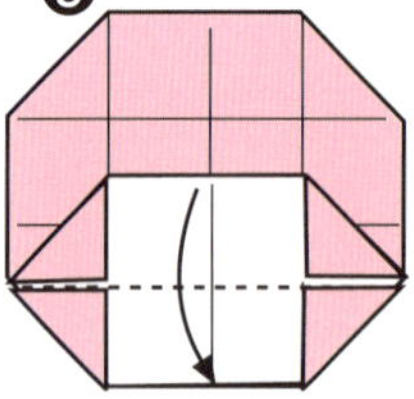

❿

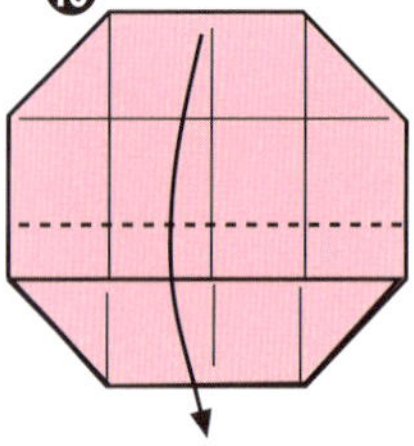

⓫

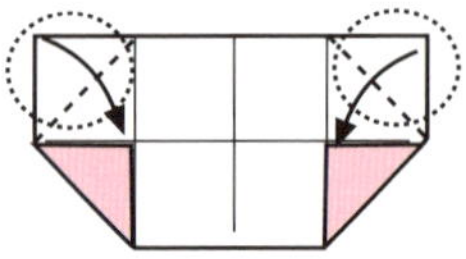

紙が重なるので◌のかどは固いが、ていねいに折る。

⓬

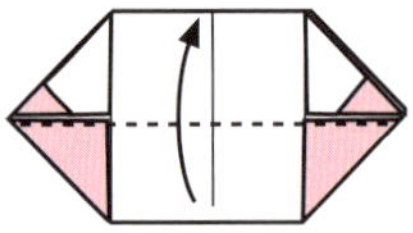

⓭

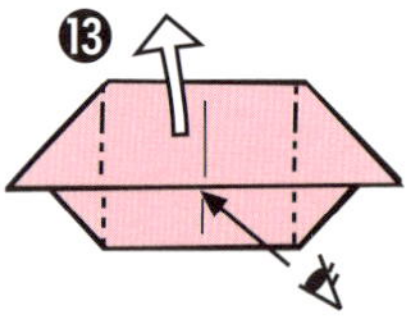

内側を開いて立体的に形を整える。

⓮

◌の部分を裏表からしっかりはさんで、重なっている内側の1枚を回転させるように引き出すと、箱の形ができる。

〈エコボックス〉
できあがり

用紙選びや用紙サイズを工夫すると、いろいろな箱ができます。

手のつけ方

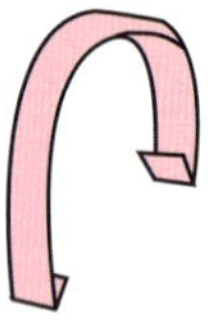

箱用紙の縦1/2～1/3ぐらいの用紙を四つ折りし、両端を少し折る。長さや幅は適宜に。

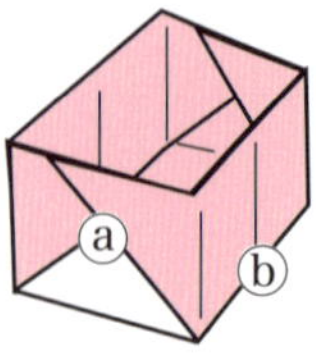

持ち手の端をⓐまたはⓑの位置に引っかけて、テープまたはのりでとめる。

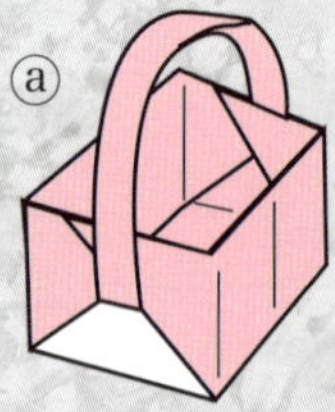

できあがり

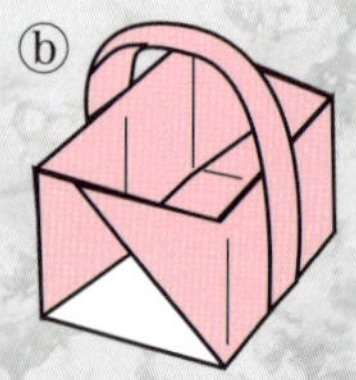

持ち手をつけたエコボックス2種

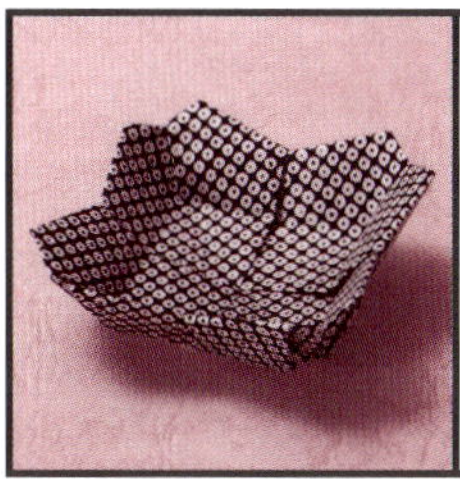

花小皿（1枚折り）

難易度：☆☆☆

花びらのくびれを作ると同時に容器のカーブをつける折り方は
難しい折りですが、要領がわかれば簡単です。
用紙：正方形折り紙　1枚

〈使用する紙と完成サイズの目安〉

- 15×15cm の場合：仕上がり　縦横約 5 cm
- 20×20cm の場合：仕上がり　縦横約 7.5cm

❶

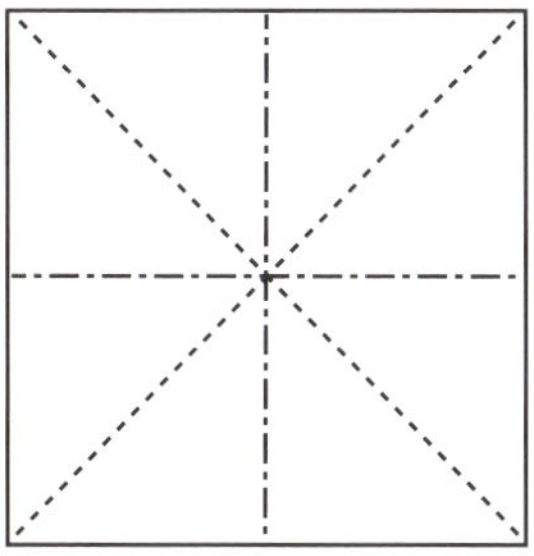

縦横の中心線を山線、対角線を谷線で図のように折りすじをつける。

❷

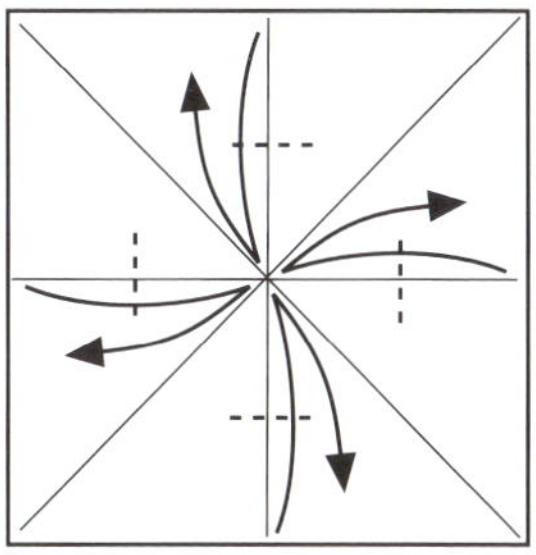

端を中心に合わせてしるしをつける。

❸

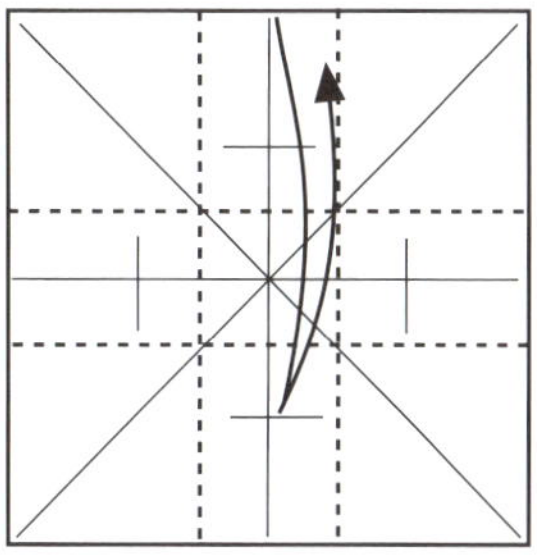

❷のしるしに合わせて、さらに折りすじをつける。4辺とも同様に。

❹

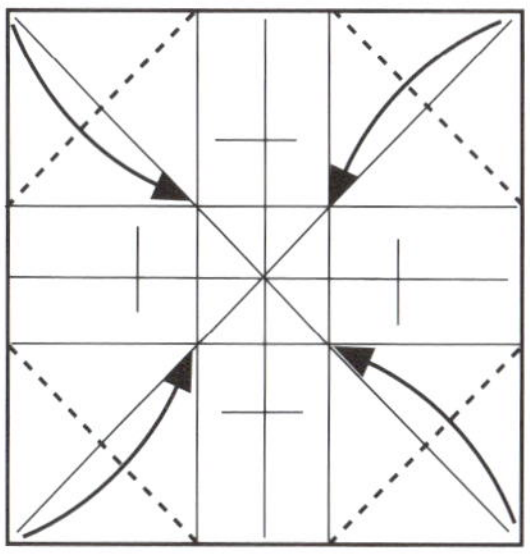

かどを❸の折りすじの交点に合わせて折る。

❺

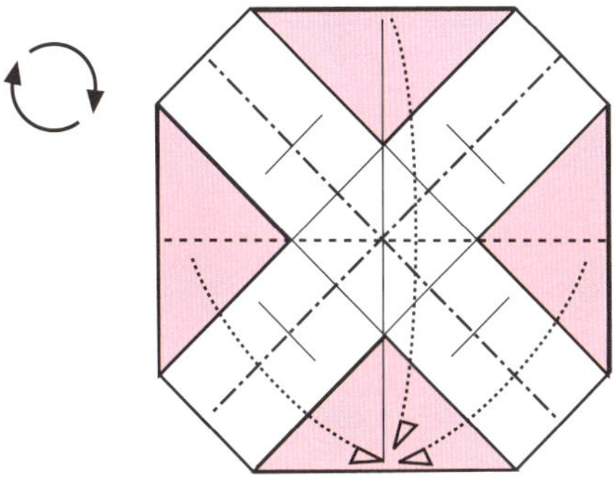

折りすじのようにたたむ。

❻

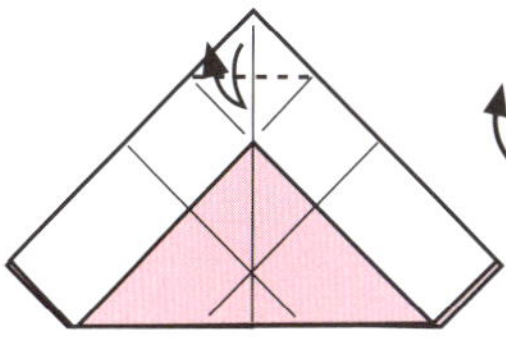

折りすじをつけて開く。

❼

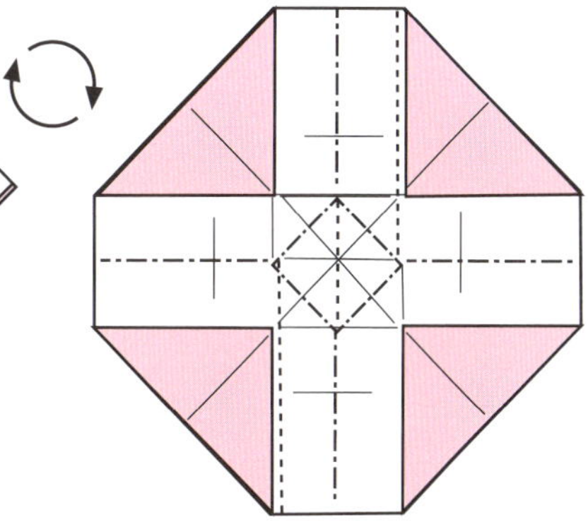

折りすじのようにたたむ。中央の菱形部分は内側に沈む。

❽

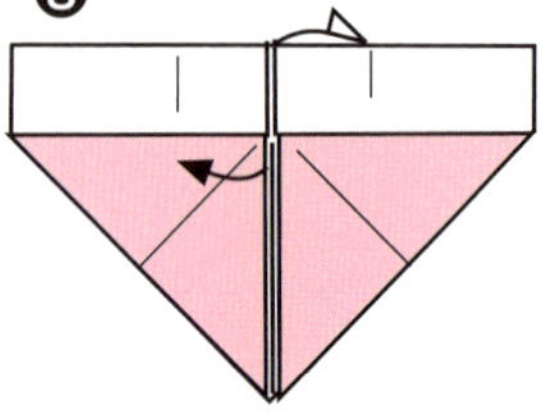

中心部でぴったりと合わせる。中心のひだを表は左、裏は右へ倒す。

❾

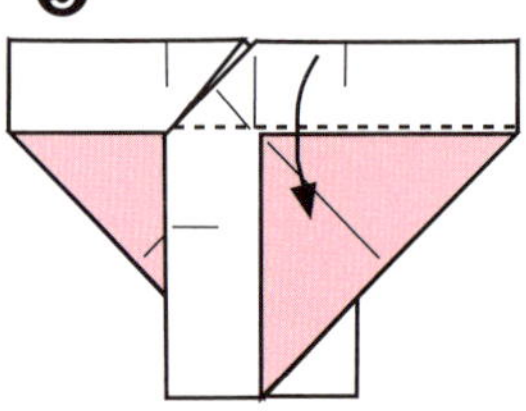

右の１枚を下へ折る。

❿

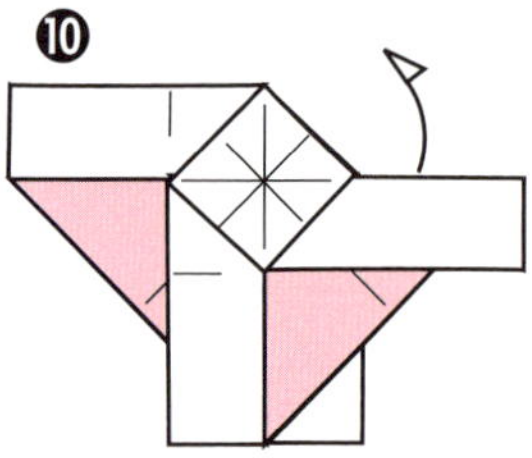

裏の紙を上げる。

⓫

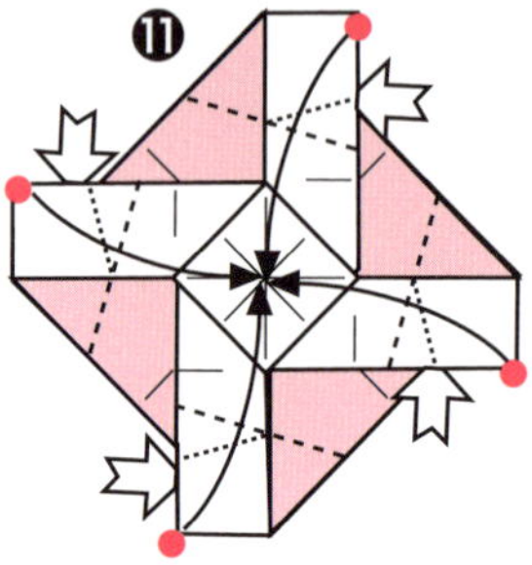

かど(●)を中心に集めて、開いてつぶす。

⓬

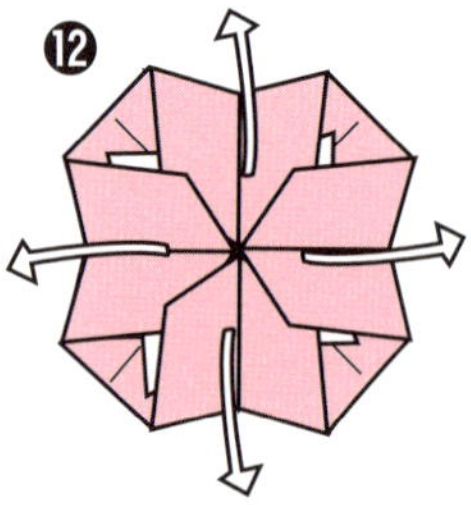

もどす。

⓭

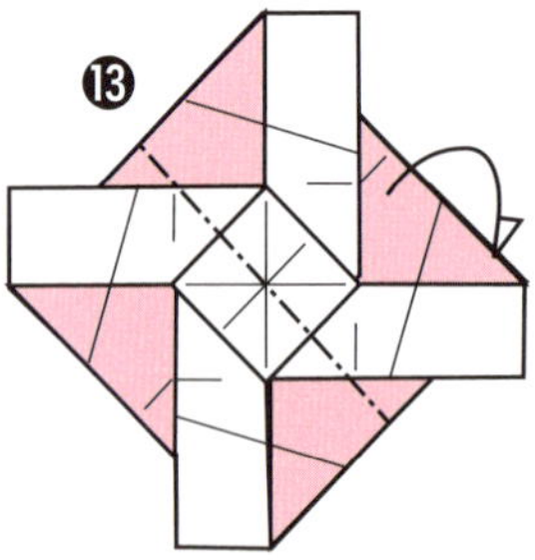

⓮

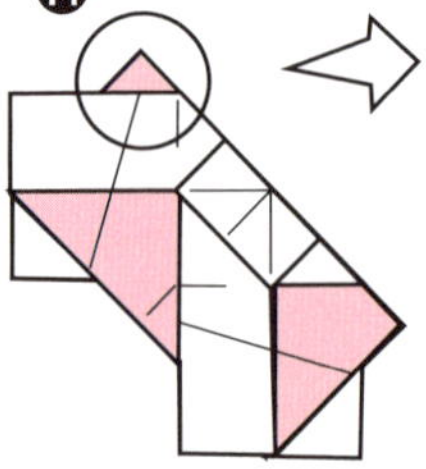

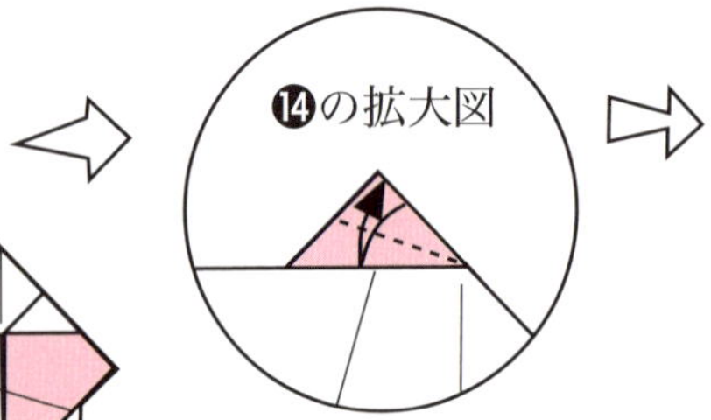

上に出ている三角部分に斜めの折りすじをつける。角度を浅くすると皿のカーブが浅くなる。もどして他の３カ所も同様に斜めの折りすじをつける。

⓯

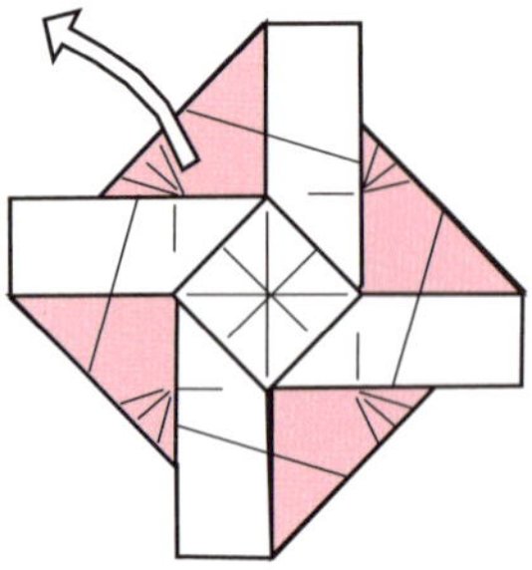

⓭の形にもどしたあとで１枚を開く。

⓰

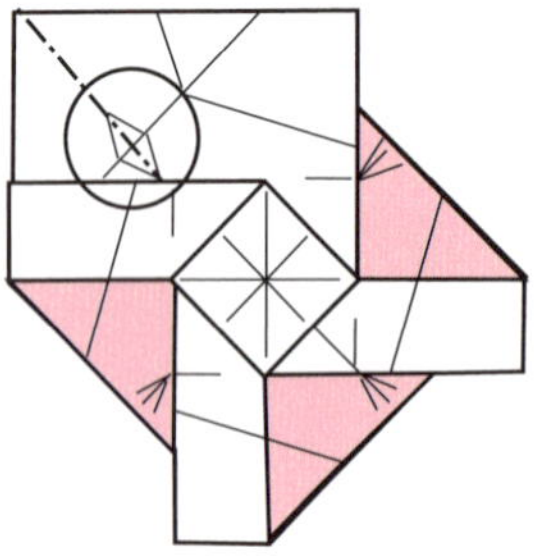

⓮でつけた折りすじをつまんで一方へ倒す。この部分で皿の縁のカーブができあがる。４カ所とも同じ作業を行ったら⓭の折りにもどす。

⓱

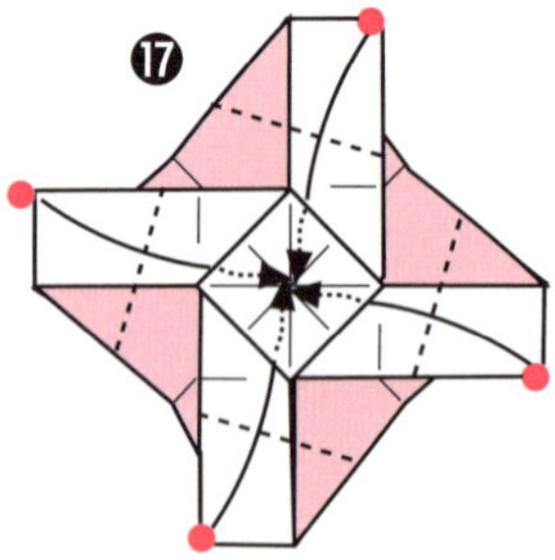

４つのかど(●)を折って、中心の菱形の裏のポケットに入れる。

⓲

⓳

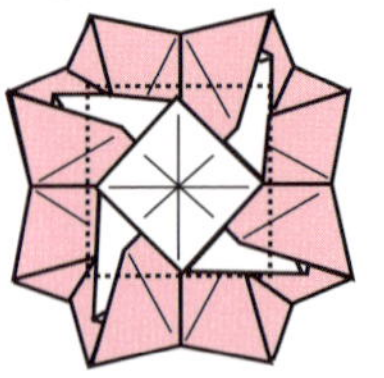

底側から見た姿。⬚の線の位置が皿の内側の底の部分になる。

⓴

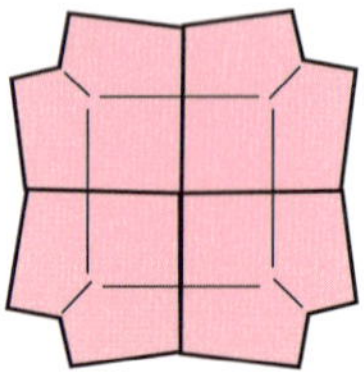

内側の底部分に折りすじをつけ、形を整える。

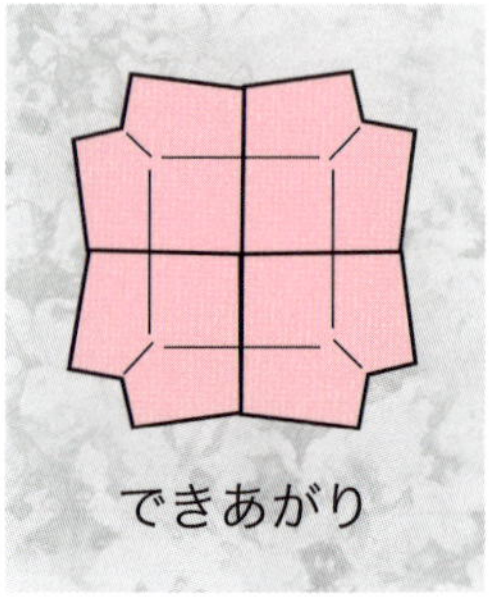

桜小皿（1枚折り）

難易度：☆☆☆

まず十角形の用紙を作ります。花びらのくびれが桜らしさの決め手です。
折り図を見てていねいに折ってください。

用紙：正方形折り紙　1枚

〈使用する紙と完成サイズの目安〉

- 15×15cmの場合：仕上がり　縦横約6.5cm
- 24×24cmの場合：仕上がり　縦横約10cm

❶

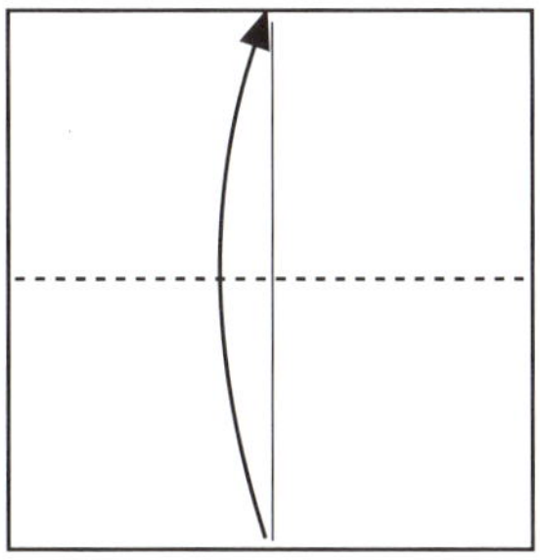

縦横の中心線をつけてから、半分に折る。

❷

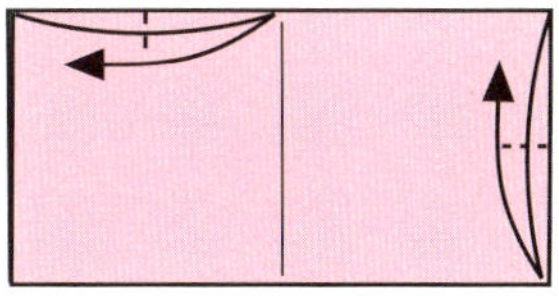

上左半分と横に、半分のしるしをつける。

❸

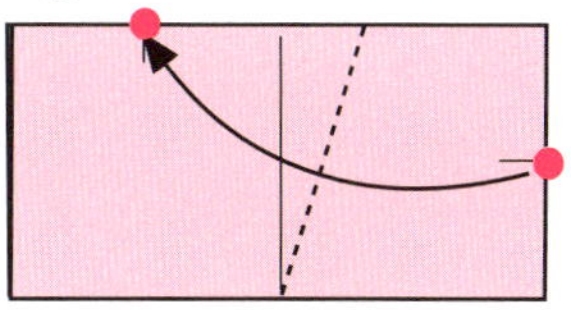

しるし(●)を合わせて折る。

❹

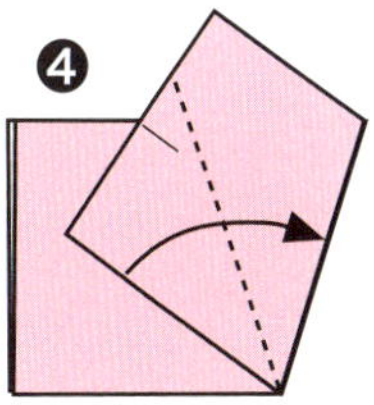

端に合わせて折る。

❺

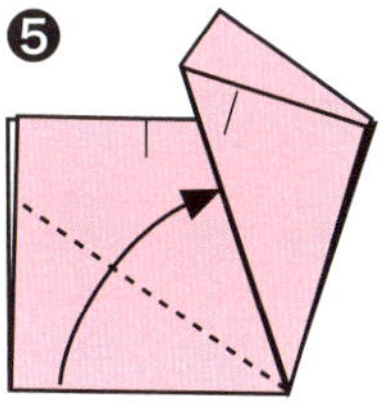

❻

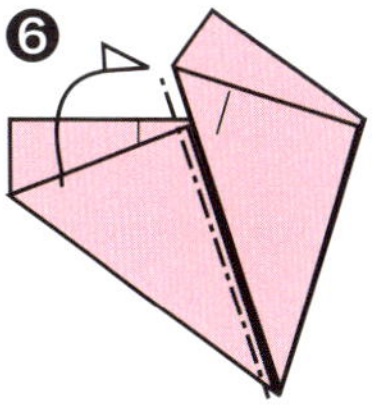

合わせ目を山折りする。

❼

切り離してから開く。

❽

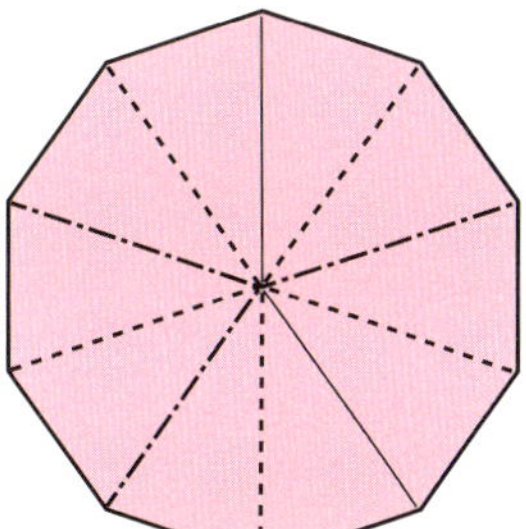

十角用紙完成。折りすじのようにたたむ。

❾

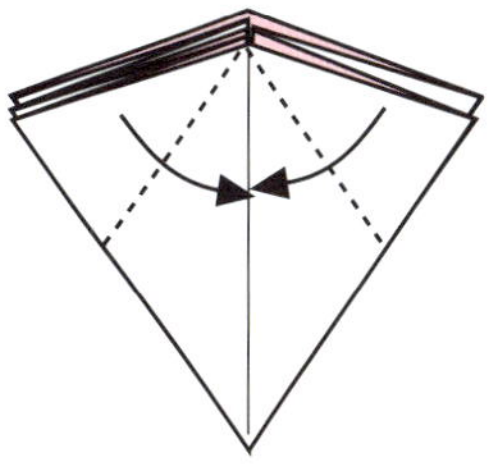

中心線に合わせて5面とも折る。

❿

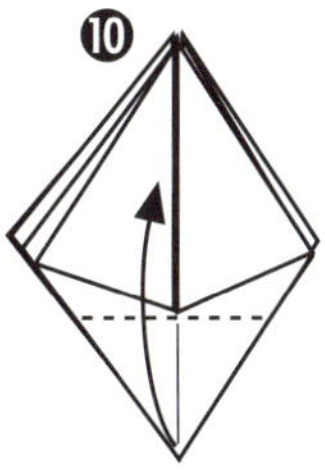

かどに接して折る。

⓫

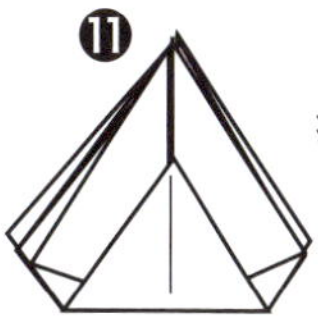

折りすじをしっかりつけてから、❾までもどす。

⓬

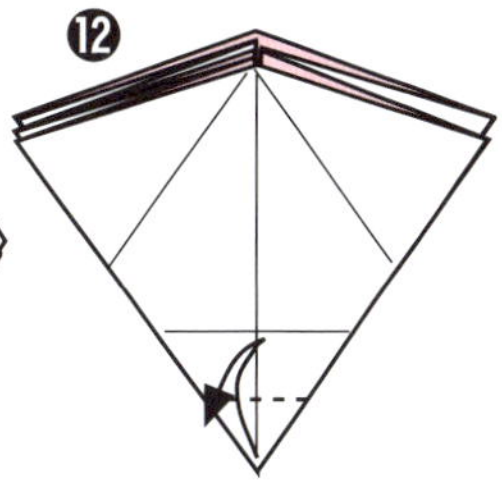

❿の折りすじまで折ってもどす。

⓭

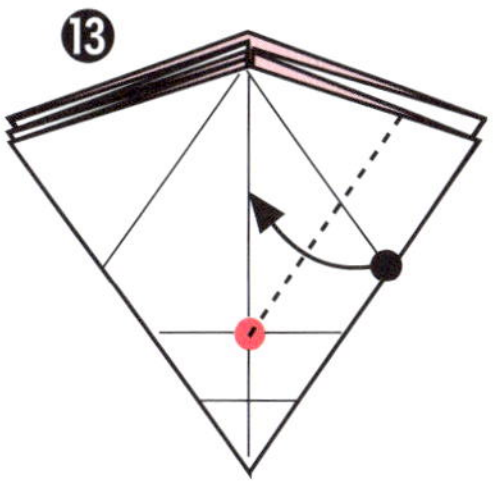

●から折って●が中心線に乗るように折る。

⓮

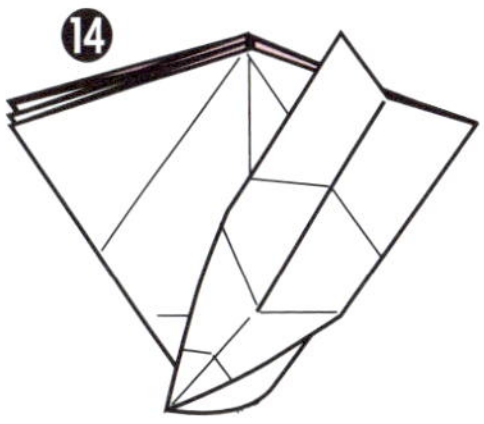

折りすじをつけたらもどす。面を変えて5カ所とも同じ方向に折りすじをつける。

⓯

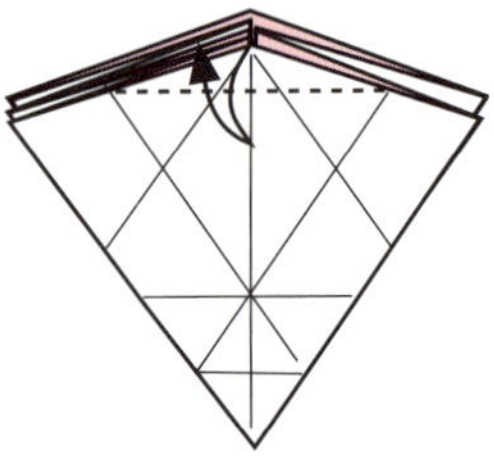

斜めの折りすじの端を結んで折りすじをつける。5面とも同じ。

⓰

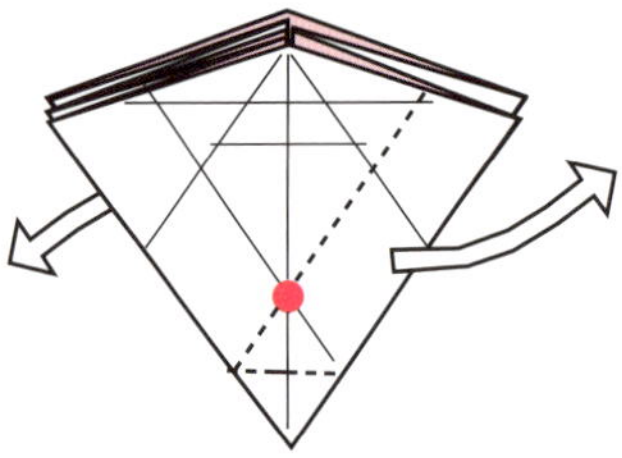

●を中心として放射状に広げる。

⓱

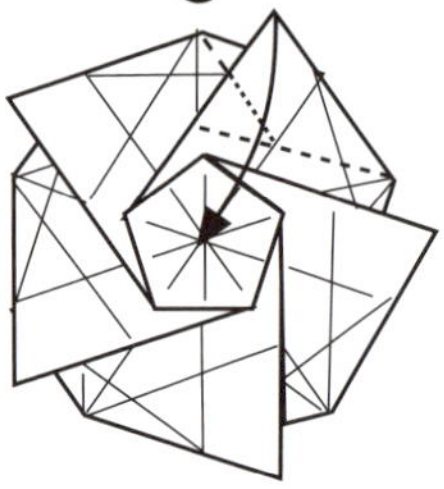

このようになる。かどを中心に合わせて、重なっている部分を開いてつぶす。

⓲

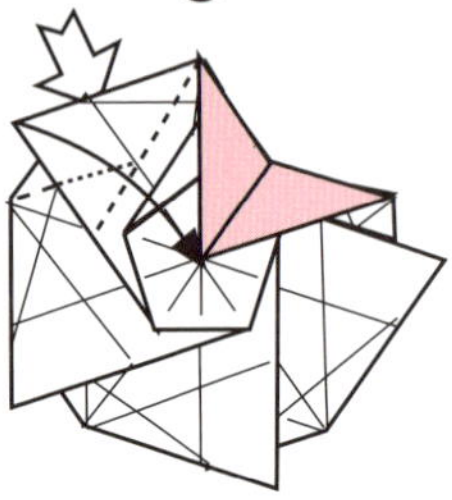

他のかども同様に折ってつぶす。

⓳

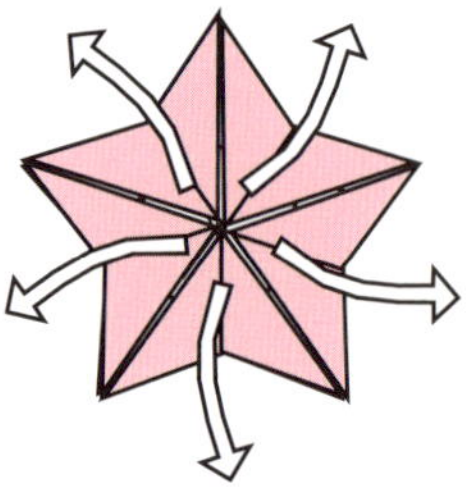

⓱まで開く。

⓴

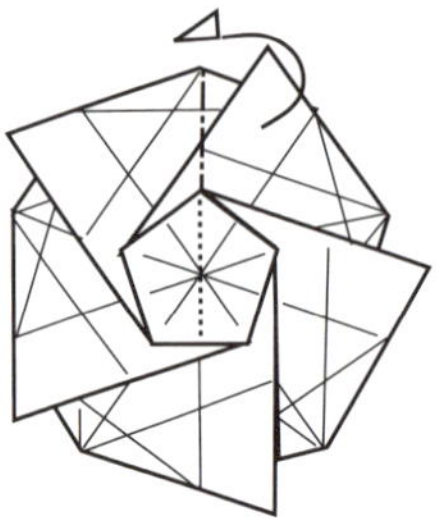

㉑

このようになる。

㉒

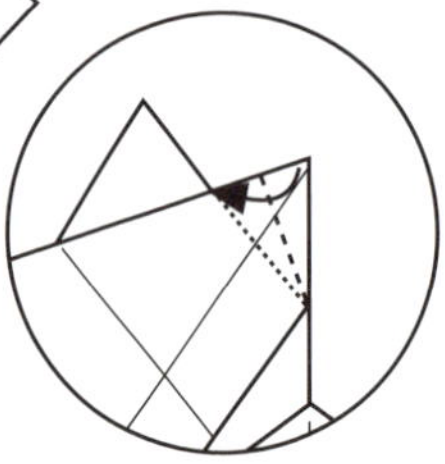

下の端に合わせて折る。

㉓

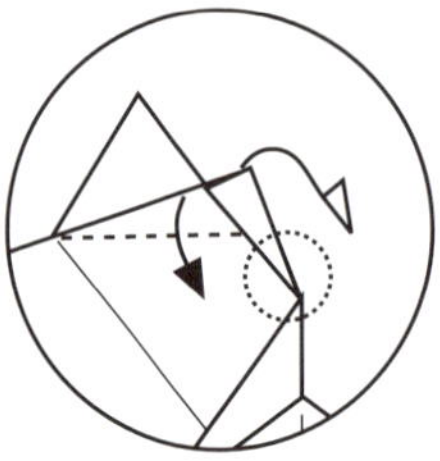

◌を崩さないようにかぶせる。

㉔

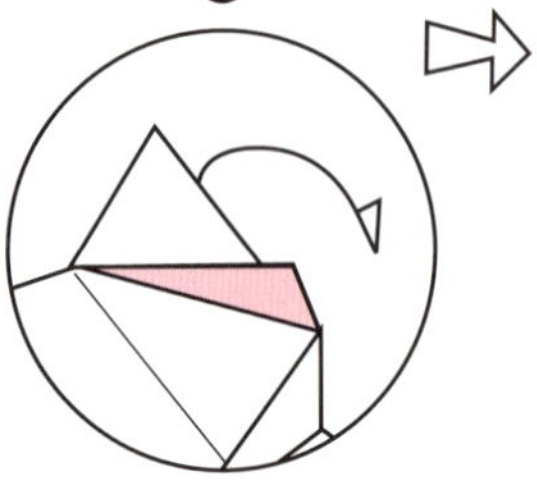

しっかり折ってかぶせたまま後ろの紙だけもどす。

㉕

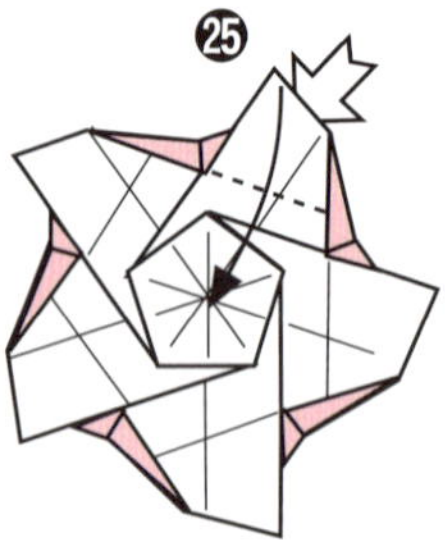

5カ所とも折るとこのようになる。かどを中心に合わせて折って、重なっている部分を開いてつぶす。

㉖

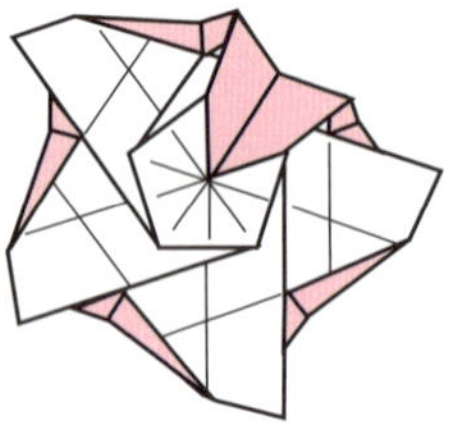

かどを中央の五角形の下に入れる。

㉗

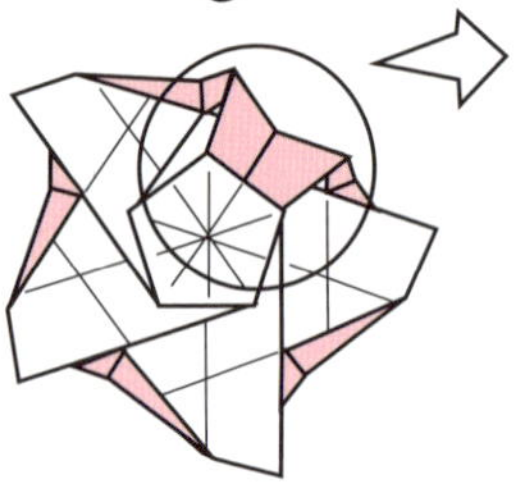

他のかども同じく折る。

㉘

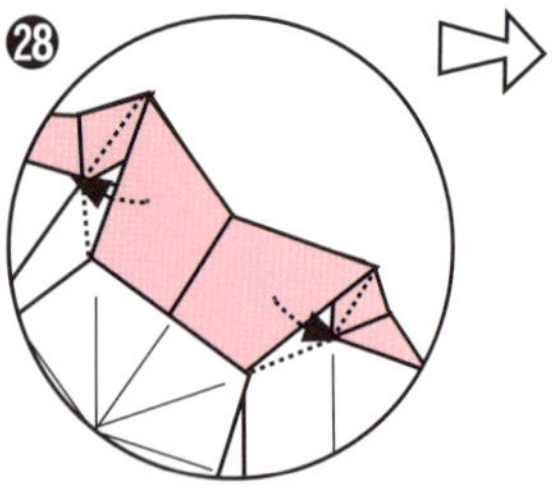

端を裏から仮想線まで引き出し、裏側の形を整える。

㉙

裏側の姿。

㉚

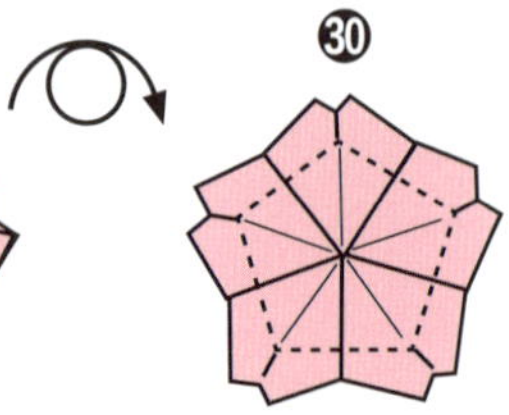

皿の内側から折りすじをつけて、底を安定させる。

できあがり

第5章
パーツを組んで作る

12枚組みリース

難易度：☆

（折り図113ページ）

2枚組み吹きごま―I 〈伝承〉

難易度：☆

(折り図 114 ページ)

2枚組み吹きごま―II

難易度：☆☆

(折り図 115 ページ)

矢車こま

難易度：☆☆☆

（折り図 116 ページ）

ポインセチアリース

難易度：☆

（折り図 118 ページ）

6 枚組みリース

難易度：☆☆

〈表の模様〉

〈裏の模様〉

(折り図 119 ページ)

あじさいのミニバスケット

難易度：☆☆☆

（折り図 120 ページ）

パーツなしで折るバスケット&バッグ

パーツを組み立てる「あじさいのミニバスケット」より作り方は簡単ですが、
作って見栄えのするバスケット&バッグです。

てさげバスケット

難易度：☆☆

（折り図 122 ページ）

裏つきのエコバッグ

難易度：☆☆

（折り図 123 ページ）

第5章の折り紙を使ったクラフト

できた折り紙で小物などを作って楽しみましょう

風を受けて吹きごまがくるくる回る動くインテリア小物と、
プラスチック素材のシート（軟性）で折った耐久性のあるバッグです。

（作り方 126 ページ）

風の衝立（吹きごま使用）

風の通る場所に置いて楽しみましょう。

プラスチック素材のシート（軟性）で折った裏つきのバッグ

折る素材がプラスチック製なので耐水性があり、長持ちします。内側に仕切りを入れて使いやすくしました。

制作・工房GEN

12枚組みリース

難易度：☆

簡単なパーツの組み合わせで思いがけない変化が楽しめるのがリース。
色や模様を変えて変化を楽しみましょう。
用紙：片面折り紙２色　7.5×7.5cm　各６枚

パーツの折り方

❶

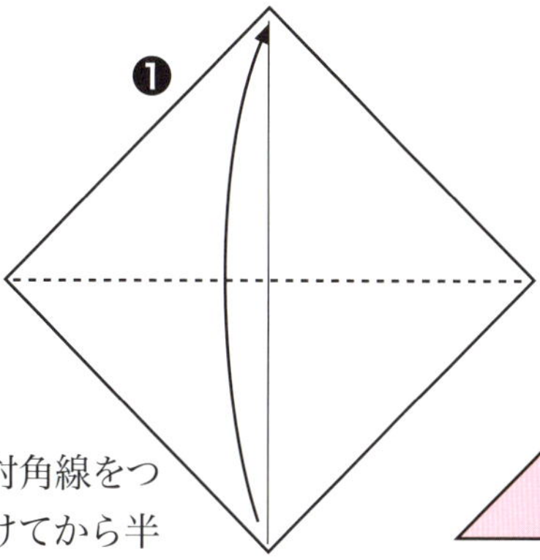

対角線をつけてから半分に折る。

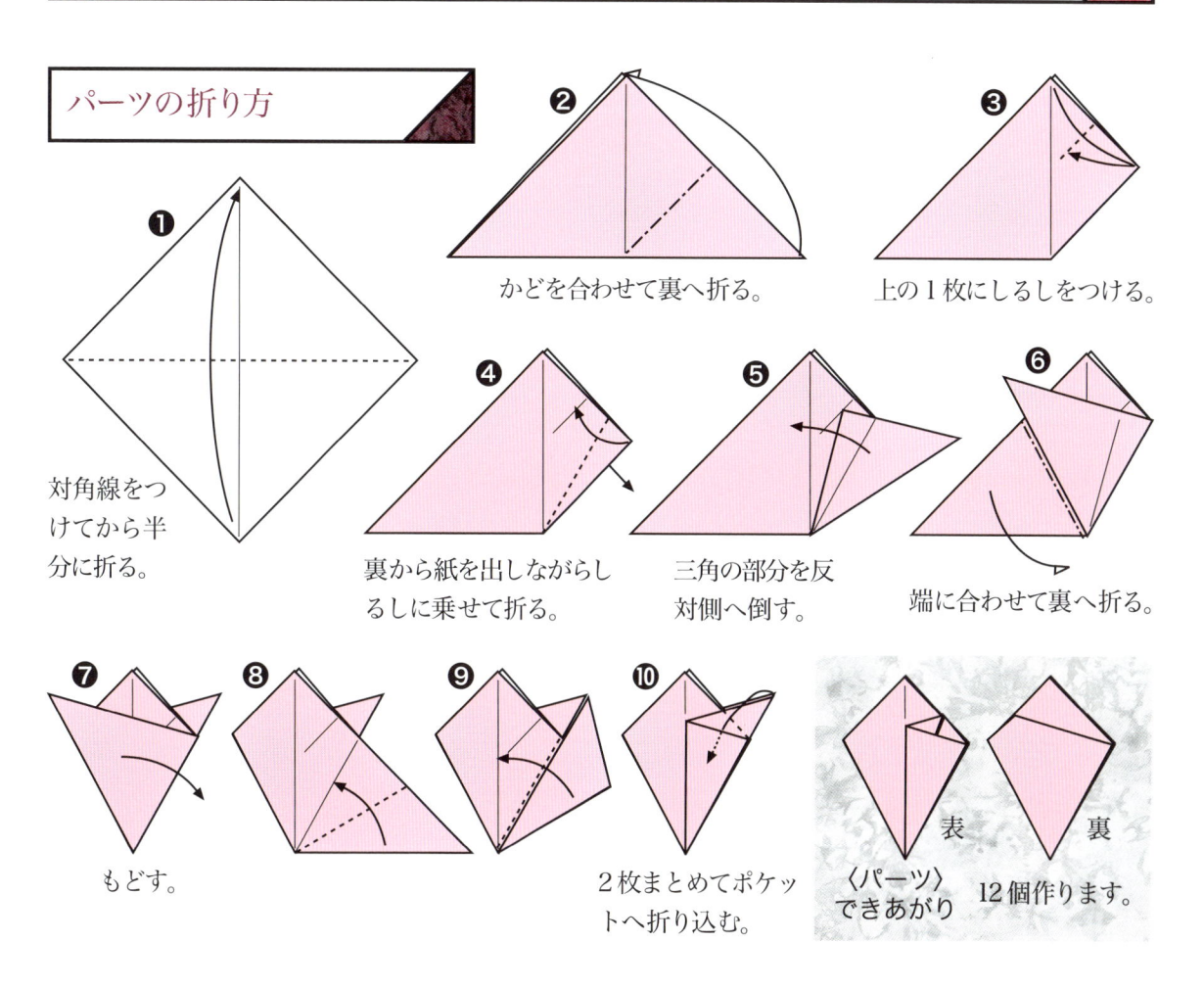

❷

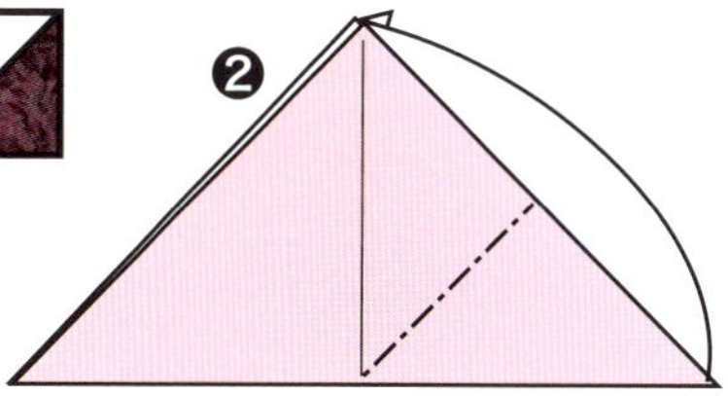

かどを合わせて裏へ折る。

❸

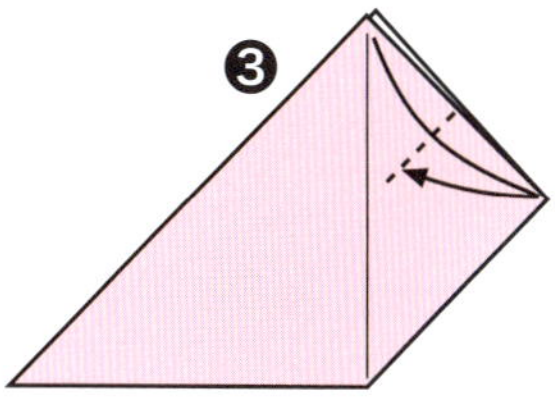

上の１枚にしるしをつける。

❹

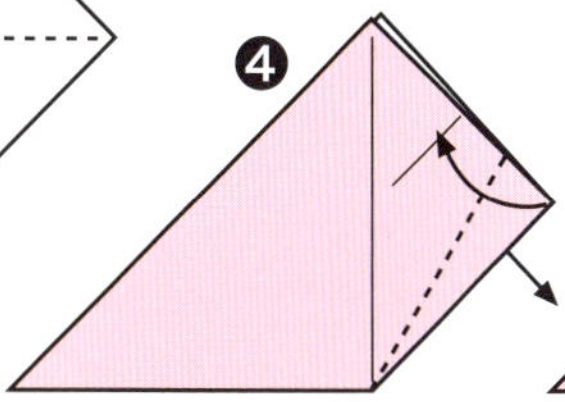

裏から紙を出しながらしるしに乗せて折る。

❺

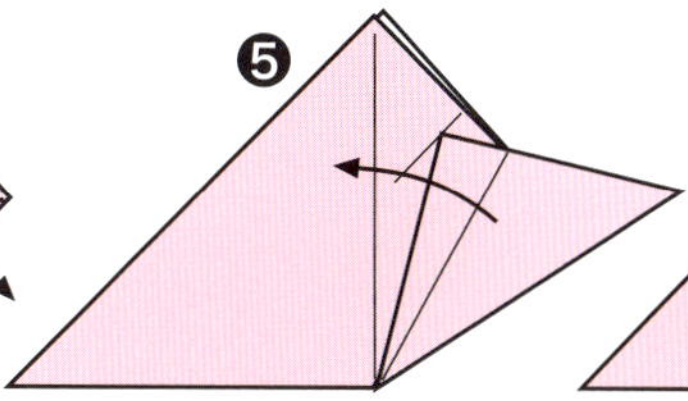

三角の部分を反対側へ倒す。

❻

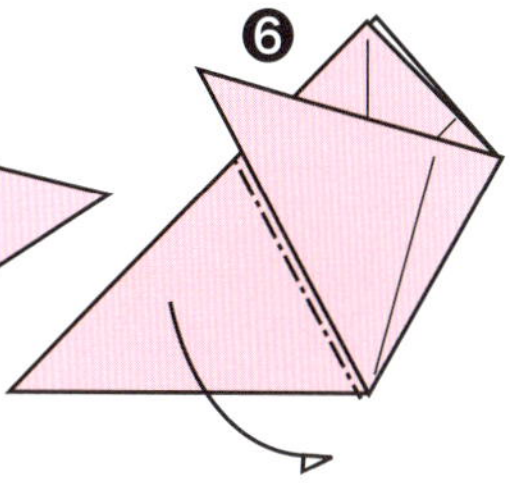

端に合わせて裏へ折る。

❼

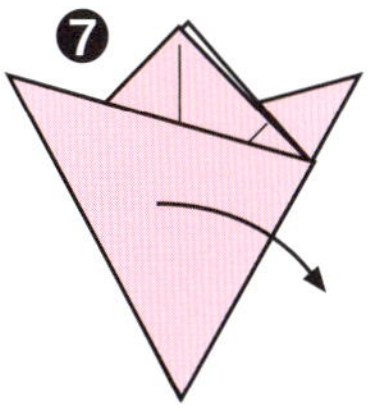

もどす。

❽

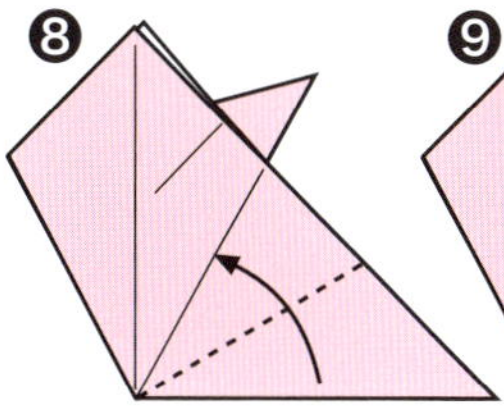

❾

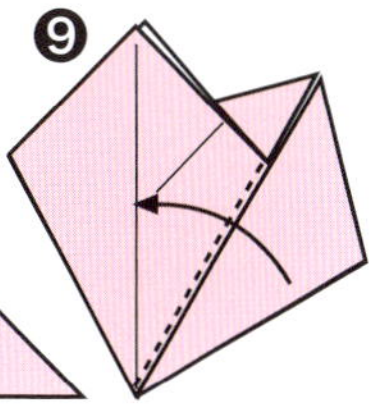

❿

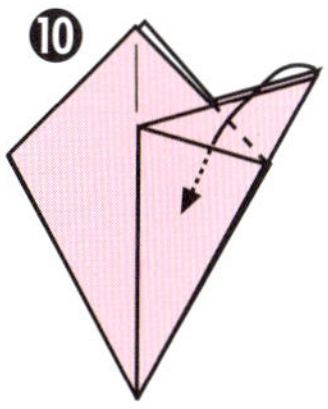

２枚まとめてポケットへ折り込む。

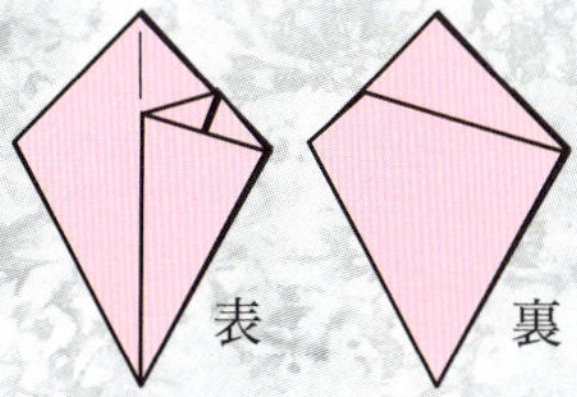

〈パーツ〉できあがり

12個作ります。

パーツの組み方

❶

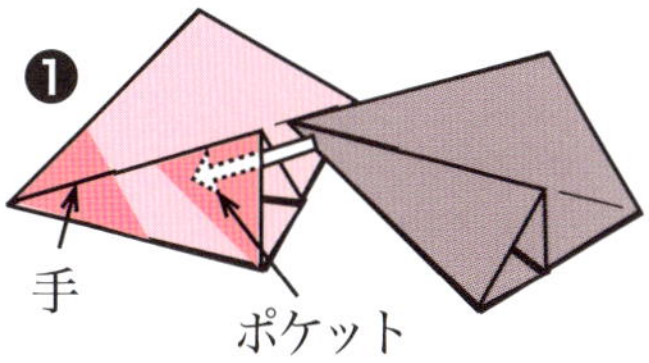

❷

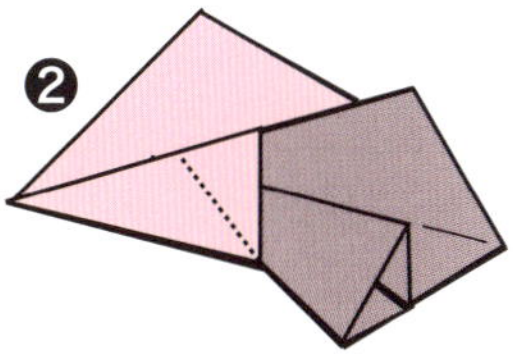

相手のポケットの上の端に添ってパーツの手を入れ、のりでとめる。
12個組んで輪にする。

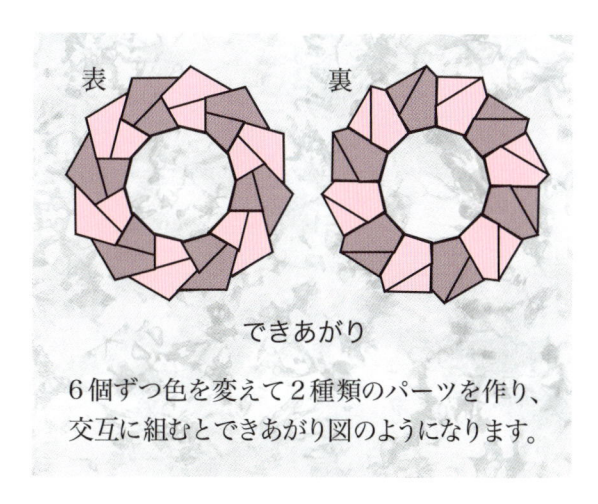

できあがり

６個ずつ色を変えて２種類のパーツを作り、交互に組むとできあがり図のようになります。

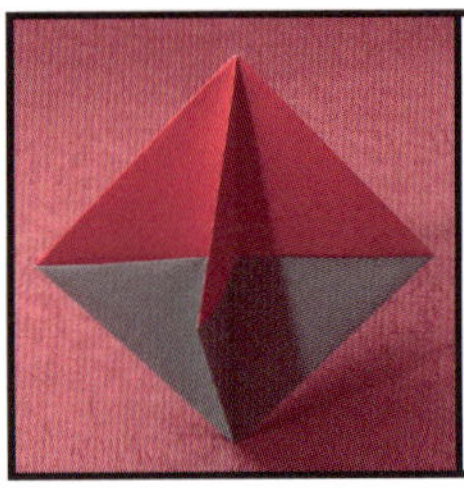

2枚組み吹きごま—I〈伝承〉

難易度：☆

2枚のパーツをさしこむだけで、しっかりした構造になります。
手の中でくるくる回る様子は見飽きません。
用紙：色違いの片面折り紙　15×15cm　2枚

パーツの折り方

❶

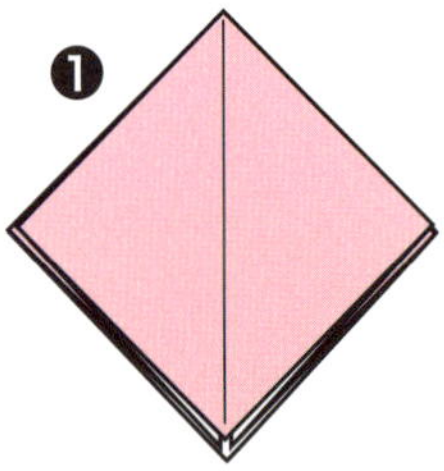

正方基本形を折ってから、開いて裏を出す。

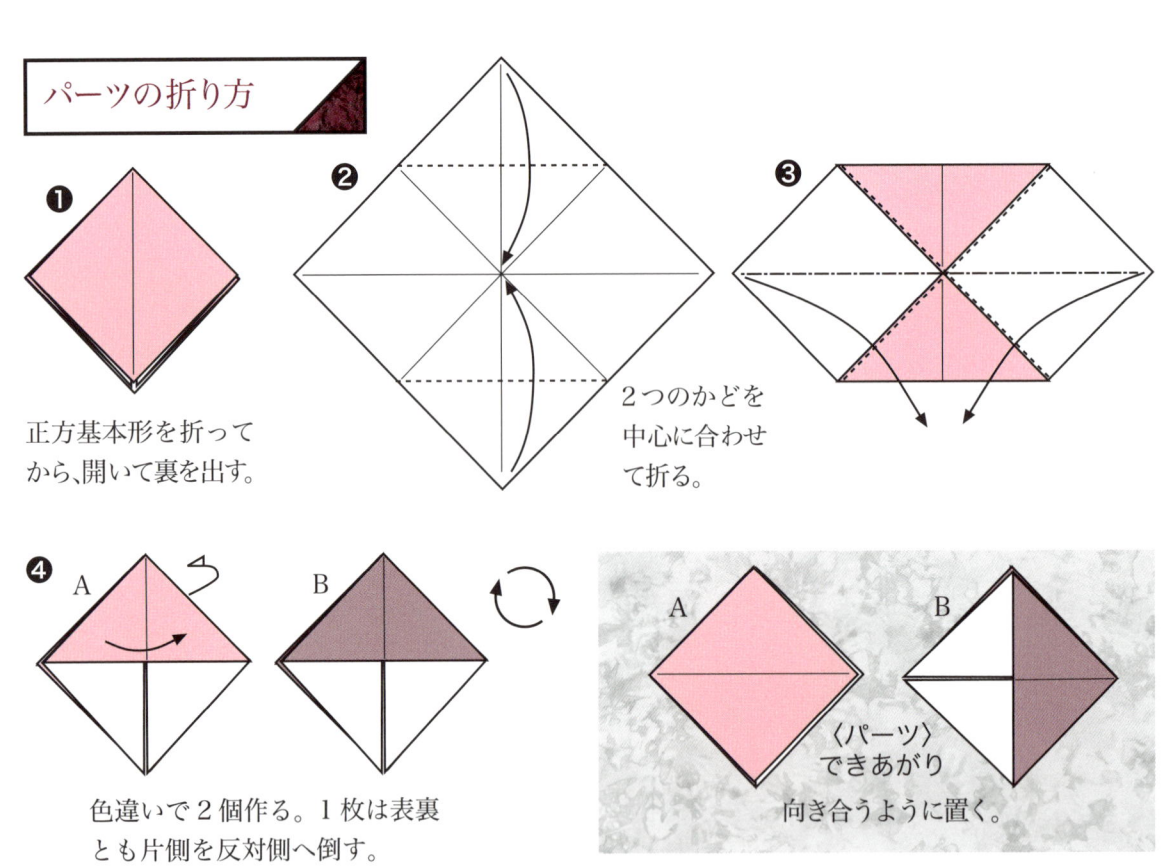

❷

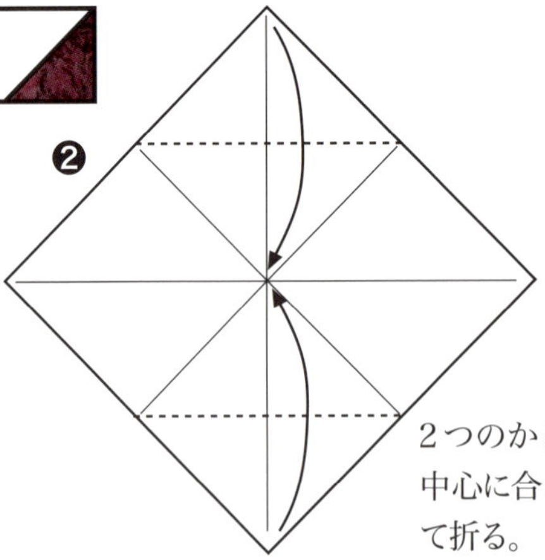

2つのかどを中心に合わせて折る。

❸

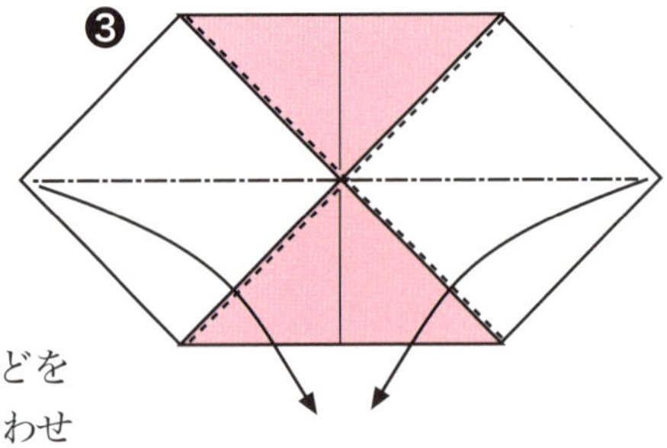

❹

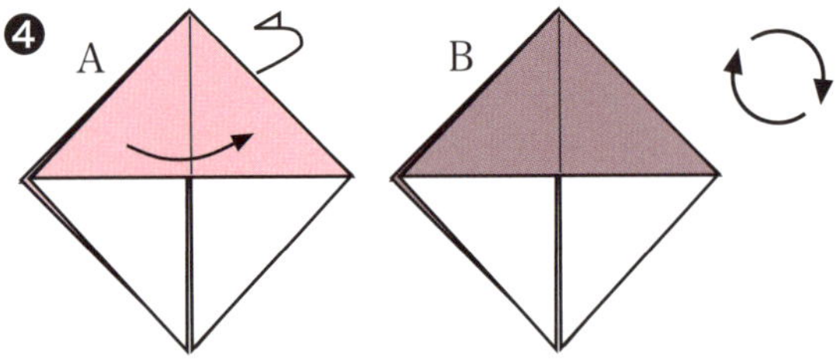

色違いで2個作る。1枚は表裏とも片側を反対側へ倒す。

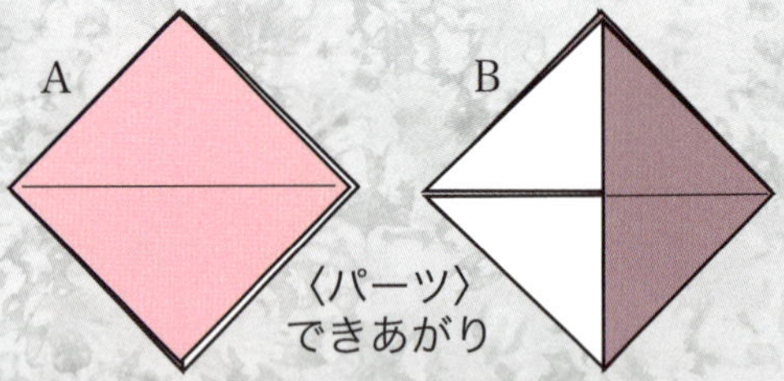

〈パーツ〉できあがり

向き合うように置く。

パーツの組み方

❶

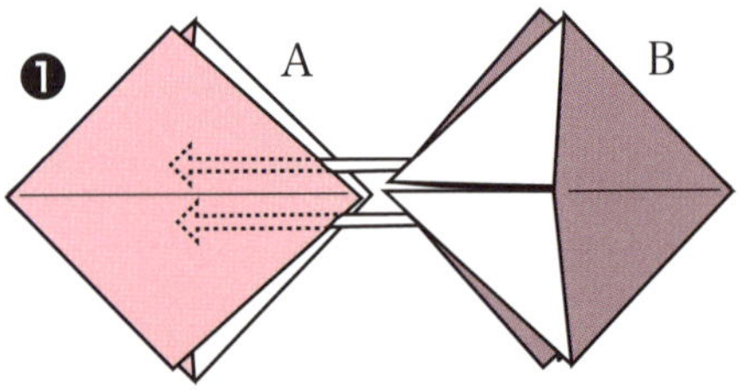

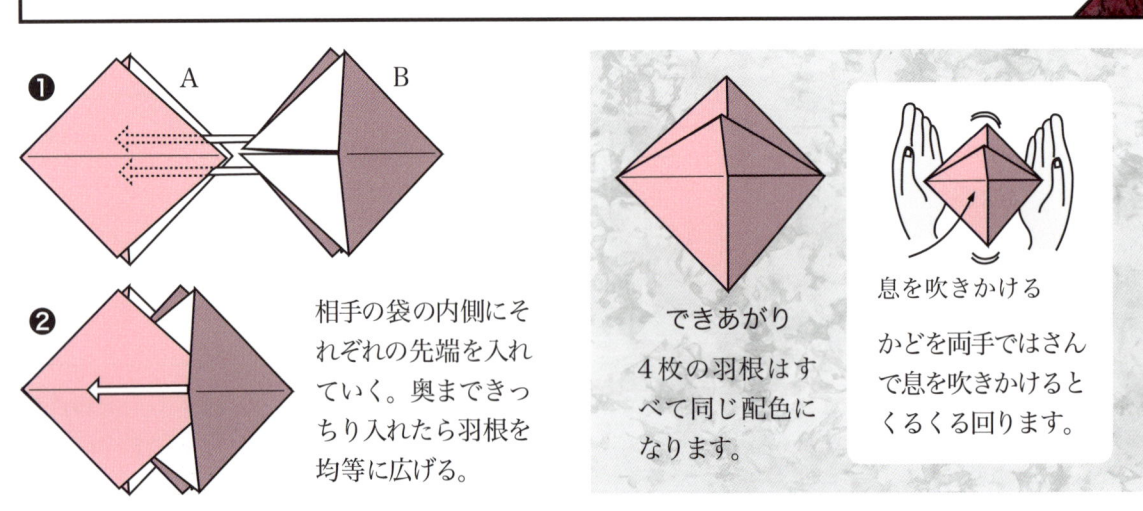

❷

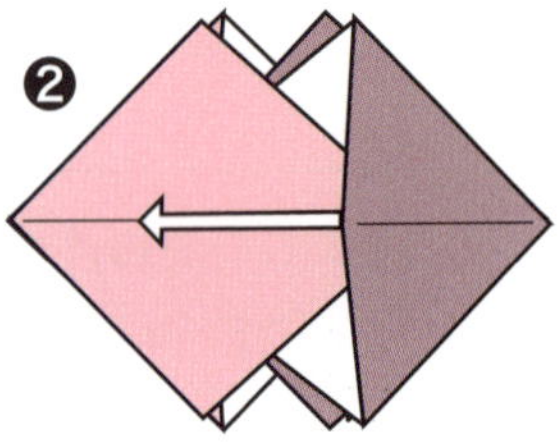

相手の袋の内側にそれぞれの先端を入れていく。奥まできっちり入れたら羽根を均等に広げる。

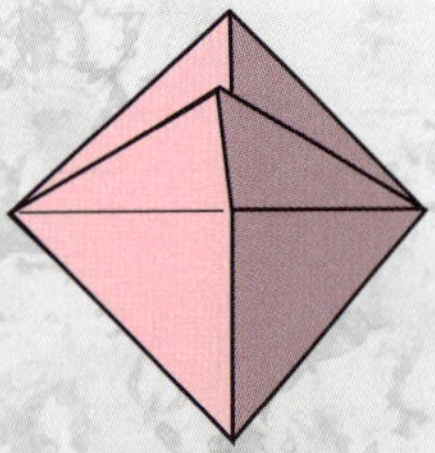

できあがり

4枚の羽根はすべて同じ配色になります。

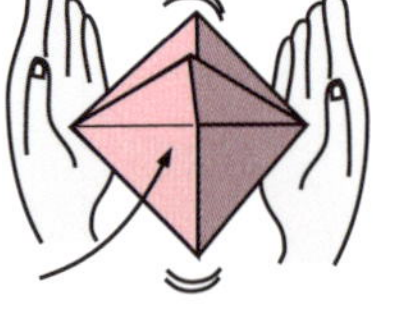

息を吹きかける

かどを両手ではさんで息を吹きかけるとくるくる回ります。

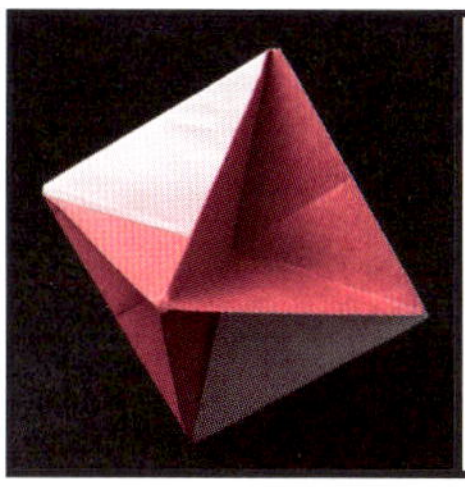

2枚組み吹きごまーII

難易度：☆☆

作り方は「吹きごま　I」より少し複雑ですが、回る構造は「吹きごま　I」と同じです。きれいにさし込めるようていねいに折りましょう。
用紙：色違いの片面折り紙　15×15cm　2枚

パーツの折り方

❶

裏に縦横に4等分の谷線をつける。

❷
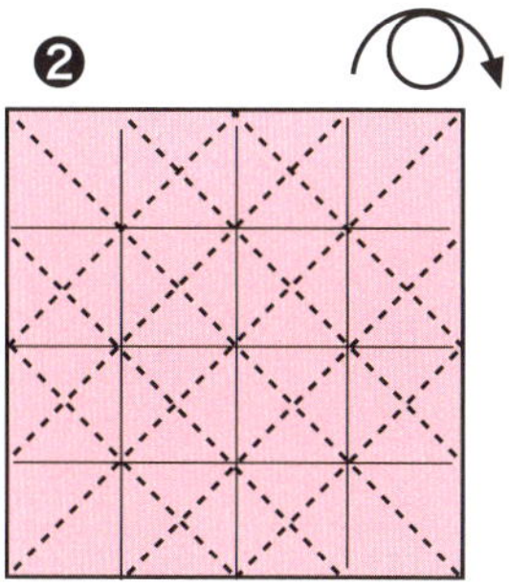

裏返して交点に合わせて斜めの谷線をつける。

❸
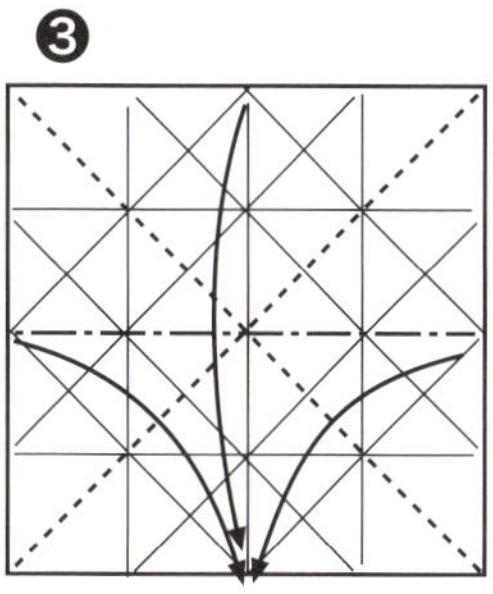

折りすじのようによせてふうせん基本形を折る。

❹
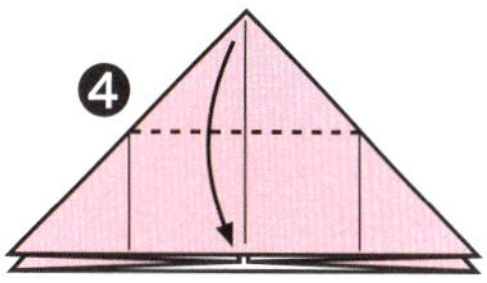

かどを中心に合わせて折る。

❺
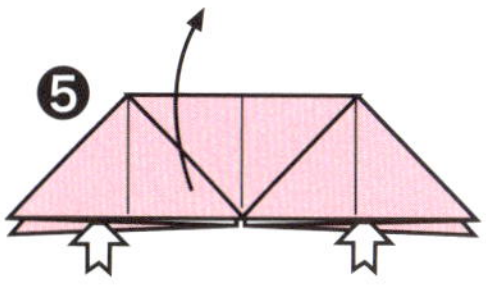

間にあるポケットを開いてたたむ。

❻
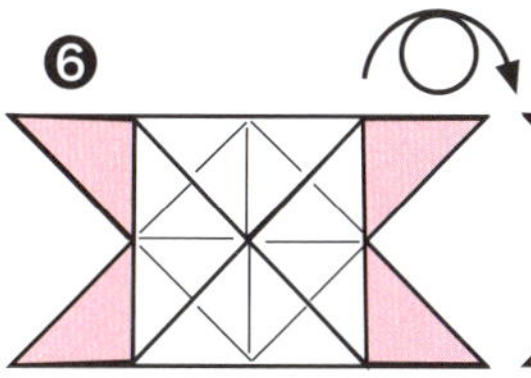

このようになる。裏返す。

❼
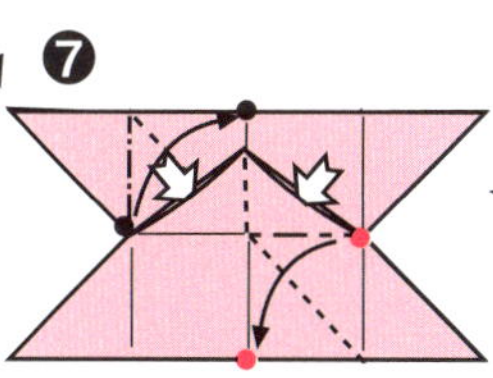

三角部分を立てて、●と●、●と●を合わせて立体化する。

❽
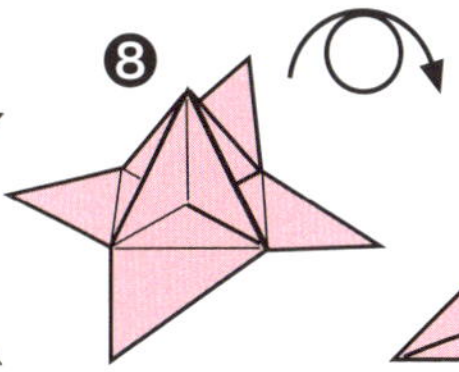

このような形になる。裏返す。

❾
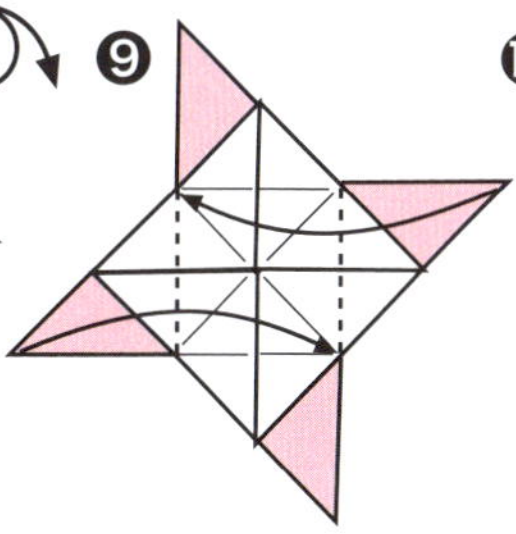

向かいあう2つのかどを折る。

❿
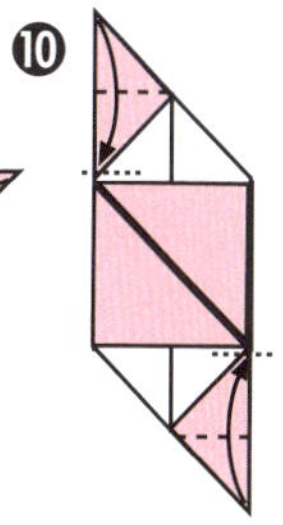

かどを少し控えて折る(紙の厚さによるずれを調整するため)。

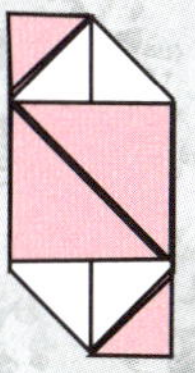

〈パーツ〉
できあがり

パーツの組み方

❶
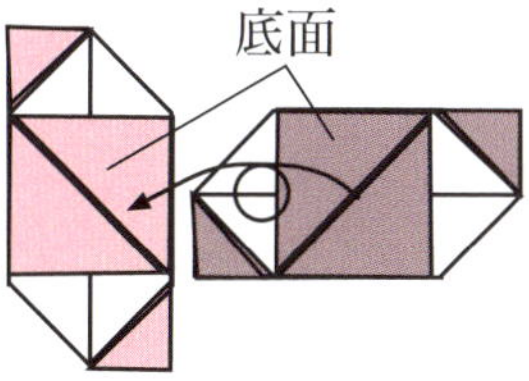

色違いの同じものを2つ作る。図のように並べてから、底面同士を合わせて重ねる。

❷
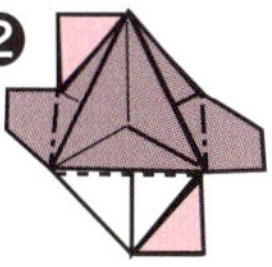

手をそれぞれ裏側へかぶせ、端をすき間にはさむ。

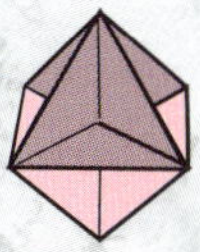

できあがり

形を整えて完成。

「吹きごま　I」と同じようにして遊びます。

矢車こま

難易度：☆☆☆

矢車風のパーツにつまみをはさんで、こまの中心部を作りました。
本体の花形のパーツにはめて完成です。中心部の折りはやや難しめです。
用紙：折り紙　15×15cm　色違い ３枚

本体

❶

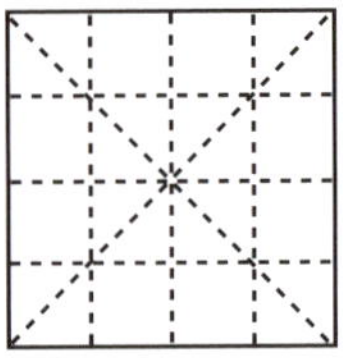

対角線と縦横4等分の谷線をつける。

❷

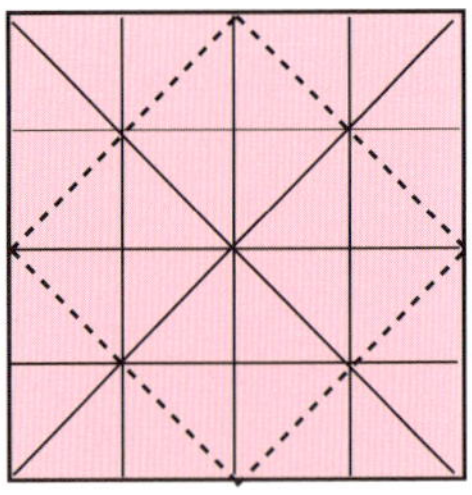

かどを中心に合わせて谷線をつける。

❸

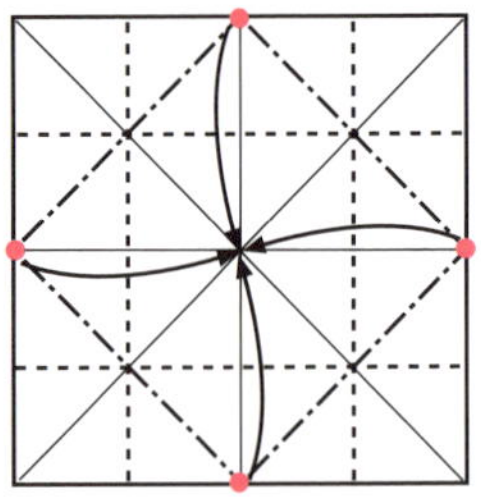

●を中心に集めて、立ち上がった部分をたたむ。

❹

かどにできた4つの袋に谷線をつける。

❺

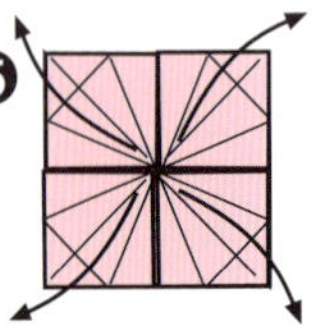

4つの袋をつるを折るように引き上げてたたむ。

❻

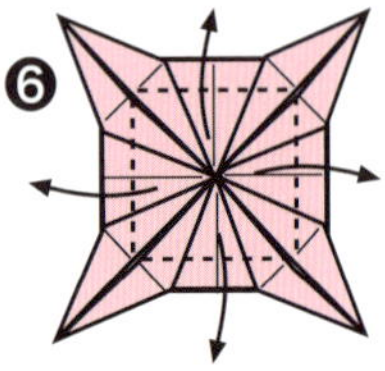

内側の部分を外へ折る。

❼

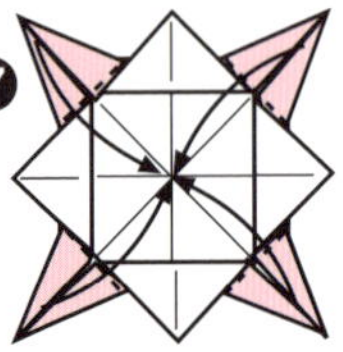

外側の部分を中心に合わせて折る。

〈本体〉できあがり

矢車（つまみの台座になる）

❶

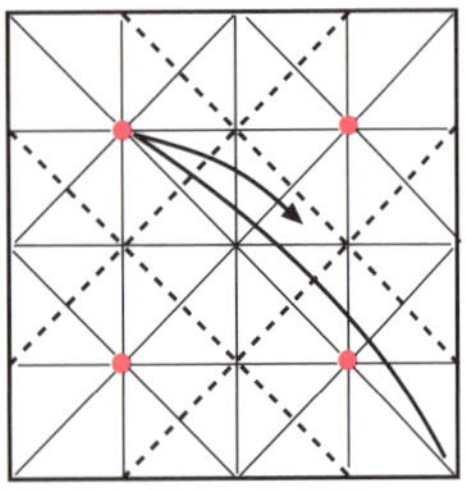

本体の❷の折りすじから、4つのかどを交点●に合わせて折りすじをつける。

❷

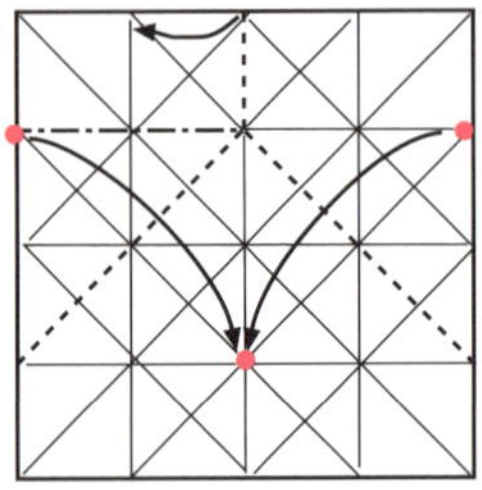

●と●を寄せて折りすじのように折って、できたひだを倒す。

❸

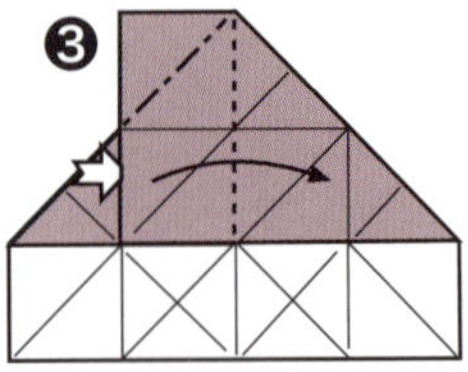

ひだを開いてつぶす。

❹

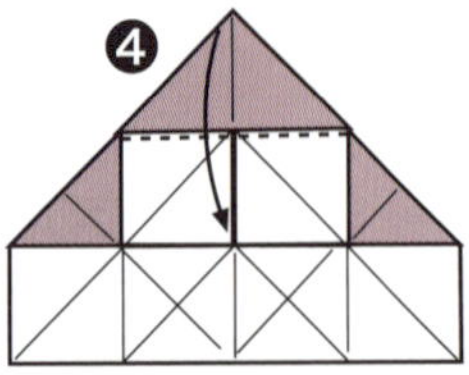

上の三角部分を折り下げる。

❺

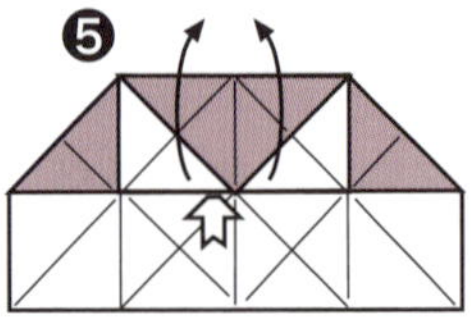

三角部分を一緒に引き上げる。

❻

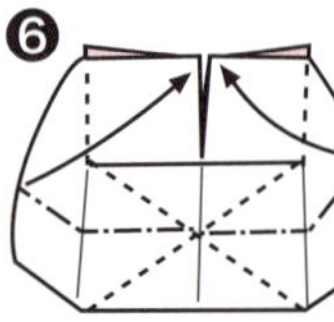

（立体図）

折りすじのようにたたんで引き上げる。

❼

（立体図）

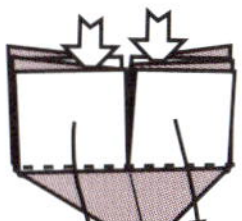

間にある袋を開いてつぶす。

❽

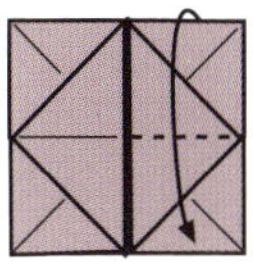

1枚を下げる。

❾

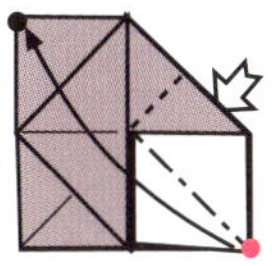

●を●に合わせてたたむ。

❿

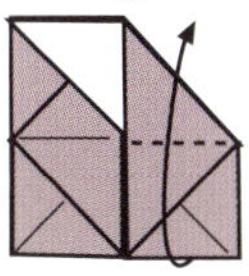

順次折っていき、かどを矢車のようにする。

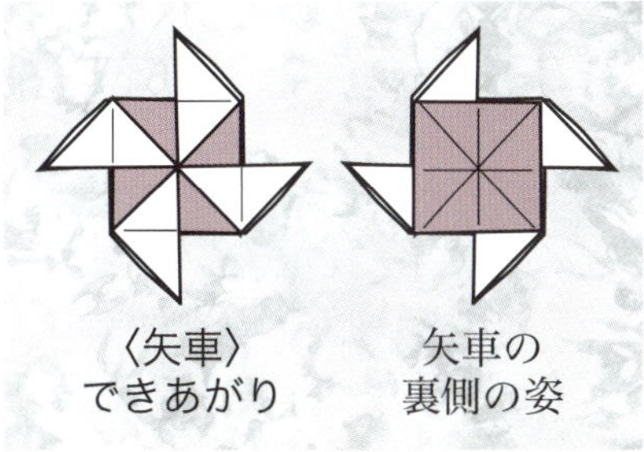
〈矢車〉
できあがり
矢車の
裏側の姿

つまみ

❶

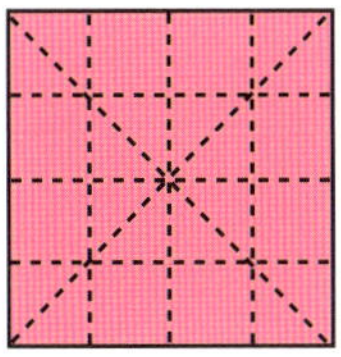

表に本体❶のように折りすじをつける。

❷

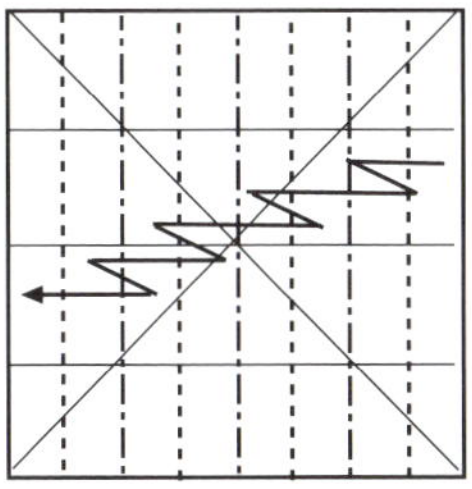

端と山線を合わせて段折りして、ジャバラにたたむ。

❸

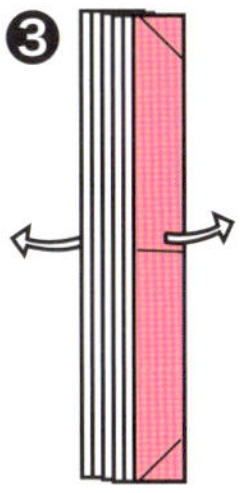

開いて横方向も同じ折りすじをつけたあと、開いて表を出す。

❹

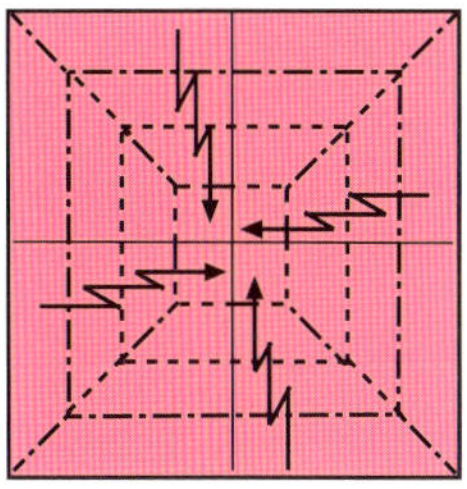

折りすじのように内側へ折って4つのかどを出す。

❺

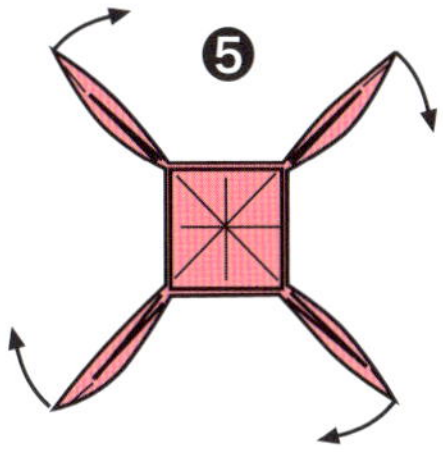

4つのかどを矢印の方向に倒す。

❻

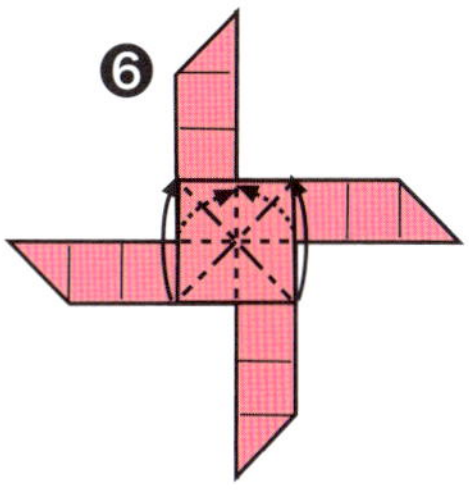

中央の正方形をふうせん基本形のようにたたむ。

❼

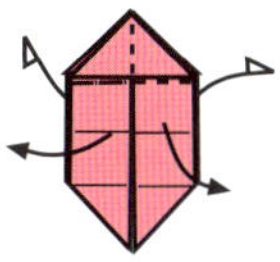

4つの足を矢車と逆まわりになるように広げる。

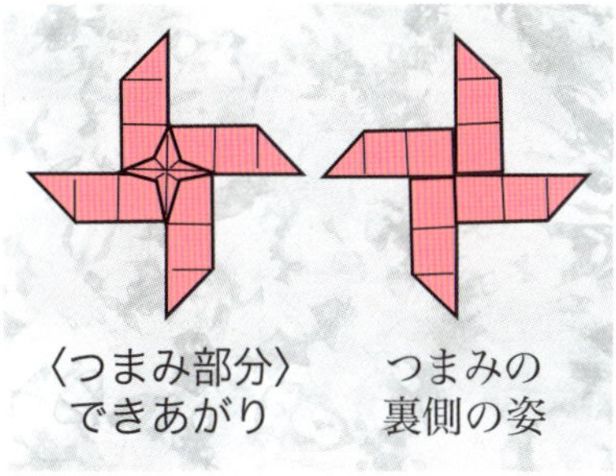
〈つまみ部分〉
できあがり
つまみの
裏側の姿

つまみと台座（矢車）の組み立て方

❶

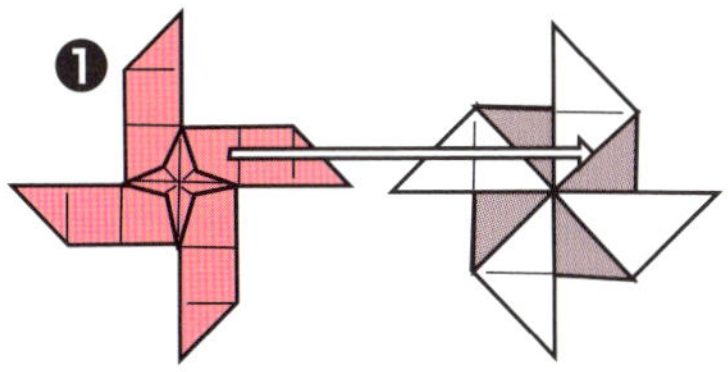

矢車につまみをのせる。

❷

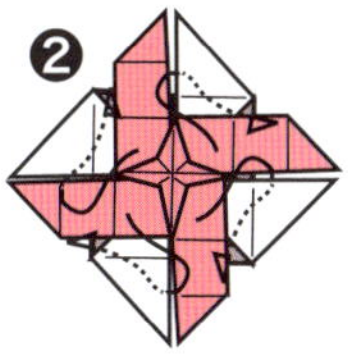

つまみの足を矢車の足の下へ入れる。

❸

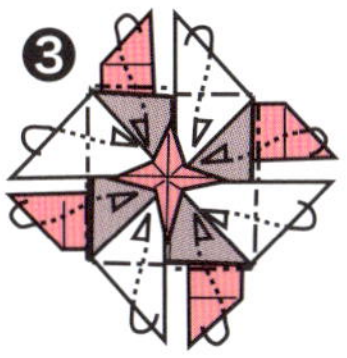

つまみの足と矢車の足を、矢車の裏のポケットへ折り込む。

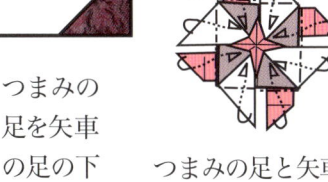

〈台座つきの
つまみ〉
できあがり

全体の組み立て方

❶

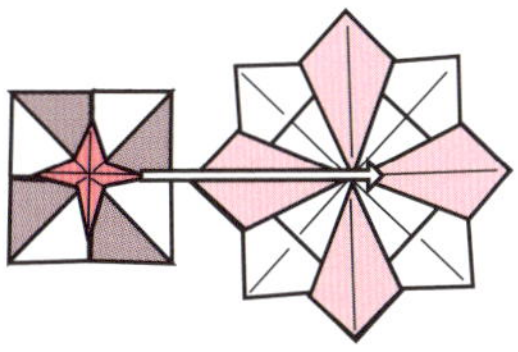

台座つきのつまみを本体に乗せる。

❷

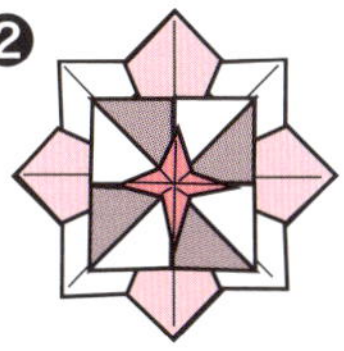

つまみのかどを本体のポケットに入れる。

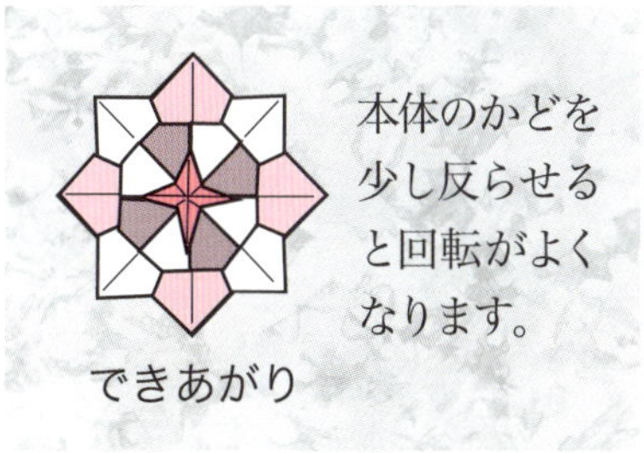
本体のかどを
少し反らせる
と回転がよく
なります。
できあがり

ポインセチアリース

難易度：☆

赤と緑のポインセチアリースはクリスマスに似合います。
色の組み合わせを変えると夜空に輝く星のようです。
用紙：赤と緑の両面折り紙　7.5×7.5cm　８枚

パーツの折り方

❶

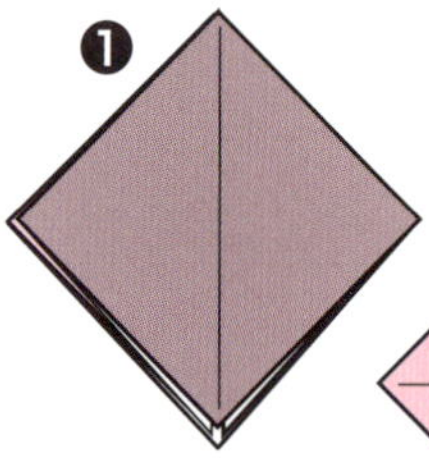

正方基本形から
全部開く。

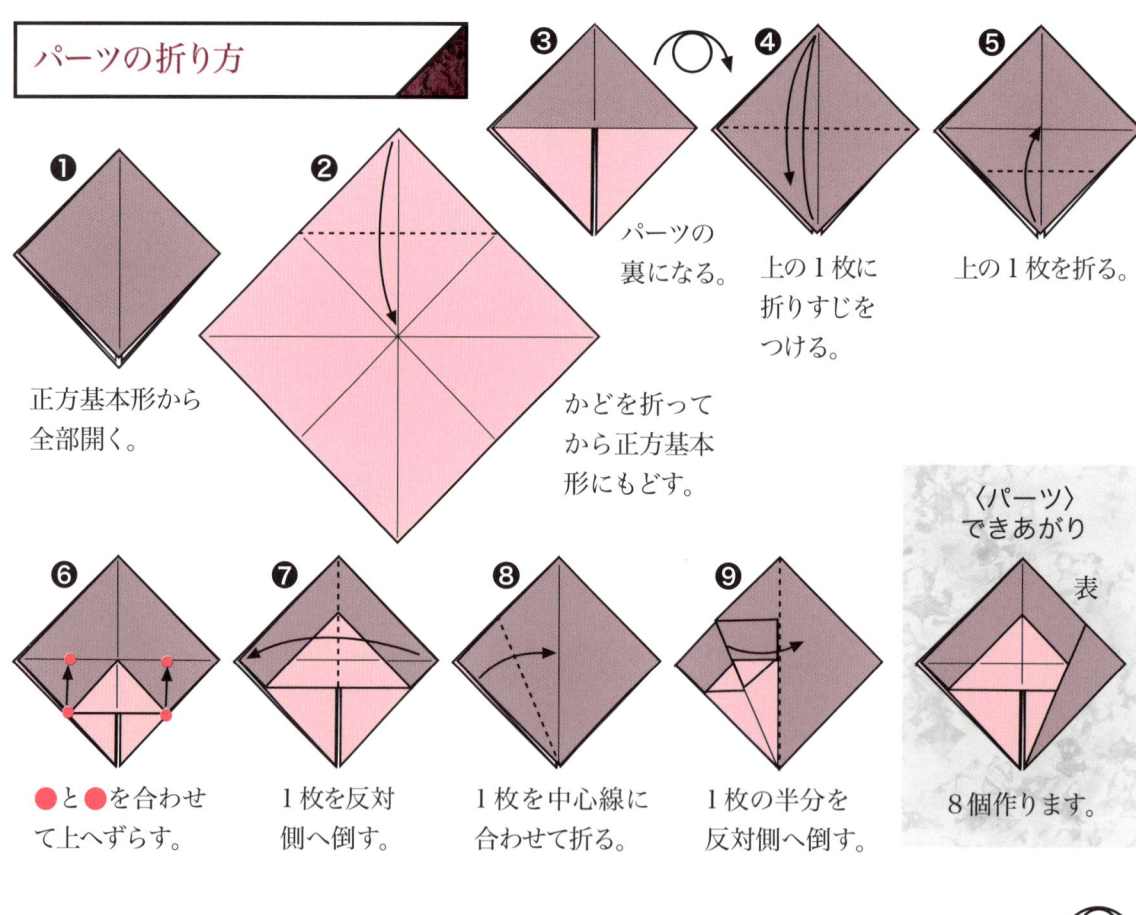

❷

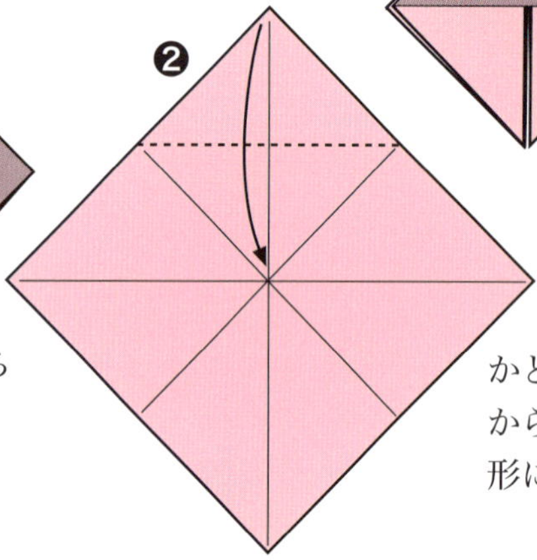

かどを折って
から正方基本
形にもどす。

❸

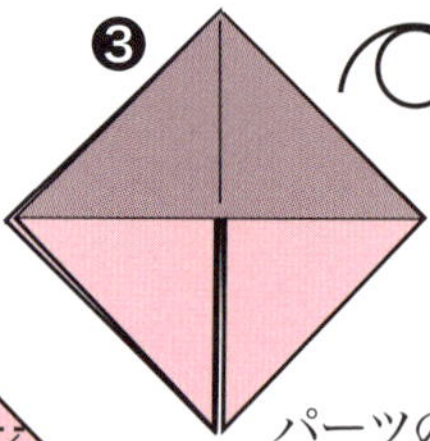

パーツの
裏になる。

❹

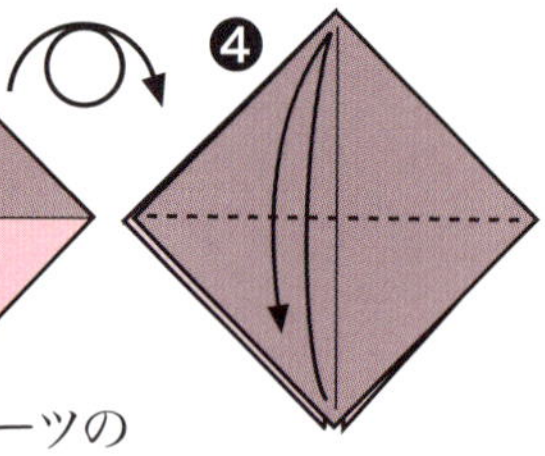

上の１枚に
折りすじを
つける。

❺

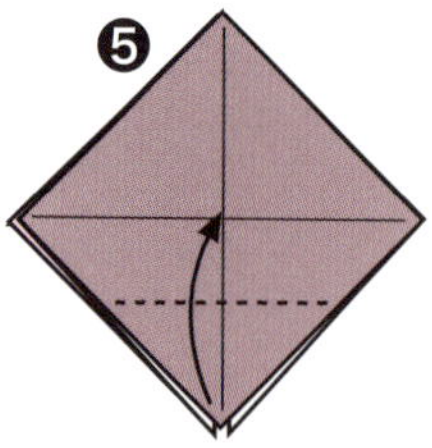

上の１枚を折る。

❻

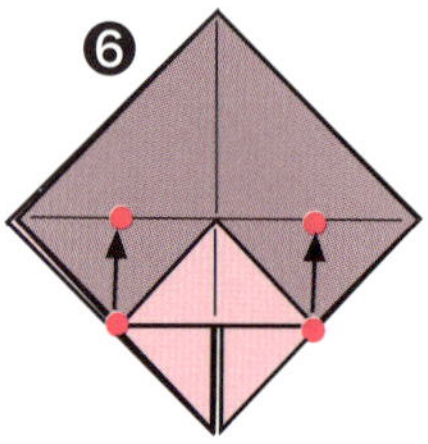

●と●を合わせ
て上へずらす。

❼

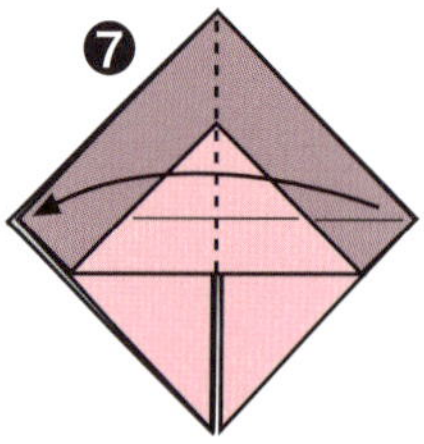

１枚を反対
側へ倒す。

❽

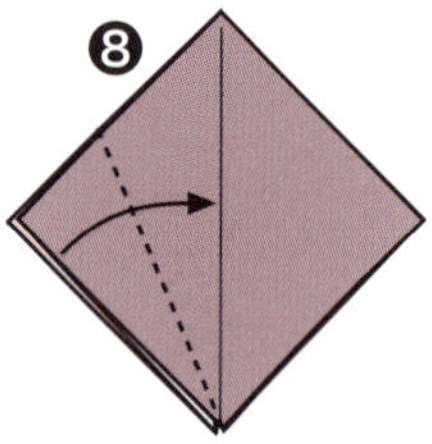

１枚を中心線に
合わせて折る。

❾

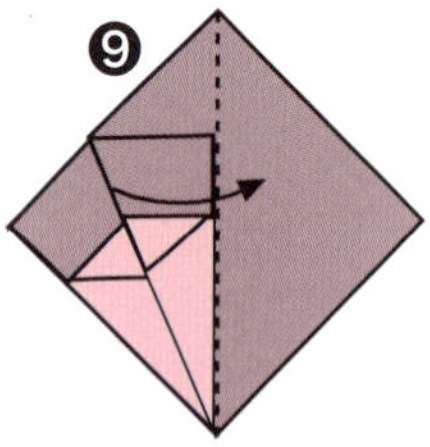

１枚の半分を
反対側へ倒す。

〈パーツ〉
できあがり

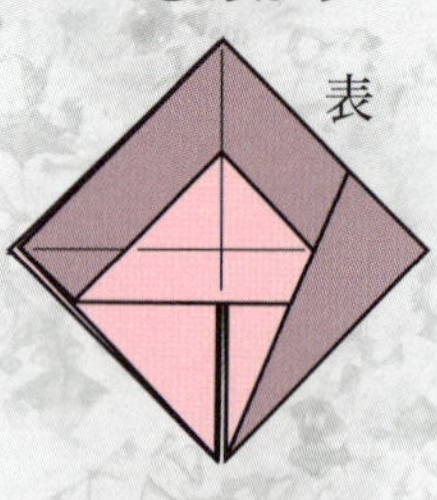

８個作ります。

パーツの組み方

❶

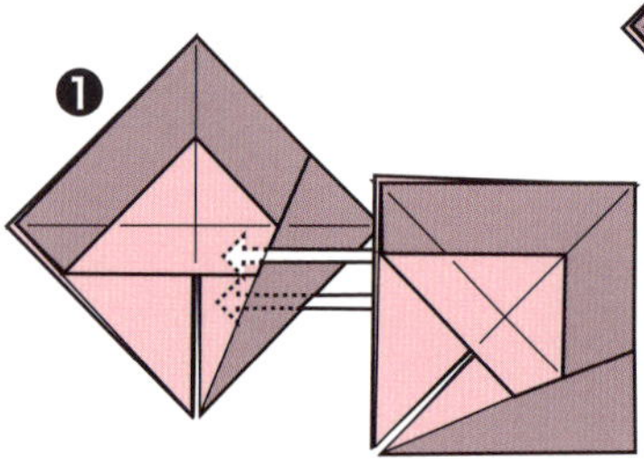

パーツ同士をはさみ
ながら組む。

❷

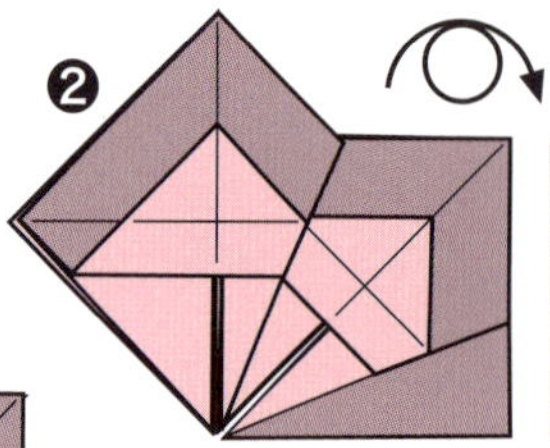

❸

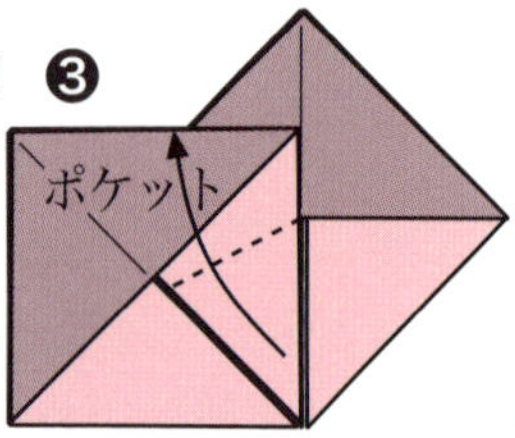

ひっくり返して２枚まとめて
折り、ポケットへ折り込む。

❹

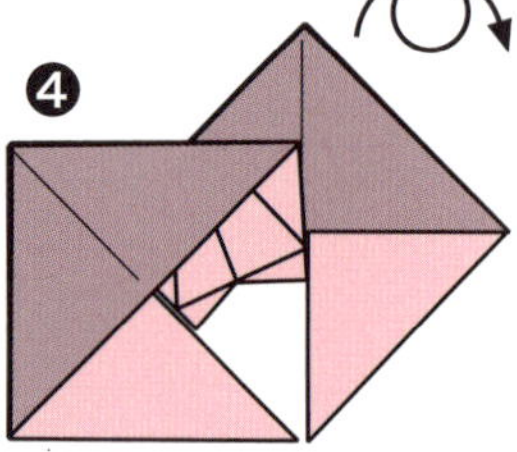

ポケットの奥でか
どが折れ曲がる。

❺

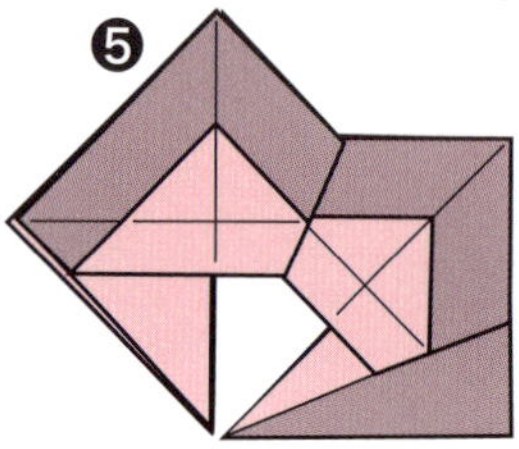

以下、同様にして次
のパーツをつないで
いき、８パーツともつ
ないで輪にする。

できあがり

6 枚組みリース

難易度：☆☆

ポケットが浅いので、組む際にのりできちんととめましょう。
表と裏の模様のちがいに驚かされます。
用紙：色違いの両面折り紙　7.5×7.5cm　6 枚

パーツの折り方

❶
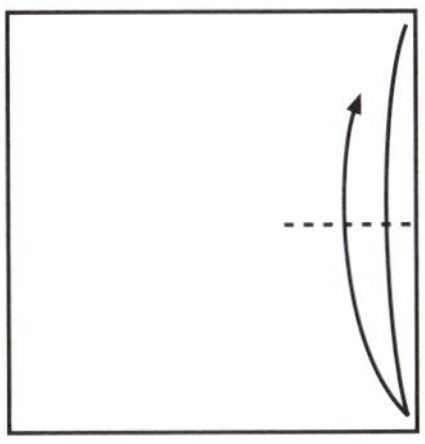
しるしをつける。

❷
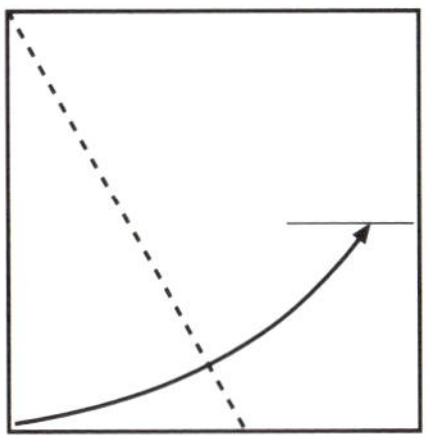
かどをしるしに乗せて折る。

上下に裏返す

❸
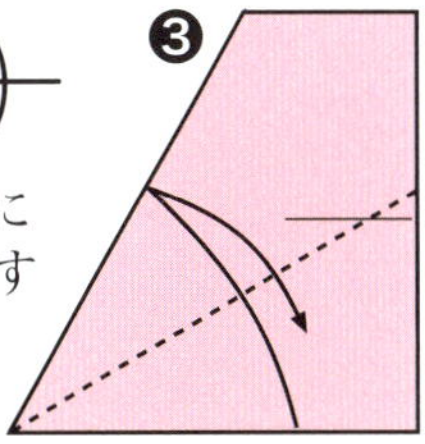
端を合わせて折りすじをつける。

❹
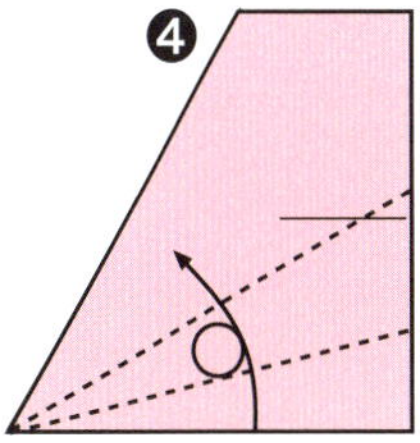
巻いて折る。

❺
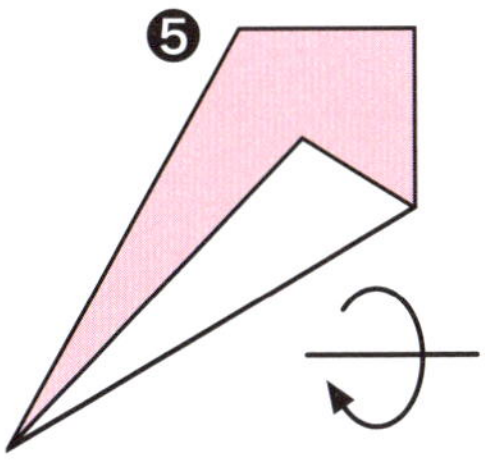
上下に裏返す

❻
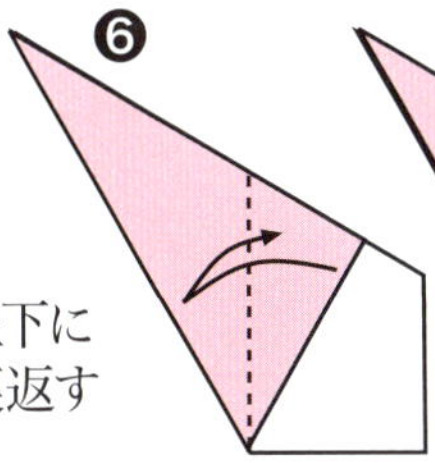

❼
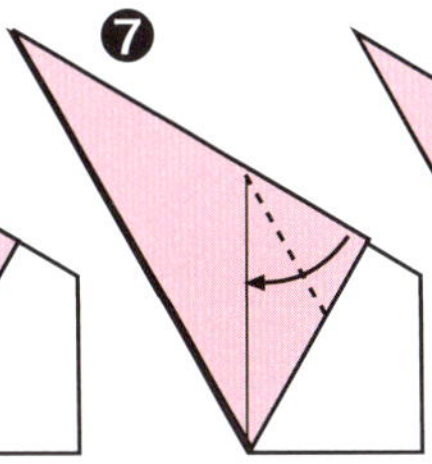

❽
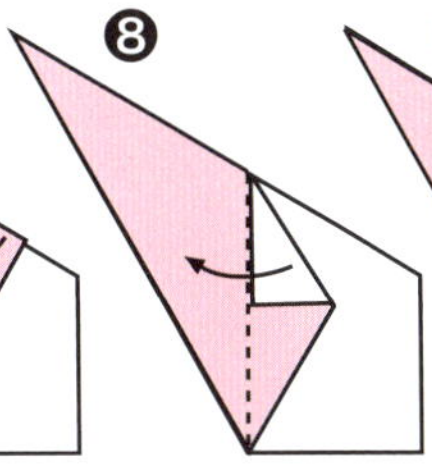

❾
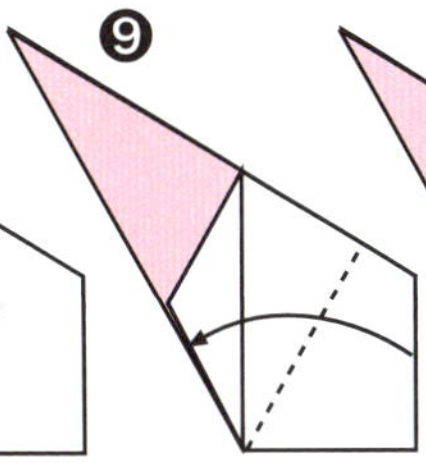

❿
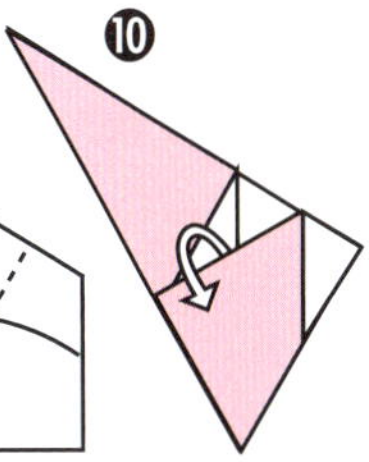
重ね直す。

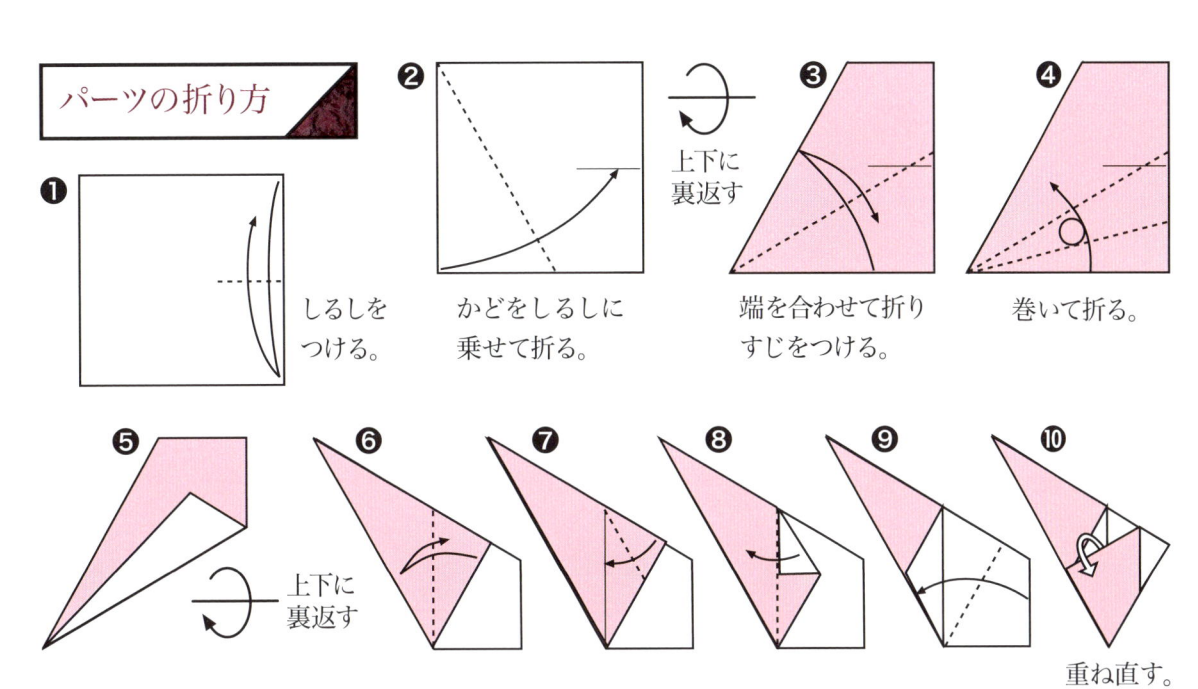

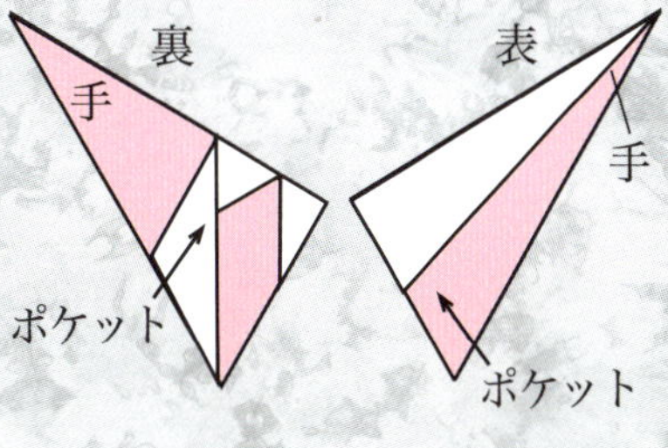

〈パーツ〉できあがり

6 個作ります。

パーツの組み方

❶
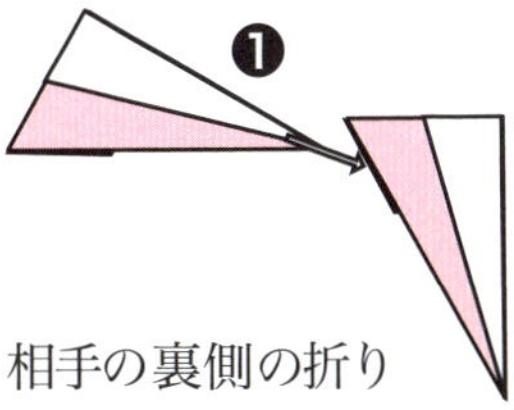
相手の裏側の折り返し部分（ポケット）に先端（手）を入れていく。

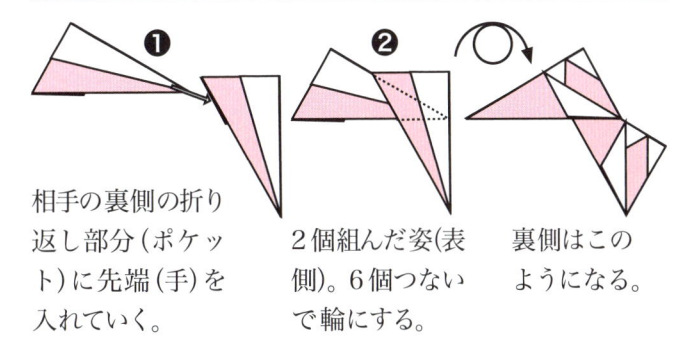

❷
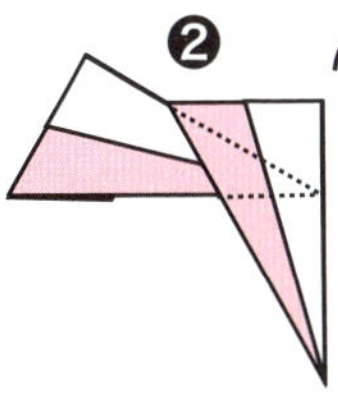
2 個組んだ姿（表側）。6 個つないで輪にする。

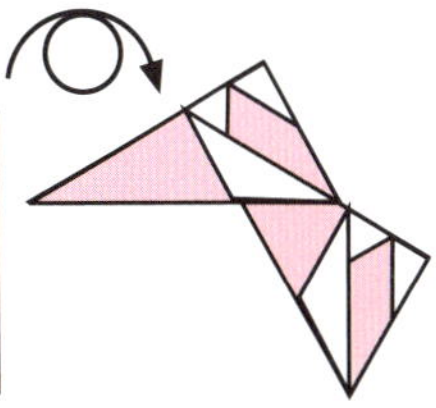
裏側はこのようになる。

❸
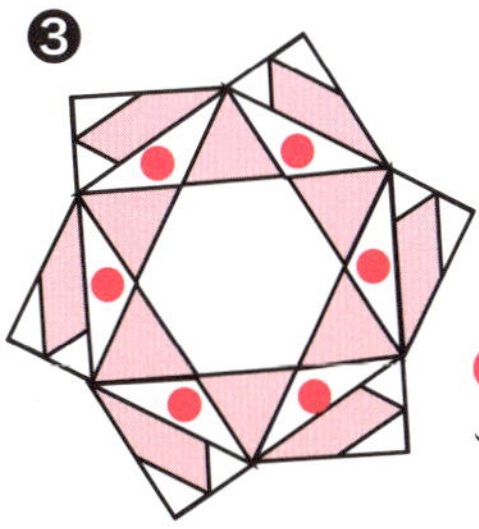
●をのりでとめる。

できあがり

あじさいのミニバスケット

難易度：☆☆☆

一輪のあじさい折りを４面に飾った可憐なバスケット。
紙の表裏のちがいを生かした作品です。

藤本修三原作　一輪あじさい　　丹羽兌子　アレンジ

〈用紙〉 • 花：両面折り紙（片面は模様入り〈花びら〉） 7.5×7.5cm ４枚
• 底と持ち手：単色の片面折り紙（花びらの無地側の色と同じ） 7.5×7.5cm 各１枚

花パーツの折り方

❶
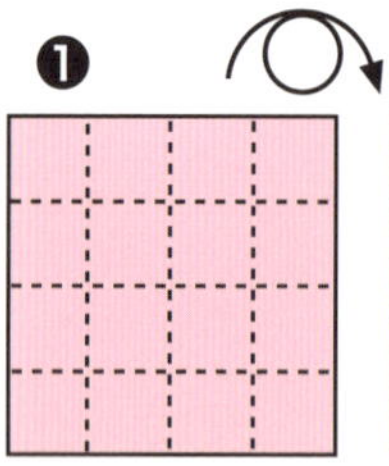
表に縦横に４等分の谷線をつける。

❷
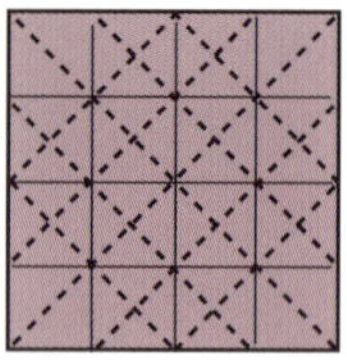
交点に合わせて斜めの谷線をつける。

❸
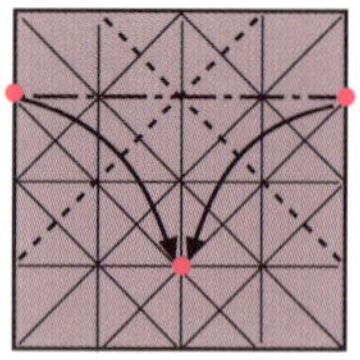
折りすじのように●をよせて折る。

❹
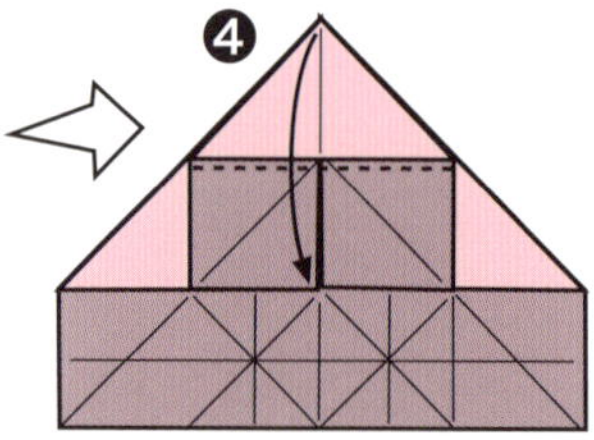
上の三角部分を折り下げる。

❺
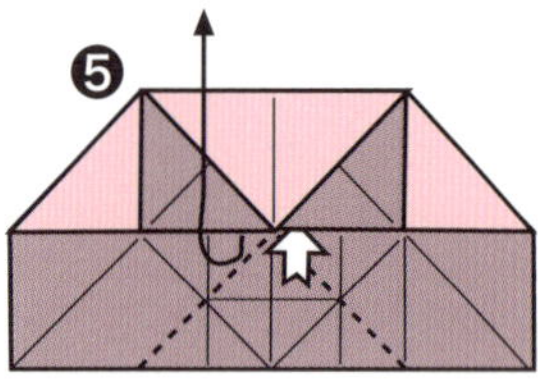
上側をまとめて引き上げて倒しながら、残る下側は❸と同様によせて折る。

❻
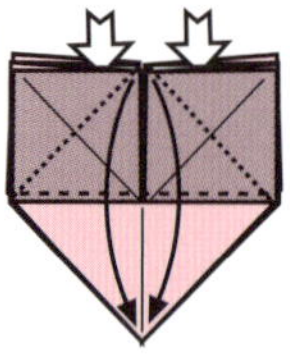
表裏ともこの形になる。間にあるポケットを開いてつぶす。

❼
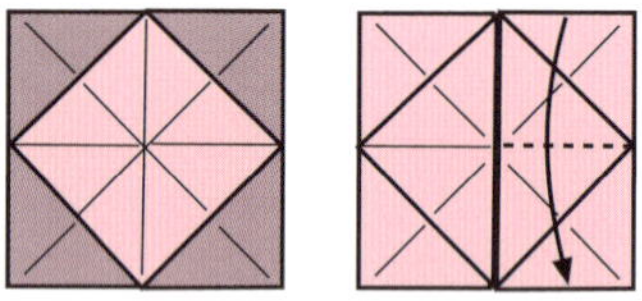

表側の１枚を折り下げる。

❽
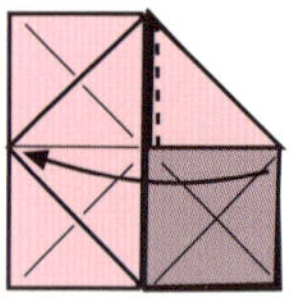
反対側へ折る。

❾
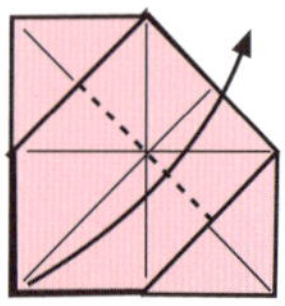
反対側へ折る。

❿
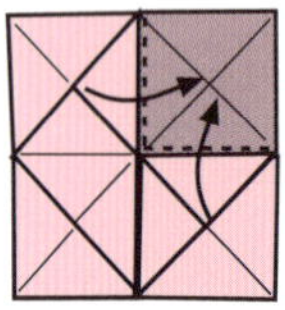
三角部分を反対側へ折る。

⓫
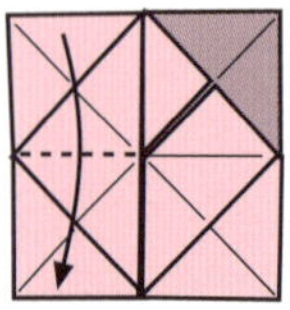

⓬
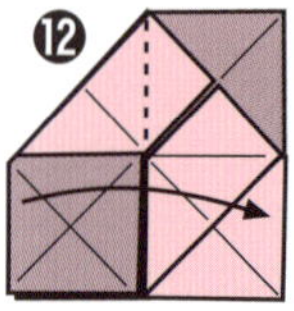

⓭
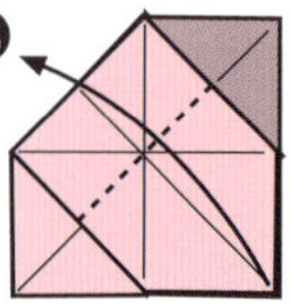

⓮
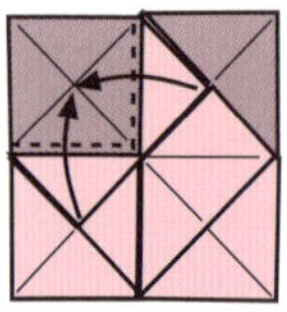
最初のかどの花びら完成。つづいて他のかども❽〜❿と同様に折る。

⓯
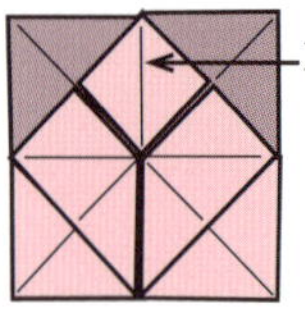

２つ目のかど完成。残る２つのかども同様に折る。

⓰
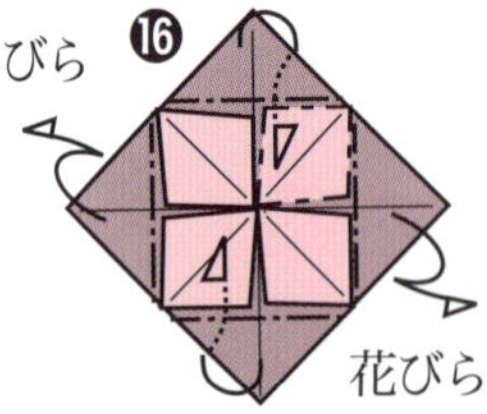
花びらが完成したら上下のかどをすぐ裏へ折り込み、左右のかどは裏へ折ってもどす。

⓱
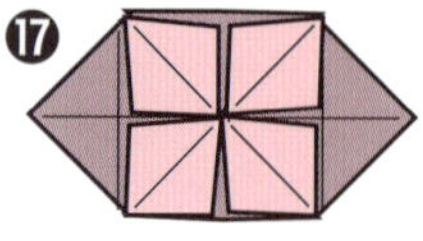

⓲
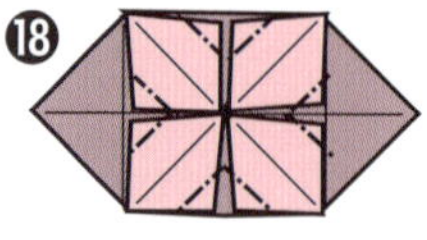
花びらをアレンジする。花びらのかどを裏へ少し折る。

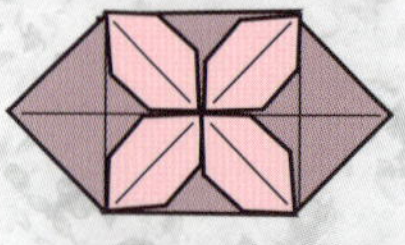
〈花パーツ〉できあがり

４個作ります。

箱の組み方

〈底〉

❶

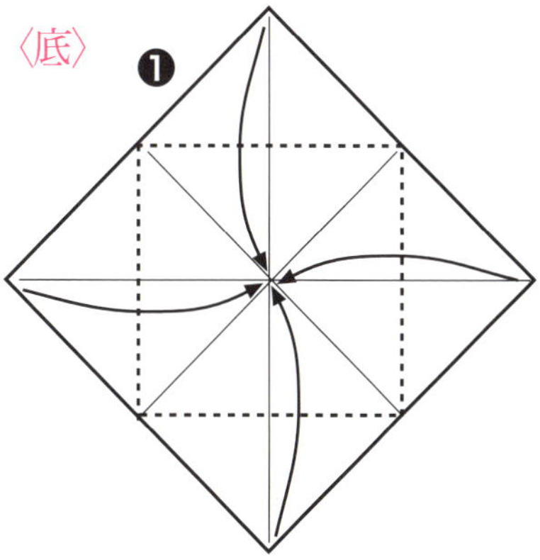

対角線と辺の中心線をつけてから、かどを中心に合わせて折る。

❷

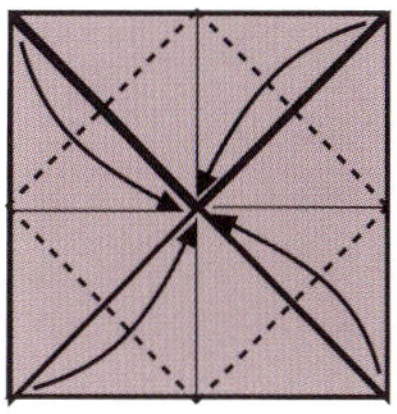

中心に合わせて折る。

❸

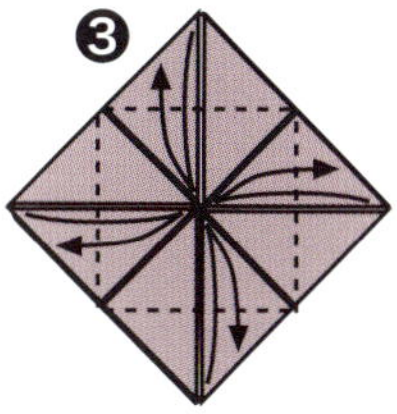

かどを中心に合わせて、折りすじをつける。

❹

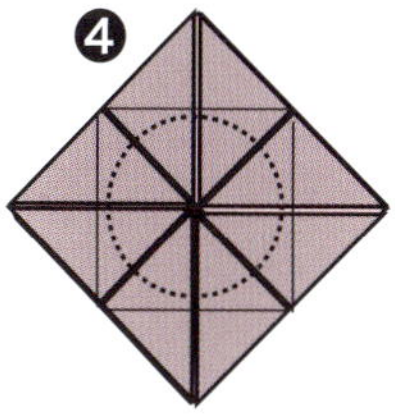

中心のかど（◌）をのりでとめる。

❺

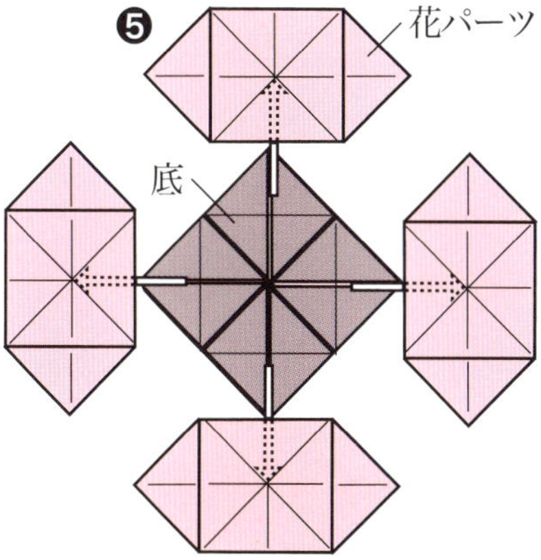

4枚の花パーツを裏返して図のように置き、底のかどを花パーツのポケットに入れてのり付けする。

❻

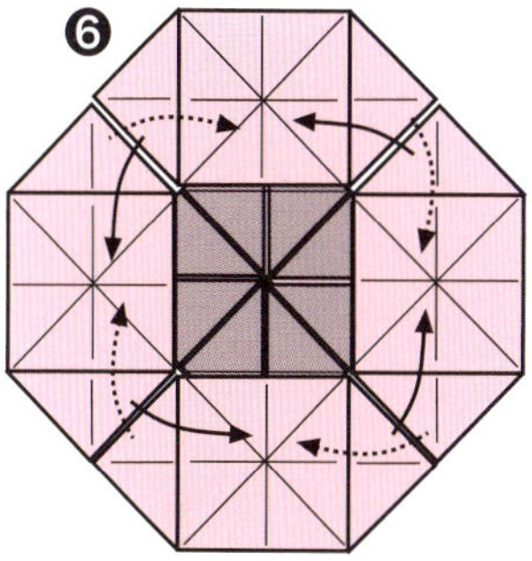

花パーツの手をとなりのパーツのポケットと花びらの間に入れる。のり付けして立体化する。

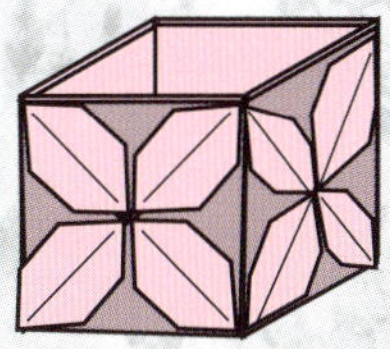

〈箱〉できあがり

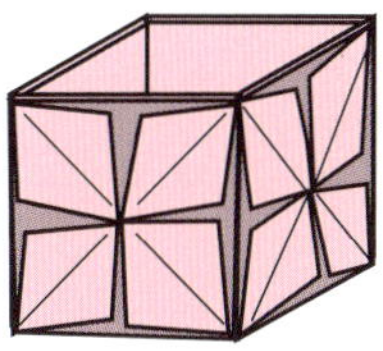

アレンジしない花びらの場合

〈持ち手〉

❶

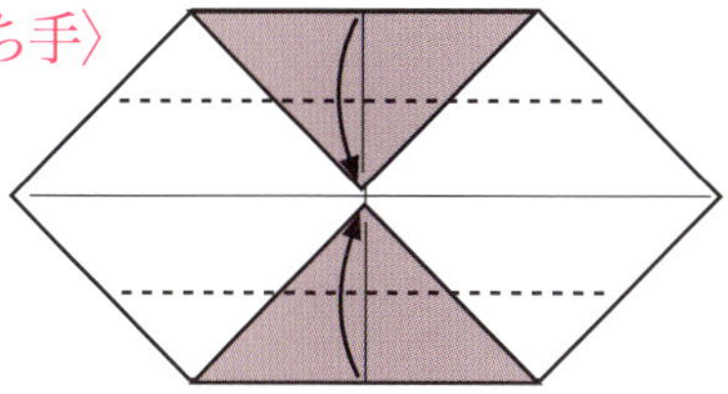

❷

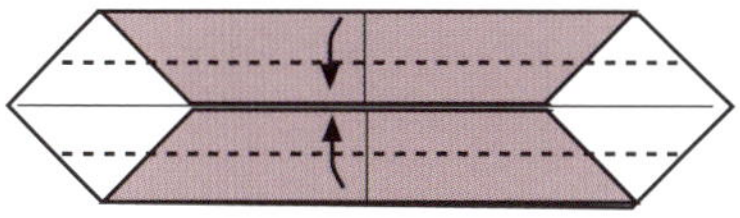

❸

❹

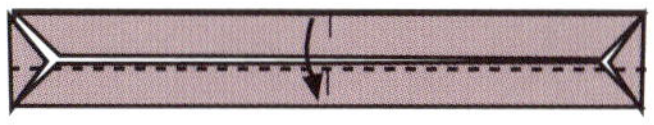

❺

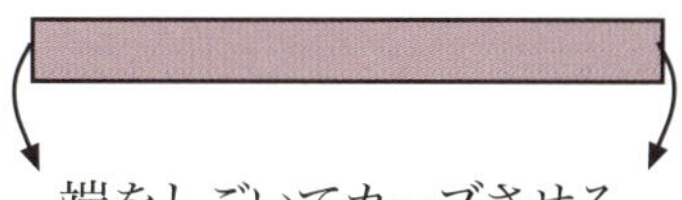

端をしごいてカーブさせる。

❻

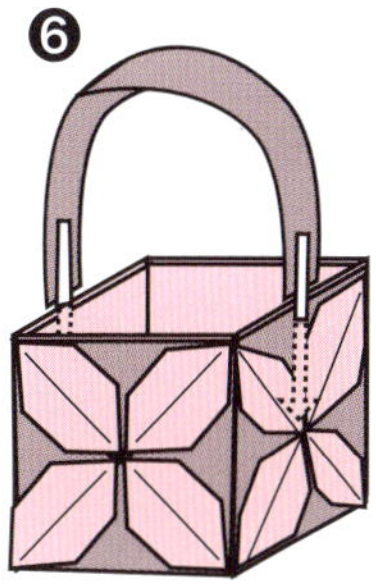

持ち手を箱のポケットに入れてのり付けする。

できあがり

てさげバスケット

難易度：☆☆

小さいけれど、キャンディーやクッキーを入れて、贈ってうれしい、
もらってうれしい折り紙です。
用紙：片面折り紙　本体　15×15cm　1枚　　さげ手　7.5×15cm　1枚

❶

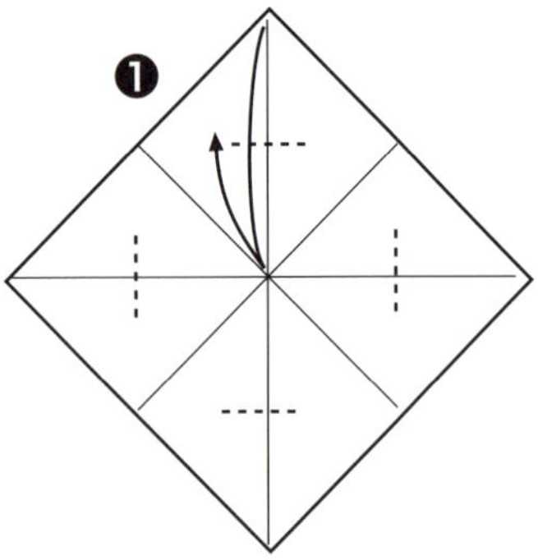

対角線と辺の中心線をつけてから、中心に合わせてしるしをつける。

❷

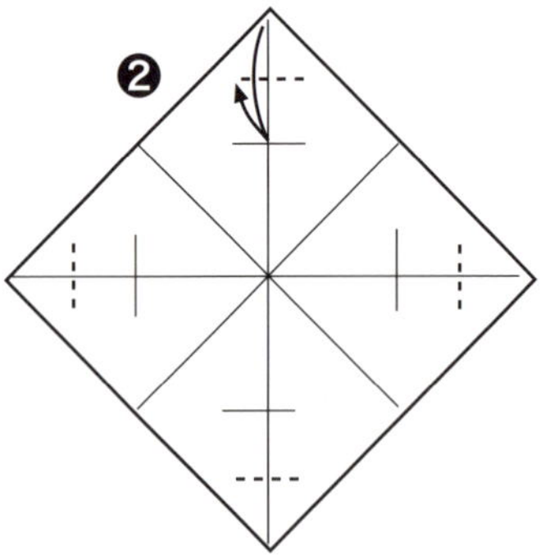

しるしに合わせてかどを折り、しるしをつける。

❸

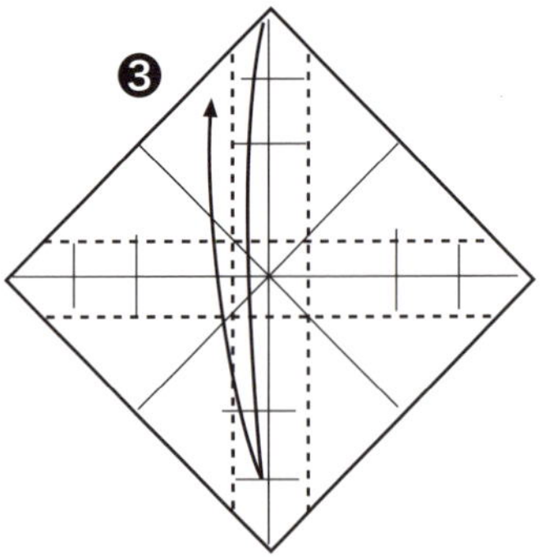

❷のしるしに合わせて折りすじをつける。

❹

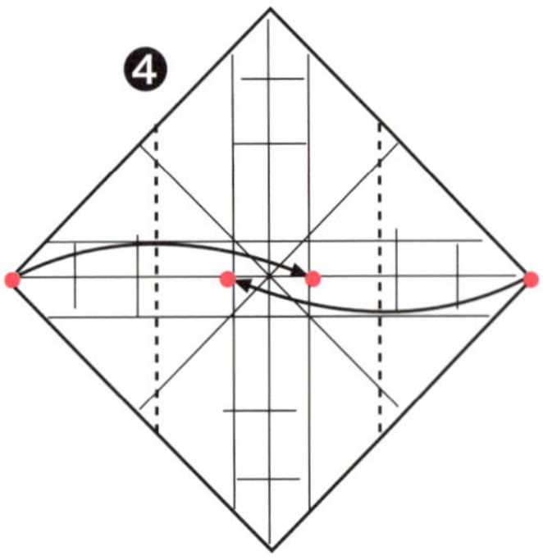

●と●を合わせて折る。

❺

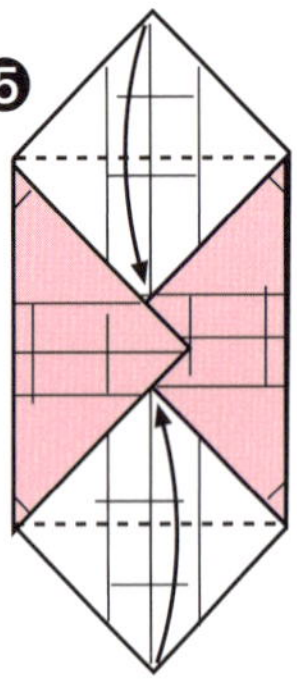

❻

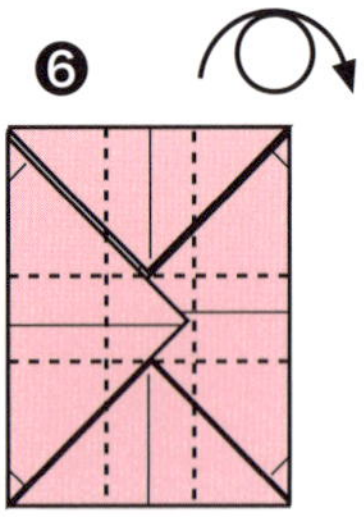

折りすじを谷線にする。

❼

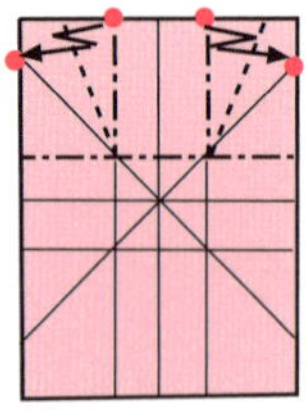

●と●を合わせて斜めに段折りする。

❽

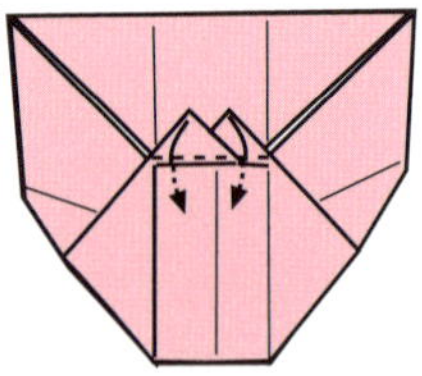

三角の部分をまとめてポケットに入れる（空中で処理するとよい）。

❾

反対側も同じく折り、三角部分をポケットに入れる。

❿

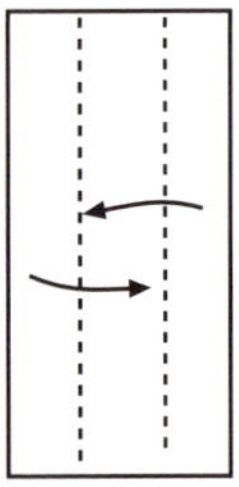

さげ手用紙を3等分に折る。

⓫

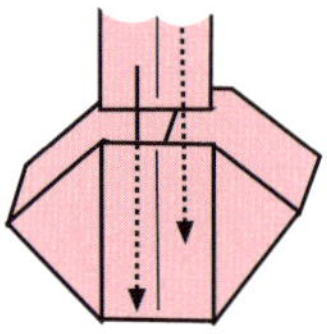

さげ手をポケットへさし込む。

⓬

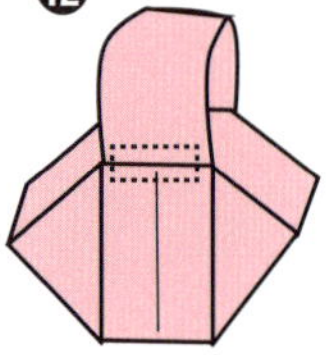

抜けないようにテープで裏からとめる。

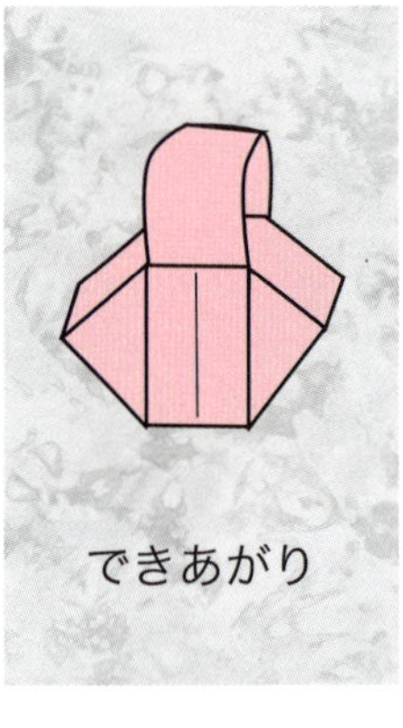

できあがり

裏つきのエコバッグ

難易度：☆☆

身近な紙を生かして作るエコバッグ。
二重構造なので、内側がすっきりして実用的です。
用紙：下記参照

〈用紙〉

- バッグ：A4 など 1 対 $\sqrt{2}$ の用紙や、チラシやカットした包装紙など長方形の紙
  外と内の用紙 2 枚
- 持ち手：バッグ用紙を縦に 4 等分したくらいの長方形の用紙 2 枚
  3 等分、4 等分などの幅に適宜折りたたんで作る

外バッグと内バッグの共通の折りすじのつけ方

A

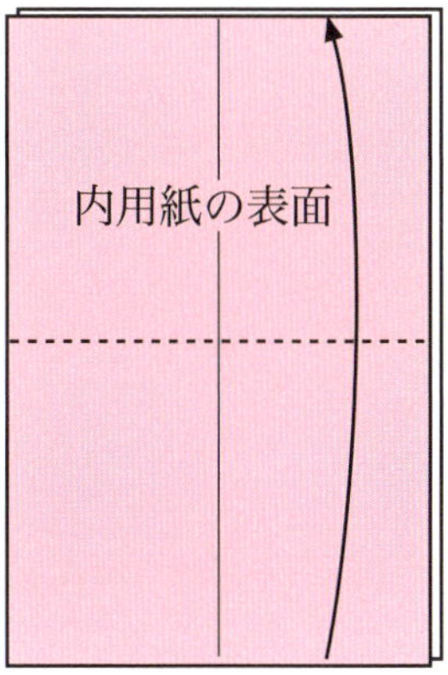

内用紙を上にして、裏面を内側に内外 2 枚を重ね、縦横の中心線をつける。

B

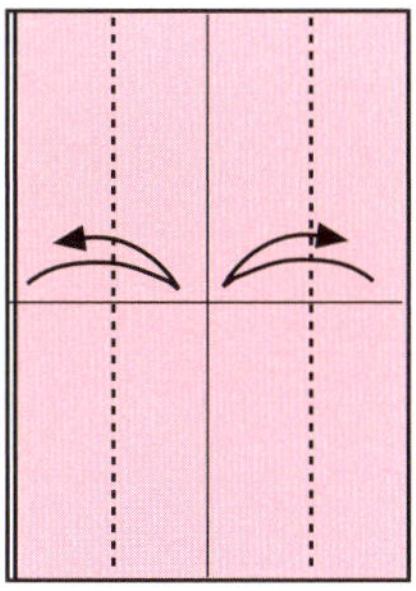

縦の中心に合わせて折りすじをつける。

C

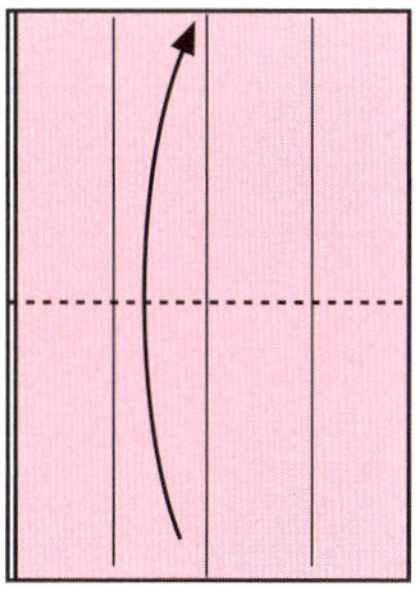

半分に折る。

D

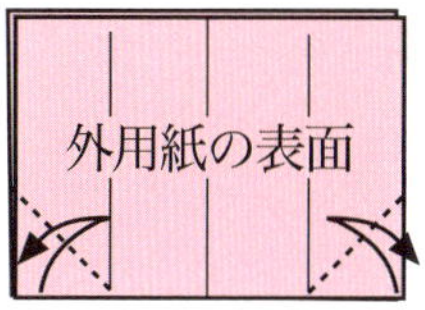

E

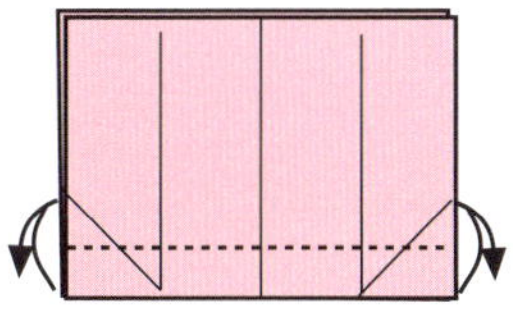

底の線の折りすじをつける。

F

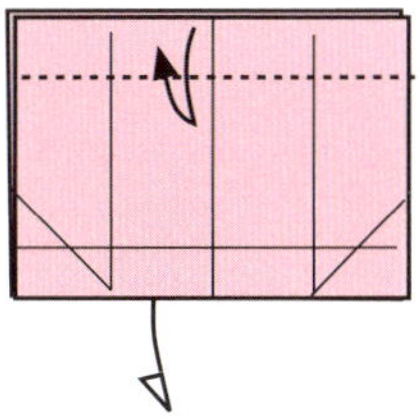

まとめて口側の折り返しの幅の折りすじをつけてから開く。

G

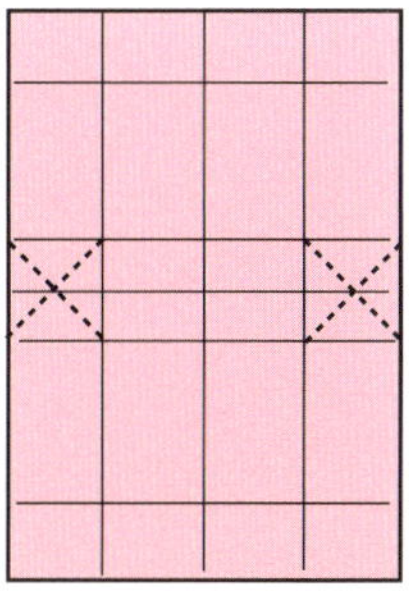

中央の左右のマスに斜めの折りすじをつけてから、内と外の用紙を離す。

外バッグの折り方

❶
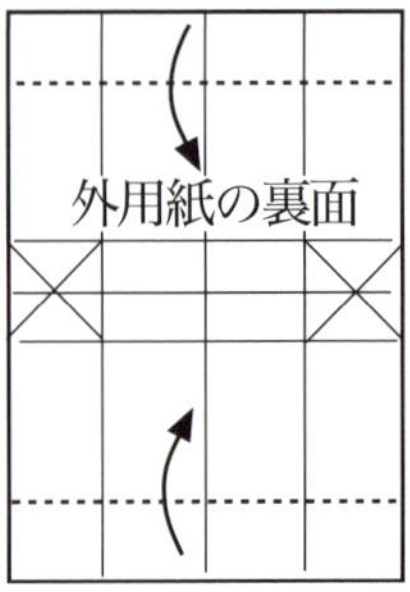

Ⓕでつけた口側の折り返しの幅を折る。

❷
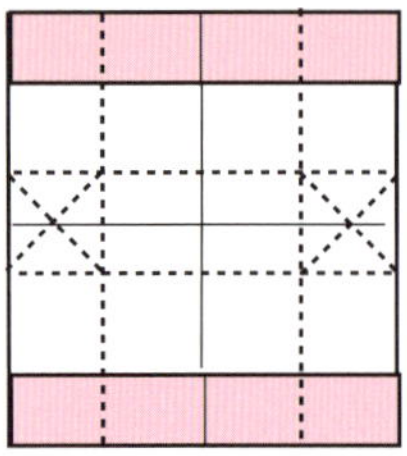

谷線をしっかりつける。

❸
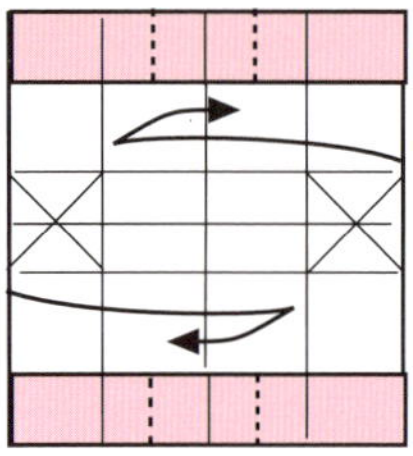

持ち手の位置のしるしをつける。

❹
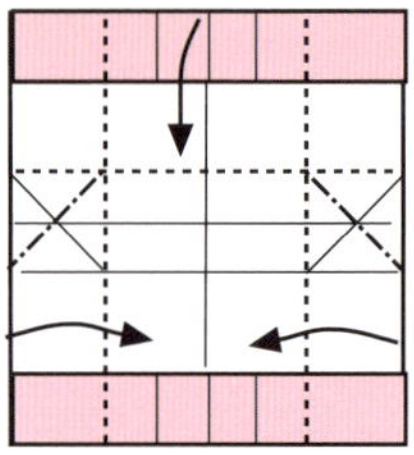

折りすじのように、谷線、山線を折って立体化する。

❺
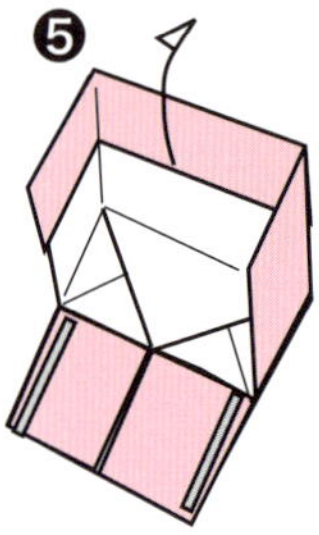

端をもどし、図のように両面テープを両端につける。

❻
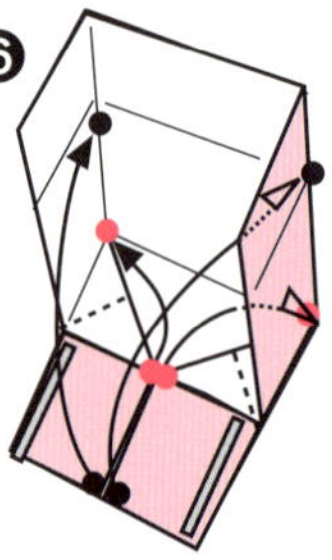

●と●、●と●を合わせて立体化する。

❼
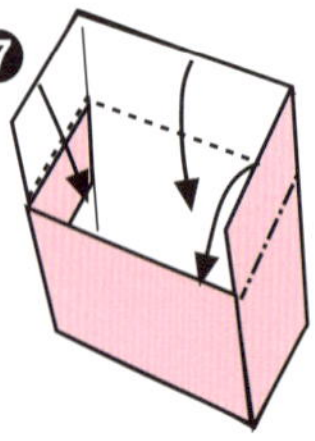

両面テープの上紙をとって貼り、口側の折り返しを端にかぶせる。

❽
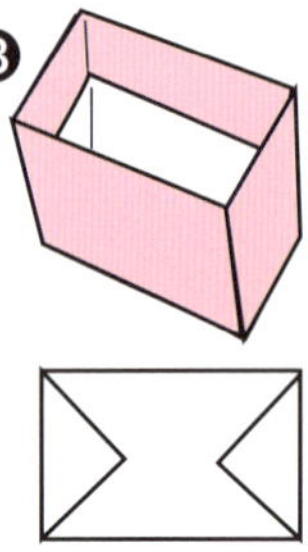

外バッグ本体完成。下は内側から見たバッグの底の形。

長方形の紙を適宜折りたたんで持ち手を作り、両面テープで内側に貼る。市販の手さげ部品を使う場合は最後につける。

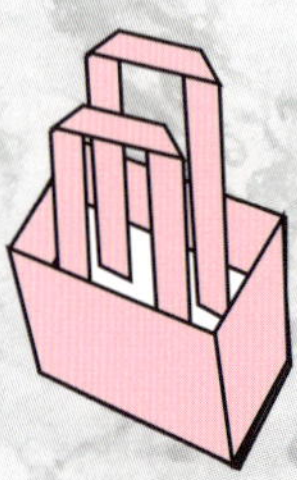

〈外バッグ〉できあがり

内バッグの折り方

紙の表がバッグの内側になります。

❶
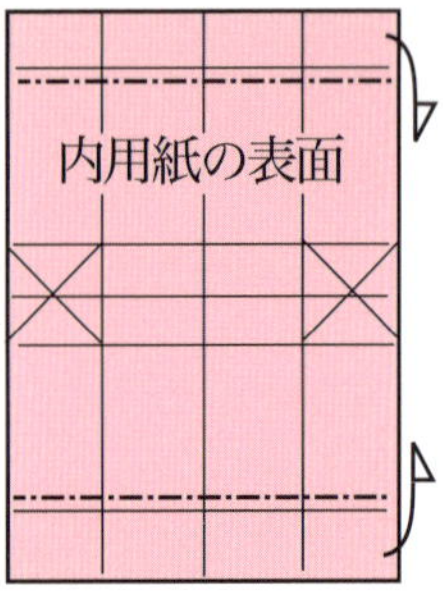

口側の折り返し線より5 mmほど控えて裏へ折る。

❷
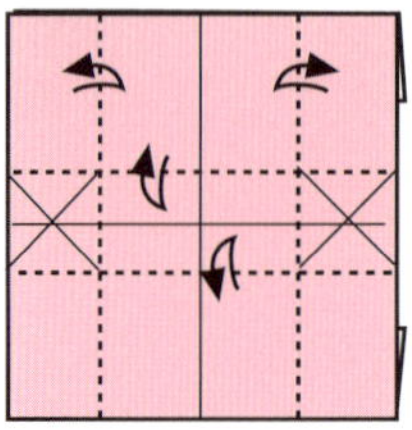

谷線をしっかりつける。

❸
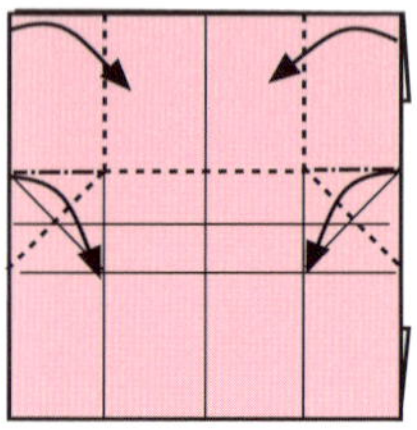

側面を立てて立体化する。

❹
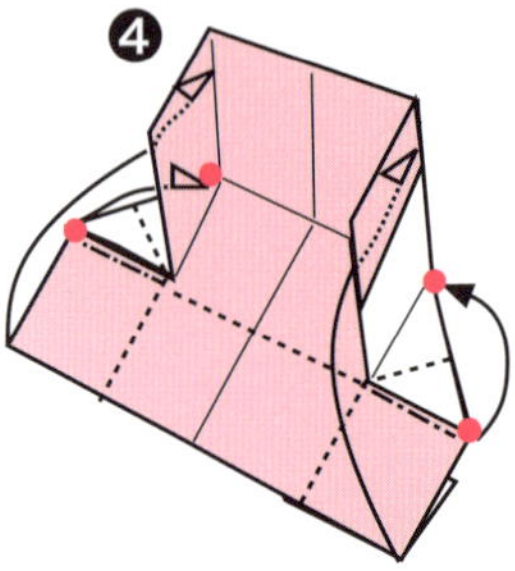

●と●を合わせて立体化する。

❺
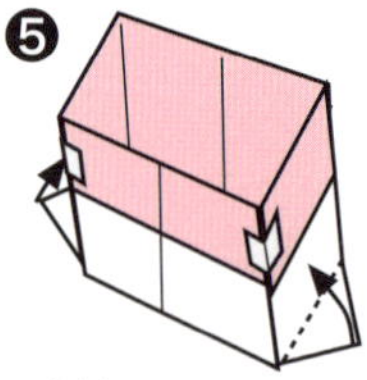

要所をセロハンテープでとめる。

❻
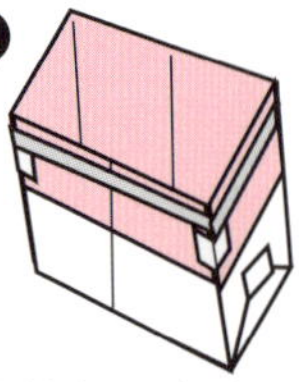

口の周囲に両面テープを貼って、内バッグ完成。

できあがり

外バッグに内バッグを入れて、両面テープの上紙をとって内と外のバッグをとめる。

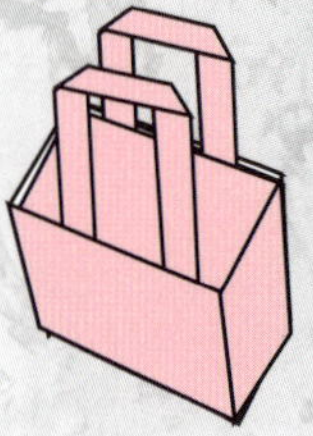

折り紙技法を使ったクラフト

16、40、64、88、112ページの「折り紙を使ったクラフト」を作る際のポイント

折り紙を折ったら、アイデアとひと手間加えて、
かわいい小物などにして使ったり、部屋に飾って楽しむのもよいでしょう。

「折り紙を使ったクラフト」を作る際の基本技法 ――「透明マニキュアの塗り方」

1．1回目は紙が変形したりシミができたりしないように、薄く塗る。
2．2回目はポテッと厚く、全体に万遍なく塗る。
3．3回目以降は強度が出るまで仕上げ塗りをする(マニキュアによっては徐々に強度が出て、最高強度が出るまで数日かかる物もあるので、当初は軟らかめでもかまわない)。
4．下塗りをしてからネイルアート用のラメや飾りをつける。
5．ラメや飾りの上に透明マニキュアで上塗りをする(ラメや飾りがはがれにくくなる)。

1章　16ページ

折り鶴のクリップ

透明マニキュアで鶴全体をコートして固めてから、木製クリップに固定する。

〈折り鶴の土台作り〉

折り鶴は下部が凹んでいて接着面積が小さいため、土台を作ってのせることで固定が強固になる。土台を作れば、折り鶴の下部よりも細いクリップなどにも固定しやすくなる。

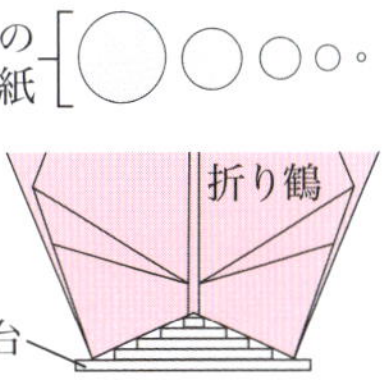

【図A】折り鶴の土台

順に小さくカットした厚紙などの円形のベースをいくつか貼り合わせて、必要な形と厚みのある土台を作る。

くじゃくのマグネット

透明マニキュアでくじゃく全体をコートして固めてから、ラメ入りマニキュアやネイルアート用の飾りで加飾する。

〈くじゃくの背側の支えの固定〉

背側の支えは2本のプラスチック棒で挟んで固定するが、支えの厚みは一定でないため、まず支えに左右から厚紙を貼り付ける。さらにその上からプラスチック棒で挟むことで強固になる。その際、厚紙はのり付けでもよいが両面テープが比較的楽。プラスチック棒による挟み込みが終わったら、棒の裏側のくじゃくの背面にあたる部分にマグネット・シートを貼り付ける。

【図B】くじゃくの背側の支えの補強

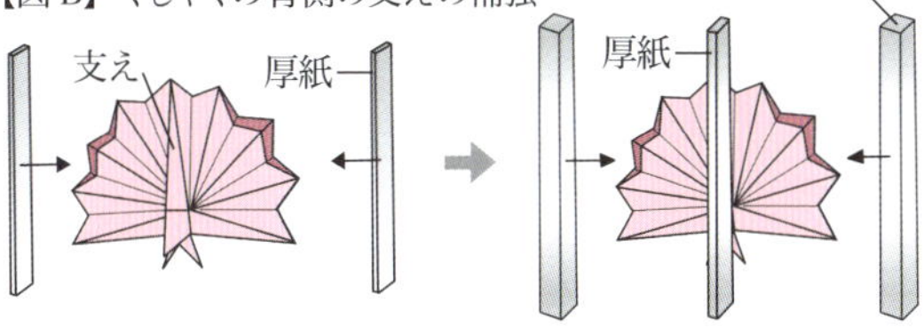

2章　40ページ

結び扇のはし置き

光沢があり透けるタイプの紙で折り、透明マニキュアで全体をコートすると、裏にも模様が透けて見えるクリアなイメージのはし置きになる。

端午のしおり（かぶと使用）

かぶと飾りのついた鯉のぼり形のしおり。どちらも透明マニキュアでコートし、かぶとはラメ入りマニキュアで加飾する。

鯉のぼり形のしおり　千代紙を二つ折りしてから模様を切り抜き、色紙を挟み込んで両面テープなどで固定する。かぶとを取り付けるための目の部分に穴を開けてから、マニキュアで撥水加工と強度 を出す(図C)。

【図C】鯉のぼり形のしおりを作る

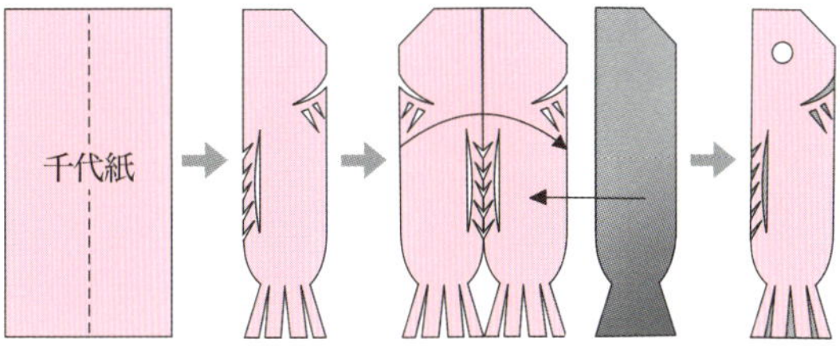

かぶと　天辺のやや後ろ側に穴を開けてひもを通し、通したひもの先に鈴を結び付けて固定する。

3章　64ページ

干支暦

十二支を厚みのある額縁に飾った干支暦。折る際はその年の干支だけ異なる色紙を使う。

【図D】額縁での干支の固定

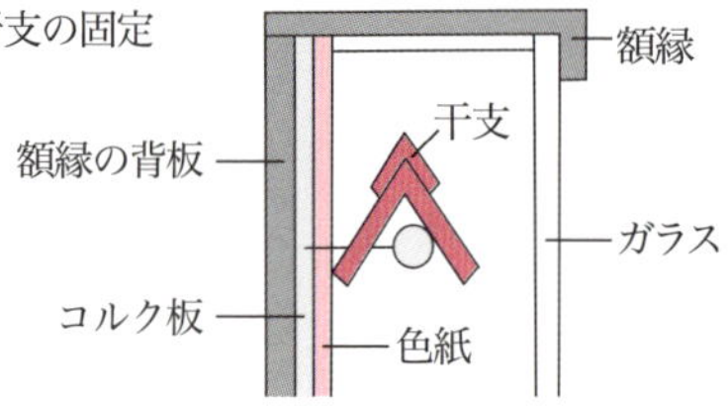
額縁
干支
額縁の背板
ガラス
コルク板
色紙

〈干支の固定〉

図Dのようにコルク板と色紙を貼った額縁の背板に、十二支の胴や頭の内側から、虫ピンなどで固定する。その際、下部の足などは台紙に接地させるが、上部はやや浮かすように留める。

干支のかんざし

小さく折った干支の折り紙を透明マニキュアでコートし、鈴やビーズを使ってかんざしに仕立てる。かんざしから外してストラップにもできる。

4章　88ページ

星模様を加えた花小皿

透け感のあるマニキュアで固めた上で、加飾する部分にマニキュアを塗る。ネイルアート用のラメを振りかけたら透明マニキュアで上塗りをして、さらに星型の飾りを散らしてから仕上げ塗りをする。加飾の順番を変えると星の上に霞が掛かったようになる。

テトラ三連ストラップ（正四面体ケース使用）

図Eのようにケースを一部開き、底面の中心に穴を開ける。中に鈴を入れ込むようにして、鈴を結びつけたひもを通す。三連の最後の一つは下部からひもを出す必要がないので、鈴を結びつけたひもで固定する。

ひもは和紐を使い、三連に仕立てた後で、透明マニキュアでコートしてから固める。

【図E】テトラ三連ストラップの固定

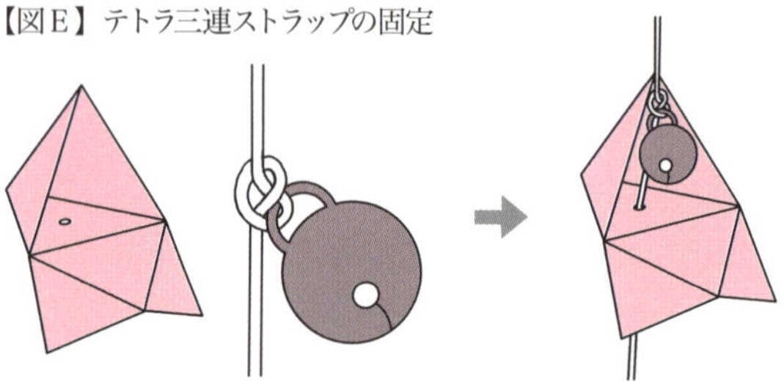

正四面体の底に穴をあけて鈴をつけたひもを通す。

5章　112ページ

風の衝立（吹きごま使用）

図Fのように吹きごまの両端を切りとり、中にストローを仕込んで両面テープなどで内部に固定する。つづいて吹きごまを針金でつないで枠に横向きに固定する。吹きごまをつなぐ際には、よく回るように、各吹きごまの間に数ミリの隙間をあけるようにする。

【図F】吹きごまの処理

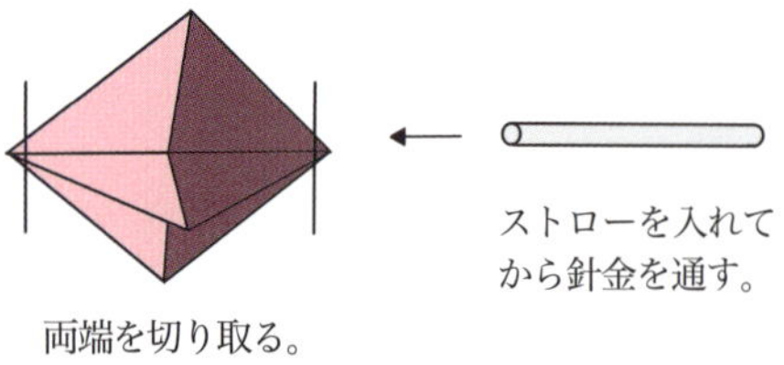
ストローを入れて
から針金を通す。
両端を切り取る。

プラスチック素材のシート（軟性）で折った裏つきのバッグ

強度を増すために、バッグにあけた穴をハトメ＊で固定してからオシャレな持ち手をつける。バッグの内側には仕切りをつける。

〈バッグの持ち手〉

図Gのように、テグスにハトメよりも一回り大きいビーズを通していく。ちょうどよい長さになったらハトメで固定したバッグの穴にテグスを通し、バッグの内側でビーズを１つ通す。ビーズの先５ミリ程でテグスを切り、ライターなどでテグスの先をあぶって熔かし、球状にしてビーズを固定する。

＊ハトメ（鳩目）：紙、衣類、靴などのひもを通す穴に取り付ける環状の金具。

【図G】持ち手の固定

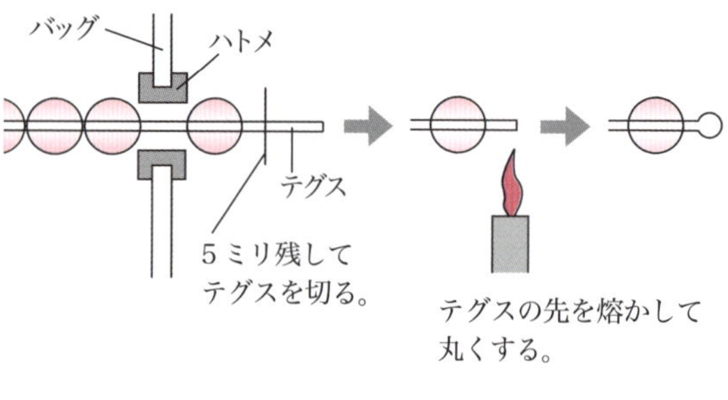
バッグ
ハトメ
テグス
５ミリ残して
テグスを切る。
テグスの先を熔かして
丸くする。

「高齢者のクラフトサロン」シリーズ・監修者プロフィール

佐々木　隆志　（ささき　たかし）

1957 年　北海道雄武町生まれ

1980 年　東北福祉大学社会福祉学部社会福祉学科卒業
社会福祉研究のため英国留学（1980 年 10 月～1981 年 9 月、“Castle Priory College” および “Wakes Hall Residential Centre” にて学ぶ）

1982 年　東北福祉大学研究生

1985 年　東北福祉大学大学院社会福祉学専攻修士課程修了
青森中央短期大学幼児教育学科専任講師

1994 年　弘前学院短期大学生活福祉学科専任講師を経て、准教授

1997 年　静岡県立大学短期大学部社会福祉学科准教授

2022 年　静岡県立大学短期大学部社会福祉学科教授、学部長
定年退官後、静岡県立大学名誉教授

2023 年　東京福祉大学大学院特任教授
～現在に至る

【主な著書】

- “Study of End-stage Care Management in Japan” 中央法規出版、2014 年 2 月、平成 25 年度科学研究費補助金「研究成果公開促進費」〈学術図書：課題番号 255161〉
- 『日本における終末ケアマネジメントの研究』中央法規出版、2009 年 2 月、平成 20 年度科学研究費補助金「研究成果公開促進費」〈学術図書：課題番号 205136〉
- “An Investigative Study of End-stage Care In Japan － From the Perspective of International Comparison － ” 中央法規出版、1999 年、平成 10 年度科学研究費補助金「研究成果公開促進費」〈特定学術図書：課題番号 1010008〉他

著者プロフィール

丹羽兌子　（にわ　たいこ）

1939 年生まれ。名古屋大学文学部卒業、同大学院修了。

中国史の研究者をめざすが、縁あって、1975 年学校法人円福寺学園こまどり幼稚園へ就職。2000 年まで 25 年間園長職をつとめた。在職中園児と交流するなかで折り紙に親しみ、次第に作品作りをするようになった。退職後は自宅「さくらぶんこ」にて折り紙創作に取り組む傍ら、近隣のこどもたちと遊ぶ日々をすごした。2021 年没。

『節句のおりがみ』(誠文堂新光社)、『母と子でたのしく遊べるかんたんおりがみ』(ナツメ社)など、折り紙に関する著書多数。

クラフト制作　工房GEN

編集　株式会社 弦　GEN Inc.
長峯 友紀　NAGAMINE Yuki
宮崎 亜里　MIYAZAKI Ari
長峯 美保　NAGAMINE Miho

アートディレクション
装幀・本文デザイン　長峯 亜里　NAGAMINE Ari

写真撮影　篠田 麦也　SHINODA Bakuya

高齢者《こうれいしゃ》のクラフトサロン ❶

リハビリおりがみ

伝承《でんしょう》おりがみから創作《そうさく》おりがみまで、きれいで簡単《かんたん》、楽《たの》しい60点《てん》

NDC369.26

2014年10月20日　発　行
2025年 4 月 1 日　第5刷

監 修 者　佐々木《ささき》 隆志《たかし》
著　　者　丹羽《にわ》 兌子《たいこ》
発 行 者　小川 雄一
発 行 所　株式会社 誠文堂新光社
〒113-0033 東京都文京区本郷3-3-11
印刷・製本　TOPPANクロレ 株式会社

ISBN978-4-416-31426-5